丛书主编　丁见民
丛书副主编　付成双　赵学功

美洲史丛书

拉丁美洲对外关系史论

王晓德　著

南開大學出版社

天　津

图书在版编目(CIP)数据

拉丁美洲对外关系史论 / 王晓德著. －天津：南
开大学出版社，2023.9
（美洲史丛书 / 丁见民主编）
ISBN 978-7-310-06368-0

Ⅰ. ①拉… Ⅱ. ①王… Ⅲ. ①外交史－拉丁美洲
Ⅳ. ①D837.39

中国国家版本馆 CIP 数据核字(2022)第 249771 号

拉丁美洲对外关系史论
LADING MEIZHOU DUIWAI GUANXISHI LUN

南开大学出版社出版发行
出版人：陈　敬
地址：天津市南开区卫津路 94 号　　邮政编码：300071
营销部电话：(022)23508339　营销部传真：(022)23508542
https://nkup.nankai.edu.cn

天津创先河普业印刷有限公司印刷　全国各地新华书店经销
2023 年 9 月第 1 版　　2023 年 9 月第 1 次印刷
238×170 毫米　16 开本　26.25 印张　4 插页　441 千字
定价：216.00 元

如遇图书印装质量问题,请与本社营销部联系调换,电话：(022)23508339

南开大学中外文明交叉科学中心
资助出版

编者的话

　　自从 1492 年哥伦布发现"新大陆"，美洲开始进入全世界的视野之内。不过，哥伦布认为他所到达的是东方的印度，故误将所到之地称为印度群岛，将当地原住民称为"印地人"。意大利航海家阿美利哥在随葡萄牙船队到南美洲探险后，于 1507 年出版的《阿美利哥·维斯普西四次航行记》中宣布哥伦布所发现的土地并非东方印度，而是一个新大陆。稍后学者为了纪念新大陆的发现，将这一大陆命名为"亚美利加"，即美洲。此后很长时期内，欧洲人，无论是西班牙、葡萄牙还是英国、法国的探险家，都将这一大陆称为美洲。葡萄牙航海家费迪南德·麦哲伦，西班牙探险家赫尔南·科尔特斯、弗朗西斯科·皮萨罗，英国探险家弗朗西斯·德雷克、沃尔特·雷利无论在发给欧洲的报告、书信还是出版的行记中，都将新大陆称为美洲。甚至到 18 世纪后期，克雷夫科尔撰写的《一位美国农夫的来信》使用的依然是"America"，而法国人托克维尔在 19 世纪 30 年代出版的名著《论美国的民主》也是如此。可以说，在"新大陆"被发现后的数百年中，美洲在欧洲人的观念中都是一个整体。

　　1776 年，随着英属北美 13 个殖民地的独立，美洲各区域开始走上不同的发展道路。首先独立的美国逐渐发展壮大，西进运动势如破竹，领土扩张狂飙猛进，到 19 世纪中期已经俨然成为美洲大国。接着，原在西班牙、葡萄牙殖民统治之下的广大拉丁美洲地区，也在 19 世纪 20 年代纷纷独立，建立了众多国家。不过，新独立的拉美各国在资源禀赋极为有利的情况下，却未能实现经济快速发展，社会问题丛生，现代化之路崎岖缓慢。现代学者在谈及拉美问题时，屡屡提及"现代化的陷阱"。最后，加拿大在 19 世纪中期经过与英国谈判才获得半独立地位，但此后其"国家政策"不断推进，经济发展和国家建设稳步提升，于 20 世纪初跻身经济发达国家之列。

　　表面上看，似乎美洲各国因为国情不同、发展道路各异而无法被等同视之，但当历史进入 19 世纪末期以后，美洲一体化的趋势却日渐明显，似乎应了"分久必合"的老话。1890 年 4 月，美国同拉美 17 个国家在华盛顿举行第一次美洲会议，决定建立美洲共和国国际联盟及其常设机构——美洲共和国商务局。1948 年在波哥大举行的第九次美洲会议通过了《美洲国家组织宪章》，联盟遂改称为"美洲国家组织"。这一国际组织包括美国、加拿大与拉丁美洲大部分国家。

除了国际政治联合外，美洲经济一体化也在第二次世界大战后迅速发展。美洲区域经济一体化首先在拉丁美洲开启。拉美一体化协会（Latin American Integration Association）是最大的经济合作组织，其前身是拉丁美洲自由贸易协会，主要成员国包括阿根廷、玻利维亚、巴西、智利、哥伦比亚、厄瓜多尔、墨西哥、巴拉圭、秘鲁、乌拉圭和委内瑞拉。此外，1969 年成立的安第斯条约组织（又称安第斯集团），由玻利维亚、智利、哥伦比亚、厄瓜多尔和秘鲁组成。1994 年，安第斯条约组织正式组建自由贸易区。1997 年，安第斯条约组织更名为安第斯共同体，开始正式运作。与此同时，加勒比共同体、中美洲共同市场、南方共同市场等区域经济一体化组织纷纷出现。其中，1995 年建立的南方共同市场是拉美地区发展最快、成效最显著的经济一体化组织。北美自由贸易区的建立，则是美洲一体化的里程碑。1992 年，美国、加拿大和墨西哥三国正式签署《北美自由贸易协定》。1994 年 1 月 1 日，协定正式生效，北美自由贸易区宣布成立。

时至今日，美洲各国在经济和政治上的联系日益紧密，美洲在政治、经济和文化等诸多方面依然是和欧洲、亚洲、非洲迥然不同的一个区域。无论是被视为一个整体的美洲，还是走上不同发展道路的美洲各国，抑或走向一体化的美洲，都值得学界从历史、文化、外交、经济等多维度、多视角进行深入研究。

南开大学美洲史研究有着悠久的历史和深厚的学术传统。20 世纪二三十年代，曾有世界史先贤从美国学成归来，在南开大学执教美国史，为后来美国史的发展开启先河。不过，南开美国史研究作为一个具有影响的学科则可以追溯到杨生茂先生。先生 1941 年远赴海外求学，师从美国著名外交史学家托马斯·贝利，1947 年回国开始执教南开大学，他培养的许多硕士生和博士生成为国内高校美国史教学和科研的骨干。1964 年，根据周恩来总理的指示，国家高教委在南开大学设立美国史研究室，杨生茂先生任主任。这是中国高校中最早的外国史专门研究机构。此后，历经杨生茂先生、张友伦先生和李剑鸣、赵学功教授三代学人的努力，南开大学美国史学科成为中国美国史研究一个颇具影响的学术点。2000 年，美国历史与文化研究中心成立，成为南开大学历史学院下属的三系三所三中心的机构之一。2017 年，以美国历史与文化研究中心为基础组建的南开大学美国研究中心，有幸入选教育部国别与区域研究（备案）基地，迎来新的发展机遇。不过，南开大学美国研究中心并非仅仅局限于历史学科。南开美国研究在薪火相传中一直都具有跨学科的多维视角特色，这可以追溯到冯承柏先生。冯先生出身于书香世家，数代都是南开学人。他一生博学多才，在美国研究、博物馆学与图书情报等数个领域都建树颇丰，在学界具有重要的影响，他为美国研究进一步开辟了交叉学科的宽广视野。在冯先生之后，南开美国研究的多学科合作传统也一直在延续，其中的领军者周恩来政府管理学院的韩召颖教授、美国研究中心的罗宣老师都是冯先生的杰出弟子。

南开大学拉丁美洲史是国家重点学科"世界史"主要分支学科之一，也是历史学院的特色学科之一。南开大学历史系拉丁美洲史研究室建立于 1964年，梁卓生先生被任命为研究室主任。1966 年，研究室一度停办。1991 年，独立建制的拉丁美洲研究中心成立，洪国起教授为第一任主任，王晓德教授为第二任主任，董国辉教授为现任主任。2000 年南开大学实行学院制后，拉美研究中心并入历史学院。1999 年，中心成为中国拉丁美洲史研究会秘书处所在地。洪国起教授在 1991—1996 年任该研究会副理事长，1996—1999 年任代理理事长，1999—2007 年任理事长。2007—2016 年，王晓德教授担任研究会理事长，韩琦教授担任常务副理事长；2016 年后，韩琦教授担任理事长，王萍教授、董国辉教授担任副理事长。

此外，加拿大史研究也一直是南开大学世界史学科的重要组成部分。20世纪 90 年代，张友伦先生带队编著并出版《加拿大通史简编》，开启研究先河。杨令侠、付成双教授分别担任中国加拿大研究会会长、副会长，先后担任南开大学加拿大研究中心主任。南开大学加拿大研究中心是中国加拿大研究的重镇之一，出版了众多加拿大研究成果，召开过数次大型学术研讨会。

深厚的学术传统结出丰硕的学术成果，而"美洲史丛书"就是前述研究成果的一个集中展现。这套丛书计划出版（或再版）18 部学术著作，包括杨生茂编著（朱佳寅、杨令侠编）《美国史学史论译》、张友伦主编《加拿大通史简编》、冯承柏著《美国历史与中美文化交流研究》、洪国起著《拉丁美洲史若干问题研究》、陆镜生著《美国社会主义运动史》、韩铁著《美国历史中的法与经济》、王晓德著《拉丁美洲对外关系史论》、李剑鸣著《文化的边疆：美国印第安人与白人文化关系史论》、韩琦著《拉丁美洲的经济发展：理论与历史》、赵学功著《战后美国外交政策探微》、付成双著《多重视野下的北美西部开发研究》、董国辉著《拉美结构主义发展理论研究》、杨令侠著《加拿大与美国关系史纲》、丁见民著《外来传染病与美国早期印第安人社会的变迁》、张聚国著《上下求索：美国黑人领袖杜波依斯的思想历程》、罗宣著《美国新闻媒体影响外交决策的机制研究》、王翠文著《文明互鉴与当代互动：从海上丝绸之路到中拉命运共同体》与董瑜著《美国早期政治文化史散论》。

与其他高校和科研机构的相关成果相比，这套丛书呈现如下特点：第一，丛书作者囊括南开大学老中青三代学者，既包括德高望重的前辈大家如杨生茂、张友伦、冯承柏、洪国起，又包括年富力强的学术中坚如王晓德、李剑鸣、赵学功、韩琦等，还包括新生代后起之秀如付成双、董国辉和董瑜等；第二，丛书研究的地理区域涵盖范围宽广，涉及从最北端的加拿大到美国，再到拉丁美洲最南端的阿根廷；第三，涉猎主题丰富广泛，涉及政治、经济、文化、外交、社会和法律等众多方面。可以说，这套丛书从整体上展现了南开大学美洲史研究的学术传统特色和专业治学水平。

为保证丛书的编写质量，南开大学历史学院与南开大学出版社密切合作，联手打造学术精品。南开大学中外文明交叉科学中心负责人江沛教授在担任历史学院院长时启动了"美洲史丛书"的出版工作，并利用中外文明交叉科学中心这个学术平台，提供学术出版资助。余新忠教授继任历史学院院长后，十分关心丛书的后续进展，就丛书的编辑、出版提出了不少建设性意见。南开大学世界近现代史研究中心主任杨栋梁教授对丛书的出版出谋划策，鼎力支持。此外，美国研究中心、拉丁美洲研究中心的博士及硕士研究生出力尤多，在旧版书稿与扫描文稿间校对文字，核查注释，以免出现篇牍讹误。

南开大学出版社的陈敬书记、王康社长极为重视"美洲史丛书"的编辑出版工作，为此召开了专门的工作会议。项目组的编辑对丛书的审校加工倾情投入，付出了艰巨的劳动。在此向南开大学出版社表示衷心的感谢！

丁见民
2022 年 4 月

自 序

　　2019 年 11 月上旬，我到厦门大学参加第十三届历史学前沿论坛，南开大学历史学院副院长付成双教授到我房间聊天。据他讲，历史学院领导为了扩大世界史学科的影响力，提议出版一套"美洲史丛书"，作者主要是南开大学历史学院研究美国史和拉丁美洲史的专任教师，包括曾在南开大学历史学院美国史研究室和拉丁美洲研究中心任教的学者。经过多方征求意见之后，他们打算将我撰写的《美国文化与外交》专著收录到丛书之中。我未置可否，觉得收录总是件好事。随后不久我接到南开大学历史学院拉丁美洲研究中心主任董国辉教授的短信，告知了相同之事，并征求我的意见，问我打算出哪方面的著述。经过多日考虑之后，我决定出版一本拉美史的论文集，毕竟自己获得博士学位之后一直在南开大学拉丁美洲研究中心工作，还担任过数年拉丁美洲研究中心主任。这一考虑便是这本文集的缘起。

　　在我的学术生涯中，我没有专注于拉美史的研究，但这个研究领域从来没有脱离我的视野，很大程度上来讲这一研究领域一直伴随着我的学术成长与发展，让我对拉美史有一种难以言状的深深情怀。1982 年 2 月，我大学毕业之后留在山西师范学院政史系世界近代史研究室任教，本来对美国史比较感兴趣，但最终选择了拉美史作为我的研究方向。1985 年 9 月，我到湖北大学历史系攻读拉美史方向的硕士学位，师从黄邦和先生。当时黄邦和先生评上副教授尚无几年，但已经是国内拉美史学界很有名的元老级人物了，担任中国拉丁美洲史研究会副理事长兼秘书长。黄邦和先生的言传身教一步步地把我引入了拉美史研究领域。黄先生给我们开了两门专业课，一门为"拉美近现代史"，另一门的课名我不复记忆了。黄先生讲课多是随意而谈，与聊天差不多，但绝不是一点儿准备也没有，特别是对拉美近现代史上发生的重大事件，黄先生多会提出一些独到见解，引导研究生发言讨论。黄先生的授课看起来随意性很强，但比起干瘪瘪地照本宣科不知要强多少。就我而言，每堂课下来皆有所获，我开始逐渐地对拉美史产生了兴趣。

我的专业为世界地区国别史，研究方向为拉美史，但我对美国史还是心存恋念，自然想选一个能把拉美史与美国史结合起来的题目，那我只能在美国与拉美关系史的研究范围内寻找相关论文选题了。在对国内研究美拉关系史或美国对拉美政策演变的学术史梳理中，我感到学者撰写的论文通常集中在诸如"门罗宣言"以及"睦邻政策"等具体事件的研究上，有几篇论述美拉关系演变的论文，但也只限于从"门罗宣言"到第二次世界大战之前，显得有些过于简单。鉴于国内研究美拉关系史的现状，我思考良久，在阅读国外学者撰写的相关论著的基础上，想以"门罗主义"为主线，研究从拉美独立运动开始到里根政府期间美国对拉美的政策，在黄邦和先生的指导之下我完成了硕士论文《评析门罗主义的不变与改变（1823—1987）》。在硕士论文写作过程中，我开始尝试撰写学术论文，并在正式刊物上发表了数篇。那几篇论文现在看来资料和论证都显得很不足，但开启了我的学术研究之路。我学术生涯中撰写的首篇论文为《阿根廷在第一次世界大战前与美国的对抗及其原因》，经黄邦和先生推荐刊登在《湖北大学学报（哲学社会科学版）》1986年第 6 期。

1990 年 9 月，我到南开大学历史研究所攻读美国外交史方向的博士学位，导师为杨生茂先生。读博期间，我专心致力于美国外交史的研究，在杨生茂先生的指导之下撰写出博士论文《梦想与现实：威尔逊"理想主义"外交研究》。我最初以为获得博士学位之后会加入国内美国史研究队伍，没有想到最终还是成了拉美史研究领域的一员。南开大学拉美史研究起步比较早，"文化大革命"之前便成立了拉丁美洲史研究室，其历史与美国史研究室和日本史研究室一样长。可以设想，要是不爆发"文化大革命"的话，南开大学拉丁美洲史研究室很快会发展成为国内一个学术研究重镇，其影响一点儿都不会比美国史研究室和日本史研究室差多少。很遗憾，"文化大革命"的后期，美国史研究室和日本史研究室先后恢复了建制，而拉丁美洲史研究室却未能续上前缘，原来的研究人员逐渐地脱离拉美史的教学与科研，只余洪国起先生独自坚持耕耘在这一研究领域。洪先生实际上一直在寻求重振南开大学拉美史研究昔日辉煌的机会。这个机会尽管是姗姗来迟，但最终还是等来了。要是洪先生没有让南开大学拉美史研究的根脉延存下来，即使有机会，恐怕也非南开大学所能获得。这个机会就是 1991 年下半年国家教育委员会（以下简称"国家教委"）加强了高校国际问题研究，由滕藤副主任挂帅，把全国高校拉美重点课题研究协调小组（以下简称"协调小组"）设帐于南开大学，由洪国起先生出任组长。为了能够让协调小组更为有效地发挥作用，南开大学校长办公会议随即通过了成立拉丁美洲研究中心的决定，将之作为一个具有编制的实体性研究机构重点建设。此时我还在攻读博士学位，受洪国起先生之邀，我参与了拉丁美洲研究中心的筹建工作。我 1993 年 6 月获得博士学位之后，顺理成章地留在了拉丁美洲研究中心做专职研究人员。

拉丁美洲研究中心人员最初为 4 人，皆为学历史出身，包括我这个唯一的博士，中心没有专门做行政工作的人员。中心以研究现状为主，说实在，当时我对拉美现状几乎没有多少了解，就是对拉美历史也是一知半解，并未通盘掌握。学校给拉丁美洲研究中心在四宿舍汉语教学楼分了一间教室改造的办公室，我几乎每天到办公室上班，除了处理一些日常事务之外，主要进行科研工作。在杨生茂先生的培养之下，我在攻读博士期间对美国外交史有了宏观的了解与自己的看法，这对我开始从事美国与拉美关系史的研究帮助很大。1992 年上半年，我正在准备撰写博士论文之际，洪国起先生把我叫到他的办公室，告知国家教委社科司让协调小组上报当年拉美问题申报项目，尚未挂牌的拉丁美洲研究中心至少应该申报一项。洪先生希望我能领衔申报，但我当时为博士生，报上去之后恐怕难以批准。我建议让洪先生作为主持人申报，我来设计申报课题。经过与洪先生反复沟通，最终确定的申报题目为"使命观与美国对拉美政策"。课题立项书当年年底下达，资助经费 1.5 万元。后来这一课题经国家教委社科司批准转为"国家教委人文社会科学研究'八五'规划重点项目"，增拨了 3 万元的科研经费。书稿完成后还得到了中华美国学会美国学出版基金的资助。

对于美国与拉美关系的历史演变，我们并不是从零做起，而是已经有了前期的研究成果。我的硕士论文写了近 10 万字，就是谈美国对拉美政策形成与演变的，洪国起先生一直给研究生开设美拉关系史的课程。我手头搜集到当时国内各大图书馆所藏的美国学者撰写的关于美拉关系史的很多论著，我还翻译发表了数万字有关美国对拉美政策的文件资料。对美拉关系演变已有的思考让我很快能够进入角色。我在看资料的过程中，试图寻求贯穿于美拉关系史上的一根主线，实际上也就是研究这个课题的角度。经过多日的思考，我觉得"冲突与合作"是研究美拉关系的一条主线。我将这种想法汇报给洪国起先生，得到了他的首肯。这样我就按照这个主线来设计整个写作提纲，把这一特征体现在各个章节之中，使全书成为一个有机的整体。有了宏观的研究把握，提纲出来之后，撰写速度也很快，洪国起先生不时地提出具体的指导意见。我们在 1994 年暑期完成初稿，共 34 万字。撰写这本书可谓是夜以继日，一气呵成，期间我与洪国起先生合作发表了数篇论文，最终成果由山西高校联合出版社 1994 年 10 月出版，出版后在学术界反响还不错。北京大学历史系林被甸先生在 1995 年 2 月中旬召开的世界史学科研讨会上对这本书予以高度的评价，认为是我国学者撰写的"第一部全面论述这个问题的著作，而且以冲突与合作为主线，把美国政府各个时期的拉美政策连贯起来，从中把握美拉关系发展的基本趋势，不能不说具有很大的学术意义和现实意义"。杨生茂先生阅读此书之后，挥笔撰写了一篇书评，题目为《一本富有启迪效益和卓异见地的好书——〈冲突与合作：美国与拉丁美洲关系的考察〉读后感》，对该书评价甚高。这篇书评刊登在《拉丁美洲研究》1995 年第 5 期。这本书 1996 年获得了天津市人文社会科学优秀成果三等奖。

　　研究拉美问题是我的本职工作，即使有些勉为其难，但迫于工作性质也必须进行研究方向的调整，总不可能在拉丁美洲研究中心一直做美国外交史的研究。我做拉美问题研究，实际上存在一个很大的缺陷，就是不通西班牙语。我很清楚，要想在拉美研究上有所建树，还真是要学习西班牙语，至少能够借助词典看懂西班牙语的文献。我在硕士期间曾随詹重淼老师学习过西班牙语，有点儿基础。刚留校时，某日上午我正在四宿舍办公室看书，一位外国留学生敲门进来。他是来自西班牙首都马德里的奥斯卡。奥斯卡家境富裕，父亲是个大商人。奥斯卡大概过腻了悠闲的生活，遂不远万里来中国学习汉语。当时奥斯卡刚到南开大学几个月，汉语基本上处于"咿呀学语"的状态，英语也不大会讲，就是能够讲一口正宗的马德里西班牙语。奥斯卡大概下课之后，突然发现挂在楼外墙面的拉丁美洲研究中心的牌子上有西班牙语，还以为我们中心研究人员个个都会讲他的母语。我们两人在办公室只能用简单的英语交流，原来奥斯卡想到我们中心做个兼职研究人员。对于奥斯卡的要求，我当场欣然允诺。我当时的想法很简单，通过交换让奥斯卡教我们中心研究人员学习西班牙语。奥斯卡特别热衷于传播马德里文化，自然对教外国人学习西班牙语乐此不疲了。

　　奥斯卡每周都要来中心办公室多次，我重新捡起了西班牙语，因为有语言环境，西班牙语提高得很快，几个月之后，我就可以与奥斯卡用西班牙语进行日常交流了。奥斯卡备课很认真，希望能够在一间教室上课。我们坐在下面，他站在讲台上，过一把当教师的瘾。内人侯旭辉当时担任外文系办公室主任，通过她的协调在外文系的教学楼找到一间小教室，听课者除我之外，还有王萍、杨清和董国辉，董国辉当时还是历史系的硕士生。我跟着奥斯卡学习了近一年的西班牙语，后来奥斯卡突然离校回国，我的西班牙语学习便戛然而止，因杂事繁多没有能够坚持自学，不到数年工夫所学的那点儿西班牙语便在脑海中消失得无影无踪，现在想起来还是后悔不已。要是真的掌握了西班牙语，我就有可能把更多的时间和精力放在拉美问题研究上了。

按照国家教委的最初设想，布局在几个重点大学的国际问题研究中心应该为国家有关部门制定相关政策，发挥"智库"作用。这就决定了拉丁美洲研究中心应该以研究现状为主，在召开的几次协调小组会议上，与会的国家教委社科司负责人明确强调了这一点。研究拉美国际关系，应该为我的长项，但 20 世纪 90 年代拉美国家开始了大刀阔斧的经济改革，使拉美地区发生了翻天覆地的变化，改革之得失引世人瞩目，研究拉美经济成了国内外学术界的一个"热点"。我本人没有系统地学习过国际经济学，然而也想赶"潮流"，把我的研究方向初步确定为拉美对外经济关系，重点研究美洲贸易自由化。美洲贸易自由化发生在 20 世纪 90 年代全球冷战结束之后，是西半球经济一体化在新时期的集中体现，除了受当时世界经济发展大趋势的影响之外，还有着深刻的历史根源。在美洲发展史上，不管出于何种动机，西半球一体化曾是南北美洲一些政治家所追求的一个目标，但受各种主客观条件的制约，西半球联合只能属于一种不切实际的宏伟"梦想"。在历史上，美国往往是造成与拉美国家敌对的根本原因。自冷战结束以来，美国在处理与西半球其他国家的关系时，尽管不会放弃大国霸道作风，但也不得不在追求自身利益的同时考虑拉美国家的利益，有时甚至为了长远利益的实现而满足一些拉美国家的要求。拉美国家一时半会儿还不会消除对美国的戒惧心理，但在经济发展过程中还会在很大程度上仰仗这位钱袋鼓囊的"大兄弟"。南北美洲国家不同利益在新时期的交合减少了双方在国际政治和经济等领域的冲突，使历史上延存下来的合作形式具有了新的内容。随着美洲贸易自由化的全面展开，双方在经济上相互依赖的程度将会日益加深。美洲贸易自由化是一场涉及几乎所有西半球国家的变革，南北美洲国家不管愿意与否，都无法置身于这一大潮之外。事实表明，美洲贸易自由化是一个长期艰难的谈判过程，存在许许多多难以解决的棘手问题，这场变革充满着很多不确定因素，但正在美洲国家的积极努力下向着既定的目标迈进。我觉得研究这个题目很有意义，实际上是从自由贸易的角度研究冷战之后美国与拉美地区关系出现的一种新的趋势。从严格意义上来讲，这不是一个历史题目，在当时是国际经济领域的一个重要热点问题。不过，我在研究中使用了历史学的研究方法，也就是通过大量的材料来分析揭示这一趋势。

我是从 1997 年上半年开始"美洲贸易自由化"研究的，在研究中自然少不了要撰写相关论文，作为前期研究成果发表。我的首篇论文是为出席中国拉丁美洲学会 1997 年 10 月中旬在北京召开的年会而撰写的。这次会议讨论的主题是"拉美经济区域化、一体化"。我接到了会议通知之后，下了很大功夫撰写了一篇题目为《美洲贸易自由化与拉美国家的战略选择》的论文，共 1 万字左右。这篇文章完稿之后，质量如何，我一无所知，遂斗胆投给中国社会科学院世界经济与政治研究所主办的《世界经济》杂志。《世界经济》为这一研究领域最具权威性的刊物，我只是一试，对文章能够刊登在这个杂志上并不抱有多大信心。文章是在暑假期间投出去的，很长时间没有任何消息。本来我 10 月份应该携带论文参加中国拉丁美洲学会在北京举办的年会，但因父亲到天津小住，我未能与会，让拉丁美洲研究中心同事代我在会上宣读论文。这次会议结束后不久，《拉丁美洲研究》编辑部主任姜成松编审电话于我，说我那篇文章写得不错，《拉丁美洲研究》杂志翌年第一期将选刊数篇会议论文，我的论文将安排在首篇发表。姜成松编审问我意下如何，我当然说些能够在贵刊发表不胜荣幸之类的话。刚允诺《拉丁美洲研究》发表我的文章之后未过数日，我接到《世界经济》杂志一位编辑的电话，告知我的文章已通过编辑部审阅，准备刊登在《世界经济》杂志上，他向我核对文章中的一个数字。我赶紧向这位编辑解释此稿已被《拉丁美洲研究》采用，还未等我说完事情的来龙去脉，这位编辑以为我是一稿两投，遂生气地挂掉电话，从此我与《世界经济》杂志再也无缘。这篇文章虽然未能如愿刊登于《世界经济》，但提高了我研究国际经济问题的信心。在研究过程中，我发表了近 20 篇与拉美经济有关的文章，大部分刊发在国内比较有影响的刊物上，发表后至少国内拉美学界的同行都知道我在从事拉美对外经济关系的研究。

这些文章多构成我研究美洲贸易自由化课题的内容。说实在的，我没有受过国际经济学的专门训练，但在进行美洲贸易自由化的研究中，又无法使主干内容脱离开国际经济学的基本范畴。这方面知识的贫乏迫使我"从头学起"，我阅读了大量的相关书籍，增长了不少知识甚至见识。可以说，这个课题就是在"边学边用"的过程中完成的。

1996 年 10 月，我申请的国家教委人文社会科学研究"九五"规划项目

"拉丁美洲与北美洲发展道路比较研究"获得批准。最初我对完成这一课题还是充满信心的，随即组成有 4 人参加的课题组，进入了课题研究的正常轨道。作为项目主持人，我承担课题的总体设计以及主干内容的撰写。在对国内外资料搜集的过程中，我发现这是一个非常大的题目，其所包含的内容以及所要解决的问题远远超出当初申报课题时的设想，也不是几年时间所能完成的。如果草率应付，不仅无益于学术研究，而且也不利于参加该课题的研究人员的学术发展。基于这种考虑，我把这一课题作为一项长远的规划，希望几位参加者首先能够在个人所承担的有关内容领域进行微观研究，然后再在这些研究成果的基础之上进而扩充，汇集成书。只有这样才有可能在学术研究上有所突破，研究成果才有可能成为学术"精品"。1998 年下半年我到美国堪萨斯大学访学，主要从事这一课题的研究，搜集到大量的相关资料。1999 年8 月回国之后我夜以继日，用一年多的时间完成了书名为《挑战与机遇：美洲贸易自由化研究》的专著，由中国社会科学出版社于 2001 年 6 月出版，全书近 35 万字。这本书是国内首本从历史发展的角度系统阐述美洲贸易自由化进程的专著，出版后得到一些研究拉美问题专家的肯定，2002 年获得了天津市人文社会科学优秀成果二等奖。这个课题以《挑战与机遇：美洲贸易自由化研究》书稿结项，但引发了我从文化视角探讨拉丁美洲地区不发达的思考，对这个问题的研究是受到美国学者劳伦斯·哈里森的影响。哈里森作为前美国国际开发署的官员在拉美地区工作多年，从美国新教文化的视角观察了天主教文化对拉美人的生活方式与思维方式的影响，1985 年他出版了专著《不发达是一种心态：以拉丁美洲为例》，1992 年出版了《谁将繁荣兴盛？文化价值观如何形成经济和政治成功》，2000 年他与亨廷顿合作主编了《文化的重要性：价值观如何影响人类进步》的论文集。哈里森的一系列著述在学界影响很大，引发了学界对拉美地区不发达根源的讨论。

哈里森 2000 年到中国访问，我得知后邀请他到南开大学拉丁美洲研究中心讲学，与他相识后，他将所著之书赠送于我。正是受哈里森研究的启发，我撰写了数篇相关论文，认为天主教伦理是西班牙和葡萄牙对美洲征服和殖民化过程中给拉丁美洲留下的文化遗产，迄今依然在拉丁美洲占据着主导地位。对于生活在这个文化圈内的人来说，这套文化伦理观对他们的言谈举止和生活方式产生了举足轻重的影响，同时给拉丁美洲国家在迈向现代化过程中打上了本地区特征的深刻烙印。与北部新教伦理居于主导地位的美国相比，拉丁美洲在历史上长期处于经济发展落后的状态。造成这种落后状态的因素固然很多，但天主教伦理在其中起到了不容置疑的重要作用。探讨天主教伦理对拉丁美洲发展的影响，是从文化上理解拉美地区长期不发达的一个视角。要是按照这个思路继续研究，可能会从文化角度揭示出拉美地区不发达的根源。然而，我虽对这个课题深感兴趣，但最终只是浅尝辄止，没有在广泛搜集资料的基础上继续深入下去，至今回想起来还是有些遗憾。

2000 年 10 月，南开大学历史学院成立，拉丁美洲研究中心取消独立建制，归并到历史学院，我重新回到历史研究的队伍，此后的很长时间内我把研究重点放到美国史上，涉猎拉美问题的论文多是应景之作。我撰写了多部美国史的专著，发表了数十篇学术论文，然而早已形成的拉美史研究者的"身份"很难改变。在很多学者的眼中，我是国内拉美史学科新一代的带头人之一，我本人从不为此辩解，常常还会感到自豪，这显然是根深蒂固于心灵之中的拉美史情结所致。国内拉美研究学界有两个全国一级学会，一个是中国拉丁美洲史研究会，挂靠在中国社会科学院世界历史研究所；另一个是中国拉丁美洲学会，挂靠在中国社会科学院拉丁美洲研究所。前者注重历史，后者强调现状。不过，历史与现状绝难截然分开，两个学会有很多会员重合。我于 20 世纪 80 年代中期成为中国拉丁美洲史研究会会员之后，学术发展就与这两个学会密切联系在一起。1994 年下半年，我与几位同事具体筹办了"庆祝中国拉美学会成立 10 周年暨中拉关系学术讨论会"。1999 年 11 月，在国防大学召开的中国拉丁美洲史研究会第五届会员代表大会上，我当选为副理事长兼秘书长，经过与中国拉美学会秘书长江时学研究员协商，以两个学会的名义举办中国拉美研究青年论坛，论坛不定期举行，将国内研究拉美问题的青年学者召集在一起，集中讨论一些重大问题，亦可请一些学界前辈讲治学之道，青年学者之间可通报各自的研究课题，起到相互促进之效。现在这个论坛已经举办了多届，成为国内研究拉美问题的年轻学者进行学术交流的一个平台。中国拉丁美洲史研究会第七届会员代表大会 2007 年 10 月在山东师范大学召开，我很荣幸地当选为研究会理事长，连任两届。2017 年底，我在南开大学召开的中国拉丁美洲史研究会会员代表大会上卸掉理事长一职。我担任中国拉丁美洲史研究会理事长 10 年，每次参加拉美史的学术讨论会都觉得很尴尬，因为很少提交与拉美史相关的学术论文。从中国拉丁美洲史研究会理事长一职退下来之后，我自以为彻底解放了，但中国社会科学院拉丁美洲研究所领导征求一些老先生意见之后，推荐我担任中国拉丁美洲学会会长，我婉言谢绝了多次，最后还是上任了。我在这两个学会担任职务显然是拉美史研究者的"身份"所致。

　　与国内拉美史学科的一些学者相比，我在拉美史研究上的确乏善可陈，既无对学科发展贡献很大的研究成果，又无能够形成一家之言的系统看法。我有时思忖，我的学术生涯始于拉美史，几十年期间对拉美史的研究连"时断时续"都谈不上，这也是我在前几年下决心把研究重点转向拉美史的主要原因。转向拉美史研究之后，我首先是面临着一个选题问题。完全与我过去的研究脱钩、重起炉灶对我来说比较难，与过去研究有所搭界又属于拉美史研究的范畴，这是我选题时的主要考虑。经过读书思考，我把研究重点放到哥伦布远航美洲以来欧洲人的美洲观，近期研究启蒙运动时期欧洲人对美洲"他者"形象的构建。我今年 67 岁，早就办理了退休手续，虽可以说"学术生命长青"，但精力与体质毕竟与过去无法相比了，几年前生了一场大病，让我切身地感受到"人生苦短"。我希望有生之年能够在拉美史研究上做出具有影响的成果，对国内拉美史学科发展有所补益，但愿这种希望最终能成为现实。能够有机会总结一下自己学术生涯中拉美史研究的点滴，感谢南开大学历史学院组织出版一套"美洲史研究丛书"，我对拉美史研究的论文多与美国发生联系，纯粹的拉美史论文并不多，显得有些散乱，现在整理为一册。书名实在让人颇费脑筋，最后定为《拉丁美洲对外关系史论》也是勉为其难。多篇论文与主题关系不大，收录其内主要还是想表明自己研究拉美史的学术所得。在该书出版之际，对我学术发展提供过无私帮助的师长、同行以及好友表示真诚的谢意。

王晓德

2023 年 6 月

目　录

第一编　拉丁美洲与美国的外交战略选择

第二编 拉丁美洲与美国对外关系

第三编 拉丁美洲与"开放的地区主义"

第四编 美洲贸易自由化与拉丁美洲

第五编　拉丁美洲不发达的文化根源

第六编　国内学界拉丁美洲史研究

第一编

拉丁美洲与美国的外交战略选择

西属美洲殖民地的独立与"两个半球"
理论的形成

在美国外交史上，所谓的"两个半球"是指东半球和西半球，前者为欧洲，后者为美洲。对早期历史上的美国人来说，"两个半球"虽然从表面上看属于地缘上的概念，但实际上体现了欧洲与美洲在制度上的二元对立的政治含义，同时也包含着欧洲国家不得染指属于美国势力范围的西半球的取向。美国政治家提出"两个半球"理论具有深刻的历史根源，一方面反映了根深蒂固于美国文化中对专制欧洲的本能厌恶；另一方面凸显了维护人类自由之美国的洁身自好，身处淤泥而不染。这一观念贯穿于美国早期历史，成为指导美国对外政策的重要因素之一。西属美洲殖民地独立运动的爆发为在地缘上占据优势的美国提供了向外扩大势力范围的机会，美国借此把腐败专制的欧洲在空间上与整个美洲分离开，减少和根绝欧洲大国对西半球事务干涉的可能性，为美国在美洲"大展宏图"创造条件。这样"两个半球"理论便应运而生了。这种理论是以美国与新独立的拉美国家具有相同的利益为前提条件，一些学者提出了诸如"西半球观念"以及"天然合作伙伴"等来证明这种说法的合理性，[①]旨在为把拉丁美洲变成美国的从属地区辩解。其实，这样的假设很大程度上只是美国的一厢情愿而已，并不是一种客观存在的事实，但美国却从这种理论中找到了把欧洲国家从美洲排除出去的一个强有力的武器，成为很长时期以来美国制定和执行对拉丁美洲政策的基础。

---

① 参见 Arthur P. Whitaker, *The Western Hemisphere Idea: Its Rise and Decline*, Ithaca: Cornell University Press, 1954, p.4. George Wythe, *The United States and Inter-American Relations: A Contemporary Appraisal*, Gainesville: University of Florida Press, 1964, p.4.

一、"两个半球"理论形成的文化根源

美国政治家提出"两个半球"理论并不是一时兴之所至的应景之作,而是折射出了美国人早期的欧洲观,这便是这种理论出现的文化根源。美国从本源上讲是欧洲向外扩张的一大硕果,因此美国文化在形成过程中很难与欧洲摆脱干系。很多美国学者并不否认欧洲文化对美国发展的影响,但很少把这块大陆上形成的文化形态看作是旧世界文化在北美大陆的再现,认为来源于英国的新教伦理观被移植到一种全新的自然和人文环境中时便发生了转变,北美大陆的开拓以及居住在这个大陆上的人们承担的特殊使命赋予了这套伦理观在旧世界没有的内容。美国文化中体现出的"例外论"思想最初主要是针对欧洲而言的,其核心是美国不同于欧洲,在发展过程中显示出了与欧洲不同的独特性。美国与欧洲在文化上同根同源,但在发展过程中受各种因素的制约而最终分道扬镳了,这成为早期美国人消极地看待大洋彼岸社会的主要原因之一。因此,"两个半球"理论的形成在美国具有根深蒂固的文化渊源。

北美早期移民主要来自英国,其他欧洲国家的移民也有一些陆续移居北美。他们一旦扎根于这块大陆,尽管母国的文化痕迹不会在他们身上消失殆尽,但对母国统治阶层的怨恨以及在母国受到的压抑或迫害,至少使他们在心理上很难继续认同旧世界居于支配地位的贵族文化或精英文化,他们实际上在开疆拓土过程中逐步完成了向一种新的文化形态的过渡。当然,这些第一代的移民或许不会忘却熟悉的过去,但波涛汹涌和一望无际的大洋让他们无路可退,只有通过艰辛的奋斗才能在这张近乎白纸的土地上绘出与欧洲区别开来的"新"图画。其实,对来自欧洲的第一代移民来说,要他们完全忘却自己的文化之"根"几乎是不可能的。不过随着岁月的流逝,欧洲高雅文化在他们的脑海中逐渐地由清晰变得模糊,乃至他们的后代时就几乎荡然无存了。法国移民约翰·克雷弗克的《一个美国农夫的信札》于 1782 年出版,他在这本书中认为所谓的美国人就是指早期移民的后代,他将之称为"新人",在很大程度上首先指体现在他们身上的文化之"新"。克雷弗克专章回答了"什么是美国人"这一当时在旧世界人们十分关切的问题。在他看来,美国人"来到了一个新的大陆,这个不同于他们迄今为止看到的现代社会本身就引起了他们的思考。它不像欧洲那样由拥有一切的大贵族和大量一无所有的人民构成。这里没有贵族家庭，没有宫廷，没有国王，没有主教，没有教士的统治，没有把非常明显的权力赋予一些人的无形权力，没有雇佣数千人的大制造商，没有奢侈的讲究。富人和穷人并不像他们在欧洲那样相互不会有太大的变动"①。因此，"美国人是一个新人，他靠着新原则行事；他由此持有新的思想，形成新的主张"。②克雷弗克是来自法国的"归化"移民，他对"美国人"的描述尽管有意识地回避了盎格鲁-撒克逊新教文化的主导作用，但却处处以"新"对美国人进行了细致入微的刻画，在与旧世界的对比中展示了这块大陆形成的民族或该民族主体的独特性。美国一开始就试图把自己从以欧洲为中心的大西洋政治体系中分离出来，形成与欧洲对立的新的发展模式。

　　美国与欧洲之间存在很大的区别是一个十分古老的话题，很少有学者否认这一点，但这种区别恰恰成为美国把自己与本来具有很密切联系的欧洲在文化上分开的基础。在文化的形成上，很多美国人更倾向于地理环境决定论。定居北美的早期移民离开故国，漂洋过海，主要是不甘忍受旧世界统治阶级的政治与宗教迫害，绝大多数清教徒来到北美是想寻求一块实现他们理想的"乐土"。当然，许多移民是出于其他原因背井离乡，寻找生存之地和致富之路是无地穷苦移民的主要目的。在当时，那些享有特权的上层人物或殷富人家很少愿意抛弃故国舒适的生活条件，来到新大陆进行冒险。不过，不管他们跨越大西洋前往北美定居的原因何在，他们具有一个共同的信念，即这块大陆能为他们的发展提供一个新的起点。用克雷弗克的话来说："在各种动机的驱使下，他们来到了这里，这里的一切存在都是为了他们的再生；新的法律、新的生活方式、新的社会制度；在这里，他们是脱胎换骨的人，在欧洲，他们就像众多无用的植物，急需培植的沃土和久旱之后的甘露，他们枯萎了，需求、饥饿与战争使他们难以为生；而今，借助于移植的神奇力量，如同所有其他植物一样，他们扎下了自己的根，他们枝繁叶茂了。"③克雷弗克是个典型的地理环境决定论者，在他看来，北美大陆独特的地理环境决定了美国文化的特性。以后很多美国著名人士持此观点，认为美国西部辽阔土地的开发赋予了美国文化许多新的特征，与腐败堕落的旧欧洲形成了鲜明的对比。

---

　　① J. Hector St. John de Creveoeur, *Letters from an American Farmer: An 18th Century Thoreau Writes of the New World*, New York: E. P. Dutton, 1957, pp.35-36.

　　② John de Creveoeur, *Letters from an American Farmer*, p.40.

　　③ John de Creveoeur, *Letters from an American Farmer*, p.38.

　　实际上，包括清教徒在内的那些早期移民在移往北美大陆时本身就带着旧大陆所不愿意接受的思想与观念，即寻求个人自由与解放的理想。他们这种理想成为踏上新大陆后面对艰难环境的重要精神支撑，也成为在这块大陆上形成独特文化的基础。1776年，法国人阿贝·加里亚尼写道："欧洲的崩溃向我们铺天盖地而来，移往北美的时机已经到来。这里的一切正在衰微，腐败不堪：宗教、法律、艺术和科学等。在北美，一切都重新再建。"①加里亚尼说这番话时北美13个殖民地摆脱英国的统治已成大势所趋，但说明了在来到或即将前往北美移民的眼中，欧洲与北美在自然和人文环境上的确是两个完全不同的"天地"。这里的土地的确一望无垠，广袤富饶，更为重要的是没有旧世界的种种限制，为他们充分发展自己的才能提供了机会，他们真正成为掌握自己命运的主人。因此，无论从哪方面讲，这里体现出的"新"恰恰是以欧洲的"旧"作为衬托的，一个与"旧世界"相对应的"新大陆"就这样脱颖而出了。约翰·科顿牧师17世纪中期从英国启程到北美时宣称："当上帝把我们沐浴在他的安排下时，当他赋予我们犹如双翼的生命和力量时，一块希望之地便开始出现了。"②不管北美大陆当时是否已向移民们展现出不同于欧洲大陆的特殊优越条件，至少在许多早期移民的意识中，这块大陆在他们的经营下，注定会成为追求自由者的"希望之乡"。在很长的历史时期，这块"希望之乡"主要是针对欧洲"压迫之地"而言的。

　　这样，"新大陆"与"旧世界"在文化上的二元对立逐渐形成了美国人对欧洲的一种传统之见。用理查德·佩尔斯的话来说，"一个新大陆的概念很快成为区别开两种完全不同文明的手段。新和旧的二元对立不仅仅具有地理上的意义，而且具有规范的含义：它表明一套根本不相同的价值观和品行，它强调对立的理想和行为模式，它有助于各自大陆的人民通过把对方用作一个陪衬、一个消极的形象以及一种唯恐避之不及的教训而确定了各自的身份"。在美国人的眼中，美国体现了"清白、年轻、活力、信任、乐观、自由、繁荣和现代性"，而欧洲却代表了"狡黠、玩世不恭、腐败、颓废、贫穷、社会

---

　　① Durand Echeverria, "The French Image of American Society to 1815: Some Tentative Revisions," in Paul J. Korshin, ed., *The American Revolution and Eighteenth-Century Culture*, New York: AMS Press, 1976, p.250.

　　② Vernon Louis Parrington, *Main Currents in American Thought: An Interpretation of American Literature from the Beginnings to 1920*, Vol.1, New York: Harcourt, Brace and Company, 1927-1930, p.27.

与意识形态冲突和战争"。美国代表了"向善",欧洲却代表了"邪恶"。①美国人正是在这种与欧洲文化对立的观念中全面展现了美国与众不同的特性。许多美国人对欧洲的描述是在想象中来创作出"他们的欧洲",其意义并不在于欧洲本来是什么,而是以欧洲的"黑暗"来映衬美国的"光明"。这种观念逐渐融入了正在形成的美国文化之中,成为在地理上把大西洋两岸隔离开来的文化根源。当历史的车轮转到了19世纪之初时,当美国政治家大谈把美洲与欧洲在政治上分离开时,人们同样可以从他们的言论中找到相同的文化根源。

二、"两个半球"理论的外交理念基础

在早期美国外交中,美国与欧洲国家打交道主要限于商业往来,受根深蒂固于思想中对欧洲负面观念的影响,美国人尤其厌恶与欧洲国家发生政治结盟关系,唯恐在世人的眼中造成与腐败之欧洲"同流合污"的印象。美国革命期间与法国结盟是美国人为寻求外国援助做出的一种很不情愿的选择,实际上有悖于早就存在于美国政治家脑海中"不卷入欧洲纷争与战争"的原则。法美结盟对美国革命的成功起了非常重要的作用,但其持续下去却没有坚实的基础。美国革命之后这个联盟对美国来说很快失去了存在的价值,法美联盟的废除尽管在美国政府内部出现过争执,但该联盟在1783年之后的美国外交中基本上没有发挥过作用,最终在名存实亡中走到了历史的尽头。举出此例只是想说明,美国自宣布为主权国家以来就把在政治上不与欧洲国家为伍作为其外交决策的基本出发点,在维护本国利益中形成了历届政府认同的外交理念,即与大西洋彼岸国家只发生贸易关系,不得卷入它们之间爆发的政治和军事"纷争"。这种外交理念既体现出了与欧洲"道不同不相为谋"的意识形态取向,又为以后把美洲与欧洲在政治上分离开提供了外交实践的基础。

避免与欧洲国家发生政治上的联系主要出于现实利益的考虑。北美13个殖民地宣布独立之后,尽管已经是一个可以履行国家主权的邦联制国家,

---

① Richard Pells, *Not Like Us: How Europeans Have Loved, Hated, and Transformed American Culture since World War II*, New York: Basic Books, 1997, p.3.

但国家的整体力量很难与欧洲大国匹敌。如果与欧洲某一大国结为政治联盟，力量的不对称很容易使这个新国家在联盟中处于依附地位，最终会受与之结盟的国家所拖累卷入欧洲经年不息的战争或纷争中而不能自拔，也会使美国靠着流血牺牲争取来的自由与独立变得毫无意义，这样一种结果自然很难谈得上迈向大国的发展了。因此，不卷入欧洲政治纷争的思想反映了美国革命时期那一代人的一个很重要的政治理念。在处理具体的外交事务时，这个新独立的国家尽管不时地面对着新的挑战，但这种理念在任何复杂的情况下都成为政府决策者不能忘记的"箴言"，即使受局势所迫有所背离，然而一旦局势转变很快设法复归。约翰·亚当斯在欧洲的外交经历使他对欧洲大国的"阴谋"颇为了解，没有一个欧洲国家希望美国迅速崛起为大国，它们只是把美国作为制衡竞争对手的砝码。在这种局势下，美国"首先尽可能地避免使我们自己卷入它们的战争或政治。我们与它们的往来或它们与我们的来往只是商业，不是政治，更不用说战争了。很长时期美利坚就一直是欧洲战争和政治的玩物"①。1805 年 9 月底，约翰·亚当斯致信本杰明·拉什说，他在美国革命爆发时提倡的外交原则一直是从当时到如今"不变的指南"。他担任驻法国、荷兰和英国大使以及出任美国副总统和总统期间都是按照这一指南行事的。这个原则就是，"我们不应该与任何欧洲大国缔结结盟条约，我们应该尽可能长地使我们自己与欧洲一切政治和战争分开"②。亚当斯说这番话时，这一原则已经牢牢地灌输在美国人的思想意识之中，成为他们处理与欧洲关系的基本出发点。

美国革命胜利之后，不卷入欧洲纷争这一原则尽管不时地受到国际局势变化多端的挑战，但逐渐地成为不管属于任何党派的美国政治家的共识。在与英国的战争刚刚落下帷幕后，大陆会议于 1783 年 6 月 12 日通过决议拒绝美国在参加欧洲武装中立联盟上进行谈判，宣称 13 州的真正利益要求"它们尽可能少地卷入欧洲国家的政治和纷争"③。杰斐逊出于诚信考虑，不主张废除法美联盟，在法国大革命爆发之后还敦促美国政府按照盟约行事，但他打

---

① John Adams to the President of Congress, April 18, 1780, in Charles Francis Adams, ed., *The Works of John Adams*, Vol. VII, Boston: Little, Brown and Company, 1852, p.151.

② John Adams to Benjamin Rush, September 30, 1805, in John A. Schutz and Douglass Adair, eds., *The Spur of Fame: Dialogues of John Adams and Benjamin Rush, 1805-1813*, Indianapolis: Liberty Fund, 1966, p.40.

③ Gaillard Hunt, ed., *Journals of the Continental Congress, 1774-1789*, Vol. XXIV, Washington: Government Printing Office, 1922, p.394.

心底里不愿意美国涉足大西洋彼岸的事务。在法国处于山雨欲来风满楼之时，杰斐逊曾感言："我们远离这些没完没了地使欧洲荒芜不堪的动荡，对我们来说这该是多么幸福！"①这是杰斐逊真实心绪的表达。他是联邦政府负责外交事务的第一个国务卿，在华盛顿内阁中与财政部长汉密尔顿在外交理念上冲突迭起，但他从来不是一个不讲原则的人，革命时期确定的"不卷入"欧洲政治的思想同样在他的身上体现出来，他在与友人的通信中甚至流露出把共和制的美国与外界完全隔绝开来的不现实想法。杰斐逊 1799 年 1 月 12 日致埃尔布里奇·格里的信中明确表明他"赞成与所有国家自由贸易，不与任何国家发生政治联系，很少或不设置外交机构。我不赞成通过新条约把我们自己与欧洲的争执联系在一起，进入保持它们平衡的厮杀战场，或加入君主们向自由原则宣战的联盟"②。杰斐逊出任总统之后在就职演说中宣布，美国对外政策是要保证"与所有国家保持和平、通商和真诚的友谊，但不与任何一国结为同盟"③。斐逊是美国民主共和党的创始人，他提出的外交理念中包含着浓厚的"理想"色彩，但杰斐逊很少脱离美国的现实制定外交政策，他奉行的不与欧洲国家结盟的政策与联邦党人的主张并无二致，两党最终在如何有利于国家利益实现上找到了结合点。

联邦党人的创始人汉密尔顿更加强调不卷入欧洲的政治纷争和战争，将之视为美国外交的最终目的。他在联邦政府运行之初在"中立"问题上与杰斐逊等人展开了激烈的外交辩论，其中焦点之一集中在废除法美联盟之上，汉密尔顿显然是以不与欧洲国家结盟来作为废除这一联盟的理由的。多年的外交经验使汉密尔顿这方面的思想更加成熟，他与总统华盛顿过从甚密，这一时期华盛顿颁布的重要文件很多出自汉密尔顿之手，对后世产生重要影响的大概就是华盛顿的"告别演说"了。当然汉密尔顿是遵循华盛顿的指示来起草这份文件的。华盛顿与那个时代的大多数政治家一样竭力反对卷入欧洲的政治事务，他在一次致友人的信中表示"与欧洲的政治阴谋或争执不发生

① Jefferson to William Carmichael, March 4, 1789, in Paul Leicester Ford, ed., *The Works of Thomas Jefferson*, Vol. V, New York and London: G. P. Putnam's Sons, 1904, p.455.

② Jefferson to Elbridge Gerry, January 26, 1799, in Ford, ed., *The Works of Thomas Jefferson*, Vol. IX, p.18.

③ James D. Richardson, ed., *A Compilation of the Messages and Papers of the Presidents*, Vol. I, Washington D. C.: Bureau of National Literature, 1897, p.323.

任何关系是美国的真诚愿望"[1]。华盛顿的这种思想在他给汉密尔顿下达的起草"告别演说"之要点说明中体现了出来。[2]汉密尔顿知道这份文件的重要性，可以说是费尽心机，字斟句酌。据汉密尔顿夫人的回忆，汉密尔顿在他的办公室精心准备这篇告别演说，尽量避免外人打扰，他"习惯于要我坐在他的身旁，他一边写一边读给我听，目的是觉得如何听起来顺耳"。因此，"整个或几乎全部'讲演'都是他边写边向我朗读的，即使不是他写的全部也有相当一部分是我在场时完成的"[3]。显而易见，汉密尔顿对这一演说的字句和语气做出了较大的改动，但并没有超越华盛顿最早交给他的要点说明，告别演说中体现的基本思想主要还是华盛顿本人长期的思考。用研究这一问题的一位专家的话来说，汉密尔顿"放弃了对华盛顿草稿的严格坚持，扩大了华盛顿的思想，引用了新的素材"[4]。实际上，汉密尔顿主要在对外关系这一部分上扩大了华盛顿的思想。

　　在这份重要文件中，外交政策的部分主要体现了三个方面。首先，是使美国保持在欧洲纷争之外；其次，是抵制法国让美国卷入欧洲战争的活动；最后，是为美国未来的方针提出指导性的。建议。简要而言，就是尽可能地发展与所有国家的商业关系和不卷入欧洲国家的任何政治纷争，用"告别演说"中的话来说就是："我们对待外国应循的最高行动准则是在扩大我们的贸易关系时，应尽可能避免政治上的联系。……欧洲有一套基本利益，我们则没有，或关系甚疏远。因此欧洲必定经常忙于争执，其起因实际上与我们的利害无关。因此，在我们这方面通过人为的纽带把自己卷入欧洲政治的诡谲风雨，与欧洲进行友谊的结合或敌对的冲突，都是不明智的。我国位于隔离的和遥远的位置，这要求我们并使我们追寻另一条不同的道路。……我们真正的政策是避开与外界任何部分的永久联盟。"[5]这段话可以说是未来很长时

---

① Washington to the Earl of Buchan, April 22, 1793, in Paul Leicester Ford, ed., *The Writings of George Washington*, Vol. XII, New York and London: G. P. Putnam's Sons, 1891, p.283.

② 详见 Washington to Alexander Hamilton, May 15, 1796, in Ford, ed., *The Writings of George Washington*, Vol. XIII, pp.190-207.

③ Elizabeth Hamilton's Statement as to Washington's Farewell Address, August 7, 1840, in Allan McLane Hamilton, *The Intimate Life of Alexander Hamilton*, London: Duckworth & Co., 1910, p.111.

④ Felix Gilbert, *To the Farewell Address: Ideas of Early American Foreign Policy*, Princeton: Princeton University Press, 1961, p.128.

⑤ Washington, "Farewell Address," in Richardson, ed., *A Compilation of the Messages and Papers of the Presidents*, Vol. I, pp.214-215.

间内美国发展对外关系的指南,同时反映出了美国社会广泛存在的孤立情绪,其重要性在于把传统的孤立思想第一次用明确的语言表达出来,确定了美国很长时期内制定和执行外交政策的一项主要原则。这种使美国不卷入欧洲纷争的话语也许是出自汉密尔顿之手,但这种思想无疑是华盛顿那一代政治家的共识,并不是单纯地反映了联邦党人在外交上的价值取向,更不是意味着联邦党人在外交上取得了对民主共和党人的胜利。作为开国之父,华盛顿完全是站在如何更好地实现美国现实利益的立场上来阐述美国人对外部世界看法的,至少在主观上不愿意把当时存在于美国政坛上的党争反映在这一重要的讲话之中,这也正是这一讲话所体现的外交思想对后世产生巨大影响的主要原因。华盛顿的"告别演说"被后世的很多政治家奉为经典,确定了美国很长时期外交政策的基本走向,也为美国随后形成"两个半球"理论奠定了外交理念的基础。

三、西属美洲独立运动与"两个半球"理论的酝酿

西属美洲独立运动 1808 年爆发,到了门罗任第二任总统之时,这场运动的成功已是大势所趋,但西班牙决不会甘愿放弃它在美洲的殖民地。从当时的情况看,单凭西班牙自己的力量是很难挽回败局的,只有寻求其他君主国家的支持才有可能恢复原来的态势,而神圣同盟是西班牙能够在国际上所依靠的主要力量。欧洲君主国家曾邀请美国参加这一联盟来调停西班牙与拉美独立国家的冲突,遭到美国的拒绝。拒绝的一个重要原因显然是代表"自由"的美国不可能与专制的欧洲君主国家同流合污。国务卿约翰·昆西·亚当斯借机重复了华盛顿"告别演说"中为美国外交确定的"伟大准则":"美国的政治制度也是非欧洲的,坚定而谨慎地独立于欧洲体系的所有约定之外,一直是从 1783 年和约至今美国历届政府制定政策的基本出发点。[1]亚当斯这里阐述了美国历届政府在外交上一直奉为圭臬的一项原则,同时也意味着美国政府开始了"两个半球"理论的酝酿。

其实,随着西属美洲殖民地的独立,这一时期的美国政治家开始从不同

---

① John Quincy Adams to Henry Middleton, July 5, 1820, in Ford, *Writings of John Quincy Adams*, Vol. VII, 1917, p.49.

的角度表达了美洲联合的思想。亨利·克莱在敦促门罗政府承认拉美独立国家时，大声疾呼美国在地缘上与拉美新独立国家具有共同的利益，"这种利益关系到我们的政治、我们的商业和我们的航海。毫无疑问，西属美洲一旦独立，无论在其几个地区建立什么样的政体形式，这些政府将受一种美洲感情所鼓舞，受一种美洲政策所指导。它们将服从新大陆体系的法则，因为它们属于其中的一个部分，这种体系与欧洲体系形成了鲜明的对比"①。克莱的承认议案尽管在国会未获通过，但他提出的"美洲体系"已经包含了"两个半球"理论的基本内容。当西属美洲殖民地独立运动成功在望之时，杰斐逊在其"自由帝国"观的基础上设想了一个与欧洲隔离开的、以美国为中心的美洲国家联盟。他把欧洲和美洲比作"狮子"和"羔羊"，前者意味着永久的战争，后者象征着和平相处。欧洲人口过多，空间狭小，资源贫乏，只能依赖经年不息的战争来减少人口的数量；美洲则土地肥沃，资源丰富，能够为日益增长的人口提供生计。因此，欧洲和美洲的"社会原则是完全不同的"，没有一个美洲爱国者"将忽视这一绝对必要的政策，即在南北美洲的海域和领土上限制欧洲的残暴血腥的争夺"②。杰斐逊的"帝国"视野此时已经扩展到了美洲南部，他不会对南美洲提出有形的疆土要求，却把能够保持共和制长治久安的基本要素扩大到了南美洲，目的显然在于用"自由共和"的纽带把南北美洲国家联合在美国的星条旗下，共同对付专制制度居于优势的欧洲给新大陆带来的威胁。杰斐逊与克莱长期活动在美国政坛上，属于"一呼群应"型的政治家，他们谈论"美洲联合"表明这种思想在美国政界已经很有市场，也预示着"两个半球"理论呼之欲出了。

"两个半球"理论的提出与美国当时面对着欧洲君主国家干涉拉美独立与扩大领土息息相关。在欧洲君主们的眼中，西属美洲独立运动是对既定秩序的颠覆，对现存的君主体制构成了很大的威胁。因此，由欧洲君主大国组成的神圣同盟一直关注南美洲局势的发展，更是对欧洲国家爆发的革命难以容忍，必欲灭之而后快。1820年10月20日，神圣同盟在位于德意志境内的特洛波召开会议，一个月之后通过了《特洛波议定书》，宣布对各地爆发的威胁现存秩序的革命进行干预。神圣同盟随后在欧洲的一系列活动似乎表明，它

---

① *Annals of the Congress of the United States, from 1789 to 1824,* Vol.32, 1854, pp.1481-1482.

② Jefferson to William Short, August 4, 1820, in Andrew Adgate Lipscomb, ed., *The Writings of Thomas Jefferson*, Vol.15, Washington D. C.: Issued under the Auspices of the Thomas Jefferson Memorial Association of the United States, 1904, p.263.

们不会坐视发生在西属美洲推翻西班牙君主统治的革命获得成功。其实，神圣同盟远隔重洋派兵干涉受到种种客观条件的限制，尤其是同盟诸国并不是一个完全受原则限制的整体，实现本国的利益成为各成员国执行《特洛波议定书》首要之前提。原则与利益并不总是一致的，通常的情况下，当在二者之间进行选择时，任何国家都会毫不犹豫地把利益放在首位，这也是神圣同盟内部矛盾重重的主要原因。神圣同盟无疑希望西班牙在美洲恢复君主统治，也会在拉美国家独立成为不可扭转的趋势下阻止美国的共和模式在这些国家"重演"。就缺乏一个绝对权威"霸主"的神圣同盟而言，这种愿望纯粹属于"公共利益"，每个成员国也许都会从维护这种利益中得到好处，但很难为了共同的目的而牺牲个体的利益。因此，神圣同盟的诸成员会支持某一成员国为了实现这一目的进行干涉，但要集体达成协议出兵美洲恐怕并非轻而易举，英国的极力反对更使神圣同盟的干涉计划付诸实行的可能性降到了最低限度。

尽管如此，美国也不能不对此有所警觉，只要有一丝可能性存在，其结果都会对美国在西半球的利益构成严重威胁。防止欧洲大国借西属美洲之乱扩大在西半球的势力范围是这一时期美国外交的一个主要目的，而包括法国在内的神圣同盟在欧洲的举动的确令美国政府很多官员感到担忧，他们唯恐神圣同盟对西属美洲革命的干涉不仅造成君主政体在西半球"失而复得"，而且会带来欧洲大国取衰落的西班牙而代之的危险。1823 年 6 月 2 日，门罗总统在致杰斐逊的信中流露出对神圣同盟援助西班牙王室的担忧。[①]用一位研究者的话来说，美国人担忧，"欧洲大国接下来将转向拉丁美洲，征服这些造反的西班牙殖民地，因为这种对西班牙提供的援助保证了它们可以在美洲获得殖民地"。[②]其实，这种担忧很大程度上还是从逻辑推理中得出的结果，离现实甚远，但无疑会对美国制订相关政策产生影响，至少成为门罗政府加快提出"两个半球"理论的一个振振有词的借口。英国试图控制南美洲独立政府的行为同样引起了美国政府的警觉。据亚当斯在日记中记载，英国与欧洲大陆大国在西属美洲重新确立君主制的阴谋使那些南美洲独立战争的领导人"对这个欧洲联盟戒备重重，他们首先对英国既防备又担忧。他们希望形成一

---

① Monroe to Jefferson, October 17, 1823, in Stanislaus Murray Hamilton, ed., *The Writings of James Monroe*, Vol. VI, New York and London: G. P. Putnam's Sons, 1902, pp.323-325.

② Frank Fletcher Stephens, *The Monroe Doctrine: Its Origin, Development and Recent Interpretation*, Columbia: University of Missouri, 1916, p.6.

个美洲体系，把整个半球都包括进来，抵制欧洲联盟，尤其是与英国为敌。他们愿意和希望美国应该是这一体系的领导"①。其实，像玻利瓦尔和圣马丁等拉美独立运动的领导人的确表达过"西半球联合"的思想，但与亚当斯这里谈到的"美洲体系"却是大相径庭。亚当斯只是把美国欲要的"美洲体系"的思想强加给这些独立运动的领袖，尽管只是一厢情愿，但却反映了美国试图借地缘优势联合拉美独立国家抵制包括英国在内的欧洲国家在西半球扩大势力范围。

在西属美洲独立运动期间，欧洲大国与美国围绕着各自利益形成了错综复杂的外交关系。从经济和军事力量上来看，美国离"大国"尚有距离，还无法单凭自己的实力与欧洲大国在美国境外抗衡，只能利用欧洲大国之间的矛盾与冲突纵横捭阖，使外交在服务于国家利益的实现上取得了明显的成效。在美洲事务上，欧洲大国不会轻视美国的存在，毕竟美国有着欧洲大国所不具备的地缘优势，况且美国的崛起在很多欧洲政治家看来似乎是一个难以遏止的趋势。这种地缘优势给美国在北美大陆的扩张带来莫大的便利，也导致美国不会让欧洲大国在美洲具有与它同样的优势。因此，当西属美洲独立运动面临着欧洲君主国家干涉的威胁时，美国政府对此不可能无动于衷，势必会把"美国与欧洲在政治上隔离开来"的外交理念从空间上向整个美洲延伸，这样"两个半球"理论的提出自然也就不会出乎预料了。

四、"两个半球"理论的提出及其实质

防止欧洲君主国家干涉美洲事务是美国提出"两个半球"理论的诱因。1822 年 9 月，乔治·坎宁复出英国外交大臣后，在外交上励精图治，采取了一些新的举措。英国大概不会像美国那样关注独立后的西属美洲是实行君主制还是共和制，但决不容忍法国等国把干涉的行径延伸到已经宣布独立的西属美洲。坎宁在上任后的一次重要讲话中宣称，他"之所以让新大陆的存在，就是为了恢复旧世界的平衡"②。坎宁这里的意思很明确，法国等国不能在美洲取西班牙地位而代之，这是英国在坎宁时期制订外交政策的基本出发点之

---

① Diary Entry, May 13, 1820, in Charles Francis Adams, ed., *Memoirs of John Quincy Adams, Comprising Portions of His Diary from 1795 to 1848*, Vol. V, New York: AMS Press, 1970, p.115.

② 转引自 H. W. V. Temperley, *Life of Canning*, London: James Finch & Co., Ltd, 1905, p.191.

一，也是坎宁向具有同样忧虑的美国政府提出合作建议的主要原因。1823 年8 月 16 日，坎宁向美驻英公使拉什建议英美两国在西属美洲问题上合作，以阻止法国等国出兵美洲的计划。坎宁提出与美国合作的建议，从表面上看主要出于防止法国等欧洲君主国出兵干涉拉丁美洲独立国家的目的，但更深的一层含义是试图以具体的承诺来约束住美国在西半球的领土扩张野心。

坎宁的合作建议在美国政府内部反响很大，一时成为决策者"热议"的一个话题。当时美国社会盛传法国已将其陆海军置于西班牙王室的指挥之下，意在帮助西班牙恢复其在新大陆失去的殖民地。美国与英国一样，对神圣同盟干涉美洲事务的担忧在政府决策圈内占据了上风。门罗政府实际上面临着两难选择，一方面要想阻止神圣同盟的干涉，必须借助英国的强大力量；另一方面，美国对英国王室缺乏信任，依然将之视为美国传统的敌人，与英国合作意味着美国再次卷入欧洲的政治。对很多美国政治家来说，做出这样的抉择乃是不得已而为之的事情，与美国外交的根本出发点实在有些格格不入。这也是门罗总统在这一问题上格外谨慎的重要原因之一。10 月 17 日，门罗将拉什发来的两封急件转给杰斐逊，其中包括坎宁建议英美合作共同抵制神圣同盟干涉南美洲独立的两封信。杰斐逊虽然已经退出政坛多年，似乎在弗吉尼亚的蒙蒂塞洛庄园颐养天年，但对政治的终生追求使他无时不关注外部局势的变化。杰斐逊对门罗转交给他的信中提出的问题极为重视，说独立以来他一直对这一问题进行思考。杰斐逊在致门罗的复函中明确表明了"两个半球"的理论，即"我们首要的基本箴言应当是从来不使我们自己卷入欧洲的争执中，其次是从不允许欧洲干涉大西洋这边的事务。南北美洲有一套区别于欧洲利益的利益，对美洲自己尤其如此。因此，美洲应该有与欧洲体系分离开来的自己的体系。当后者正在努力成为专制政府的场所时，我们的确应该使我们的半球成为自由的场所"①。杰斐逊还是把英国看作是对美国利益构成最大威胁的国家，对美国来说比较明智的做法就是把英国"邪恶"的力量变为正当，为正在摆脱欧洲影响的美洲大陆提供支持。因此他劝说门罗从现实的角度考虑接受英国的提议。杰斐逊也感到事关重大，旋即把门罗写给他的信以及所有相关文件转给了好友麦迪逊。麦迪逊同意接受坎宁与美国发表联合声明的提议，认为英国打算合作对美国来说是"特别幸运"的，有了

---

① Jefferson to Monroe, October 24, 1823, in Ford, ed., *The Works of Thomas Jefferson*, Vol. XII, pp.318-319.

英国的支持，美国就会对"欧洲其他国家无所畏惧"。麦迪逊不仅仅是站在西半球的角度来看待美国现在面临的这场危机，将之放大化，不只是触发了美洲体系的建立和与欧洲体系的决裂，而是标志着世界进入了"自由与专制时代大搏斗"的阶段。因此，美国与英国的合作不仅要维护西半球的自由，而且还要维护欧洲国家争取摆脱专制统治的自由。①麦迪逊比杰斐逊表现出了更为激进的态度，但他的这番话中同样包含着"两个半球"理论的内容。

英国向美国提出合作建议主要是出于防止法国干涉南美洲事务的考虑，随后法国利尼亚克亲王向坎宁保证"在任何情况下都无意通过武力对这些殖民地采取行动"②。法国的保证使英国消除了后顾之忧，英美两国的合作由此失去了基础，坎宁决定采取单边行动来应付对英国政策的挑战。远在大西洋彼岸的华盛顿政府并不知道英国政策发生了变化。11月4日，门罗带着杰斐逊和麦迪逊的意见返回华盛顿，准备召开内阁会议商谈与英国合作的问题，但出乎他意料的是，欧洲另一个大国俄罗斯对美国外交的基本原则发出了挑战，加快了在西北海岸的领土扩张并对共和制公开叫板。11月25日，亚当斯草拟了一份针对俄罗斯反对共和制的照会，经门罗略微修改之后转交给了俄罗斯新任驻美公使巴伦·德·图耶尔，宣称对于欧洲大国试图通过武力干涉恢复西班牙在美洲的殖民统治，或在这些新独立国家推广君主制原则，或把西班牙过去或现在属地的任何部分转让给其他任何欧洲大国，美国政府不可能袖手旁观。③亚当斯在这份照会中实际上提出了这一时期美国外交所遵循的几个基本原则。俄罗斯不是当时美国外交所针对的主要对象，但美国政府对俄罗斯的领土要求和公开挑战不可能等闲视之，俄罗斯的举措实际上为门罗政府全面阐述其"两个半球"理论提供了一个绝好的机会。

如何处理坎宁发表联合声明的建议与俄罗斯的外交危机，美国政府内部也存在着一些不同意见，有时争执非常激烈，但在这一过程中美国决策者逐渐地形成了共识。在对这一时期美国外交目的的理解上，门罗与亚当斯各自的看法并无本质上的差异，但在一些具体的操作层面上，两人不会完全一致。

---

① Madison to Monroe, October 30, 1823, in Gaillard Hunt, ed., *The Writings of James Madison*, Vol. IX, New York and London: G. P. Putnam's Sons, 1906, pp.157-159.

② Memorandum of a Conference between the Prince de Polignac and Canning, October 9 to 12, 1823, in Manning, ed., *Diplomatic Correspondence of the United States Concerning the Independence of the Latin-American Nations*, Vol. III, p.1498.

③ Diary Entry, November 25, 1823, in Charles F. Adams, ed., *Memoirs of John Quincy Adams*, Vol. VI, p.200.

门罗的观点似乎"理想"色彩更浓一些，亚当斯的观点比较贴近现实，其实他们都是在为如何实现美国的利益寻求更好的途径。正是这一原因，即使门罗身为最高决策者，只要符合美国的利益，他也不会固执已见，而会接受亚当斯的建议。如在11月21日的内阁会议上，门罗在涉及美国南美洲政策时与亚当斯等人发生争执，据亚当斯相关文献记载，门罗总统"最终同意了最初由我起草的段落内容，但是最后要求表达方式上应该有所不同。总统提出的几乎所有修改意见主要遭到卡尔霍恩先生的反对，他明确赞成我草拟的最后段落替代总统的相关阐述。总统没有坚持已为大家认可的任何修改意见，最后的文件尽管与我最初的草稿差别很大，但与我的观点是一致的"①。这只是一个例子，翻阅这一时期留下的档案材料，美国政府决策者在重大外交问题上的争执充斥其中。"门罗宣言"便是在这些争执中形成的，其所体现的内容并不是门罗总统个人的思想，而是融汇了活跃于美国外交战线上的主要人物对这一时期美国面对的外交挑战的理解，尤其是亚当斯在这一重要文件形成过程中起了举足轻重的作用，这一文件很大程度上是亚当斯外交思想的体现。

　　1823年12月2日，门罗总统在致国会的年度咨文中提出了美拉关系史上著名的《门罗宣言》②，以国家文件形式全面阐述了"两个半球"理论：一是美国反对自此以后欧洲大国把美洲大陆已经获得独立的国家作为殖民的对象；二是美洲和欧洲实行两种本质上不同的政治制度，美国反对后者把它们的政治制度扩展到西半球的任何地区；三是反对欧洲国家干涉美洲的事务；四是美国不干涉欧洲国家的事务，也不干涉它们在美洲的现存殖民地和属国；五是继续奉行中立政策。以上五点内容又可概括为三个基本原则，即美洲体系原则、互不干涉原则和不再殖民原则。"两个半球"理论主要体现在"美洲体系原则"中。这一原则一方面强调不允许非美洲国家在西半球传播与美国共和体制相对立的君主制；另一方面又要排除这些国家在西半球的政治和经济影响，把这个由大洋与欧洲隔开的大陆变成孤立于欧洲之外的以美国为首的封闭体系。其他几个原则均是"美洲体系原则"的延伸或补充。其实，这几个原则之间相互联系，构成了一个有机的整体，既是对美国独立以来在外

① Diary Entry, November 21, 1823, in Charles F. Adams, ed., *Memoirs of John Quincy Adams*, Vol. VI, pp.193-194.

② 全文见 Seventh Annual Message by Monroe, December 2, 1823, in Richardson, ed., *A Compilation of the Messages and Papers of the Presidents*, Vol. II, pp.776-789.

交上奉行的政策的概括，又形成了这一时期美国外交所追求的基本目标。

"两个半球"理论从表面上看是以南北美洲地理上邻近、政治制度上类似和根本利益的一致为出发点，其实只是此前美国建国那一代政治家阐述的与欧洲分离之思想的逻辑延续，也是他们这种思想发展到一定阶段成熟的标志。除了美国和欧洲之间浩渺大洋的天然屏障之外，美国试图通过这一原则再构筑起一道人为的藩篱，使欧洲大国想插手美洲事务时在这道屏障面前望而却步，给美国在西半球称雄留下更为广阔的空间。这是美国提倡"两个半球"理论的主要原因。关于南北美洲利益相同，那只是美国想把新独立的拉美国家纳入"美洲体系"的牵强附会，如果以共同的利益作为这一体系的基础，那么至少在当时这一基础是相当脆弱的或者说是根本不存在的。有些美国人并不避讳这一点，如《北美评论》编辑爱德华·埃弗里特 1821 年在一篇文章中写道，美国与南美洲毫无关系。"我们不能对它们形成满腔热情。我们具有不同的血统，我们讲不同的语言，我们受不同的社会和道义的熏陶，我们服从不同的法律准则，我们从根本上讲接受不同的宗教标准。"[1] 这种对南美洲的看法实际上也存在于约翰·昆西·亚当斯等人的脑海中。葡萄牙驻美公使阿贝·科雷亚曾经提倡形成一个以美国与葡萄牙（巴西）这两个美洲大国为中心的美洲体系，亚当斯对此评价说，就一个美洲体系而言，美国不仅拥有这种体系，而且构成了这种体系的全部。"北美和南美之间不存在着任何利益一致性或原则一致性。托雷斯、玻利瓦尔和奥希金斯与阿贝·科雷亚一样都谈论美洲体系，但形成这种体系没有任何基础。"[2] 这是亚当斯在私人日记中所言，未见于公开的言论，但这是他真实心绪的表达。拉美独立运动的领袖玻利瓦尔等人谈论的美洲体系的确有着特定的含义。他们经常告诫国人，美国与南部诸国利益不同，历史发展与文化传统也存在着很大的差别，尤其是在语言和政治目标上毫无共同之处。玻利瓦尔在安戈斯图拉的讲话中斩钉截铁地宣称："我必须说明，我一点都没有想到要把受渊源于英国的美洲国家和

---

① 转引自 Arthur P. Whitaker, *The Western Hemisphere Idea: Its Rise and Decline*, Ithaca: Cornell University Press, 1954, p.32.

② Diary Entry, September 19, 1820, in Charles F. Adams, ed., *Memoirs of John Quincy Adams*, Vol. V, p.176.

脱胎于西班牙的美洲国家这两种情况和本质如此不同的国家混为一谈。"①不管是亚当斯，还是玻利瓦尔，他们谈论"美洲体系"无疑是从各自国家或地区的利益出发，但却说明了一个基本的事实，即美国和拉美国家之间并不存在着利益上的根本一致。因此，当美国试图以"两个半球"理论把整个美洲集体孤立于欧洲之外时，美国已把美洲视为欲要控制的独占势力范围，以后历史的发展充分说明了这一点。

（原载《拉丁美洲研究》，2011 年第 1 期）

---

　① 转引自 J.L. 萨尔塞多-巴斯塔多:《博利瓦尔：一个大陆和一种前途》，杨恩瑞、赵铭贤译，商务印书馆 1983 年版，第 351 页。

美国对西属美洲独立运动政策的转变及其影响

　　1808 年 2 月，拿破仑一世乘西班牙国内发生内乱率军入侵西班牙，将其哥哥约瑟夫·波拿巴扶上了西班牙的王位。西班牙国内的政治变动随即引发了西属美洲殖民地的动荡，委内瑞拉和布宜诺斯艾利斯爆发了要求独立的革命，拉开了一场对整个美洲未来格局产生很大影响的独立运动的序幕。西属美洲殖民地争取独立的运动从 1808 年开始，到 1826 年结束，实现了摆脱西班牙殖民统治和建立民族国家的基本目的。这场运动从酝酿到爆发再到结束持续了近 20 年，与美国革命一样，争取得到其他国家承认和支持是独立成果能够得以维护或持续的一个重要因素。西属美洲独立运动爆发之后，必然引起正在北美崛起的美国的关注，这场运动实际上为美国在西半球扩大势力范围提供了一个良机。在很大程度上讲，美国对欧洲大国进行正面抗衡便始于这场运动。因此，美国决策者始终关注这个与美国利益密切相关地区局势的发展，经历了从关注到中立再到承认的转变过程，逐渐形成了对拉丁美洲地区比较明确的政策。这种政策体现的外交理念对美国以后称霸西半球产生了很大影响。

一、美国政府对西属美洲独立运动的关注

　　西属美洲革命本来是一场摆脱殖民统治和争取民族独立的运动，从本质上讲与美国革命没有太大的区别，但在美国决策层中对这场革命的看法也不尽相同，很多人都认为即使这场革命以成功告终，摆脱西班牙殖民统治的拉丁美洲也不会像美国一样获得自由。他们把天主教的迷信、西班牙专制制度的遗产和种族融合的人口说成是实现进步、自由的严重障碍，认为在这一地区不存在能够实现真正民主共和体制的土壤。托马斯·杰斐逊曾致信拉法耶

特，他表示真诚地希望南美洲的解放，丝毫不怀疑这一地区将摆脱"外国的征服"。但独立后的南美洲却没有能力"维持一个自由的政府"。这一地区的人民"身陷极其黑暗的愚昧之中，偏执和迷信使他们残忍不堪"。因此，这场争取独立的战争将在西属美洲诸省"以建立军事独裁而告终"。①国会议员约翰·伦道夫从南美洲考察回来后在众议院大声疾呼，拉丁美洲人不适宜自治，南美洲这场争取自由的斗争"将多少有些像法国争取自由那样在可恶的专制主义中画上句号，你们不能指望从西班牙的传统中获得自由"②。约翰·昆西·亚当斯曾对拜访他的亨利·克莱说，他真心地为南美洲独立事业祝愿，但他迄今为止尚未看到拉丁美洲人"将建立自由政体的任何前景。他们不可能身体力行地促进自由或秩序的精神。他们不具备健全或自由政府的基本要素。军事和教会的专制权力在他们的教育、他们的生活习俗以及他们的所有制度上留下了深深的印记"③。这种对拉丁美洲人的看法显然包含着强烈的文化偏见，在盎格鲁-撒克逊美国人中间具有普遍性，肯定会对美国政府的相关决策产生影响。不过，美国对现实利益的追求决定了美国政府不可能对这场影响西半球现存格局的战争完全袖手旁观、置身其外，而是给予了积极的关注，旨在寻求一种最有利于美国在这一地区利益实现的政策。

西属美洲独立运动爆发之时，杰斐逊政府尽管觉得来势突然，但未敢掉以轻心。杰斐逊实际上不希望西属美洲殖民地动荡不宁，主要是担心欧洲其他大国会乘机来填补西班牙正在美洲失去的权力"真空"。据杰斐逊在 1808 年 10 月 22 日的日记记载，在讨论对南美洲政策的内阁会议上，全体成员一致同意由美国政府派出的代表向古巴和墨西哥有影响的人物暗示，"美国很满意你们仍然处于西班牙王室和家族的统治之下，但我们将极不愿意地看到你们落入法国或英国的统治或支配之下"。如果这些殖民地宣布独立，美国不可能为之承担任何义务，只能"根据当时的现状决定我们的行动，但是我们的行动将受到以下几个方面的影响，一是对你们友善，二是与我们的利益密切

---

① 详见 Jefferson to the Marquis de Lafayette, November 30, 1813, in Ford, ed., *The Works of Thomas Jefferson*, Vol. XI, pp.358-359; in Paul Leicester Ford, ed., *The Works of Thomas Jefferson*, Vol, 11, New York and London: G. P. Putnam' Sons, 1905, pp.358-359.

② 详见 *Annals of the Congress of the United States, from 1789 to 1824, Fourteenth Congress, First Session*, Vol.29, December 4, 1815 to April 30, 1816, Washington: Gales and Seaton, 1854, p.728，http://memory.loc.gov/ammem/amlaw/lwaclink.html.

③ Diary Entry, March 9, 1821, in Charles Francis Adams, ed., *Memoirs of John Quincy Adams, Comprising Portions of His Diary from 1795 to 1848*, Vol. V, New York: AMS Press, 1970, p.325.

联系在一起的坚定信念,三是对你们在政治上或商业上从属于法国或英国的最强烈的反感"①。这是美国最早表明对西属美洲殖民地独立运动的官方态度,既包含着对拉美独立的有限同情,又不愿意由此引起西班牙的不满,同时透露出美国政府竭力阻止英\法乘机扩大其在美洲势力范围的决心。杰斐逊政府希望美国人不要卷入西属美洲的"动乱"中,以免给政府静观其变造成麻烦。这种"骑墙"态度明显有不愿意与处于战争状态下的任何一方为敌的取向,同时包含着美国对西属美洲独立运动的密切关注。

麦迪逊出任总统之后同样对西属美洲独立运动表现得饶有兴趣,但他并没有制定明确的具体政策,只是派遣代表政府的人员前往起义地区进行观察。麦迪逊这样做主要出于两点考虑:一是美国政府对南部局势不太了解,难以确定对南部的政策,派人深入起义地区取得第一手材料,以便他们及时向政府写回相关报告,辅佐政府制定出切实可行的政策;二是尽可能促进美国与南美洲的贸易往来,为美国商人争取得到与英国商人一样在这一地区享有的贸易特权。1810 年 6 月,罗伯特·劳里作为海员和商人的代理人被派到委内瑞拉的拉瓜伊拉港,他受政府之命把重点集中在促进该地区与美国的贸易上,并及时向政府提交相关重要事件的报告。在南美洲有着丰富经商阅历的威廉·谢勒被派往古巴和韦拉克鲁斯。南卡罗来纳的乔尔·罗伯茨·波因塞特作为美国的南美洲特使,受命前往布宜诺斯艾利斯、智利和秘鲁。按照国务卿罗伯特·史密斯下达的指示,波因塞特应向南美洲独立政府大力宣传"美国对作为邻邦的西属美洲人民拥有最真诚的善意",因为美国与它们"属于地球上的同一部分,在培育友好交往中具有相同的利益",西属美洲在政治上脱离母国,建立独立的国家"将完全符合美国促进本半球居民之间最友好的关系和最自由交往的感情与政策"。其实,波因塞特出使南美洲的目的远不止这个,用指示中的话来说:"阁下使命的真正可公开的目的是解释与美国进行贸易的相互利益,促进形成自由和稳定的规章条例,将这方面的信息及时反馈回来"。②波因塞特第二年被正式任命为美国驻南美洲的总领事。这些被派往南美洲的人士一般对西属美洲革命持同情态度,他们亲临实地考察,为政府

---

① Entry of October 22, 1808, in Paul Leicester Ford, ed., *The Works of Thomas Jefferson*, Vol. I, New York and London: G. P. Putnam' Sons, 1904, p.424.

② Robert Smith to Joel Robert Poinsett, June 28, 1810, in William R. Manning, ed., *Diplomatic Correspondence of the United States Concerning the Independence of the Latin-American Nations*, Vol. I, New York: Oxford University Press, 1925, pp.6-7.

提供了许多非常有价值的情报和政策建议，自然对政府决策者的思想产生了影响。

与此同时，众议院成立了"西属美洲殖民地委员会"。1811 年 12 月 10 日，该委员会提出一个议案，指出美国"作为同一半球的邻居和居民"，对西属美洲的利益"极为关注"。当西属美洲诸省"靠着公正地履行其权利获得国家地位时"，美国参众两院将与行政部门一道，同这些具有主权的独立国家"建立友好关系和商业往来"。[①]美国学者阿瑟·普雷斯顿·惠特克将该议案视为美国官方机构发表的第一份"同情西属美洲独立事业"的声明。[②]实际上，这一议案在当时并没有起到太大的作用，实际上仅是一纸空文而已，却反映了美国决策层对拉美独立战争的态度开始发生变化。麦迪逊政府在可能的情况下为南美洲的独立战争提供方便，如不对南美洲独立政府派出的代表在美国活动设置障碍，允许他们在美国购买军火和战舰，有时还让他们国家的战舰进入美国港口。客观上讲，美国政府非常希望西属美洲殖民地实现独立大业，因为这种结果既可摧毁西班牙对殖民地的贸易垄断，又会削弱英法等国在美洲的势力，二者无不有利于美国贸易的发展，美国还可以在西半球政治格局的重组中发挥其地缘优势。不过，美国政府不敢肯定拉美独立战争定会大功告成，所以在制定相关政策上往往举棋不定，麦迪逊甚至不敢公开接见这些已宣布独立的国家派往美国的代表。1812 年爆发的美英战争使美国政府对西属美洲独立运动的有限支持几乎荡然无存。

二、不偏不倚的"中立"政策

美英战争结束之后，美国政府重新把目光投向西属美洲的独立运动。到了此时，整个国际格局发生了很大的变化，拿破仑一世在欧洲战败，欧洲的旧王朝纷纷复辟，西班牙王室也恢复了其在美洲殖民地的统治。在这种局势下，尽管拉美独立运动处于严峻的考验阶段，但美国决策者还是确信南美洲摆脱西班牙的殖民统治已是大势所趋。拉美独立政府领导人希望能够得到美

---

① 该议案的全文见 *Annals of the Congress of the United States, from 1789 to 1824, twelfth Congress, First Session*, Vol.23, November 4, 1811 to March 9, 1812, Washington: Gales and Seaton, 1853, p.428.

② Arthur Preston Whitaker, *The United States and the Independence of Latin America, 1800-1830*, Baltimore: The Johns Hopkins Press, 1941, p.82.

国的率先承认，以此为他们赢得一个有利的外部国际环境创造条件。美国决策者希望这一地区能够早日摆脱殖民统治，但要他们此时在整个局势尚不明朗时明显地倾向哪一方几乎是不可能的。在"承认"后有可能不利于美国现实利益实现的情况下，美国决不会贸然行事。1815 年 9 月，美国政府决策者经过深思熟虑，正式宣布对南美洲事务采取中立政策，麦迪逊在颁布的相关宣言中警告所有美国人尤其提防通过在美国辖区之内组织远征军卷入反对西班牙美洲的战争之中，不要向寻求独立的南美洲起义者提供直接的援助。麦迪逊在这份政策文告中未提到"中立"二字，但字里行间包含着"中立"的强烈倾向。① 不过，麦迪逊政府执行的政策还是间接地有利于南美洲独立国家的。例如，要求交战双方认可美国进行中立贸易的权利；美国海军受命避免与南美"爱国者"发生任何冲突，不要表示赞成西班牙反对拉美独立的事业；悬挂着南美独立国家旗帜的船舶可以使用美国的港口；等等。为了让西班牙感到美国的"公正"，麦迪逊政府正式接受奥尼斯为西班牙王室的全权公使，同时停止向南美各地派驻领事。其实，做到对西班牙和南美洲起义者"不偏不倚"对美国政府来说太困难了。美国政府根本无法阻止南美起义者私掠船在美国海域的活动以及武器弹药和其他物资从美国流向起义地区。所以，奥尼斯不时地向国务卿门罗提出美国人违背中立规定的抗议也就不足为奇了。

门罗出任美国总统后，西属美洲的局势开始逐渐明朗化，延续数百年的西班牙殖民统治终于走到了历史的尽头。1817 年 3 月 5 日，布宜诺斯艾利斯政府的最高统帅胡安·马丁·德普埃雷顿致信门罗总统，希望美国能够对独立国家提供物质和道义上的支持。② 德普埃雷顿写这封信的目的显然是要美国把对南美独立事业的同情转化为实际的行动。12 月 16 日，智利政府派往美国的代表曼努埃尔·德阿基雷致信亚当斯，敦促美国对拉普拉塔省作为一个主权国家的承认。德阿基雷强调了"政治原则的一致，居住在同一半球的考虑以及对经历相同遭遇的同情"将是美国对其国家承认的重要因素。德阿基雷同时也以实际的经济利益来诱使美国对其国家独立的承认，他在 1 月初

---

① A Proclamation by James Madison, September 1, 1815, in James D. Richardson, ed., *A Compilation of the Messages and Papers of the Presidents*, Vol. II, New York: Bureau of National Literature, Inc., 1897, pp.546-547.

② Don Juan Martin de Pueyrredon, Supreme Director of the Government of Buenos Ayres, to the President of the United States, March 5, 1817, in Walter Lowrie and Matthew St. Clair Clarke, eds., *American State Papers: Foreign Relations*, Vol. IV, Washington: Published by Gales and Seaton, 1834, p.175.

和中旬两次致信亚当斯时保证，他本人已获得其政府的完全授权，在"互惠友好和商业的全面基础上"与美国进行谈判。德阿基雷要亚当斯向门罗总统转达"我的政府强烈要求与美国建立友好通商的互惠密切关系"。[①]德阿基雷试图以"美洲感情"和商业利益来打动美国，但并没有奏效。

在南美洲问题上，门罗政府不会"轻率"地放弃中立，但比过去更加关注这一地区的局势。在1817年10月25日和30日的内阁会议上，门罗提出了一些与西属美洲诸省战争相关的问题供大家讨论。例如，行政部门不得不承认这些新国家的独立吗？在新国家与母国处于实际交战的状态下，美国向新国家派遣公使或接受来自该国的公使将被认为是对其独立的承认吗？这种承认对西班牙来说是开战的一个正当理由或是任何其他大国抱怨的正当理由吗？此时承认布宜诺斯艾利斯或目前处于起义状态下的西属美洲殖民地任何其他地方的独立是合适的时间吗？[②]不管这些问题是否能够得到有效解决，门罗政府显然已经把"承认"问题列入了重要的议事日程。据亚当斯的日记记载，在25日的内阁会议上，大家对这些问题进行了数小时的讨论，但并未做出任何决定。在30日的内阁会议上，众阁员再次讨论了这些问题，只有亚当斯发表了明确的看法。亚当斯认为，现在承认布宜诺斯艾利斯政府时机尚未成熟。[③]门罗没有即刻发表意见，实际上接受了亚当斯的建议，在与西班牙谈判解决西南部边界期间，美国不会公然站在南美洲独立政府方面，但会采取一些对这些独立国家有利的措施。

这种倾向在门罗当年年底致国会的年度咨文中明显地体现出来。门罗重申了美国的中立立场，指出美国在这场冲突的各个阶段都严格坚持了不偏不倚的中立，在人员、资金、船只和战争物资上不对交战中的任何一方提供帮助。不过，美国一直未把这场冲突看作是通常意义上的叛乱或起义，而是视为内战，对中立大国来说，交战方均享有同等的权利。[④]门罗政府虽未"承认"南美国家的独立，但却把这些国家视为交战的一方，这在国际法的意义上已

---

① Don Manuel de Aguirre to the Secretary of State, December 16, 1817, in Lowrie and Clarke, eds., *American State Papers: Foreign Relations*, Vol. IV, pp.180-181, 182-183.

② Monroe to the Member of the Cabinet, in Stanislaus Murray Hamilton, ed., *The Writings of James Monroe*, Vol. VI, New York and London: G. P. Putnam' Sons, 1902, pp.31-32.

③ Diary Entries, October 25, 30, 1817, in Charles Francis Adams, ed., *Memoirs of John Quincy Adams*, Vol. IV, pp.13-16.

④ 详见 First Annual Message by James Monroe, December 2, 1817, in Hamilton, ed., *The Writings of James Monroe*, Vol. VI, p.35.

经包含着承认它们享有独立主权的意思。这样，美国就可以按照国际法向这些国家开放港口，与它们发生商业往来等。美国的中立实际上还是间接地对拉美独立事业提供了支持。巴尔的摩和新奥尔良港成为南美洲独立政府购买军火和其他战争物资的船只进出中心。从 1817 年 7 月到 1818 年 1 月期间，南美独立运动的领袖圣马丁先后派代表两次赴美，洽谈购买军舰、军火和争取获得美国的支持等事宜。圣马丁本人还亲自致信门罗，谈到南美独立对美国的重要意义。亚当斯也接见了圣马丁派来的代表。美国这种态度还是希望南美洲独立政府对美国的好感不至于转化为敌对，这对美国未来在这一地区利益的实现显然是利大于弊。

　　当然美国此时也不愿意得罪西班牙，以免影响与西班牙在领土问题上的谈判。为了堵住奥尼斯抗议美国人支持南美洲革命之口，美国不时地强调在西班牙与其殖民地的这场冲突中保持中立。1817 年 3 月和 1818 年 4 月，美国国会通过了两项新的中立法，规定任何美国公民如介入外国的军事行动将被判处 3000 美元以下的罚款和 3 年以下的有期徒刑。1818 年 1 月 27 日，亚当斯致信法国驻美公使德纳维尔，称在西班牙与其美洲殖民地进行的数年内战期间，美国慎重采取和一直奉行的政策便是"公正的中立"。美国立法部门和行政部门根据国际法以及自己的宪法"在其权限内竭力警告和抑制合众国公民不要介入这场冲突，违背中立的规定"①。亚当斯这里强调美国的中立显然是要告诉德纳维尔，希望法国政府也能够奉行与美国相同的政策，不介入南美洲的内部事务。亚当斯是个现实主义者，他坚持中立并不意味着拒绝为南美独立国家谋得美国支持设置障碍，只是认为，在条件不成熟的情况下，中立比"承认"更利于西属美洲殖民地的独立。亚当斯这里显然是为美国政府的"中立"政策辩解。门罗政府实际上还是在"中立"的名义下等待"承认"时机的到来。

三、对拉美独立政府的最终承认

　　拉美独立运动持续了近 20 年时间，其领导人从一开始就希望与拉美地区

---

　　① John Quincy Adams to Hyde de Neuville, January 27, 1818, in Worthington C. Ford, *Writings of John Quincy Adams*, Vol. VI, *1816-1819*, *Writings of John Quincy Adams*, New York: The Macmillan Company, 1916, p.292.

具有相同遭遇的美国能够尽早承认拉美独立政府，他们为此派出代表赴美游说，结果往往都是无功而返。美国政府领导人尽管确信西班牙在美洲很难恢复昔日的殖民统治，拉美独立已成为不可阻挡之势，但从一开始在承认拉美独立政府上行政部门和国会内部就存在着较大的分歧。亨利·克莱多年来在国会大声呼吁美国尽早承认南美洲独立政府，要求美国对这场为争取自由的战争提供物质和道义上的支持，旗帜鲜明地支持南美洲举起独立之旗的爱国者。克莱所持的理由是，美国的殖民和立国经历与正在摆脱西班牙殖民统治的南美各国很相似，一种"美洲感情"把美国与这些国家争取自由密切联系在一起。克莱在 1817 年 1 月 24 日的讲话中反对国会通过的加强中立法的议案，宣称他真诚地希望西属美洲诸省独立，当南美洲的"独立、幸福和自由处在危险之时，当这个作为我们邻邦以及兄弟的民族居住在同一大陆，以我们为榜样以及与我们具有相同的感情时，我将站在他们方面坦率地将我的情绪与愿望公布于众，甚至冒着遭受诋毁的风险"[1]。1818 年 3 月，国会展开了关于是否承认南美洲独立国家的大辩论，克莱继续在国会鼓动承认。24 日，克莱在众议院提出了一个议案，请求国会拨款派一名公使前往布宜诺斯艾利斯。克莱在随后的发言中强调，在南美洲独立问题上，美国具有最深切的利益。"这种利益关系到我们的政治、我们的商业和我们的航海。毫无疑问，西属美洲一旦独立，无论在其几个地区建立什么样的政体形式，这些政府将受一种美洲感情所鼓舞，受一种美洲政策所指导。它们将服从新大陆体系的法则，因为它们属于其中的一个部分，这种体系与欧洲体系形成了鲜明的对比。"[2]克莱的讲话很能打动公众的情绪，但在"承认"条件不成熟的情况下很难得到美国最高决策层或多数议员的认同，因此克莱提出的议案以 115 票反对和 45 票赞成遭到否决也就在预料之中了。

国会这场关于承认南美洲独立政府的辩论在社会上影响很大，非常有助于公众对南美洲局面的了解。对南美洲问题的关注开始从政府决策层走向广大的社会阶层，社会的呼声尽管对政府做出相关决策不是决定性的因素，但显然会对决策者的思想产生影响。门罗尽管认识到"承认"的时机尚未成熟，但他个人还是赞成对拉美独立国家争取自由的事业提供支持，似乎不这样做

---

① Calvin Colton, ed., *The Life, Correspondence, and Speeches of Henry Clay*, Vol. I, *Life and Times*, New York: Published by A. S. Barnes & Co., 1857, p.41, http://www.archive.org.

② *Annals of the Congress of the United States, from 1789 to 1824, Fifteeth Congress, First Session*, Vol.32, March 12, 1818 to April 20, 1818, pp.1481-1482.

就是对一场寻求自由运动的袖手旁观，这与美国的立国精神不符。亚当斯很理解门罗的心情，但所谓的"正义观"必须以服从国家利益的需要为前提。1818年8月24日，亚当斯致信门罗说，坚持反对摆脱西班牙获得独立的"南美洲人的事业是正义的。然而，一种事业的公正无论如何获得对其赞成的感情，都不足以证明第三方站在这种事业的方面是正当的。结合在一起的现实和正义只能授权一个中立国承认一个有争议的新主权国家。该中立国的确是从现实中推断出正义，而不是从正义中引申出现实"①。亚当斯并没有完全说服总统，门罗开始着手在中立的框架下对承认南美洲独立国家合法性做准备。

亚当斯继续坚持他的观点，他向美国驻哥伦比亚代表查尔斯·托德下达指示说，关于美国政府正式承认哥伦比亚共和国，托德可以做出明确回答，即托德本人没有授权讨论这一问题。主要原因是在这场西班牙从事的实际战争期间，美国对另一方独立的承认将是"背离我们宣称的和长期确定的中立制度"②。1821年3月9日，克莱试图说服亚当斯在承认南美洲独立国家问题上与他站在一起，但亚当斯不为所动。亚当斯对克莱说，南美洲目前这场斗争的最后解决将是完全摆脱西班牙获得独立，他对此从未有过怀疑，但"不介入这场争执是我们的真正政策和义务，对此我也同样明确表达。依我之见，对所有外国战争奉行中立的原则是我们的自由和我们联邦延续的根本"③。其实，亚当斯并不是反对承认南美洲国家的独立，他与克莱的区别是坚决反对美国通过对南美洲国家提供实质性的援助而卷入这场冲突之中。因此，美国即使承认了南美洲国家的独立也不会放弃既定的中立政策，完全站在拉美独立国家的方面卷入这场冲突。亚当斯显然是等待着"承认"条件的成熟。

实际上，从1819年开始，美国政府在承认南美洲国家独立问题上就开始出现转机，导致这种变化的主要因素有四点。一是西属美洲独立已是大势所趋，西班牙的殖民统治已成强弩之末，尤其是1820年西班牙爆发资产阶级革命后，西班牙王室更是无法把更多的精力放到美洲事务上，拉丁美洲独立战争露出了胜利的曙光。二是1821年美国与西班牙签署了谈判多年的《横贯大

---

① John Quincy Adams to the President, August 24, 1818, in Ford, ed., *Writings of John Quincy Adams*, Vol. VI, p.442-443.

② John Quincy Adams to Charles S. Todd, June 5, 1820, in Manning, ed., *Diplomatic Correspondence of the United States Concerning the Independence of the Latin-American Nations*, Vol.I, p.130.

③ Diary Entry, March 9, 1821, in Charles Francis Adams, ed., *Memoirs of John Quincy Adams*, Vol.V, pp.324-325.

陆条约》，美国消除了与西班牙交恶的后顾之忧。三是当时盛传布宜诺斯艾利斯政府与法国准备在阿根廷建立一个波旁王朝统治下的拉普拉塔联合省的密谋。如果美国无动于衷，欧洲大国就有可能借机扩大其在美洲的势力范围。四是美国与英国达成默契，如果美国与西班牙发生军事冲突，英国不会站在西班牙方面与美国交战。所以到了1820年，美国国会要求承认南美洲独立国家的呼声日益强烈。在这种局面下，克莱于4月初再次提出一个议案，要求国会拨款为派往南美洲独立国家的使节提供旅费和工资。这次国会以微弱的多数批准了这一议案。①门罗总统在1820年的年度咨文中也以非常友好的语言谈到了与欧洲大国协商承认南美独立国家的问题。②也许是受到门罗总统咨文的鼓励，克莱及其支持者1821年2月10日再次提出一个议案，表示美国对西属美洲争取独立的成功"深切关注"，期待着美国及早对新国家的承认。③这一议案尽管在国会引起争论，但最终获得了批准，成为美国政府官方对承认南美洲独立政府采取的第一个明确步骤，也是克莱等人多年来在国会呼吁美国政府对拉美独立国家争取自由提供支持的结果。

到了1822年，拉美国家独立事业的成功已成定局，西班牙再也无法凭借自身的力量恢复其在美洲殖民地的统治，这种局面直接推动了美国政府对拉美独立政府的承认。自与西班牙签署了条约之后，门罗政府就开始考虑在外交上对拉美独立国家的承认。亚当斯指示助理国务卿丹尼尔·布伦特着手为总统准备关于正式承认拉美独立国家的报告。3月8日，门罗在致国会的特别咨文中向国会建议对拉美新独立国家给予外交上的承认。国会即刻对门罗的建议进行了讨论。3月19日，众议院外交事务委员会提交了一份报告，认为对西属美洲几个国家的承认是"公正适宜的"。该委员会在这一报告中提出了两个议案：一是众议院应该赞成总统的提议，即已经宣布独立和正在拥有独立的西属美洲诸省"应该被美国承认是独立国家"；二是众议院筹款委员会受命拨出一笔不超过10万美元的款项供总统能使"这种承认产生适当效

---

① 参见 Colton, ed., *The Life, Correspondence, and Speeches of Henry Clay*, Vol. I, p.239.

② 参见 Fourth Annual Message by Monroe, November 14, 1820, in Richardson, ed., *A Compilation of the Messages and Papers of the Presidents*, Vol. II, p.646.

③ 详见 *Annals of the Congress of the United States, from 1789 to 1824, Fifteeth Congress, First Session*, Vol.37, November 13, 1820 to March 3, 1821, 1855, pp.1081-1082.

应"之用。①3 月 28 日，第一个议案几乎以全票获得通过，只有一个议员投了反对票；第二个议案获得一致通过。5 月 4 日，门罗签署了国会通过的拨款 10 万美元的议案，这笔款项将用来支付"总统认为有派使团前往美洲大陆各独立国家"必要的费用。到了此时，美国最终在外交上正式承认了西属美洲国家的独立地位。

四、美国对拉美独立运动政策转变的影响

美国承认拉美独立政府尽管姗姗来迟，但毕竟是第一个承认拉美独立的国家，这种率先承认的行为无疑对拉美独立运动起到了支持与鼓舞的作用。美国外交史学家比米斯高度评价了美国"承认"的巨大影响，认为美国是承认拉美新国家独立的首个国家，"这种承认是任何外国大国对拉丁美洲独立的最大援助"②。正是因为美国的承认具有支持拉美独立运动的作用，所以立即遭到了西班牙驻美公使华金·德安杜阿加的抗议。他一听说 3 月 8 日门罗总统致国会的特别咨文之后，即刻致信亚当斯，称西班牙"叛乱"殖民地的现状尚不足以有资格得到其他国家的承认，因此他有责任抗议美国对"西班牙美洲叛乱诸省"的承认，宣称现在丝毫不能"削弱西班牙对上述诸省的权利或者使之无效"，西班牙将竭尽全力使用任何手段使这些"叛乱诸省与它的其他统治区域重新联合起来"。③德安杜阿加试图阻止美国对拉美独立政府的承认，显然是担心这种承认得到其他欧洲国家的响应，使所谓"叛乱诸省"的独立在国际上具有了合法性。亚当斯 4 月 6 日致信德安杜阿加，称西班牙自己的"指挥官和总督已与哥伦比亚共和国、墨西哥和秘鲁签署了等同于对独立承认的条约，与此同时，在拉普拉塔和智利地区，数年来已无任何西班牙军队阻止这些国家宣称的独立"。这样，美国只是对一个既定事实的承认，目

---

① 报告全文见 Report of the Committee on Foreign Affairs of the United States House of Representatives, March 19, 1822, in Manning, ed., *Diplomatic Correspondence of the United States Concerning the Independence of the Latin-American Nations*, Vol. I, pp.148-156.

② Samuel Flagg Bemis, *John Quincy Adams and the Foundations of American Foreign Policy*, New York: W. W. Norton & Company, 1949, pp.361-362.

③ Don Joaquin de Anduaga to the Secretary of State, March 9, 1822, in Lowrie and Clarke, eds., *American State Papers: Foreign Relations*, Vol. IV, p.846.

的并不是与西班牙敌对。[①] 亚当斯的这种辩解实际上只是外交托词而已，并不能平息西班牙对美国的承认产生的怒火。在西班牙政府向美国提出抗议的同时，拉丁美洲新独立国家自然对美国的承认表示欢迎甚至感谢。据亚当斯日记记载，1822 年 6 月 19 日，他将哥伦比亚共和国驻美临时代办曼努埃尔·托雷斯引荐给门罗总统。托雷斯向门罗表示美国的承认"对哥伦比亚共和国极为重要"，他确信西蒙·玻利瓦尔总统一定会"异常满意"。[②] 托雷斯成为美国正式接受的首位来自新独立国家的外交使节，美国在随后的几年中陆续与墨西哥、智利、秘鲁以及中美洲等新独立国家建立了外交关系。从西班牙政府与拉美新独立国家政府的反应来看，美国的承认对拉美独立运动的进程显然产生了积极的影响。

当然，美国对拉美独立运动政策的转变完全是出于本国利益的需要，无论有什么样的变化，都万变不离其宗。"关注"是看准时机，对症下药；"中立"是见机行事，以不变应万变，等待时机成熟；"承认"是最后的选择，完全是出于与欧洲国家竞争的考虑。门罗在 1822 年 5 月 10 日致麦迪逊的信中谈到，对拉美独立国家的承认"成为我们的责任"，我们确信"这一时刻的确已经来临，只要这种承认的目的是与这些国家在未来保持友好的关系，而不是使它们蒙受苦难"[③]。门罗这里只是说明了承认拉美独立政府是权衡利害得失之后的一种选择，但显然不以揭示美国对拉美国家独立运动政策转变的更深层的用意。西属美洲殖民地走向独立尽管经历了一个十分曲折的长期过程，但昭示着西班牙美洲帝国无可挽回地走向解体。这种结果不仅使西半球形成了一系列民族国家，同时也意味着西半球的政治格局处在了深刻的变动之中。美国是个新兴国家，在国力上还难以与英法等欧洲大国匹敌，却有着欧洲大国所不具备的地缘优势，更何况欧洲长期的动荡为美国把新独立的拉美国家扩展为自己的势力范围，提供了一个千载难逢的机会。在美国决策者的脑海中，如果西属美洲可以维持现状，美国就不会采取主动鼓动拉美人脱离母国而走向独立。然而现状一旦被打破，当西班牙殖民统治难以为继时，美国既

---

① The Secretary of State to the Minister from Spain, April 6, 1822, in Lowrie and Clarke, eds., *American State Papers: Foreign Relations*, Vol. IV, p.846.

② Diary Entry, June 19, 1822, in Charles Francis Adams, ed., *Memoirs of John Quincy Adams*, Vol. VI, p.23.

③ Monroe to James Madison, May 10, 1822, in Hamilton, ed., *The Writings of James Monroe*, Vol. VI, p.285.

不会袖手旁观另外一个欧洲国家取西班牙地位而代之，也不会让欧洲君主国家借西属美洲动荡之机扩大其在美洲的势力范围。美国政府决策者以及对决策能够产生影响的人士也许在一些相关具体问题上存有异议，但防止美洲大陆之外的国家干涉西属美洲内部事务以及扩大势力范围是他们的基本共识，这种共识对形成这一时期美国对新独立国家的政策有着举足轻重的影响。美国对拉美独立国家政策的转变也有着这方面的考虑，力图尽快促使拉美新独立国家在国际上具有主权国家的合法性，以此减少欧洲大国介入或干涉美洲事务的可能性，为美国扩大在这一地区的影响创造条件。因此，到了美国对拉美独立政府承认之时，美国对拉美的政策开始走向成熟，形成了美国对拉美地区政策的雏形。有的学者把美国对西属美洲独立的承认说成是"标志着美国对拉美政策史上的一个非常重要的阶段"①。此见诚有道理。从这个意义上讲，美国在拉美独立运动期间政策的转变奠定了随后对这一地区更深思熟虑的政策的基础。

美国是以与君主专制制度对立的共和政体立国的，美国建国那一代领导人无疑希望共和政体能够向外传播，改变世界上君主专制政体居于优势的局面。法国大革命爆发时，很多美国人感到欢欣鼓舞，他们大声疾呼政府提供支持很大程度上是希望法国能够在欧洲确立维护民众自由的共和制度，但结果却令他们大失所望。美国精英人士尽管对拉丁美洲人在文化上抱有很大的偏见，但拉美独立运动毕竟是一场摆脱殖民统治的革命，他们同样期望这场革命能够导致这些独立的国家采用共和制。因此，美国政府会竭力防止西班牙君主政体在美洲死灰复燃。1818年前后，欧洲大国曾邀请美国加入神圣同盟，以便使美国与欧洲大国一道调停西班牙与其殖民地之间的冲突。为了让这些国家不要对美国抱有幻想，国务院立即指示美国驻法国、英国和俄国公使"让各自所在国政府明白，在西班牙和南美洲的争执中，美国将不会参与任何调停或干预的计划"②。其实，美国是个民主共和国家，以自由主义的原则作为立国的根本，从理论上讲与君主专制政体水火不相容。对美国境外爆发的争取自由的运动，即使美国出于国家的实际利益考虑不能明确地站在共和主义一边，但决不会与专制主义的君主们联合起来扑灭争取自由的熊熊烈火。在美国政府决策者看来，这大概是美国外交的一个底线，如果突破了这

---

① Whitaker, *The United States and the Independence of Latin America, 1800-1830*, p.392.

② John Quincy Adams to Smith Thompson, May 20, 1819, in Manning, ed., *Diplomatic Correspondence of the United States Concerning the Independence of the Latin-American Nations*, Vol. I, p.103.

个底线，美国作为一种代表"自由"象征的存在便失去了意义。所以，无论如何美国都不会加入这个以维护或恢复君主制为己任的神圣同盟。亚当斯在1820年7月5日下达给美国驻俄国公使亨利·米德尔顿的指示中，要他向亚历山大一世解释美国总统必须拒绝加入这个"和平联盟"的邀请。亚当斯借机重复了华盛顿告别演说中为美国外交确定的"伟大准则"："美国的政治制度也是非欧洲的。坚定而谨慎地独立于欧洲体系的所有约定之外，一直是从1783年和约至今美国历届政府制定政策的基本出发点。"① 因此，到美国承认了拉美国家之时，美国决策者希望这些新独立国家站在与欧洲君主国家对立的一边，体现了把整个美洲的政治制度与欧洲区别开来的含义。这种倾向成为随后以文件形式正式形成"两个半球"理论的先声。

　　在拉美独立运动期间，美国尚不能称得上"大国"，还无法单凭自己的实力与欧洲大国在美国境外抗衡，只能利用它们之间的矛盾与冲突纵横捭阖，使外交在服务国家利益的实现上取得明显的成效。在处理与拉美新独立国家的关系上，美国有着欧洲大国所不具备的地缘优势，这种地缘优势给美国在北美大陆的扩张带来莫大的便利，也导致美国不会让欧洲大国在美洲具有与它同样的优势。随着美国作为一个大国的崛起，这种地缘优势必然把处于同一大陆的拉美国家囊括进其势力范围，这一过程持续到19世纪末才算基本完成，而对拉美国家外交上的承认缓缓地拉开了这一过程的序幕。

（原载《世界历史》，2012年第3期）

---

① John Quincy Adams to Henry Middleton, July 5, 1820, in Ford, *Writings of John Quincy Adams*, Vol. VII, pp.49-51.

不干涉原则在美洲的确立与作用

1948 年《美洲国家组织宪章》第十五条规定："任何国家或国家集团都没有权力以任何理由直接或间接干涉任何其他国家的内政和对外事务。前述原则不仅禁止使用武装力量，而且禁止使用任何其他干涉形式或企图威胁国家的存在或其政治、经济和文化的构成。"[1] 不干涉原则被明确载入宪章，得到美洲国家组织成员国的共同承认，成为美洲国家体系的主要原则之一。毋庸置疑，不干涉原则维护了弱小国家的主权，迄今仍是第三世界反对大国对小国、强国对弱国内政干涉的主要依据之一。但不干涉原则在美洲的执行受到种种限制，甚至在某些情况下，成为美国干涉别国的借口。因此，对这一原则进行历史考察具有重要的现实意义。

一、不干涉原则在美洲的历史演变

不干涉原则的雏形可以追溯到 1868 年。当时拉美著名国际法学家卡洛斯·卡尔沃的《国际法的理论与实践》一书出版了，其中针对当时拉美国家经常面临欧洲强国干涉的危险，卡尔沃提出无论国家的政治稳定程度或执法能力如何，其主权都不能遭到外国的干涉。[2] 这一思想以后就以"卡尔沃条款"著称。它是以国家无论大小、主权绝对平等为基础，因此深得拉美国家的欢迎。多数拉美国家在与外国政府或个人签订契约时都援引该条款，意在防患于未然。然而，"卡尔沃条款"并未被欧洲大国接受，它们仍然经常以"保护

---

① Robert N. Burr and Roland D. Hussey, eds., *Documents on Inter-American Cooperation*, Vol.2, Philadelphia: University of Pennsylvania Press, 1955, p.183.

② Harold E. Davis and Larman C. Wilson, *Latin American Foreign Policy: An Analysis*, Baltimore: John Hopkins University Press, 1975, p.230.

侨民利益"为借口对拉美国家进行干涉。因此争取这一原则得到国际承认就成为此后一段时期拉美国家与大国斗争的目标之一。

1902 年底,阿根廷外交部长德拉戈针对英、德、意以"索债"为名武力威胁委内瑞拉事务,在致阿根廷驻美公使的信中提出,国家债务不能造成欧洲大国武装干涉美洲国家,甚至不能实际占领美洲国家领土。[1]美国此时已开始向拉美国家大规模地进行政治渗透和经济扩张,但重点只是中美洲和加勒比地区,南美洲尚未成为其主要债务国,即便在美国密切控制的地区欧洲国家的投资仍然占相当大的比例。德拉戈之所以在致函美国国务卿的信中提出这一原则,显然就是希望得到美国政府对该原则的承认,以共同反对欧洲强国对美洲事务的干涉。美国对德拉戈的建议不置可否,含糊其词。实际上,美国私下早与德国达成默契。1901 年 12 月 3 日,美国总统西奥多·罗斯福在年度咨文中说,如果某个拉美国家"行为失宜的话,只要惩罚不造成任何非美洲国家获得领土,我们并不保证该国免遭惩罚"[2]。与此同时,美国国务卿海约翰接到德国公使照会后,随即复函表明,只要不涉及领土变更,美国将不会插手。这实际是对德国干涉委内瑞拉的怂恿。美国这种态度也就预示了以后拉美国家和美国在这一问题上的激烈斗争。

在 1906 年召开的第三次泛美会议上,拉美国家代表就把"德拉戈主义视为反对侵略成性的强国干涉的保护物"[3]。美国代表团竭力避免在武力索债问题上达成协定,担心"引起欧洲资本主义国家的惊慌失措,并且损害某些西半球国家的商业信用"[4]。但由于以阿根廷为首的国家一再坚持,美国代表团无法回避这一问题,建议将之提交到翌年召开的海牙和平会议上进行讨论。1907 年第二次海牙和平会议举行,与会国代表经过讨论,最后签订了《限制使用兵力索债公约》。公约第二条规定,一国不得以武力向他国索债,不论是属于私法契约关系的债务,还是属于公债形式的债务,除非债务国拒绝仲裁或经过仲裁后不执行判决。后面这个限制性条件就是在美国坚持下增加的。美国实际上为德拉戈主义的执行留下了一条难以贯彻的尾巴。原因很简单,

---

① 详见 Luis M. Drago to Martin Garcia Merou, December 29, 1902, in Department of State, *Papers Relating to the Foreign Relations of the United States, 1903*, Washington: U.S. Govement Printing Office, 1904, pp.1-5.

② "Memorandum," December 16, 1901, Department of State, *Papers Relating to the Foreign Relations of the United States, 1901*, Washington: U.S. Govement Printing Office, 1902, p.195.

③ Graham H. Stuart, *Latin America and the United States*, Englewood Cliffs: Prentice-Hall, 1975, p.55.

④ Stuart, *Latin America and the United States*, p.55.

用美国研究拉美问题的专家约翰·菲南的话来说，德拉戈主义是"用来反对西奥多·罗斯福的门罗主义推理中的赤裸裸的干涉主义……用来反对美国对加勒比地区的干涉，并且作为对美国扩张主义威胁的抗衡"[1]。所以，德拉戈主义的实质并没有在海牙会议上完全反映出来，拉美国家的主权仍然受到大国干涉的威胁。此后拉美国家就把反对任何形式的干涉作为斗争目标。对象也由欧洲强国"转向美国，在美洲国家体系中将其注意力集中在干涉问题之上"[2]。

从 1910 年到 1928 年召开的三次泛美会议上，拉美国家要求在反对干涉上达成协议，美国则运用外交压力单方面控制会议，力图在会议日程上避开这个问题。到了 1928 年在哈瓦那召开的第六次泛美会议上，拉美国家和美国在这个问题上的交锋达到高潮。然而亲临会议的美国国务卿休斯"并不把武力干涉视为侵略行动"，公然宣称："美国不能放弃维护本国公民的权利，国际法不能被这次会议的议案所改变。"[3]他竭力为美国这一时期在加勒比地区和中美洲的赤裸裸干涉辩护。由于美国在这次会议上阻挠不干涉原则的通过，拉美国家的反美情绪进一步高涨，泛美体系岌岌可危，但同时也预示着美国不久之后将不得不从形式上放弃干涉主义。5 年之后，美国在蒙得维的亚召开的第七届泛美会议上，有保留地承认了不干涉原则。这次会议通过了《美洲国家权利和义务公约》，其中第八条规定："任何国家都无权干涉他国的内政或外交。"[4]不过美国声明保留其"使用一般被承认的和被接受的国际法"的权利。这说明美国并没有完全放弃干涉的思想。1936 年 12 月在布宜诺斯艾利斯召开的泛美维持和平会议上，与会国通过了《关于不干涉原则的附加议定书》，其中第一条规定："缔约各方声明不容许它们之中任何一方根据任何理由直接或间接地干涉另一方的内政或外交。"[5]美国放弃了保留条件，拉美各国数十年的努力终于以协约形式确定下来。美国著名历史学家贝米斯称

---

① Davis and Wilson, *Latin American Foreign Policy: An Analysis*, p.266-267.

② G. Pope Atkins, *Latin America in the International Political System*, New York: Free Press, 1977, p.323.

③ *New York Times*, February 19, 1928.

④ Lloyd Mecham, *A Survey of United States-Latin American Relations*, Boston: Houghton Mifflin Co., 1965, p, 125

⑤ 《国际条约集（1924—1933）》，世界知识出版社 1961 年版，第 548 页。

之为"绝对不干涉的胜利"①。1948 年《美洲国家组织宪章》第十五条包含的内容实质上就是不干涉原则的更加具体化与扩大，把原来仅仅反对武力干涉扩及反对任何形式的干涉。《美国国家组织宪章》第十五条的通过标志着不干涉原则内容的最后形成，也标志着作为美洲国家体系中很重要的基本原则之一的确立。

二、美国承认不干涉原则的原因

综上所述，美国数十年来一直不愿意放弃干涉拉美地区事务，就连在纸上达成的协议也激烈反对。但是到了 20 世纪 30 年代，美国最终承认了不干涉原则，其原因我认为主要有以下三个方面。

一、屈于拉美国家的压力。从 1889 年召开的第一次泛美会议开始到 1933 年召开的蒙得维的亚会议，干涉问题一直是会议上争论极其激烈的问题，由此也形成了代表"干涉"和"反干涉"的两种力量。这两种力量的相互消长，实际也就是"干涉"与"反干涉"之间斗争的深化。我们对这一时期的历史研究表明，在这个问题上，力量的对比是逐渐向有利于反干涉一方转化的。在第一次泛美会议上，美国以压倒性优势的力量左右了会议，对少数国家施加压力。在以后召开的几次泛美会议上，情况大致相同。到了 1928 年召开的第六次泛美会议上，两种力量趋于平衡，因此造成双方相持不下，最后只通过了《关于内部纠纷时期各国的权利和义务公约》，泛泛地宣布美洲各国一律平等，彼此尊重主权和独立。到了 1933 年召开的蒙得维的亚会议上，几乎所有拉美国家都赞成通过"任何国家都无权干涉他国的内政或外交"的议案，反干涉力量占据绝对优势，美国势孤力单，最后不得已在《美洲国家权利和义务公约》上签字。

二、缓和拉美国家的反美情绪，改变美国在拉美的形象。美国在承认不干涉原则之前，对拉美国家基本上实行的是"大棒政策"。在这种政策的指导下，美国可以肆无忌惮地对拉美国家进行武装干涉，充当所谓维护西半球不受欧洲大国干涉的"国际警察"。这一时期美国对拉美国家事务的干涉在美拉

---

① Samuel Flagg Bemis, *The Latin American Policy of the United States: A Historical Interpretation*, New York: Harcourt, Brace and Company, 1943, p.276.

关系史上达到高潮。美国的形象在拉美人心中狰狞可恶，"山姆大叔"也就成为军事干涉的代名词，拉美国家的反美情绪由此十分高涨。为了维护自己的独立与主权，"拉美国家趋向联合起来反对美国，把美洲国家的定期国际会议作为迫使停止其受门罗主义支持的种种干涉的论坛"[①]。美国要是不放弃干涉政策，就会激起拉美各国人民的更大反抗，这样就有可能使美国在自己的后院陷入泥潭而不能自拔。从胡佛政府开始，美国就意识到改变其对拉美政策的必要性，到了富兰克林·罗斯福入主白宫后，这种改变就因形势的发展而变得迫在眉睫。因此放弃干涉主义也就成为美国改变其对拉美政策、缓和拉美各国反美情绪的重要标志。

三、国际形势的变化使美国认识到需要加强西半球的团结，巩固自己的盟主地位。美国急欲加强西半球的团结受两个因素的影响。一是从 20 世纪30 年代开始，西方列强加快了争夺拉美的步伐，美国在该地区的优势受到英、德、日、意的严重挑战。二是两大军事集团的形成导致世界局势日益恶化，战争乌云笼罩着世界各地。美国深知，要加强西半球的团结，维护自己的盟主地位，单靠政治压力、外交讹诈、武力威胁、军事干涉和经济制裁是根本不可能实现的。而拉美国家此时由于美国采取的"大棒政策"和"金元外交"，"对泛美运动大失所望，它们清楚地表明，未来的合作只有美国放弃对不干涉的反对才能成为可能"[②]。因此罗斯福一就任美国总统，立即采取明智的转变，宣布实行"睦邻政策"。这就为随后美国和拉美国家在干涉问题上达成协定发出了第一个信号。

三、不干涉原则在美洲的历史作用

不干涉原则从提出到最后确定为美洲国际公法，时经 80 年左右。它是拉美国家与欧洲列强及美国斗争的产物。从理论上讲，不干涉原则的基础是国家无论大小，其主权神圣不可侵犯。它的演变过程，基本上是以弱小国家的利益为转移，在群雄角逐、强胜弱亡的国际竞争舞台上，给弱小国家提供了一把"保护伞"。在西半球对限制美国干涉拉美事务，无疑起到非常进步的

[①] Davis and Wilson, *Latin American Foreign Policy: An Analysis*, p.49.

[②] Atkins, *Latin America in the International Political System*, p.324.

作用。

　　首先，不干涉原则是对美国干涉拉美国家事务的一个约束。美国在很长一段历史时期，出于其国家利益的考虑，一直是拉美国家，尤其是加勒比地区和中美洲国家的主权和独立的强大威胁，拉美国家只是处于一种被动的承受者的地位。自 30 年代不干涉原则作为美洲国际公法之后，美国对拉美的干涉行为就有所收敛。例如，1934 年 5 月，美国宣布废除干涉古巴内政的《普拉特修正案》；1936 年签订了《美国——巴拿马协定》，取消了 1903 年条约规定的美国对巴拿马的干涉权；1940 年 9 月，美国废止了对多米尼加共和国的"保护"权。

　　其次，加速了某些拉美国家对外国企业国有化的进程。美国在承认了不干涉原则之后不久，拉美一些国家如玻利维亚、墨西哥采取了一系列反对外国垄断资本的措施。尤其是在墨西哥，卡德纳斯政府在 1938 年颁布了把属于英国和美国的 17 家石油公司收归国有的法令。当时美国国内要求干涉墨西哥的反响强烈，许多人极力主张实行"大棒政策"，至少对墨西哥做出经济制裁。但美国决策者从全局考虑，担心这样会使美国刚刚接受的不干涉原则在拉美人的眼中成为一纸空文，重新引起拉美国家的反美情绪，在这种思想的指导下，"避免了同墨西哥的公开破裂"[1]。固然，墨西哥对美国企业的没收，国内经济民族主义高涨是最重要的原因，但"在这次没收之前的许多年间，墨西哥宪法就要求，作为外国人在墨西哥进行企业活动的先决条件，就是应该接受《卡尔沃条款》"。[2]显而易见，墨西哥的成功无疑是对其他拉美国家的经济民族主义的鼓舞。

　　最后，加强了西半球的团结，使美洲国家在第二次世界大战爆发前夕重新联合在泛美体系之内（个别国家除外），使该体系的实际盟主——美国在未来的反法西斯战争中无后顾之忧，这对德、意、日法西斯的崩溃起到促进作用。美国国务卿赫尔在其回忆录中写道："在战争最艰难的年月里，日日都从与其他美洲共和国的合作中汲取鼓励。"[3]诚然，美国的参战是出于自身利益的考虑，但其客观作用顺应了历史发展潮流，拉美多数国家从道义上或实际

---

　　[1] 罗伯特·达莱克：《罗斯福与美国对外政策 1932—1945》上册，陈启迪等译，商务印书馆 1984 年版，第 253 页。

　　[2] Thomas L. Karnes, *Readings in the Latin American Policy of the United States*, Tucson: University of Arizona Press, 1972, p.211.

　　[3] Karnes, *Readings in the Latin American Policy of the United States*, p.242.

行动上给予美国支持就可以说明。

　　然而，不干涉原则只是一个抽象的概念，只有通过行为主体的执行才能转变成具体的现实。在美洲，行为主体主要指美国，拉美国家多为被动的承受者，因为它们不存在干涉别国内政问题，要干涉也只是作为大国的附庸参加。美国在特定的历史条件下，为了实现自己的长远利益，会暂时屈从于原则的限制，但帝国主义的本质决不会因为原则的存在而有丝毫改变。因此，随着历史条件的变化，当美国的长远利益的实现受到原则束缚时，那么实现的形式就会随之改变，它甚至会打着维护不干涉原则之名，行干涉之实。我们知道，不干涉原则一方面局限于美洲国家内部，主要是对美国及某些拉美强国的行为限制；但另一方面，由于西半球共同防御体系的存在，不干涉原则又是针对非美洲国家而言，也就是说，把西半球作为一个整体，反对非美洲国家对美洲事务的干涉。在第二次世界大战之后，社会主义阵营和资本主义阵营形成，美苏进入长时期的冷战状态。美国为了维护西半球的所谓稳定和反对共产主义，就把不干涉原则转为主要针对所谓的"国际共产主义对美洲政治完整的威胁"，而实际上却对拉美国家进行干涉。例如，1954 年美国干涉危地马拉的阿本斯民族主义政府和 60 年代初干涉古巴革命等事件，无不冠之于"反对国际共产主义干涉拉美事务"的堂皇借口。"美国使用武力干涉许多拉美国家内政，常常被宣称目的是阻止西半球之外强国的干涉"。[①]这使干涉反而成了维护不干涉，给干涉披上了一层"合法"的外衣。正如塔列兰德说的那样："不干涉和干涉是外交说辞中恰恰指的是同一事情的两个词语。"[②]

　　在超级大国争夺世界霸权的时代，不干涉原则的贯彻当然还会受到多方面的牵制和破坏。在美洲，由于美国和美洲其他国家力量悬殊，这个问题更加突出。从 60 年代古巴革命胜利以后，尤其在尼加拉瓜革命胜利以后，美国对中美洲和加勒比的干涉就日益嚣张。另外，由于西半球并不存在一个超国家的权力机构，不干涉原则的执行只能以美国的利益为转移。有时美国又以潜在的干涉方式来代替公开的干涉，如为拉美一些国家训练军人，在拉美国家培植亲美势力，组织政变或提供给反政府武装援助等。这些都是不干涉原

[①] Gordon Connell-Smith, *The United States and Latin America: A Historical Analysis of Inter-American Relations*, London: Heinemann Educational, 1966, p.275.

[②] Jerome Stater, *The OAS and United States Foreign Policy*, Columbus: Ohio State University Press, 1967, p.211.

则不能有效贯彻的因素。同时，战后美洲国家组织强调"集体安全"，即为了防止西半球内部冲突，集体采取行动对某个国家制裁。这实质上就是对国家主权的侵犯，因而出现了原则与原则之间的相互制约，这也是对不干涉原则的践踏。

　　不干涉原则在美洲尽管作用受到限制，但总的说来还是维护了弱小国家的主权和独立。只要拉美多数国家团结起来，坚持独立自主的外交政策，就能更为有效地发挥不干涉原则的作用，在一定程度上遏制住大国的侵略行径。

（原载《山西师大学报（社会科学版）》，1991 年第 3 期）

布什政府的"美洲事业倡议"及其影响

"美洲事业倡议"（Enterprise for the Americas Initiative）是美国政府在 20世纪 90 年代初设想的一项关于西半球国家合作的宏伟计划,它是由美国单方面提出,也是完全出于更好地实现美国冷战后在西半球的利益考虑,但得到了拉美国家的普遍欢迎。当然,这一计划在提出之初很大程度上只是"纸上谈兵",在执行过程中也受到种种条件的限制。10 年过去后,"倡议"所体现出的主要内容并未事过境迁,反而在南北美洲国家的共同努力下逐渐地向现实转变。因此,"倡议"基本上符合了西半球地区的发展趋势,不仅对美国与拉美国家的关系产生了很大的影响,而且标志着 21 世纪初在美洲蓬勃开展的贸易自由化正式提上议事日程。

一、"美洲事业倡议"提出的背景

美国经济学家加里·克莱德·赫夫鲍尔等人在谈到"美洲事业倡议"时认为布什提出这一计划主要出于四个动机:"第一,如果债务危机欲要解决而又不使经济发展长期停滞,拉美国家绝对需要新外资的大量流入。与此同时,拉美债务到期不偿还的冒险对已经从内部活力和不动产放款中损失惨重的美国银行又是一个威胁;第二,美国想要支持在整个这一地区正在出现的以市场为基础的经济改革;第三,在东欧和苏联发生的事件成为世界注意力焦点的时刻,美国想要强调拉美的继续重要性;第四,美洲事业倡议发起于美国和墨西哥贸易谈判宣布后不久,旨在表明当美国与墨西哥开始自由贸易谈判时，它不会忘记拉丁美洲。"①他们的说法尽管很大程度上掩饰了美国的"利己"考虑，但他们试图从国内外角度研究这一问题对我们深有启迪。具体来讲，布什提出这一"宏大"计划主要出于以下四个方面的考虑。

第一，继续把拉美国家维持在一个以美国为中心的美洲国家联盟中。自第二次世界大战以来，美国为了把西半球结成一块铁板，保证其后院的稳定，以便有效地对付所谓的"国际共产主义"的挑战，美国采取了各种措施巩固和加强针对苏联威胁的泛美体系。因此，在一定意义上说，安全问题成为冷战时期美国与拉美国家结盟的基础。到了 20 世纪 80 年代末，国际力量对比发生了导致冷战两极格局瓦解的转折性变化，苏联力量急剧衰落，国际影响力大大下降，被迫在全球范围内实施战略收缩。在西半球，苏联一改过去咄咄逼人的进攻态势，缩小阵地，甚至退出与美国激烈竞争的热点地区。过去美国一直以国际共产主义威胁西半球的安全把拉美国家紧紧地拴在以它为首的泛美政治体系之内，现在这种威胁的减少甚或不复存在却使泛美政治同盟失去了存在的基础。美国不会因为苏联的退出而放弃它在拉美地区孜孜以求的长远目标，即保证美国在西半球的盟主地位，使拉美国家成为自己在国际竞争中的重要补充力量。因此，美国必然寻求一种新的战略，继续把拉美国家团结在以它为首的一种体系之内。布什政府从上台开始进行的战略调整其实就是适应这种形势变化的表现。随着苏联对美国安全利益威胁的减少，这种战略调整过程必然会加快，"美洲事业倡议"便是其中很重要的一环，标志着美国对拉美政策的侧重点已从共同安全转向经济合作。

第二，到了 80 年代末，世界经济区域化已经成为国际社会发展的主要趋势之一。这种趋势一方面反映出世界经济越来越相互依存，但更多地凸现出国家在参与国际经济中竞争日趋激烈。美国当然不甘落在这种趋势后面，而是力图在这种新的世界经济格局中寻找更有利于自身发展的机会，维护住美国在全球经济中的地位与利益。按照美国政府当时的构想，未来的世界经济格局将由三大经济圈构成。一是以统一后的德国为首的欧洲大市场；二是以日本为核心的东亚经济圈；三是以美国为中心的西半球自由贸易区。这种格局反映出发达资本主义国家对世界市场的争夺将日趋激烈。墨西哥学者埃米利奥·普拉迪利亚·科沃斯认为："尽管经济全球化是新自由主义的推测——

---

① Gary Clyde Hufbauer and Jefferey J. Schott, *Western Hemisphere Economic Integration*, Institute for International Economy, Washington D. C., July 1994, p.15.

尤其是在一个'自由'的世界市场中资本、商品和服务的交换，但美国、日本和德国对经济霸权的争夺，发达资本主义国家的商业冲突和它们奉行的保护主义措施，很可能使这一进程停滞。"因此，在全球化的中期阶段，"可能会通过形成三大政治经济集团趋向地区性的国际化：德国控制下的欧盟，美国控制下的北美集团，日本控制下的亚洲集团"[①]。作为一个目光始终盯住全球市场的美国，不会忽视世界市场上的每一个角落。因此，对于前两个经济圈，美国不仅想占有一席之地，而且还想发挥举足轻重的作用。布什政府提出的新大西洋主义，强调美国在大西洋国家中的地位和优势，其目的就是想保持对欧洲的控制；提出的太平洋主义，无非重申美国是太平洋国家，以保持住美国在亚太地区的利益和地位。费克特库蒂认为，美国在追求一种贸易战略时，应该有四个战略目的。其中一个是，"通过未来某一年达成的地区自由贸易协定、全球部门自由贸易协定和更全面的多边谈判，逐步消除对贸易的关税壁垒"；另一个是，"通过适宜于每个地区的地区和双边协定的谈判，与美国接邻的三个地区——美洲、太平洋盆地和北大西洋——建立更深的经济、政治和社会联系"。[②]他这番话反映出美国的贸易战略既强调西半球地区主义，也不能忽视半球之外更为辽阔的市场。实际上，在世界经济区域化越来越明显的时代，美国的这套策略表明了它对被排挤出欧洲和亚洲地区的担忧。对于以地理接邻为基本要素的"经济圈"来说，这些说法并无十分令人信服的根据，而美国经济应付来自欧共体、日本等国和地区的激烈竞争已经显而易见。拉美经济体系在20世纪90年代初发布的一份关于"美洲事业倡议"的文件中指出，美国在世界上正在形成的经济集团面前产生了新的"经济和战略需求"，这是推动华盛顿寻求与拉美和加勒比地区接近的一个因素。在这种竞争日趋激烈的形势下，组建美洲自由贸易区，与欧共体和东亚经济圈形成鼎足之势，对于美国来说不失为一种相对可行的方针。可以设想，如果美洲自由贸易区得以实现，世界经济格局中将会出现一个无论经济实力、自然资源和人力资源都非常强大的区域性经济集团。美国作为这一集团的核

---

① Emilio Pradilla Cobos, "Nafta and Territorial Integration in Mexico," Christos C. Paraskevopoulos, Ricardo Grinspun and George E. Eaton, eds., *Economic Integration in the Americas*, Brookfield: Edward Elgar Publishing Linited, 1996, p.43.

② Geza Feketekuty, "An American Trade Strategy for the 21th Century," Geza Feketekuty ed., *Trade Strategies for a New Era: Ensuring U.S. Leadership in a Global Economy*, Monterey Institute of International Studies,1998, p.2.

心，既可以加强与欧共体、日本的抗衡能力，又可以通过美洲国家之间的经济协作，稳定后院，进一步加强对拉美地区的控制。在这种背景下，拉美地区在美国全球战略的天平上再次显示出它的重要性。布什后来在《美国国家安全战略》报告中指出："从当今全球政治经济总趋势看，西半球对美国更加重要。"1991年8月6日，美国副总统奎尔在布宜诺斯艾利斯访问时宣称，拉美国家"对美国具有伟大的战略意义"。正如美国卡特研究中心研究员罗伯特·帕斯特指出的那样："自第二次世界大战以来，拉丁美洲一直处于美国战略重点的边缘。亚洲和欧洲是美国利益的焦点。随着苏联的崩溃，这两个经济区域显得更为重要。但是今天为了与欧亚竞争以及维护全球领导地位，华盛顿必须谋求拉美和加勒比地区的合作，建立一个西半球市场和一个民主共同体，以此确立一种竞争优势。"[1]美国需要拉美地区在自己的全球战略中发挥重要的作用，但已无法像过去一样挥舞着"大棒"强迫拉美国家与自己合作，而只能本着"互利"的原则把拉美国家重新聚集在以它为首的旗帜之下，共同对付来自大陆之外的挑战，"美洲事业倡议"就是这方面的集中反映。

第三，国际贸易在战后美国对外经济战略中举足轻重，美国政府当然希望本国制造的产品充斥世界市场，源源不断的钱财从国外流入国内。然而，随着西欧和日本的重新崛起以及一大批新兴工业国家的出现，美国在国际贸易中的地位和影响力逐步下降，当这些国家把受出口补贴和富有竞争性的产品投放到国际市场上时，美国的对外贸易收支状况开始出现逆差。贸易逆差到了20世纪80年代飞速增长，已经到了不可等闲视之的地步，贸易保护的呼声日渐强烈。在里根执政时期，贸易保护主义在国内外都可以说是甚嚣尘上，里根迫于压力对某些产品的进口进行限制，采取了一些贸易保护的措施。贸易保护在一定的"度"之内可能符合国家的利益，但超过这个"度"势必引起负面连锁反应。因此，美国政府担心关税壁垒的建立会引发主要工业国家之间的"贸易战"，这显然有悖于美国的既定对外经济战略，也对美国国内的繁荣构成威胁，会加速美国的经济衰退。所以里根在有限制地保护国内市场的同时大谈自由贸易带给美国的好处。1985年12月，里根在一次讲话中宣称："让我在开始时就说，我们的贸易政策牢牢地依赖着自由贸易和开放市场的基础。世界贸易的流动越自由，人类进步和国家间和平的潮流就越有力，我与你们一样承认，整个历史证明了这种必然的结果。我确实没有必要解释

---

[1]　Robert A. Pastor, "The Latin American Option," *Foreign Policy*, No.88, Fall 1992, p.125.

自由和开放市场给你们带来的好处。它们创造了更多的工作，生活标准更加
丰富多彩。因为我们的经济更强大，我们的防御基石更牢靠，它们加强了我
们的安全。"[1] 其实，在里根的自由贸易论中已经蕴含着贸易保护的内容，他
把自由贸易界定为"公平贸易"，为实现公平贸易而采取的限制性措施是维护
自由贸易之必需，因为这是其他国家违背自由贸易原则所带来的结果。显而
易见，公平贸易是对美国保护措施合法化的解释，而自由贸易却是打开国外
市场之所需。因此，里根政府在强调公平贸易的同时，开始了促进双边自由
贸易区的谈判。1985 年 4 月，美国与以色列签订了自由贸易区的协定，规定
双方消除关税壁垒和非关税壁垒。1984 年 2 月，美国与加拿大开始双边贸易
谈判，试图在某些行业实现贸易完全自由化。里根的这些做法基本上被其后
任布什所继承。布什从执政之始就重申对自由贸易和自由市场的承诺，在坚
持自由贸易原则的同时承认国际市场的现实："我依然相信自由市场在发挥作
用。我知道在今天这个世界不存在诸如纯粹自由贸易这样的东西，但是我们
相信自由贸易，显然我们也相信公平贸易。"[2] 所以布什政府的贸易政策更具
有自由贸易的色彩，其目的就是通过自由贸易这个有效的工具，使世界上那
些封闭的市场向美国开放。"美洲事业倡议"便反映出布什政府的这种贸易政
策取向。

　　第四，缓解拉美国家的债务压力以减轻对美国经济增长所产生的副作用。
80 年代发生的国际债务危机是拉美地区经济增长遇到的最严峻的挑战，以墨
西哥在 1982 年宣布延期偿还到期债息为标志，拉美地区开始陷入严重的债务
危机。这场危机对拉美国家经济产生的消极影响是前所未有的，拉美主要债
务国被迫将大部分精力集中在对付巨额债务负担和遏制外债的持续增长上，
它们为此付出了沉重的代价，甚至牺牲了本国的经济增长，使外债的增长速
度从 70 年代末期至 80 年代初期的 23.00% 的高水平上，逐步降到 80 年代末
期的 0.70%。尽管如此，拉美债务国的实际债务负担并没有显著减轻，1989
年为 3570 亿美元，仅应付的外债利息就高达 380 亿美元。债务危机不仅带给
拉美负债国经济衰退和停滞的局面，而且也影响了主要债权国之一美国的经
济增长，尤其对美国进出口贸易影响较大。据统计，自 1981 年以来，拉美国

---

　　[1] Delia B. Conti, *Reconciling Free Trade, Fair Trade, and Interdependence: The Rhetoric of Presidential Economic Leadership*, Westpoit: Praeger, 1998, p.87.

　　[2] George Bush, "Remarks to Members of the American Retail Federation," *Weekly Compilation of Presidential Documents*, May 17, 1989, Vol.25, p.728

家的人均国民收入下降了 10.00%,由于这些国家负债累累,消费水平急剧下降,自然也没有更多的财力购买美国的商品。因此,自从拉美地区爆发债务危机后,美国朝野许多人士都十分关注,他们不断呼吁美国当局能够制定出切实可行的债务政策。1989 年 3 月 10 日,美国财政部长尼古拉斯·布雷迪提出解决拉美国际债务危机的新思路,被舆论界称为"布雷迪计划"。布雷迪计划的提出标志着美国的国际债务政策发生了重要转变。墨西哥、哥斯达黎加、委内瑞拉、乌拉圭、阿根廷、巴西等国先后在这一计划的框架内与债权银行达成减债协议,减免了部分外债,并将部分到期外债推迟偿还或降低利率。布雷迪计划对于缓解拉美某些国家的债务压力起了重要的作用,但很难从根本上解决拉美债务问题,执行一年多后实施速度渐趋放缓。许多拉美国家对该计划寄予厚望,要求加速执行。在布什的"美洲事业倡议"中,把减轻拉美国家的债务作为主要内容之一,实际上就是布雷迪计划的继续,试图通过解决债务问题来改变美国与拉美国家的贸易现状,使拉美地区这个大市场能够有效地为美国所利用。用美国财政部一份文件的话来说,"消除贸易和投资的贸易壁垒,再加上私有化,为拉美地区走出经济窘境提供了最佳之路。随着墨西哥债务调整,财政部 1989 年提出的布雷迪计划强烈表明了改善拉美财政困境的承诺。财政部希望,美洲事业倡议将以布雷迪计划为基础,帮助吸引外资,使拉美'外逃'资金返回这一地区"[①]。此外,美国一直是拉美地区的最大直接投资者,1980 年为 260 亿美元,到 1989 年上升为 440 亿美元。资本产生利润的大小除了与投资项目有关外,投资环境在一定意义上说更为重要。这 440 亿美元的直接投资如何能够最大限度地赚取利润,自然与拉美的投资环境改善息息相关,这是美国政府比较关心的事情,也是提出"美洲事业倡议"的动机之一。正如赫夫鲍尔等人指出的那样:"尽管拉美地区经济局势不好,美国在拉美地区的直接投资并未急剧下降。……美国的投资状况给了'美洲事业倡议'的概念以补充支持。这一倡议不只是打算为吸引新的直接投资提供良好的气候,而且旨在维护在拉美地区已有的投资。"[②]

---

① Hufbauer and Schott, *Western Hemisphere Economic Integration*, p.16.

② Hufbauer and Schott, *Western Hemisphere Economic Integration*, p.17.

二、"美洲事业倡议"的主要内容及其贯彻

1990 年 6 月 27 日，布什在对拉美外交使团的讲话中提出了"美洲事业倡议"，宣布在与拉美国家建立"新的经济伙伴关系"的同时，把开辟一个西半球自由贸易区的计划提上了议事日程。布什的这一倡议以债务、投资和贸易作为"三大支柱"，最终建立一个从阿拉斯加到火地岛的美洲自由贸易区。关于债务，布什建议国际金融机构减免拉美国家所欠商业银行的债务，并保证美国政府准备减免拉美国家所欠美国官方的部分债务。美国财政部长布雷迪随后表示，拉美国家欠美国官方债务共 120 亿美元，其中 70 亿美元的优惠贷款可以考虑减免。关于投资，布什建议拉美国家改变不利于国内外的投资环境，简化投资手续，并提出设立一项 3 亿美元的基金，用来支持拉美国家进行向市场经济转变的改革。发展与拉美国家的贸易关系是该倡议的主要内容。布什在这方面提出三条建议。第一，美国政府许诺在关税和贸易总协定的乌拉圭回合谈判中与拉美国家合作，把完成这一涉及全球贸易体系变动的谈判作为拉美国家经济增长的契机，"乌拉圭回合的成功完成依然是促进拉丁美洲长期贸易增长和把拉美国家日益一体化纳入整个全球贸易体系的最有效方法"。第二，美国准备与其他美洲国家达成全面自由贸易的协定。第三，美国政府打算与那些不准备达成全面自由贸易协定的国家进行谈判，以便就开放市场和加强贸易关系达成双边协议。布什解释说，他的政府在追求使贸易自由化这一长期目标时将寻求中期贸易协定，"我知道，一些国家仍然不打算采取这一重大步骤达成一个完全自由贸易的协定。这就是为什么我们准备与任何对地区双边框架协定有兴趣的国家进行谈判以打开市场和发展密切贸易联系的原因"[①]。布什的"美洲事业倡议"是美国西半球政策调整的一个重要组成部分，它标志着美国在西半球开始从强调安全利益转向强调经济合作，试图在美洲建立一个以自由贸易为轴心、美国占主导地位的美洲国家经济联盟，其总目标就是通过地区经济合作来巩固美国在美洲的中心地位，进一步为美国充任冷战后的世界领袖，建立以美国为核心的世界经济新秩序奠定

---

① 关于布什"美洲事业倡议"全文见 George Bush, "Enterprise for the Americas Initiative," *U.S. Department of State Dispatch*, 3, No.33, September 3, 1990.

基础。

　　布什 1990 年底在乌拉圭首都回答记者提问时宣称:"我不想要美洲事业倡议仅仅停留在口头上,我们需要行动,本总统需要行动。开始这类行动的环境在今天十分有利,致使我认为我们将成功地推进我们在这里一直在讨论的方针。我们处在不同的时代,不同的时代。"[①]这是布什当时的真实心绪所在。"美洲事业倡议"既是美国的一项长远战略目标,也是布什在任期间的一项较大的"政绩",于公于私,布什都不会把倡议的内容仅限于纸面上,而是积极采取行动,逐步予以落实。

　　首先是加紧有关立法,建立有关组织机构。在美国,行政部门的任何一项重大政策要想很快付诸实施必须有国会立法上的保证,否则就有可能成为一纸空文。布什的"美洲事业倡议"在国会得到多数议员的肯定,国会随后通过了一项《美洲事业倡议法》。这项立法总共有 6 项条款,主要包括三个方面的内容.一是授权财政部拨款 5 亿美元设立"美洲基金",每年 1 亿美元,分 5 年使用。该基金由美洲开发银行管理,主要用于改善拉美国家的投资环境。二是确定美国财政部为"美洲事业倡议"的执行中心。三是就部分减免拉美国家欠美国官方债务以及"债务与大自然交换"(即将减免的债务留作环境保护基金)的办法做出一些具体规定。为了加强美国工商企业界对拉美地区经济形势的了解,美国国际开发署与商务部达成一项协议,决定在商务部内建立"拉美与加勒比贸易发展中心",负责进行市场调查,为美国经济界提供市场信息与投资机会。其次是继续对拉美地区实行贸易优惠政策。1990 年 8 月,美国正式批准了该年的贸易与关税法,取消了里根政府提出的加勒比盆地倡议规定 12 年进口优惠的期限,使之成为永久性的政策。同年 10 月,布什政府向国会提交了一份《1990 年安第斯贸易优惠法》草案,其中规定从安第斯国家进口的产品,只要有 35.00% 的增加值是在一个或几个安第斯国家,或一个或几个"加勒比盆地倡议"成员国形成,即可免税进入美国市场。再次是免去了部分拉美国家欠美国官方的外债,其中圭亚那为 90.00%,尼加拉瓜为 90.00%,洪都拉斯为 90.00%,玻利维亚为 70.00%,海地为 70.00%,牙买加为 25.00%,智利为 40.00%。最后是推动与墨西哥加入北美自由贸易区的谈判。此外,布什为了对拉美国家亮明美国政府对"美洲事业倡议"执

　　① George Bush, "Question-and-Answer Session with Reporters in Montevideo, Uruguay," in *Weekly Compilation of Presidential Documents*, December 4, 1990, vol. 26, p.1979.

行的态度，在 1990 年年末两度访问拉美地区。11 月他出访墨西哥，表示美国要与墨西哥改善关系的姿态，以便加快美墨自由贸易谈判进程。12 月他前往南美洲，对巴西、乌拉圭、阿根廷、智利和委内瑞拉 5 个国家进行了历时6 天的正式访问。布什在访问中强调美国与拉丁美洲关系正在进入"新纪元"，拉美地区经济问题的解决不是"靠更多的援助，而是靠更多的贸易"，保证美国在乌拉圭回合谈判中与拉美国家合作，争取这一多边贸易谈判获得成功。舆论普遍认为，布什这次拉美之行说明美国正从一种新的角度看待拉丁美洲，通过与各国领导人的对话，重申美国对实施"美洲事业倡议"的决心。布什以后还多次访问拉美，旨在促进美国与拉美国家在许多共同面临的问题上进行合作。

　　拉美多数国家对"美洲事业倡议"持普遍欢迎态度。巴西总统费尔南多·科洛尔·德梅洛、阿根廷总统卡洛斯·梅内姆、墨西哥总统卡洛斯·萨利纳斯·德戈塔里、乌拉圭总统路易斯·阿尔韦托·拉卡列、委内瑞拉总统卡洛斯·安德烈斯·佩雷斯、智利总统帕特里西奥·艾尔文、多米尼加总统华金·巴拉格尔等先后发表讲话，明确表示了他们对"美洲事业倡议"的赞扬，希望与美国合作使倡议内容变为现实。"美洲事业倡议"在拉美的媒体和民众中也引起强烈反响，美国财政部副部长戴维·马尔福德在谈到这一点时说，虽然这项倡议在美国几乎没有引起人们的注意，但是"如果你到拉美地区旅行，你会发现那个地方处于若干年来一直没有过的那样一种绝对的骚动以及辩论和讨论中"[①]。因此，当布什政府以积极的态度推动"美洲事业倡议"落实时，拉美国家也纷纷加强了与美国的接触。阿根廷、智利、厄瓜多尔、哥伦比亚、委内瑞拉等国领导人先后到华盛顿进行访问，就倡议的有关问题与布什政府进行讨论和磋商，先后有 8 个拉美国家与美国签订了建立自由贸易区的框架协定，由此成立了贸易与投资双边委员会，具体负责制定和推动双边贸易与投资计划，从组织上保证美国与这些国家政策的协调。到 1991年，同美国签署关于建立双边贸易和投资委员会协定的拉美国家达到 29 个。与此同时，拉美国家为了创造倡议内容进一步落实的大环境，加大和加快调整经济发展战略的力度，大大降低由"进口替代"战略所造成的高关税和非关税壁垒，建立开放的自由贸易管理体制，采取各种积极措施吸引外国投资，加快了次区域贸易自由化的步伐，等等。拉美地区性组织也对倡议表示强烈

---

① *Los Angeles Times*, June 29, 1991.

关注，安第斯集团建议成员国首脑与美国总统会晤，讨论倡议的落实问题。里约集团在加拉加斯召开第四次首脑会议，明确表示支持布什的"美洲事业倡议"。1991年，26个拉美经济体系成员国的代表和十几个地区性组织的领导人举行会谈，就倡议进行了讨论。与会者对该倡议提出了一些补充，使之更加符合拉美地区的利益，并认为该倡议开始导致美国和拉美形成互利的"伙伴关系"。这些都说明拉美国家在维护自己利益的基础上发展与美国的经济合作关系，通过谈判使倡议的内容进一步落实。

三、"美洲事业倡议"落实受到的限制及其影响

"美洲事业倡议"无可置疑地给冷战后的美拉关系注入了新的内容，使之呈现出以合作为主的新特征。但是这一"宏大"的计划不是简单地由文字变成行动即可，而是要涉及巨额的资金、利益的分配、市场的承受力、合作方是否能求同存异等。因此它在落实过程中必然会受到种种限制，绝不会一帆风顺，可以想象困难会接踵而来。第一，建立美洲自由贸易区只能是一个长远的规划，它不可能在短期内实现，过程的拖长对合作国家未必不是好事，尤其是拉美国家更能清楚地观察和检验贸易自由化给经济发展带来的得失，但难以预料的障碍必然会出现，会减缓倡议目标实现的过程。第二，90年代初美国国内经济的不景气限制了它很难投入大量的资金以支持这一庞大的"美洲工程"。建立一个囊括南北美洲几乎所有国家的自由贸易区，拉美国家经济发展走出低谷，在经济改革和转型过程中走上健康发展的道路显得非常重要，而实现这一目标没有巨额的资本投入，在短期内是不可能的。拉美国家的债务压力已使其经济发展举步艰难，其自身根本无法筹措这笔款项，只能有赖于外部的援助。许多拉美国家争相与美国进行双边自由贸易谈判，除了在贸易上争得优惠条件外，很大程度上还是希望美国能够加大投资，但美国无法满足拉美国家这种迫切的需求。拉美经济体系90年代初的一份文件指出，"美洲事业倡议"确定每年提供3亿美元的投资，这对于拉美地区的外资需求来说是远远不够的，它只相当于拉美在3天内偿还的外债利息。即使以后有所增加，但对于解决拉美国家经济发展所需资金也是杯水车薪。资金的严重短缺在一定时期内不仅给美洲自由贸易区的建立带来一道无法逾越的障碍，还会造成某些国家对美国政府大失所望。第三，美国和拉美国家经济实

力悬殊，就是拉美国家内部各自的经济发展水平也参差不齐。自由贸易对于技术力量雄厚与发展资金充足的国家来说，所得肯定远远大于所失。但对于30 余个经济发展差异很大的拉美国家来说，结果必然是各不相同。有的国家无疑会以此为契机，经济一跃而起；有的国家由于经济脆弱，可能很难抵制自由贸易带来的强大冲击波，造成经济发展出现无序状态。这些国家究竟能从取消贸易壁垒后获得多少实惠，还是一个有待实践检验的大问号。它们一旦感到从自由贸易中失大于得，或者是在自由贸易的前提下加上符合自己利益，但又往往不易于为大国或富国所接受的条件，或者干脆重新构筑起保护主义的壁垒。这无疑会放慢美洲贸易自由化谈判的进程。第四，美国提出"美洲事业倡议"首先是出于在国际经济领域谋得有利的竞争地位来考虑，把西半球变成对自己开放和外部国家很难打入的大市场是其中一个重要目的。一些拉美激进人士特别强调这一点。如墨西哥学者胡塞·德赫苏斯·加西亚1990 年 8 月 1 日在墨西哥《至上报》上发表文章指出："美洲自由贸易区一旦建立，结果将可能是美国在贸易上吃掉拉美这些国家。到头来，这个倡议将只对美国经济有利，使它得以扫除障碍而获得原料。"[①]这种观点实际上忽视了美国所受到的制约力，低估了拉美地区的整体力量。即使美国有这种想法，显然也不会得到拉美国家的认同。拉美国家在发展多边经济外交上成果显著，它们决不会把自己的经济发展押在对美国的过分依赖上。美国是拉美国家优先发展经贸关系的对象，但在当今世界经济发展相互依存的趋势日益增强的情况下，拉美国家没有也不可能排除与大陆外经济集团的联系。如1992 年拉美国家在西班牙首都马德里召开经济部长会议，专门讨论加强拉美与欧共体之间的经济、社会、政治联系等问题。尽管欧共体受内部问题困扰未做出经济回应,但说明拉美国家正在主动发展与大陆外的国家的经济联系。这种发展战略符合拉美国家的利益，但未必符合美国政府提出"倡议"的初衷，还会酿成美国和拉美国家在一些问题上的冲突。第五，美国是个发达国家，拉美地区是由发展中国家构成的。新的国际经济格局导致二者寻求有利于各自发展的合作，但旧格局遗留下来的不平等地位不会由此而彻底改变。布什曾强调以"新大陆"代替第一世界和第三世界的区分，以减弱人们心理上的对抗情绪，但事实上美国与拉美国家之间固有的鸿沟远非一个经济自由

---

① 胡塞·德赫苏斯·加西亚：《建立美洲市场是否具备条件》，载《参考资料》，1990 年 9 月 10 日，第 61 页。

贸易区所能填平。

"美洲事业倡议"是布什政府出于各种考虑以适应形势需要的政策调整，它基本上确定了美国和拉美国家发展关系的未来走向，"旨在支持整个拉丁美洲市场经济改革的努力。该倡议的基础是贸易，而不是援助；是私人投资流动，而不是债务；是市场导向，而不是政府命令；是私人资本流向工业和股票市场，而不是资本外逃"[①]。它构成了美国西半球长远战略中的重要一环，在某些方面与拉美利益相吻合，导致美拉关系开始呈现出合作的态势。实现该倡议所规定的目标主要取决于倡议内容的进一步落实，而这又取决于美国和拉美国家双方的合作诚意与相互配合。在该倡议由文字向现实转换过程中，美国唱的是"主角"，拉美国家扮演的是"配角"。这一"美洲工程"能否顺利实施，并不以个别国家的主观意志为转移，而要受到许多客观因素的制约，至少在短期内难以变为现实。然而，该倡议提出的主要目标规定了美拉经贸关系的发展方向，对整个美拉关系产生深刻的影响，不仅为美拉在经贸领域的合作提供了广阔的前景，而且加快了拉美地区的经济开放进程。

"美洲事业倡议"的具体影响在美国政府随后在西半球采取的一系列重大行动中充分体现出来。该倡议发布不久，美国即开始与墨西哥进行北美自由贸易区（NAFTA）的谈判，经过布什和克林顿两届政府的努力，NAFTA 从 1994 年 1 月 1 日正式运行。其实，不管是布什还是克林顿，从来都没有把 NAFTA 视为一个只局限于北美三国的贸易协定，而是作为向拉美地区扩大自由贸易的起点。自由贸易"南扩"在布什执政时期很大程度上只是说说而已，并未真正付诸实践。布什如果连任，"南扩"势必加速进行，但布什却在竞选连任总统中败北，他离开白宫时大概也为这个"未竟之业"分外遗憾。新接任白宫权力的克林顿尽管在许多主张上与布什相左，但还算"识时达务"，并未因人论事，在自由贸易"南扩"上基本做到了"萧规曹随"，甚至比前任表现出了更大的勃勃雄心。布什任内的国务卿詹姆斯·贝克在 1994 年 2 月的一次讲话中曾热情称赞了克林顿对其前任政策的继续。他说："比尔·克林顿总统对拉美的外交政策是一致的和适当的。我认为，克林顿对该地区的政策反映出对前任总统布什设计好的道路的直接延续。克林顿政府使自由贸易成为其对拉美政策的核心，这届政府看起来决心到 90 年代末把与墨西哥和加拿大

---

① Cary L. Springer, "The FTAA and the National Interest: US Trade Policy at a Crossroads," *Policy Report*, June 1998, p.2.

的贸易协议扩大到本大陆的其他国家。"①克林顿做出这样的选择与他个人的好恶并无多大关系,作为一国之总统,他的言谈举措应该反映出美国的国家利益,其在任期间的职责就是尽力使这些利益得以实现。一般来讲,在总统竞选期间,候选人相互攻讦属于正常,尤其是在野候选人对执政候选人的"政绩"进行百般挑剔乃至肆意攻击,并不意味着前者上台后必然会在各项政策上"另起炉灶"。像建立美洲自由贸易区这样的大事,从政府角度看显然符合美国在西半球的长远利益,克林顿政府只能使之"发扬光大",更何况这样做还会给其任内的"政绩"添上诱人的一笔,何乐而不为呢?因此新政府在促使国会批准 NAFTA 上乐此不疲,并想以 NAFTA 作为起点,把与美国的自由贸易扩展到中南美洲和加勒比地区。克林顿在 1994 年底发起召开了美洲国家首脑会议,确定了 2005 年实现美洲自由贸易区的目标。这些重大举措显然与"倡议"是一脉相承的。从这个意义上讲,"美洲事业倡议"拉开了涉及西半球各国在经济领域进行深刻变革的美洲贸易自由化的序幕。

(1999 年 5 月,未刊稿)

---

① His speech is availabale at http://ladb.unm.edu/cgi-bin/SFgate…ronicle%252f1994%252fpub21002. html.

美国的对外贸易战略与西半球经济一体化

在国际经济学中，经济一体化一般是指同一地域内的国家通过谈判结成经济集团，在贸易与投资等领域减少和逐步消除歧视性的规则，实行域内贸易和投资的自由化，最后实现经济的共同增长。同一区域内的国家经济完全一体化是一个长期的过程，贸易自由化是达到这一目标的最基本的前提。在西半球，经济一体化是历史上的一个古老的梦想，这一梦想只是到了 20 世纪 90 年代初才开始逐步向现实转化。作为西半球最强大的国家，美国启动了西半球经济一体化的进程，把建成一个美洲自由贸易区正式提上了议事日程。美洲自由贸易区进展的快慢，很大程度上取决于美国这一时期的对外贸易战略。因此，分析两者之间的关系，对我们深刻理解西半球经济一体化进程具有重要的意义。

一、美国倡导美洲自由贸易区的主要因素

在国际经济关系中，美国大概是最积极地推行自由贸易的国家之一，这种政策选择在某种程度上反映出美国主流文化中的一种倾向。美国文化造就了社会重视商业的风气，"这里朝气蓬勃而又狂热的物质生产运动"（马克思语）可以说是美国不断走向发达的主要动力。从世界历史发展进程来看，大凡重视商业的国家都不会满足于国内市场。商业本身就是一种具有很强外延性的活动，市场是其发展和扩大的基础，市场越广，发展就越快，没有广阔的国外市场，资本主义走向兴盛就缺乏一个必要的条件。美国文化中的扩张性与社会重视商业精神的结合必然会使美国把发展的眼光伸向境外，它以自己生产出来的商品作为打开落后国家门户的"重炮"。从立国之后，就体现在对外关系上，对外贸易在美国经济发展中一直居于举足轻重的地位，而且随

着美国经济的发展日益显得重要。大凡经济力量强大的国家一般都主张市场相互开放，商品可以不受国界的限制而自由流动。因此，第二次世界大战之后，美国率先提出组建"国际贸易组织"，以便相互削减关税，促使世界贸易的自由化。正如美国政府颁布的一份重要文件指出的那样："自关贸总协定签署以来，美国率领世界努力创造一个受法规指导的开放贸易体系，在这一体系中，削减贸易壁垒将为美国的商品、服务和农业提供最大限度的市场准入。"[①]冷战期间美国从自由贸易中获得的好处仅仅用数字是远远不能表明的，自由贸易既是美国世界领袖向外延伸的主要途径，也是美国打开其他国家市场的最佳手段。

冷战结束后，美国与世界上其他国家一样把战略重点从强调安全利益转向经济发展。所以，美国比过去更加重视开拓海外市场，为国内经济寻求更为广阔的增长源。这样，美国的经济发展就与国外市场密不可分地联系在一起。用耶鲁大学管理学院院长杰弗里•加顿的话来说："美国经济的健康发展比以往更紧密地依赖世界市场，国内的动力已不再能形成充分的增长、就业、利润和储蓄。……美国同大多数国家的联系以及对这些国家的潜在影响，越来越依赖于它们之间的商业关系。"[②]美国的对外贸易战略调整自然相应地加强了服务于海外经贸利益实现的力度，外交甚至在某种程度上成为商贸的"奴婢"。法国《快报》周刊1997年11月下旬刊文谈到美国冷战后在寻求一种新的战略时指出："外交成了这个商业大国意志的一种延伸，成了为出口和经济服务的一种武器。此外，在美国的推动下，现在唯一可以称得上有组织的世界秩序就是贸易关系方面的秩序。"迈克尔•赫什等人认为，冷战结束后，商业已成为美国对外政策的头等大事："自从19世纪靠炮舰打开日本和中国同西方通商的大门以来，美国的对外政策在很大程度上说从来没有像现在这样与美国商业利益如此紧密相连。"[③]这样重视海外市场的开拓成为冷战后美国对外战略调整的一个明显特征。

当美国积极把这种战略付诸实践时，世界上任何国家的市场对美国经济增长来说都意义非凡。仅在克林顿任内，美国与其他国家和地区或贸易集团

---

① The Office of the United States Trade Representative, 1999 Trade Policy Agenda and 1998 Annual Report of the President of the United States on the Trade Agreements Program, March 1999, p.1.

② Jeffrey E. Garten, " Business and Foreign Policy," *Foreign Affairs*, vol. 76, No.3, May/June 1997, p.69-70.

③ *Newsweek*, March 6, 1995.

的谈判达成了 270 余个不同的贸易协定，这些协定尽管都是互利的，却为美国产品进入其他国家的市场创造了前所未有的机会。美国圣地亚哥美洲首脑会议协调员理查德·布朗指出："国际贸易现在占美国国民生产总值的四分之一强，是几十年的 3 倍。在很大程度上说，这种贸易扩张一直是走向繁荣的动力。如果美国没有在消除世界范围内贸易障碍上发挥领导作用，自 1993 年以来美国经济创造 1300 万个就业机会是不可能的。"[①] 1998 年，美国的商品和服务出口额达到 9334 亿美元，在 1992 年 6170 亿美元的基础上增长了51.00%。这一数字说明了美国经济对国际市场的依赖性正在不断加深。

拉美地区与美国同处一个半球，其市场更为重要。美国要求拉美市场对美国的商品和服务完全开放，而要实现这一目的必须同时要考虑到拉美国家的利益。这样，以自由贸易为纽带与拉美国家建立一种新型的合作关系自然提上了议事日程。联合国拉美经委会驻美国官员艾萨克·科恩 1997 年 10 月回顾说，布什向整个美洲提出倡议，"把贸易放在首位，以此作为一种新型关系的模式"。美国外交问题专家欧塞维奥·穆哈尔—莱昂 1997 年 8 月底接受墨西哥《至上报》采访时指出，冷战结束后，拉美地区对美国开始越来越重要，"如今，华盛顿更多的是从经济而不是从军事角度来确定它的安全战略。然而并不是说安全利益不再重要，但最根本的是巩固市场和加强贸易关系"。他这番话道出了美国首倡美洲自由贸易区的一个主要原因。

正是在这种对外贸易战略的指导下，美国以自己在各个方面的强大优势，拉开了这一时期西半球迈向经济一体化的序幕。

二、美国加强美洲自由贸易区谈判的利益所在

从布什政府提出"美洲事业倡议"算起至今，西半球国家向美洲自由贸易区的目标迈进已经快 10 年了。从一开始，美国政府就没有把对拉美国家的承诺停留在口头上，而是推出了一些具体的措施。如加紧进行有关立法，建立有关组织机构；继续对拉美地区实行贸易优惠政策；免去部分拉美国家欠美国官方的外债；积极推动与墨西哥自由贸易区的谈判。1994 年 1 月 1 日，

---

① Remarks before the Subcommittee on International Economic Policy and Trade House International Relations Committee, Washington D. C., April 29, 1998, http://www.gov/regions/what/980429-brown-free-trade. html, p.2.

北美自由贸易协定正式生效，投入运行。在美国看来，这是美国推进美洲贸易自由化迈出的比较成功的一步。是年 12 月，在美国总统克林顿的倡议下，美洲 34 个国家的首脑云集美国的迈阿密，通过讨论和协商，确定了 2005 年在西半球建立统一的自由贸易区的目标。在最近几年期间，克林顿政府尽管受国会的制约难以在这方面有所作为，但总的来说并没有放弃这一既定的战略。当然，美国的所为完全是出于本国的利益考虑，正如克林顿在谈到美国政府的贸易战略时强调说："这一问题不涉及是否我们应该支持自由贸易或市场开放，而是无论如何，我们将制订一种国家经济战略，以保证我们获得利润。"[1]

美国加强与西半球其他国家的经贸合作关系是其对外贸易战略中的重要组成部分。西半球在传统上就是美国的经贸势力范围，美国主要向拉美国家出口技术设备和工业制成品，从拉美地区进口原材料和技术附加值很低的半成品。美国对这一地区的广阔市场从来没有忽视，即使在美国把安全利益置于第一位的冷战时代，拉美市场在经济上也没有失去重要性。冷战结束后，当美国开始把全球战略重点转向为国内经济发展寻求新的外部增长源时，西半球市场的巨大潜力更是显示出了重要的意义。美洲理事会官员威廉·普赖斯 1999 年 3 月 4 日在向国会作证时说："美洲自由贸易区预示着一个拥有 8 亿人的潜在市场，我们能向他们出售我们的商品和服务。这是一个从手提电话到工业机械无所不包的巨大市场。美国与拉丁美洲和加勒比地区的贸易正在迅速增长，幅度超过了世界上任何其他地区。美国对拉美的出口自 1990 年以来已经上升了 100.00% 还多，现在正以快于世界其他国家 2 倍的速度增长。美国出售给巴西的商品多于出售给中国；出售给中美洲的商品多于出售给东欧和苏联；出售给 1400 万智利人的商品多于出售给 9 亿印度人。"[2]据统计，拉美地区占 1997 年美国总出口的 20.00% 和美国出口增长的 40.00%。从 1993 年到 1997 年，美国在这一地区的市场占有率呈上升状态，欧洲和日本却在下降。1993 年，世界各地向拉美地区的出口额为 1890 亿美元，其中美国占 41.50%，欧盟 15 国占 29.00%，日本占 8.90%，加拿大占 1.40%，其余国家占 28.70%。1997 年，世界向拉美地区的出口额为 3090 亿美元，其中美国占 43.50%，欧盟 15 国占 17.10%，日本占 6.40%，加拿大占 1.30%，其余

① Roy E. Green, ed., *The Enterprise for the Americas Initiative: Issues and Prospects for a Free Trade Agreement in the Western Hemisphere*, Westport: Praeger, 1993, p. xxii.

② 参见 http://www.counciloftheamericas.org/pryce100.html.

国家占 31.70%。[①]

事实正是如此。从 90 年代开始,美国对拉美地区的出口呈直线上升趋势,1990 年出口额为 490 亿美元,到 1994 年上升为 880 亿美元,增加了 79.00%,1995 年为 937 亿美元,1996 年达到 1 090 亿美元。在 1998 年前 8 个月,美国向拉美地区的出口增加了 10.00%,而由于亚洲金融危机,美国对世界其他地区的出口却下降了 3.00% 还多。在克林顿执政期间,美国对拉美地区的出口几乎翻了一番,从 750.8 上升到 1430 亿美元。[②]一份研究报告指出:"美国商务部提出这种思想,即美国的商业应该集中在世界上新兴的大市场。毫无疑问,拉美市场既是大的,又是新兴的。此外,根据联合国统计数字的详细评论,我们看到,拉丁美洲吸收了世界各地出口额的 3629 亿美元还多,而美国出口品占比的 56.40% 强是到了这一地区。显而易见,对美国来说,拉丁美洲是足够大的市场,必须给予高度的重视。"[③]统计数字有时尽管有所差异,但拉美市场对美国的重要性却是无可置疑的。

另一方面,美国庞大的市场对拉美国家的经济发展有着不容忽视的影响。第二次世界大战后,许多拉美国家的经济曾出现过较快的增长,但 80 年代初发生的债务危机一下子就使拉美国家陷入了长达 10 年之久的经济增长中断期。90 年代以后,拉美国家通过发展战略的调整,经济再次成为世界上增长较快的地区之一,发展迅速的对外贸易在其中起了非常重要的作用。世界贸易组织 1997 年 4 月 10 日发表的一份报告表明,1996 年拉美地区的商品出口增长率是世界平均水平的 3 倍,进口增长率是世界上平均水平的 2.4 倍。美国是世界上最大的市场之一,美国人每天消费着从世界各地进口的商品。当拉美国家在经济改革或调整中把对外贸易置于非常重要的位置时,这个北方强邻的巨大市场也就对它们日益具有吸引力。拉美国家向美国的出口从 90 年代以后持续增长,1990 年为 638 亿美元,到 1994 年上升为 881 亿美元,增长幅度为 38.00%,近几年增长速度更快。美国农产品进口的 50.00% 来自西半球国家,高达 197 亿美元。仅北美自由贸易区伙伴国就提供美国农产品进口的 30.00%,其余 20.00% 平均分散在中美洲、南方共同市场和安第斯国

---

① William M. Daley, *Sixth Annual Report to the United States Congress, The National Export Strategy: Staying the Course*, October 1998, pp.18-19.

② 参见 Office of the United States Trade Representative, For Immediate Release, October 22, 1998.

③ Stephen P. Coelen, "The Importance of Latin America to U.S. International Trade," *Massachusetts Institute for Social and Economic Research*, November 19, 1998, p.2.

家。①美国显然是拉美国家优先发展贸易的对象。除此之外，拉美国家在资金、技术、债务等方面都需要美国的帮助。这种在经济上无法摆脱的联系决定了拉美国家在寻求经济增长途径时，更需要与美国建立一种经贸合作关系。贸易的互利性是美洲自由贸易区形成的基础，也是推动西半球经济一体化的主要动力。"拉丁美洲和加勒比国家向美国的出口对它们的经济增长和繁荣至关重要。1998 年 4 月在智利举行的美洲国家首脑会议明确承认了这种互利的关系。"②

三、美国与美洲自由贸易区谈判进程

美国学者罗伯特·帕尔伯格指出："历史表明，具有影响力的大国无论什么时候领导推行开放的经济政策，世界经济一体化都会程度加深和速度加快。当领袖国家不推行这样的政策时，进一步的一体化就更难实现。"③在西半球，不管在历史上，还是在目前，美国是对这一地区经济发展产生重大影响的国家。尽管美国试图以自己强大的经济、政治、军事、文化实力左右西半球发展的能力已经大大下降，但中心国家的地位并没有从根本上受到动摇。西半球国家在逐步确立了美洲贸易自由化这一宏伟的目标后，都程度不同地把它作为实现未来经济增长的关键性一招。在这一进程中，美国的中心地位自然使它常常以领导国家自居，西半球其他国家对这种自诩也没有提出过多的异议。美国握有的谈判主导权客观上使它能够对美洲自由贸易区进程发生重大影响。因此，在美洲自由贸易区谈判过程中，美国尽管不能把自己的好恶绝对强加给西半球其他国家，但它对谈判内容、方式、时间、进展等方面的影响力还是显而易见的。事实表明，美洲自由贸易区进程的快慢，很大程度上取决于美国的态度，美国积极主动，这一进程就加快，反之则慢。

根据美国的对外贸易战略，美洲自由贸易区的建成必然有益于美国。从

---

① 参见 Economic Research Service, "Free Trade Area of the Americas: Potential Advantages for U.S. Agriculture," *Agricultural Outlook*, April 1998, p.11-12.

② The Office of the United States Trade Representative, 1999 Trade Policy Agenda and 1998 Annual Report of the President of the United States on the Trade Agreements Program, March 1999, p.1.

③ Robert Paarlberg, *Leaadership Abroad begins at Home: U.S. Foreign Economic Policy after the Cold War*, Washington D. C.: The Brookings Institution, 1995, p.1.

理论上讲，只要所得大于所失，美国就应该借着自己在西半球独一无二的地位来推进这一目标的实现。克林顿政府的确试图这样做。如 1997 年克林顿政府再度把与拉美国家建立"合作伙伴关系"提上议事日程，希望以此来消除拉美国家对美国的"误解"。是年克林顿两度访问拉美地区，旨在加强与拉美国家的合作，解决影响美拉关系发展的一些重大问题，促进美洲自由贸易区的谈判恢复正常。然而，当克林顿政府试图在美洲自由贸易区的谈判过程中发挥领导作用时，却受到国内各种不利因素的制约。结果克林顿政府并未有效地执行它所制定的对外贸易战略，在许多问题上表现出令拉美国家失望的态度。"许多拉丁美洲领导人日益担心，克林顿总统已经放弃了该地区。他们的忧虑也许不无道理"。[①]其实，美国绝不会置身于西半球经济一体化之外。克林顿政府在美洲贸易自由化进程中表现出的消极态度，并不能真正反映出美国在后冷战时代的对外贸易战略。

从国会争取贸易谈判的"快速审批权"是克林顿政府执行其对外贸易战略的一种有效手段。美国宪法规定，总统有权代表国家进行任何协定的谈判。当这样的协定需要更改美国既定的法律条文时，国会必须通过所谓的执行立法（implementing legislation）。因为自由贸易协定必然取消某些立法上所确定的关税，所以只有执行立法被通过，总统签署的协定才能生效。"快速审批权"是美国国会对贸易协定考虑的一种程序机制。它的基本含义是，当总统与其他国家谈判达成贸易协定时，国会必须在规定的期限内对协定进行投票，要么批准，要么否决。如果没有这种机制，自由贸易中包含的每一项法律变更都会涉及某些特殊集团的利益，它们将迅速进行院外活动，敦促个别国会议员试图改变不利于它们的特定条文，结果可能会导致整个协定支离破碎。美国政府也被迫与其贸易伙伴国就引起国会异议的每项条款重新开始谈判。"快速审批权"旨在避免这种情况发生。它实际上反映了行政部门与国会在与其他国家贸易谈判过程中的一种合作状态。这种权力在 1974 年多边贸易谈判的东京回合中首次使用，以后就按惯例定期使总统在这种状态下进行贸易谈判。许多重要的贸易协定，如北美自由贸易协定和乌拉圭回合协议等，都是在这种机制下被国会迅速批准的。

当西半球国家进行美洲自由贸易区谈判时，作为发起国，美国自然希望

---

① John Sweeney, "Clinton's Latin American Policy: A Legacy of Missed Opportunities," *The Heritage Foundation Backgrounder*, No.1201, July 6, 1998. p.1.

能在预定的时间内完成谈判。因此,"快速审批权"对美洲自由贸易区取得实质性进展至关重要。克林顿总统屡屡向国会申请在与外国进行贸易谈判时有这种机制的存在,但均遭国会否决。克林顿本心想推进美洲自由贸易区,但受国会和舆论的制约,一切努力都难以奏效。正如美国前国会议员萨姆·吉本斯说,没有快速审批权,"任何外国政府都不会在一场谈判中与我们打交道,因为它们从经验中得知,国会将最终重写协定"。[①] 所以,拉美国家也不愿意与美国进行认真谈判,美国的领导形象在拉美人的眼中黯然失色。"显而易见,在近期召开的圣地亚哥美洲首脑会议上,美国在美洲自由贸易区谈判中已经失去了主动性。根据对克林顿总统的观察,美国在美洲自由贸易区进程中的领导地位不复存在,在西半球贸易自由化进程中纯粹成为一个旁观者"。[②] 对克林顿而言,这种"旁观"也许是一种无可奈何的选择。

　　当然,美国的对外贸易战略决定了克林顿政府不会就此罢休,他领导的行政部门还在积极争取国会在美洲自由贸易区谈判上的合作。1999 年 3 月美国贸易代表办公室发表的一份重要文件宣布,在 1999 年期间,美国政府决心最大限度地推进美洲自由贸易区取得实质性的进展。因为,"在拉丁美洲,我们仍然不享有完全准入它们市场的优惠。……拉美国家在对经济进行其他改革时,已经消除了许多关税壁垒。尽管这一地区的改革和贸易自由化普遍看好,但因为国际金融市场动荡,拉美国家、加勒比地区和北美自由贸易区正面临着严峻的考验"。然而,促进拉美国家继续改革和取消贸易壁垒的趋势和实现这些国家经济的开放"必须是 1999 年我们在这一地区贸易政策的重点"。[③]

　　（原载李明德等主编:《一体化：西半球区域经济合作》,世界知识出版社 2001 年版）

---

① Jeffrey Davidow, "Testimony before the Trade Subcommittee of the House Ways and Means Committee," Washington D. C., July 22, 1997, p.2, http://www.state.gov/www/regions/wha/072297-davidow.html.

② John Sweeney, "Clinton's Latin American Policy: A Legacy of Missed Opportunities," *The Heritage Foundation Backgrounder*, No.1201, July 6, 1998. p.10.

③ The Office of the United States Trade Representative, *1999 Trade Policy Agenda and 1998 Annual Report of the President of the United States on the Trade Agreements Program*, March 1999, pp.9-10.

第二编

拉丁美洲与美国对外关系

阿根廷在第一次世界大战前与美国的对抗
及其原因

　　从阿根廷独立战争开始到第一次世界大战爆发前的一个世纪期间，美国一方面企图通过外交途径，把阿根廷纳入自己的所谓"安全体系"之内；另一方面又配合经济手段，希望把阿根廷这个英国的"农牧产品供应地和工业品的销售市场"夺过来。但是阿根廷面对这个"北方强国"，并没束手就范，而是与之进行周旋和斗争。所以两国之间的关系在这一时期时而冷淡，时而紧张，甚至曾导致两国断交。在某些重大问题上，阿根廷还联合其他一些拉美国家，迫使美国不得不做出一点儿让步。因此对这一时期阿美关系的探讨，有助于我们正确认识阿根廷在一战中、二战中及二战以后对美国采取了一些比较独立的外交政策的根源。

一、阿美对抗的初期表现

　　1810 年 5 月 25 日，阿根廷（当时是西属殖民地拉普拉塔总督辖区的中心）爆发了争取独立的运动。这一阶段的阿美关系主要表现在阿根廷为了争取彻底胜利，谋求得到美国的支持，而美国则采取观望政策，宣布"中立"。
　　其实，资本主义的扩张本质决定了美国不会对这一地区的独立运动袖手旁观、消极等待，而是要利用其地理上的优越条件插手南美事务，以免英法等国取代西班牙的统治地位。所以美国于 1810 年 6 月 28 日任命波因塞特为南美洲的特使，并指示他立刻前往布宜诺斯艾利斯。美国政府在给他的指示中说："当一种危机（指拉普拉塔地区的独立运动——引者）正在来临时，势必造成西班牙美洲局势的许多重大变化，并且也许会完全解除它与欧洲殖民地的关系；当美国的地理位置和其他明显的因素使之对影响到美洲大陆这部分的命运产生浓厚兴趣时，把我们的注意力转向这一重要的问题，采取不违背美国中立原则和公正政策的措施是我们的责任，当适当的机会出现时，要扩大这种印象，即美国对作为邻邦，属于地球上同一地区和谋求友好交往方面有共同利益的南美洲人民怀有最真诚的热情；无论它们国内的制度与欧洲的关系如何，这种倾向都存在，忽视了这一点，任何介入都不会找到借口；如果它们在政治上脱离宗主国，建立独立的国家政府体系，那么促进这一半球居民之间最友好的关系和最公正的交往与美国的观点和政策相一致……"①这就说明美国在等待合适的时机，最后还是要表示"亲善"的。

波因塞特出使南美洲事实上有两个目的，一方面是亲自了解南美洲局势的变化，以便美国制定出相应的政策；另一方面促进美国和拉普拉塔地区的贸易往来，使美国商人也能取得英国商人在这一地区享有的特权。翌年，波因塞特被任命为总领事前往智利，一个年轻的美国商人米勒被任命为副领事，具体负责布宜诺斯艾利斯和拉普拉塔河各港口的事务。这也说明美国并不准备对阿根廷的前途观望到底。但在阿根廷独立之初，美国表现出来的态度似乎很冷淡。比如，1816 年 7 月 9 日阿根廷宣布独立（当时称为拉普拉塔联合省），旋即任命曼努埃尔·德·阿吉雷为特使，派其前往美国，希望得到美国的正式承认。阿吉雷到达美国之后，于 1817 年 10 月 29 日提交给门罗总统一封正式照会，但门罗总统没有答应阿吉雷的请求。相反，到 1917 年 12 月 2 日在其年度咨文中仍然表示对拉美独立运动继续奉行"中立"政策，因而对拉普拉塔联合省的承认也就拖延了下来。到 1819 年，门罗在发表年度咨文时，虽然对阿根廷的独立运动给予了鼓舞，但仍不承认它的独立。美国采取这种态度的主要原因是：（1）阿根廷虽然宣布独立，但与西班牙仍在进行战争，谁胜谁负，此时难以决断，过早承认可能会使美国处于被动境地；（2）美国此时正与西班牙进行关于佛罗里达条约的谈判，对阿根廷独立的承认会使西班牙恼怒，影响谈判进行；（3）美国奉行"中立"政策，既可坐收渔人之利，又可见机行事，以不变应万变。

直到 1822 年 3 月，美国才正式承认拉普拉塔联合省，主要原因有以下三点：（1）是年拉普拉塔地区的独立运动的胜利已成定局，西班牙的殖民统治已成强弩之末，不堪一击；（2）西班牙已经批准佛罗里达条约，美国解除了后顾之忧；（3）英国也加快了在拉丁美洲扩张的步伐，妄图在西班牙殖民统

---

① Graham H. Stuart, *Latin America and the United States*, Englewood Cliffs: Prentice-Hall, 1975, pp.557-558.

治崩溃之后取而代之。英国外交大臣乔治·坎宁于 1822 年就宣称："西班牙的美洲已经自由了，如果我们不犯严重的错误，它就会变成英国的。"[1]美国当然不甘落于英国之后，在这种情况下，如果美国继续拖延承认，势必造成不利美国的后果，尤其会影响美国在拉美独立之后的地位。在这几种因素的综合作用之下，美国终于在拖延数年之后，对拉普拉塔联合省的独立给予承认。随后美国就任命西泽·罗德尼为驻布宜诺斯艾利斯的公使。国务卿亚当斯对罗德尼发布指示说，在与布宜诺斯艾利斯进行贸易谈判时，要坚持最惠国原则，因为"亚当斯对英国商业在拉普拉塔河地区占显著地位深表忧虑"[2]。美国对阿根廷独立运动的这种只从本国利益出发而采取的观望态度和拖延承认政策，阿根廷当然是不满意的，后来美国虽然承认了，阿根廷也并未显示出感激之情。这就说明两国之间的关系从阿根廷立国开始就蒙上了阴影。

《门罗宣言》的发表在当时的形势下，客观上起到了对拉美独立运动一定的支持作用。然而，美国仅仅把冠冕堂皇的承诺局限在口头之上，并未采取实际行动。在此后几十年期间，每当拉美国家遭到欧洲大国的侵略或威胁，并根据门罗主义向美国伸出求援之手时，美国总是置若罔闻，阿根廷所遭到的情况也不例外，这就理所当然地使阿根廷和美国关系中的阴影更加浓重。

1931 年，阿根廷驻马尔维纳斯群岛总督路易斯·贝内特捕获了 3 艘在这一群岛四周捕鱼的美国帆船，并将它们作为战利品送回布宜诺斯艾利斯。这一事件发生后，阿美两国的关系产生了裂痕。美国驻布宜诺斯艾利斯的领事曾提出强烈抗议，要求阿根廷归还扣押船只，惩处贝内特。而阿根廷却于 1832 年 2 月 24 日通知美国政府，"鉴于这位领事神经错乱和语无伦次，兹决定停止与他进行官方往来"。阿根廷的这一行动使两国关系突然剑拔弩张。美国当时也不示弱，指令将驻布宜诺斯艾利斯的临时代办贝利斯向阿根廷政府提出，美国政府首先要求给予美国公民在这些地区的自由捕鱼权，同时还要求对贝内特捕获的船只给予赔偿费。如果阿根廷政府推卸其行动的责任，美国舰队将摧毁这一群岛。贝利斯根据本国政府的指示，一到职就向阿根廷外长发出一系列照会，强烈抗议阿根廷"粗暴"对待在大西洋地区捕鱼的美国船只，并且要求对此损失给予全部赔偿。显然美国政府想通过强硬措施，迫使阿根廷让步，但是阿根廷政府不仅拒绝了赔偿要求，而且极力保护贝内特。阿根

---

[1] 转引自李春辉：《拉丁美洲史稿》上册，商务印书馆 1983 年版，第 216 页。

[2] Lloyd Mecham, *A Survey of United States-Latin American Relations*, Boston: Houghton Mifflin Co., 1965, p, 383.

廷在这一事件上决心与美国对抗到底。两国各不相让，最后导致外交关系断绝。

翌年，英国派遣了一艘军舰占领了马尔维纳斯群岛。当阿根廷援引门罗主义反对英国这一行动时，美国断然否认门罗主义适用于这一事件。美国之所以拒绝支持阿根廷，一方面刚与阿根廷发生冲突；另一方面美国此时的精力主要集中于对西部边疆的推进和开拓，无暇顾及遥远的阿根廷。再者，美国不仅不愿意为了阿根廷与英国关系恶化，而且还立即承认了英国的占领。这一事件使阿根廷进一步认识到门罗主义是一项以美国自身利益为基础的利己政策。这也进一步加深了美国与阿根廷的裂痕。

美国在两国关系恶化以后，当然不会完全放弃阿根廷。到了 19 世纪 40 年代，美国就寻找机会改善与阿根廷的关系。1844 年美国和阿根廷恢复了外交关系。1845 年英法与阿根廷发生冲突，联合封锁布宜诺斯艾利斯，美国虽然宣布"中立"，但是派往这一地区的人员则站在阿根廷一边，反对英法的封锁。这只是美国向阿根廷表示"亲善"的一个例子。这种情况的出现，对阿根廷与美国关系的紧张状态有所缓和，但由于力图自主的阿根廷认为美国的整个政策都只从美国自身利益出发，因此它对美国仍未尽释前嫌，两国冲突仍时断时续。1867 年美国通过了《羊毛和毛织品法令》，对未加工的羊毛提高了进口关税，而羊毛正是阿根廷进入美国市场的主要产品。这一法令立刻使阿根廷大为不满。当时驻布宜诺斯艾利斯的美国公使曾提醒华盛顿注意这一问题，但是显然没起作用，美国不友好的形象在阿根廷人的头脑中更加根深蒂固了。阿根廷在多明戈·萨缅托执政期间（1868—1874）曾试图改善与美国的关系，但阿根廷社会的反美情绪仍然有增无减。美国与阿根廷的贸易额虽有增加，但与英德比较还是相对落后，以 1878 年为例，这一年美国与阿根廷之间的贸易额从 550 万美元上升到 1700 万美元，增加了 209.00%；而英国则从 1550 万美元上升到 5175 万美元，增加了 234.00%，德国更从 300 万美元上升到 2200 万美元，增加了 633.00%。出现这种情况的原因很复杂，阿美关系未能得到根本的改善，阿根廷人对美国的不够信任也是原因之一。

二、阿美两国在第一次泛美会议上的对立

美国早就企图将整个拉美作为自己的后院，在 19 世纪 20 年代，美国虽

然宣布了门罗主义，后来也对拉美某些国家进行过侵犯，但由于力所不逮，不仅在政治上没有使整个拉美就范，就是在经济上和贸易上也难与英国等欧洲国家竞争。可是到了 19 世纪 80 年代以后，美国已经逐步向帝国主义过渡，90 年代，已成为该地区势力最大的国家。因此，它为了进一步排挤欧洲势力，独霸美洲，就在 1881 年 11 月，打着美洲合作的旗帜，由美国国务卿詹姆士·布莱恩出面，准备邀请拉美各国于 1882 年来华盛顿举行一次美洲国家国际会议。布莱恩认为，"……美国在与美洲贸易上取代欧洲的时刻正在到来"[1]。因而他公开表明了美国外交政策的两个主要目的："其一是带来和平，防止未来在南北美洲发生战争；其二是与所有美洲国家谋求友好的贸易关系……使美国的出口贸易大大增加，因为在这方面，我们完全有力量与欧洲工业国家竞争。"[2] 显而易见，美国想通过所谓"泛美合作"，在拉丁美洲取得贸易上的优势，然后逐步排挤欧洲势力。后因美国内部政局发生变化，布莱恩也辞去了国务卿一职，这次会议就暂时搁浅了。

1889 年，共和党人哈里森当选为美国总统，布莱恩再度出任国务卿，在他的积极努力之下，第一届美洲国家组织会议终于开幕。阿根廷的代表是著名政治家曼努埃尔·金塔纳和罗克·萨恩斯·佩纳（二人之后都出任了阿根廷总统），美国代表主要是前参议员约翰·亨德森、外交家威廉·特里斯考林。

会议召开之初，阿根廷在会议主席人选问题上就与美国展开了第一次交锋。当时美国希望由布莱恩出任会议主席，享有任命其他官员之权，但阿根廷却认为"这次会议不应受到美国行政上的指挥"[3]，坚持会议主席只能是参加这次会议的代表，布莱恩是作为美国官员出席的，当然不能担任主席。起初拉美许多国家都支持阿根廷的意见，后因美国采取了威胁利诱的办法，拉拢了一些拉美国家的代表，才使美国的计划得逞。但在选举时，阿根廷的代表金塔纳和佩纳二人为了表示不满，拒绝出席，为了让全世界都知道他们缺席纯属有意，还故意"乘坐一辆敞篷马车，在华盛顿四处转悠了一天"[4]。阿根廷虽然未能阻止布莱恩出任会议主席，但是从另一方面说明在会议一开始

---

① Alonso Aguilar, *Pan-Americanism from Monroe to the Present*, translated by Asa Zatz, New York: MR Press, 1968, p.417.

② Aguilar, *Pan-Americanism from Monroe to the Present*, p.417.

③ Thomas F. McGann, *Argentina, the United States, and the Inter-American System 1880-1914*, Cambridge: Harvard University Press, 1957, p.134.

④ Samuel Guy Inman, *Inter-American Conferences, 1826-1954: History and Problems*, University Press of Washington, 1965, p.38.

阿美关系就处在一种激烈的斗争之中。

建立美洲国家之间的关税同盟是美国召开这次会议的主要目的之一，因为这既是美国排挤欧洲国家在拉丁美洲利益的必要措施，也是建立美国在西半球经济优势的有力手段。在这一问题上，以阿根廷为首的一部分国家却断然拒绝接受关税同盟这一思想。布莱恩的如意算盘落空了，"他很快就认识到，如果他坚持关税同盟，阿根廷将会退出会议"[①]，其他追随阿根廷的拉美国家也可能相随其后，会议就有濒临流产的危险，所以布莱恩也就不再坚持通过这一提议。阿根廷当时反对关税同盟主要从两点来考虑：第一，关税同盟只是有利于美国；第二，欧洲是阿根廷出口品的主要市场，它也想借欧洲的力量与美国抗衡，关税同盟的成立必将减弱它与欧洲的传统联系。

签订一个仲裁协定也是这次会议的重要议题之一。在讨论这一问题时，众说纷纭，意见不一，"尤其是阿根廷与美国的对抗"[②]。阿根廷和美国虽然都提倡强制仲裁，但内容并不完全一致，"阿根廷赞成一种温和的仲裁形式，这种形式将尊重所有国家的平等地位，维护它们的独立，反对各种形式的干涉。美国则赞成实行普遍的强制仲裁"[③]。阿根廷为了争取主动，联合巴西在1890年1月15日建议除了争议双方有一方的独立受到威胁时不能实行强制仲裁外，在其他纠纷中可以实行强制仲裁，并且要求制定出反对通过征服进行领土割让的规定。经过各国与会代表的激烈讨论，会议形成两个决议：一个是仲裁协定的决议，一个是反对领土割让权利的决议。后一决议"要求取消不符合美洲公法的征服原则，废除在战争威胁或军队压力之下的领土让与，维护曾做出这种让与的任何国家有要求通过仲裁做出判决的权利……"[④]。这个决议显然不符合美国的利益，因为美国在北美、中美和加勒比海进行的领土扩张无一不是通过战争威胁和军事征服。所以，美国代表团团长亨德森起初拒绝在这个决议上签字，由此引起拉美各国代表的不满，"几乎导致仲裁思想的彻底崩溃"[⑤]。布莱恩看到形势严重，才代表美国接受了这一决议，平息了众怒，使会议得以继续进行，至于仲裁协定的决议，因是一个妥协性的产物，最后阿根廷与美国都未正式予以承认。

---

① Inman, *Inter-American Conferences, 1826-1954: History and Problems*, p.44.

② Inman, *Inter-American Conferences, 1826-1954: History and Problems*, p.43.

③ Harold F. Peterson, *Argentina and the United States 1810-1960*, New York: Suny Press, 1964, p.282.

④ Inman, *Inter-American Conferences, 1826-1954: History and Problems*, p.43.

⑤ Inman, *Inter-American Conferences, 1826-1954: History and Problems*, p.44.

　　会议期间，美国组织拉美各国代表乘车在全国进行所谓的免费"旅游"。实际上美国的主要目的就是使代表们"对美国提供给他们国家进口需要的工业潜力留下深刻的印象，使他们愿意给美国优于欧洲国家的特惠权"①。但是两位阿根廷代表拒绝参加这次"旅游"，使美国感到大煞风景。

　　总之，在第一次泛美会议上，阿根廷不甘屈于美国指挥，在许多重要问题上与美国发生冲突，并且联合其他拉美国家迫使会议通过一些有利于拉美国家的决议。虽然这些决议后来未能很好地执行，但也表明美国要在西半球达到自己的目的是有阻力的。正如美国历史学家托马斯·梅甘说的那样，阿根廷"在这次会议上大获全胜，以致在 1890 年从拉丁美洲人的眼里看，是阿根廷而不是美国充当了'美洲'，甚至全人类的斗士"②。

　　第一次泛美会议之后，美国加快了在拉美各国的商业扩张，当然它也不会放过阿根廷。当时，美国对阿根廷的贸易额虽然在缓慢地上升，但是关系依然如旧。阿根廷"甚至拒绝支付为维持美洲共和国商务局每年所负担的 700 美元……它认为商务局只不过是美国国务院的一个附属机构"③。在随后的 20 余年中，阿根廷继续站在美国的对立面。两国在下面两个问题上的冲突就说明了这一事实。

　　一、关于外国侨民在居住国的权利问题。第二次泛美会议召开之前，欧洲列强经常以"保护侨民的利益"为借口对他国进行干涉，这种冠冕堂皇的借口掩盖了帝国主义的侵略本质。1868 年，拉美著名国际法学家、阿根廷外长卡洛斯·卡尔沃写了《国际法的理论与实践》一书，指出外国人在拉美不应要求比他们侨居国的公民有更多的保护，外国人应受侨居国法律的管辖，如果受到损害或发生纠纷，必须由当地法院处理。1901 年，阿根廷根据上述理论在第二次泛美会议上提出了著名的"卡尔沃主义"，经过与会代表的讨论，通过了关于外国侨民权利的提案，规定：（1）国家不必给予侨民本国公民未享有的特权；（2）国家对内战中侨民遭到的损失概不负责；（3）侨民的要求应该由该国的主管法院和通过外交途径来解决。这一提案实际上就是小国对大国、弱国对强国的反抗，因而也违背了美国的利益，美国代表拒绝签字。只是到了后来，由于阿根廷和其他拉美国家坚持斗争，才在 1933 年召开的第七次美洲国家国际会议上迫使美国在《美洲国家关于国家权利和义务的公约》

① Mecham, *A Survey of United States-Latin American Relations*, p.94.
② McGann, *Argentina, the United States, and the Inter-American System 1880-1914*, p.16.
③ Peterson, *Argentina and the United States 1810-1960*, p.284.

上签字，才使这一原则得到国际上的承认。

　　二、阿根廷反对欧洲强国以"索债"为名，在拉丁美洲行干涉之实。1902年，阿根廷外交部长针对英、德、意武力干涉委内瑞拉的情况，提出一个著名的国际原则（以后称为"德拉戈主义"）。这一原则的基本内容就是"国家债务不能成为受武装干涉的理由，甚至不能构成一个欧洲国家对美洲国家领土的实际占领"①。从实质上来说，这一原则是以国家主权神圣不可侵犯，大小国家一律平等为基础，所以同样得到拉美国家的支持。在 1906 年召开的第三次泛美会议上，拉美各国代表就把"德拉戈主义视为反对侵略成性的强国干涉的保护物"②。而美国代表团却竭力避免对此达成协定。所以后来美国研究拉美问题的专家约翰·菲南在分析这个问题时说，德拉戈主义是"用来反对西奥多·罗斯福的门罗主义推理中的赤裸裸的干涉主义。……用作反对美国对加勒比地区的干涉，并且作为对美国扩张主义的抗衡"③。

　　总之，在这 20 余年期间，阿根廷与美国始终是站在对立的立场上，这使美国感到被动，尤其在反对美国控制泛美运动方面，让美国大伤脑筋。尽管许多拉美国家在多数场合下，或者慑于美国的威胁恐吓，或者被美国的虚伪承诺所惑，不能有效地与阿根廷配合共同反对美国对泛美运动的控制，但阿根廷的行动却表明它不愿意接受美国的指挥。

三、阿美对抗原因浅析

　　综观这一时期阿根廷与美国的关系，基本上处于对抗之中，这种对抗虽然在初期只表现在阿根廷对美国的不满情绪上，但是以后就逐步尖锐起来。美国也曾屡次做出"友好"姿态，企图改变两国不睦的关系，比如著名的"大棒"执行者西奥多·罗斯福在 1913 年访问布宜诺斯艾利斯时曾公开承认阿根廷与欧洲的特殊关系。④美国对阿根廷的这种"让步"态度在拉丁美洲几乎是

---

　　① Samuel Flagg Bemis, *The Latin American Policy of the United States: A Historical Interpretation*, New York: Harcourt, Brace and Company, 1943, p.228.

　　② Stuart, *Latin America and the United States*, p.55.

　　③ Harold E. Davis and Larman C. Wilson, *Latin American Foreign Policy: An Analysis*, Baltimore: John Hopkins University Press, 1975, p.267.

　　④ 参见 Stuart, *Latin America and the United States*, p.575.

没有前例的，但是美国的这些"友好"表示并没有扭转两国日益矛盾的趋势，这究竟是什么原因呢？

　　一、美国对拉丁美洲的政策，在第一次世界大战之前的目的就是排挤欧洲在拉丁美洲的政治和经济势力，使拉美国家成为自己的经济附庸。因此，美国要求拉美国家给自己经济上的特惠权，实际上也就是要拉美国家与自己结为同盟，把原来美国单方面的行动变成半球的整体行动，共同排挤欧洲国家势力。而阿根廷在经济上，早就与欧洲国家尤其是英国有着千丝万缕的联系。欧洲既是它出口产品的主要销售市场，又是其进口品的主要供给地。以1889 年为例，这一年阿根廷与英国的贸易额超过了 8100 万美元，与法国是5500 万美元，与德国是 4200 万美元，与比利时是 2700 万美元，而与美国的贸易额只接近 1500 万美元。[①]这样一种经济关系使欧洲国家在阿根廷的整个生活中占有举足轻重的地位。反映在外交政策上自然就与欧洲有特殊关系。诚然，阿根廷与欧洲国家也存在着矛盾，这种矛盾甚至曾转化成为冲突，但是冲突解决之后，关系很快就能得到恢复，其中重要的原因就是经济纽带的作用。因此美国排挤欧洲的政策会严重损害阿根廷的国家利益，尤其会影响阿根廷的经济发展，因此阿根廷就不会与美国站在一条线上，而且会采取积极的方式反对美国的政策。美国一位著名历史学家就说，阿根廷的外交政策始终表现出一种"对美国的拉美政策……根深蒂固和由来已久的不满"[②]。

　　二、美国屡次提高关税率，限制阿根廷的出口品进入美国市场也是阿美对抗的原因之一。阿根廷自脱离西班牙的殖民统治独立之后，与美国的贸易往来也在缓慢增加。然而这一时期阿美贸易的特点是：阿根廷几乎年年都处于出超地位。阿根廷的农牧产品大量地涌入美国市场，而它从美国进口的货物则很少，这种情况一直持续到 19 世纪 90 年代。造成这种状况的主要原因就是阿根廷所需要的进口品基本上都来自欧洲市场，从美国进口的比例很小。这种贸易上的不平衡对美国大为不利，美国要改变这种逆差状况的唯一办法就是实行贸易保护主义。因此，美国几次提高羊毛关税率，限制阿根廷的主要出口品——羊毛进入美国市场。1867 年美国提高羊毛税之后，"一年之内，从阿根廷进口的羊毛从 3700 万磅减少到 1250 万磅。到 1882 年，还急剧下降

①　Peterson, *Argentina and the United States 1810-1960*, p.222.

②　Arthur Preston Whitaker, *The United States and Argentina*, Cambridge: Harvard University Press, 1954, p.85.

到 200 万磅，不到阿根廷羊毛出口的百分之一"①。1890 年的《麦金利关税法》也是如此。当然阿根廷也相应提高了从美国进口的木材、汽油、农具和其他钢铁产品的关税进行报复。这种经济上的竞争反映到政治问题上必然就是激烈的冲突。

三、阿根廷在这一时期是拉美诸国中经济发展最快的国家。从 19 世纪后半叶开始，阿根廷的经济就迅速发展起来了，尤其是农牧业的发展速度更是惊人。"从 1890 年到 1912 年，小麦的产量增加了 6 倍。从 1901 年到 1913 年，玉米产量从 9600 万蒲式耳上升到 26300 万蒲式耳。亚麻产量在 1880 年总数是 1000 吨，1913 年达到 100 万吨。……到第一次世界大战前……阿根廷已经成为世界上最大的过剩粮食和工业原料出口国了"②。阿根廷的强大经济力量使它不必担心美国的经济封锁，加之有欧洲作为经济后盾，阿根廷更敢和美国对抗了。更何况它地处南美洲南端，美国进行军事干涉的困难也比较多，"阿根廷从未感到西奥多·罗斯福的大棒政策"③，美国所希望的就是通过它的强大经济优势，使阿根廷摆脱对欧洲的经济依赖，进入以自己为首的西半球"安全体系"之内，进而在经济上控制阿根廷。而阿根廷既不依赖美国经济，又无美国军事威胁之忧，当然它就不甘心屈从美国的意志，对美国为达这一目的而采取的政策也就必然反抗无疑了。

四、阿根廷有执南美牛耳之野心，这是与它的经济力量发展相一致的。阿根廷的经济力量，以前是"把松散的诸省变成一个统一的国家，现在又是这种力量把阿根廷提高到拉丁美洲的领导地位"④。而且阿根廷人非常自豪其"国家资源，物质发展，'欧洲'文化和种族优越（阿根廷人就习惯称自己是'一个白种民族'）"⑤，认为这些都是其他拉美国家所不具有的，因此它就理应为"整个拉丁美洲的代言人"⑥，至少应该让南美国家听命于自己。在特定的情况下，拉丁美洲尤其是南美洲许多国家也承认阿根廷的领导地位。美国当然不允许这种情况的存在，因为这会严重影响到它称霸整个西半球野心的实现，为了防止这种状况的蔓延，美国也就加快了控制拉美国家的步伐。阿

---

① Peterson, *Argentina and the United States 1810-1960*, p.224.

② Peterson, *Argentina and the United States 1810-1960*, p.234.

③ Whitaker, *The United States and Argentina*, p.89.

④ Peterson, *Argentina and the United States 1810-1960*, p.234.

⑤ Mecham, *A Survey of United States-Latin American Relations*, p.386.

⑥ Mecham, *A Survey of United States-Latin American Relations*, p.386.

根廷对此当然是不满意的，尤其是当美国的触角伸到南美洲时更是如此。美国要称霸整个半球，必然要扫除阻止达到这一目的的种种障碍，阿根廷要执南美牛耳，就会竭力防止美国势力在这一地区的扩大。这种"互不相让"的政策反映在两国外交活动中必然也是激烈的冲突。

四、对阿根廷独立外交政策的评价

我们对这一时期阿根廷与美国对抗的研究，有两点需要明确：第一，阿根廷对美国的反抗是否受英国的操纵？早期研究者多数对这一问题的回答是肯定的。美国著名的马克思主义史学家福斯特在其所著的《美洲政治史纲》中就认为，"在泛美联盟会议和拉丁美洲的贸易战争中，英国传统地利用阿根廷作为对抗他们敌人美国帝国主义竞争者的有力武器"，"英国怂恿……阿根廷去破坏泛美联盟的许多次会议，并对会议的许多决议不予批准"。[①]持这种观点者所据的理由就是英国经济在阿根廷占绝对优势，阿根廷处于依附地位，经济上被他国控制，政治上就难免为他国操纵，这是合乎逻辑的推理。事实上阿根廷对抗美国的某些行动是得到英国的支持的，但是二者之间是否存在着必然联系？我们对阿根廷这一时期的历史研究表明，阿根廷并不见得完全受制于英国。相反，罗斯福政府在19世纪30年代到40年代也抵制过英法的压力和封锁；阿根廷提出的许多著名国际原则同样也是针对英国而言的。如果上述推论正确，那么当美国资本以后超过英国时，阿根廷就一定受美国的操纵了，而历史事实恰恰与之相反。我们应该承认，阿根廷在与美国对抗中，为了更有效地与美国抗衡，的确在不同程度上借助了英国的力量。我们也不否认英国在阿根廷与美国关系发展中所起到的重要作用，但是这种作用并不能决定阿美关系的进程，起决定作用的主要是前面分析的几个方面的具体原因。这是我们理解这一时期阿美关系的关键所在，也是正确认识阿根廷在一战中、二战中和冷战期间对美国所采取的政策的钥匙。第二，我们也不能把这一时期阿根廷对美国采取的政策片面地理解为代表拉丁美洲国家的利益。诚然，阿根廷提出的许多国际原则的确反映了弱小国家的利益，在当时的情

---

① 威廉·福斯特：《美洲政治史纲》，冯明方译，生活·读书·新知三联书店1961年版，第638，339页。

况下，鼓舞了拉美国家对这个"北方强邻"的反抗，一定程度上阻止了美国在拉美扩张的蔓延，这些原则至今也不失为第三世界国家反对霸权国家的有力武器。不过单就阿根廷而言，提出这些原则的动机是多方面的，情况也比较复杂。但最根本的还是从本国的利益出发。所以我们对这一问题的研究，既不能对阿根廷誉之过高，也不能抹杀其历史作用，而只能做出符合历史事实的客观评价。

（原载《湖北大学学报（哲学社会科学版）》，1986 年第 6 期）

20 世纪 30 年代美国的拉美政策评析

20 世纪 30 年代，美国对拉美政策进行了重大调整，实行了所谓的"睦邻"政策。这次调整是美国决策者为适应新形势而做出的一次新选择，在客观上顺应了时代发展的趋势，造成了美拉关系史上空前的合作状态。然而，睦邻政策不是对此前美国对拉美地区政策的否定，不是实质上的改变，而是调整，以便美国在新形势下如何更好地实现本国利益与对西半球的控制。睦邻政策在拉美关系史上意义重大，学者们历来对之褒贬不一。本文在过去研究的基础上试对这一政策进一步加以分析。

一、美国进行政策调整的原因

促成美国在 30 年代对拉美地区进行政策调整的因素很多，主要有以下几点：

一、缓和拉美国家的反美情绪，改变美国在拉美人心中的形象，扭转美国在拉美地区政治、经济上的不利局面。我们知道，美国在进入帝国主义阶级后，对拉美基本上实行"大棒政策"，充当了整个西半球的国际警察。门罗主义这一时期在拉美国家声名狼藉，曾任洪都拉斯总统的博尼亚认为，凡提及门罗主义，"在拉丁美洲各国都被看作是对它们的尊严和主权的侮辱，是对它们独立的威胁"。[①]因此，拉美国家为了维护自己的独立与主权，"趋向联合起来反对美国，把美洲国家的定期会议作为一个论坛，迫使美国停止在门罗主义支持下的种种干涉"。[②]从哈定政府开始，历届政府都意识到改变对拉美

---

① 转引自张文峰：《从门罗宣言到"睦邻政策"——兼论美国对拉丁美洲政策的指导思想》，《拉丁美洲研究》，1986 年第 4 期，第 60 页。

② Harold E. Davis and Larman C. Wilson, *Latin American Foreign Policy: An Analysis*, Baltimore: John Hopkins University Press, 1975, p.49.

政策的必要。到了富兰克林·罗斯福入主白宫后，这种改变就因形势的发展而变得迫在眉睫。

二、国际形势的变化使美国统治阶级认识到需要加强西半球的团结，巩固其盟主地位，为可能即将到来的世界大战的战时合作打好基础。国际形势的变化主要表现在两个方面。一是欧洲国家摆脱了第一次世界大战后的混乱，经济获得恢复与发展，相应参加了与美国争夺拉美的步伐，美国的优势地位受到严重挑战。二是新的战争危险日趋严重。美国需要西半球的稳定，以便在新的竞争中获利。但美国的决策者清楚地认识到，"未来的合作只有美国放弃对不干涉的反对才能成为可能"①。

三、美国奉行干涉政策无疑给美国带去许多好处，但同时造成了一些不利之处。首先影响了美国投资者或企业主在被干涉国家内进行正常的业务活动。一位尼加拉瓜的种植园主就曾说："美国政府对尼加拉瓜内政的干涉对美国咖啡种植园主在该共和国做生意证明是个灾难。"②罗斯福就职后，推行新政的首要目的就是恢复美国经济。而拉丁美洲在罗斯福纲领中扮演着十分重要的角色，因为它提供原料，为美国重工业出口品提供市场，为美国资本投资提供有利可图的场地。

二、睦邻政策的酝酿

美国对拉美的武装干涉到了威尔逊时代日益猖獗，但武力的征服并未使拉美国家完全就范。在第一次世界大战中，拉美国家跟着美国参战的只有 8 个国家，而其中又只有巴西和古巴采取了积极行动。因此威尔逊下台之后，历届美国政府就开始考虑如何缓和格兰德河南北两岸越来越紧张的关系。柯立芝出任美国总统后，对拉美政策进行了更多的思考，他说："如果我们不顾我们的态度，同一个远非我们对手的邻国打仗，必定遭到世界的严厉谴责。……如果找另外一种处理这种局势的办法，你们不认为对我们更有利

---

① G. Pope Atkins, *Latin America in the International Political System*, New York: Free Press, 1977, p.324.

② Donald M. Dozer, *Are we good neighbors?: Three Decades of Inter-American Relations, 1930-1960*, Gainesville: University of Florida Press, 1961, p.21.

吗？"①柯立芝采用的办法就是开始减少对拉美的军事干涉,而采用其他方法来达到美国在拉美地区的既定目的。因此说在柯立芝任内美国就开始了对拉美政策的转变。

胡佛 1928 年当选为美国总统后, 在任前对拉美 10 国进行了友好访问,曾做过 25 次有关"睦邻"的讲演。胡佛在任内还采取了一些比较具体的措施,主要有:(1)放弃西奥多·罗斯福对门罗主义的推行,宣布门罗主义只针对欧洲,而不反对拉美;(2)从尼加拉瓜撤出美国海军陆战队,准备将从海地陆续撤兵;(3)要求美国在拉美国家的投资者在请求外交保护之前必须想尽一切办法谋求通过当地政府解决冲突。胡佛政府所奉行的政策在客观上放松了对拉美地区的干涉,因此曾受到拉美国家的欢迎。这些国家的决策者"表示希望这一政策将用作依靠尊重每种权利的相互理解之政策的基础"②。他们并认为胡佛总统的政策"构成了改善美国和中美洲关系,巩固大陆信任的决定性步骤"③。所以说柯立芝与胡佛两届政府为以后罗斯福实行的睦邻政策奠定了基础。

三、睦邻政策的主要内容与贯彻

富兰克林·罗斯福 1933 年当选美国总统后,就宣布了他的睦邻政策的主张。他在就职典礼中说:"在对外政策方面,我认为我国应该奉行睦邻政策——决心尊重自己,从而也尊重邻国的权利——珍视自己的义务,也珍视与所有邻国和全世界各国协议中所规定的神圣义务。"④接着他又在 4 月 12 日的传统"泛美日"发表演说,对拉美国家具体解释了睦邻政策的概念:"真正的泛美主义实质必须与构成睦邻的实质相同,即相互理解,通过这种理解,同情地明晓他国的观点。我们只有采取这种方式,才能希望建立起信任、友谊和善意为基石的体系。"⑤美国实行睦邻政策虽然有其更为隐蔽的企图,但也必须

---

① 安德烈·莫鲁瓦:《美国史:从威尔逊到肯尼迪》,上海人民出版社 1977 年版,第 154 页。

② Dozer, *Are We Good Neighbors?: Three Decades of Inter-American Relations, 1930-1960*, p.11.

③ Dozer, *Are We Good Neighbors?: Three Decades of Inter-American Relations, 1930-1960*, p.11.

④ 富兰克林·德·罗斯福:《罗斯福选集》,关在汉编译,商务印书馆 1982 年版,第 17 页。

⑤ James Watson Gantenbein, ed., *The Evolution of Our Latin-American Policy: A Documentary Record*, New York: Columbia University Press, 1950, p.160.

承认，这是美国拉美政策的一大转变，是拉美关系史上的新篇章。当然睦邻
政策的主要内容并非一开始就完全出现在美国外交政策中或表现在罗斯福政
府的行动上，而是有一个从思考、修改到成形的过程，其贯彻执行同样是随
着形势的发展逐渐深入。

接受不干涉原则是睦邻政策首先要解决的问题。拉美国家对美国最大的
反感就是它的干涉政策。如果罗斯福政府对此采取回避态度，那睦邻政策只
会流于空谈。因此接受不干涉原则就成为睦邻政策成败的关键。但罗斯福政
府对此并非一开始就情愿接受，而是经过拉美国家 3 个年头的斗争才逐渐承
认下来。直到 1936 年 12 月在布宜诺斯艾利斯召开的泛美维持和平会议上通
过《关于不干涉原则附加协定书》时，美国才在会上放弃了保留条件，并在
协定书上签了字。美国在接受不干涉原则的过程中及以后，的确采取了一些
具体行动。1934 年 5 月，美国宣布废除《普拉特修正案》，另订减少干涉内
容的"美占新约"；同年 8 月，美国提前撤出了在海地的驻军；1936 年，美
国修改了《美国——巴拿马协定》，增加了对巴拿马的租金，限制了对巴拿马
的军事干涉权；1940 年 9 月，美国废止了对多米尼加共和国的"保护"权。
这些行动虽然不够彻底，但毕竟开创了一个新的局面。

加强与拉美的经济关系，扩大对拉美的贸易是睦邻政策的又一内容。罗
斯福废除了胡佛颁布的关税法，以此缓和拉美对美国经济渗透的反感情绪。
到 1934 年 6 月美国政府又颁布了《互惠贸易协定法》，1934 年 8 月，美国首
先与古巴达成互惠贸易协定，到 1943 年为止，除巴拿马、多米尼加和巴拉圭
外，拉美国家都与美国达成贸易协定，美国"由于 1934 年的贸易协定法和拉
美贸易关系开始了一个新的阶段，所以成为最大的单一供应品来源和最大的
市场"[①]。当然，这些贸易协定在一定程度上也有利于拉美国家的经济发展。

四、对睦邻政策的评价

睦邻政策是美国对拉美政策的一次重大调整，在美拉关系史上产生了重
要影响。睦邻政策的最大成就是加强了西半球的团结，有利于美洲反法西斯

---

① R. Humphreys, *Latin America and the Second World War*, Vol.1, *1939-1942*, London: University Press
of London, 1981, p.7.

统一战线的形成，这对德、意、日法西斯的崩溃无疑具有历史的进步作用。因此，睦邻政策得到国内外史学家的称赞。阿瑟·林克等人说，睦邻政策"勇敢地、坚持不懈地抛弃威尔逊传道式的干涉主义，全部实现了胡佛—史汀生对西奥多·罗斯福推理的否定，然后着手建立美洲国家友谊与和平的大厦"，"是一种与外国政治合作与友好完全开明的政策"。[1]还有学者认为，睦邻政策"成功地解决造成美洲国家间紧张的四个原因：美国把其注意力指向拉丁美洲；结束了不受欢迎的政府行为；使私人利益服从国家事业（如墨西哥的石油公司没收）；致力于加强整个美洲的相互理解"。[2]上述这些学者对睦邻政策的评价有些过分拔高，但撇开其他因素，睦邻政策取得的成就是很难否认的，其在美拉关系史上产生的积极作用和影响至今依然没有完全消失。然而，睦邻政策并未改变美国对拉美政策的实质。

睦邻政策是美国决策者对先前政府的拉美政策进行深刻反思后的产物。从形式上看，它是对干涉政策的否定；从内容上看，它的确包含一些新因素。美国有一份研究报告指出："20 世纪 30 年代，门罗主义退居次要地位，睦邻政策成了美国政府同拉丁美洲关系的基调。"[3]虽然在形式上睦邻政策对干涉政策是否定的，实际上这只是一种球场上的"暂停"，是一种策略和战术上的调整。因为美国的门罗主义基本国策未变，这只是在贯彻基本国策的方式上的改变。美国决策者对此也不否认，萨姆纳·韦尔斯 1944 年写道："在美国自 1823 年的全部历史中，我们外交政策只有一个基础，这个基础受到该国全体人民的支持，各个政党自始至终坚持这一基础，这就是门罗主义。"[4]美国对拉美政策的延续性就规定了睦邻政策所要达到的目的不会有根本性的改变。墨西哥著名经济学家埃尔索格说："大棒被白手套所取代，但与另一个罗斯福相比，睦邻政策只是形式而非内容的改变。"[5]

我们知道，放弃干涉主义和接受不干涉原则是睦邻政策的中心内容，但

---

① 阿瑟·林克、威廉·卡顿：《一九〇〇年以来的美国史》中册，刘绪贻等译，中国社会科学出版社 1983 年版，第 132 页。

② Julio Cotler and Richard R. Fagen, eds., *Latin America and the United States: the Changing Political Realitie*, Stanford: Stanford University Press, 1974, p.216.

③《影响彼此经济关系的美国和拉丁美洲政策——美国全部计划协会研究报告》，世界知识出版社 1962 年版，第 8 页。

④ Dozer, *Are We Good Neighbors?: Three Decades of Inter-American Relations, 1930-1960*, p.29.

⑤ Alonso Aguilar, *Pan-Americanism from Monroe to the Present*, translated by Asa Zatz, New York: MR Press, 1968, p.70.

罗斯福对不干涉原则的接受是出于无奈，迫于拉美国家的压力接受不干涉原则。在蒙得维的亚会议召开前夕，国务院指示美国代表不接受《各国的权利和义务草案》，但会议表现出来的反美情绪实出乎美国意料之外。赫尔说，当对美国的批评变得剧烈时，他的代表团的一个成员"几乎气炸"，对他本人来说，"则是在公开会议上最不舒服和最难对付的经历之一"。① 由于这次会议"反干涉"力量占取绝对优势，美国势孤力单，最后只好在条约上签字。而美国仅仅放弃武力干涉，仍然保留其他形式的干涉。罗斯福在蒙得维的亚会议两天之后宣称："从现在起，美国明确的政策是反对武力干涉。"② 但同时开始采取经济封锁、财政压力、策划阴谋等方式推行隐蔽的扩张政策，"睦邻政策的公开不干涉主义及时地被潜在的干涉给予补充"。③ 如 1934 年，美国策动谋杀尼加拉瓜民族英雄桑地诺将军；1937 年，美国策动在巴西制造政变；1938年，美国支持法西斯分子谢迪落将军，组织反卡德纳斯的武装叛乱等。这说明美国对拉美事务的干涉只是变换手法而已。同时罗斯福放弃的只是美国一国的干涉政策，而欲要将其转化成以美国为首的泛美体系对某个国家的干涉。罗斯福 1938 年在《外交事务》杂志上撰文说："单独干涉不是美国的权利义务。……如果形势许可，以西半球的名义伸出援助之手。"④ 这种思想说穿了就是使美国的干涉合法化。它虽然在罗斯福任内并未付诸实践，但形成了美国战后所谓的"集体安全"雏形。德国学者沃尔夫•格雷贝道尔夫一针见血地指出："具有讽刺意味的是，奉行干涉政策的美洲国家组织是在富兰克林•罗斯福的严格不干涉政策——睦邻政策——的基础上建立的。"⑤

　　睦邻政策的主要内容之一是加强美洲国家间的经济合作。诚然，美国在这方面采取的行动在特定形势下促进了拉美国家的经济发展，但这并不是美国的本意所在。罗斯福承认，在拉美增加投资的好处是"为了开发美国所需要的原料来源"⑥。因此，美国与拉美国家的互惠贸易以及对之提供的经济援

① Cordell Hull, *The Memoirs of Cordell Hull*, Vol.1, London: Macmillan Co., 1948, p.334.

② Gordon Connell-Smith, *The United States and Latin America: A Historical Analysis of Inter-American Relations*, London: Heinemann Educational, 1966, p.166.

③ Cotler and Fagen, eds., *Latin America and the United States: the Changing Political Realitie*, Sp.247.

④ Gordon Connell-Smith, *The Inter-American System*, London: Oxford University Press, 1966, p.80.

⑤ 沃尔夫•格雷贝道尔夫：《拉丁美洲向何处去》，齐楚译，时事出版社 1985 年版，第 145 页。

⑥ John Gerassi. *The Great Fear: the Reconquest of Latin America by Latin Americans*, New York: Macmillan, 1963, p.220.

助只是旨在"把促进美国出口品到拉丁美洲作为经济恢复的一个实质性部分"[1]，加强了美国在该地区的经济渗透，使拉美地区的原料源源不断地运进美国，在那里转化成丰厚的利润，滋润着美国的经济。一些拉美国家认为，美国"是我们的贸易敌人……我们的竞争者"[2]。美国在"外交辞令和花言巧语背后进行着一场经济现实"[3]。

睦邻政策的执行同时排除了西半球的非美洲的国家势力，加强了美国对拉美国家的政治控制和经济控制，使美国成为美洲名副其实的霸主，奠定了战后美国控制拉美国家的基础。睦邻政策宣布之初，"罗斯福、赫尔·韦尔斯和其他决策者想要维护（和加强）美国在加勒比——中美洲地区的利益范围，扩大国家在南美洲的影响。他们在极大程度上希望通过合作与和平手段达到这些目标"[4]。

这些目标在睦邻政策的执行下成为现实。在拉美国家的配合下，轴心国的财产理所当然地被没收。据统计，拉美国家没收德国的投资就达10亿美元。美国成为唯一左右西半球政治的强权国家。一个个大型军事基地在维护"西半球安全"的借口下纷纷在拉美国家土地上建立起来，成批的军事代表团被派往拉美国家进行所谓的"教化"，"使之从欧洲的影响转向我们军事原则的民主路线"。[5]这一切都成为美国战后争夺世界霸权的有效筹码。

总之，睦邻政策对缓和美拉关系，发展拉美经济，保证第二次世界大战的胜利等方面起过不同程度的积极作用，但它只是使用政治手段，强调经济手段，限制军事干涉手段来达到门罗主义的既定目的。因此，睦邻政策的执行对拉美历史的发展并非像罗斯福宣传的那样"一个崭新的、更加完善的国际关系准则的时代已经到来"[6]，而正如阿吉拉尔所说："睦邻政策并没有对美拉关系的基础发生影响，格兰德河以南的国家仍然受制于这个北方大国，

---

[1] Connell-Smith, *The United States and Latin America: A Historical Analysis of Inter-American Relation*, p.175.

[2] Dozer, *Are We Good Neighbors?: Three Decades of Inter-American Relations, 1930-1960*, p.50.

[3] Dozer, *Are We Good Neighbors?: Three Decades of Inter-American Relations, 1930-1960*, p.51.

[4] Robert Freeman Smith. ed., *The United States and the Latin American Sphere of Influence*, Vol.2, Malabar: Krieger Pub. Co., 1981, p.5.

[5] Smith. ed., *The United States and the Latin American Sphere of Influence*, Vol.2, p.18.

[6] 罗伯特·达莱克：《罗斯福与美国对外政策（1932—1945）》上册，伊伟等译，商务印书馆 1984 年版，第 25 页。

形势发生根本变化的幻想将很快成为泡影。"[1]

（原载《山西师大学报（社会科学版）》，1990 年第 2 期）

---

[1] Aguilar, *Pan-Americanism from Monroe to the Present*, p.69.

试论战后美国对拉美政策的几个特征

拉丁美洲历来被美国政府视为天然势力范围，美国的拉美政策始终包含着防止非美洲国家对美洲事务的干涉，建立美国在西半球的霸权地位，把"美洲变成美国人的美洲"，这是美国在拉美地区追求的总目标。1823 年美国提出的门罗主义就把这一总目标暗含其内，自此以后，这一总目标的内容基本未变，而且实现的手段日臻完善。第二次世界大战后美国的总体战略就是在全球与苏联抗衡，遏制共产主义的"扩张"，尽最大可能让世界各国按照美国的模式进入"自由世界"。这一战略自然在其拉美政策中充分反映出来，战前美国主要是防止欧洲列强对西半球事务的干涉，战后则转变成为遏制敌对意识形态在西半球的传入与发展，战前美国对西半球霸权的追求在战后成为现实，因此遏制敌对意识形态和维护在西半球的霸权地位就成为战后美国拉美政策的两个鲜明特征。这两个特征相辅相成，贯穿战后 40 余年美国的拉美政策之中。

一、遏制敌对意识形态在西半球的渗透和扩张

"敌对意识形态"或者说"国际共产主义"主要指苏联。我们知道，战后美苏抗衡始终是两国在国际舞台上活动的一根主线。美国决策者一开始就把遏制"国际共产主义"在西半球的渗透和扩张作为其拉美政策的一个重要内容，主要出于下述考虑。

首先，二战后美国的外交战略是与苏联在全世界范围内展开争夺，拉美在美国的总体战略中虽然具有其自身的特殊性，但也必须服从于美国的全球利益，更何况拉美地区并不是美苏冷战中的世外桃源，如果敌对意识形态在拉美打开缺口，不仅对美国本土安全构成威胁，而且直接影响美国的全球战

略。对战后初期美国外交政策制定深有影响的杜勒斯就说:"如果世界共产主义占领无论多么小的美洲国家,一个危险的新战线将形成,将增加整个自由世界的危险。"①

其次,美国虽然在战后初期全面加强了对拉美的控制,但后院并不是不存在着起火的条件,拉美一些国家并不完全对美国言听计从,人民群众的反美浪潮也在高涨,美国政府认为,这种状况的存在就为苏联趁机在西半球扩张提供了机会与可能。

最后,拉美一些国家的社会内部矛盾由于高压统治潜在或公开地运行着,一旦激化,便会爆发革命,危及美国的既得利益。因此,把这种由拉美国家内部矛盾演化的结果冠之于"国际共产主义"的渗透,可以为美国肆无忌惮地干涉拉美国家内政找到一个"借口"。

以上几点考虑成为美国决策者制定拉美政策的重要依据。因此,美国政府就根据形势的需要,赋予门罗主义以新的内容。1950 年 4 月 26 日,泛美事务助理国务卿小爱德华·米勒在波士顿的一次讲演中宣称:"门罗主义经过120 余年的演变并未失去其含义,因为今天我们认为把共产主义制度扩及本半球的任何部分的任何企图都威胁了我们的和平与安全。这种态度仍然是我们的基础。"② 由此可见,门罗主义在战后拉美政策中的这一新表现既包含着对苏联直接插手西半球事务的反对,更主要的是包含着对任何一个国家共产党所领导的革命或者对美国不友好的民族主义政权的干涉。杜鲁门任内虽然没有直接出兵拉美地区,但奠定了战后拉美政策中的反共基础。艾森豪威尔政府 1954 年 6 月利用美洲国家组织作为使干涉"合法化"的工具,直接出兵颠覆了危地马拉阿本斯民族主义政权。美国政府这样做的理由很简单,即阿本斯政权是"国际共产主义渗入"的结果。以后历届政府虽然不时地根据形势变化做出政策调整,但很难容忍社会主义政权或反美亲苏政权在西半球出现,事实也充分证明了这一点。

1959 年卡斯特罗取得古巴政权之后,逐步实行了国有化政策,触动了美国在古巴的既得利益,美国"理所当然"地将之视为苏联渗入的结果。艾森豪威尔届满离任之际还威胁说,"美国将不允许在西半球建立一个由国际共产

---

① Simon Serfaty, *American Foreign Policy in a Hostile World: Dangerous Years*, New York: Praege, p.355.

② The Insititute of America, ed., *United States and Latin America*, December 1959, p.166.

主义控制的政权"①。肯尼迪上台后策划了干涉古巴革命的"猪湾登陆"。此时苏联已插手进来,当苏联运送导弹到古巴时,肯尼迪政府以战争要挟苏联,两国抗衡达到了白热化的程度。虽然这一危机经两国谈判后得以解决,但此后美国开始了对古巴的长期封锁。

尼克松政府尽管在拉美地区摆出了一副"高姿态",采取了有限度的收缩和退让,但遏制共产主义的政策丝毫没有改变。1970 年 11 月,通过选举产生的智利阿连德政府采取了包含着若干社会主义因素的改良主义政策,美国政府十分担忧,尼克松曾命令中央情报局采取全面行动"拯救智利"。国务卿基辛格说:"阿连德的当选无疑是对我们国家利益的一种挑战。要我们甘心同意在西半球存在第二个共产党国家,那是不容易的。"②因此美国采取了各种手段暗中支持推翻阿连德政府的活动,阿连德政府以后遭到颠覆,美国政府和中央情报局的活动在其中起了很重要的作用。

卡特政府推行的"人权外交",意识形态色彩更浓,目的就是在第三世界加强西方的"民主"和"自由",阻止革命爆发。具体到拉美,卡特政府迫使现存的独裁政权进行选举,增加"民主"色彩,以免这些国家日益尖锐的阶级矛盾激化,从而消除革命的根源。1978 年 1 月 27 日卡特在写给一位参议员的信中明确表示:"美国的政策过去是,将来仍然是反对苏联直接或间接地企图在西半球建立军事基地的任何行为。"③

里根是美国外交中典型的强硬派,反共意识比较明显。他上台后,其全球对外政策的突出特点是从两极对立的指导思想出发,对苏联采取强硬的新遏制政策。在拉美地区,尤其在美苏争夺激烈的战略要地如中美洲和加勒比地区,美国一改前任的"软拉"外交,而主要采取强硬态度与苏联及其盟国抗衡。1983 年 10 月,美国对已打上苏古"印记"的格林纳达公然出兵干涉,经过 6 天战斗,占领格林纳达。这次军事干涉表明,美国随时准备采取一切行动,不惜一切代价消除苏联在美国势力范围的影响。

布什上台伊始,频频做出姿态对拉美政策进行调整,表示美国政府在中美洲问题上将支持民族自决、经济发展、尊重人权,通过外交谈判解决纠纷,

---

① Graham H. Stuart and James L. Tigner, *Latin America and the United States*, sixth edition, Englewood Cliffs: Prentice-Hall, 1975, p.139.

② 亨利·基辛格:《白宫岁月——基辛格回忆录》,陈瑶华等译,世界知识出版社 1980 年版,第 291 页。

③ 赛勒斯·万斯:《困难的抉择——美国对外政策的危急年代》,郭靖安等译,中国对外翻译出版公司 1987 年版,第 209 页。

为和平与安全而进行合作。这并不意味着意识形态因素淡化，美国决不允许在拉美地区出现任何与之对立的政权，苏联的解体也许使这一问题暂时得到缓解，但从长远的观点看，这一特征并未时过境迁，美国政府会采取公开或隐蔽方式，将之在其拉美政策中充分体现出来。

二、维护美国在西半球的霸主地位

美国在西半球建立霸权是其拉美政策形成之后一直追求的一个长远目标。随着美国政治、军事以及经济力量的强大，从 20 世纪开始，美国在西半球的地位基本上处于"上升"状态，到二战后初期达到顶峰。美国此时颐指气使，发号施令，全面加强了对拉美地区的控制，政治上随意干涉拉美国家内政，经济上控制了拉美国家的重要命脉，军事上胁迫拉美国家加入美洲防务体系，拉美地区成为美国名副其实的后院。然而，1959 年古巴革命胜利之后，打破了西半球意识形态铁板一块的状态，美国的霸权地位随即受到挑战。随着拉美民族民主运动的高涨，拉美国家独立的"多元外交"政策形成，美国的霸权地位开始动摇。不过，美国政府决不会任其自流，而是要尽力维护和挽回它在西半球的霸主地位，战后美国历届政府的拉美政策就充分体现出这一内容。

20 世纪 50 年代末和 60 年代初，国际形势较战后初期发生很大变化，苏联军事力量日渐强大，西欧、日本经济重新崛起，第三世界国家民族解放运动高涨，这对美国的世界霸权无疑是一种挑战。国际大环境的变化在西半球也有反映，50 年代末拉美国家到处掀起反美浪潮，肯尼迪的特别助理小阿瑟·施莱辛格也承认："我们在整个拉丁美洲的地位岌岌可危。"[①]古巴革命的胜利是向美国地区霸权主义发出的第一个挑战信号。美国决策者认识到，拉美地区变革不可避免，美国的政策是必须保证这种变革按照美国要求的模式进行，在新的形势下维护住美国的霸主地位。在此基础上，肯尼迪政府提出了"争取进步联盟"的计划，主要目的就是通过经济援助缓和拉美国家的反美情绪，把它们紧紧地束缚在以其为首的泛美体系内，巩固美国在拉美地区

---

① 小阿瑟·M. 施莱辛格：《一千天：约翰·菲·肯尼迪在白宫》，仲宜译，生活·读书·新知三联书店 1981 年版，第 99 页。

的霸主地位。

肯尼迪政府力图维护和巩固美国在拉美的霸权并没有取得很大效果，60年代末，洛克菲勒在一份报告中也无可奈何地承认，美国在该地区前景暗淡，拉美国家"日益增长的民族主义超出了政治集团的范围，常常表现出摆脱美国的控制和影响"[①]。尼克松政府随后提出了以"新政策"而著称的拉美政策，要求不受地域观念限制而建立与拉美国家的新关系。其实，美国与拉美国家的"特殊关系"，即美国成为美洲体系盟主的关系，既没有也不可能被放弃，美国只是出于现实考虑，想在维护这种"特殊关系"的前提下，有计划地进行战略收缩，减轻美国强调西半球"特殊关系"而背负的包袱。实质上，这种"新的伙伴关系"既要拉美国家与美国合作，维护美国的霸主地位，又要拉美国家不要过分依赖美国，在同敌对意识形态对抗中自觉地发挥作用。这一政策调整既反映了美国在角逐世界霸权和维护地区霸权上遇到了一些困难，又说明美国试图采取一种新的策略来适应新形势，迎接新挑战，以挽回已经衰落的霸权。

尼克松政府的"新政策"并没有达到预期目标，拉美国家联合反美，维护国家独立和主权，发展民族经济的斗争日益高涨。卡特政府推行的"新方针"虽然在一定程度上起到了改善美拉关系的作用，如签署巴拿马运河新条约，改变孤立古巴的政策，谋求改善两国关系等暂时缓和了拉美国家的反美情绪，但这一政策的目的是在维护住西半球反共产主义稳定的基础上，保证美国在西半球的霸主地位，这就决定了美国不可能在损及自己利益的情况下向拉美国家做出实质性的让步。因此，在卡特任内后期，拉美国家群起攻击美国的外交政策，国内舆论也指责卡特政府，认为美国对拉美发生的重大事件都表现出对外政策的软弱性，共和党人里根就是在改变这种政策的呼声中当选为美国总统的。

1980 年，里根在大选年中提出了"恢复美国昔日雄风"的口号，"试图挽回美国在世界范围的霸主地位"。[②]他上台后，在中美洲和加勒比地区主要采取压和打的政策，其目的正如他在 1983 年 4 月说的那样："如果我们不能在这一地区维护我们的利益，我们便不能在其他地区维护我们的利益，我们

①　Julio Cotler and Richard R. Fagen, eds., *Latin America and the United States: the Changing Political Realities*, Stanford: Stanford University Press, 1974, p.32.

②　Robert G. Wesson and Heraldo Muñoz, eds., *Latin American Views of U.S. Policy*, New York: Praeger. p.6.

的信誉将崩溃，我们的联盟将瓦解，我们本国的安全将处于危机之中。"①他对南美国家基本上以安抚和笼络为主，尤其是力图恢复和加强卡特执政时期恶化的与巴西、阿根廷和智利的关系，以便借用它们的军事力量弥补美国在南大西洋海军机动力量的严重不足。美国对南美国家的这种态度反映出美国昔日"雄风"的时代已经一去不复返了，只能通过协商谈判解决与它们之间的矛盾，尽其所能地把这一地区的国家团结在自己的周围。用亚伯拉罕·洛温撒尔的话来说："美国在南美虽然力量居于优势，但并非独此一家，西欧强国在南美同样具有重要的利益和协定，几个南美国家作为中级列强跨入世界舞台。"②近些年来，拉美国家维护民族独立，发展民族经济的斗争日益高涨，美国在西半球霸权的衰落已经成为不可遏止的历史潮流。无论采取何种形式的政策，美国都难以恢复昔日的雄风，但美国政府也决不会因此放弃对这一目标的执着追求，布什政府公然出兵巴拿马就深刻地说明了这一点。

三、美国推行拉美政策的几种主要手段

如前所述，战后美国的拉美政策中包含的主要内容是遏制国际共产主义在拉美地区的渗透或扩张以及维护或挽回美国在西半球的霸主地位，这是战后以来美国拉美政策的两大特征，为此美国历届政府做出了不懈努力，这就使战后美国的拉美政策表现出首尾相同的一致性。纵观战后美国的拉美政策史，美国政府在实现这两个目标过程中主要采取了以下手段。

一、武力干涉。武力干涉一向是美国政府使弱小国家俯首帖耳的一种主要手段，翻开美国与拉美国家关系史，在其他手段达不到目的时，美国诉诸武力干涉他国内政的事例屡见不鲜。拉美国家在战前曾群起攻击美国的武力干涉政策，但并没有使美国的强权政治得到根本的改变。战后初期拉美国家就感到了美国武力干涉的威胁，所以力主在通过《美洲国家组织宪章》时重申不干涉原则的重要性，但美国政府认为，不干涉西半球事务的原则不适用显然属于共产主义的政权。③这样，美国要对西半球某个国家进行干涉，就冠

---

① Hedrick Smith, "Latin Talk: New Analysis," *The New York Times*, April 28, 1983, p.13.

② Wesson and Muñoz, eds., *Latin American Views of U.S. Policy*, p.10.

③ Robert F. Smith, *The United States and the Latin American Sphere of Influence 1932-1982*, Vol.2, Florida, 1983, p.166.

之于国际共产主义"干涉"美洲事务或被干涉国家属于敌对意识形态的统治。实际上,这只是美国对拉美国家武力干涉的一个借口,即使不存在这一条件,为了达到其战略目的,美国也会置舆论于不顾采取武力干涉政策。1954 年 6 月,美国使用武力颠覆了危地马拉阿本斯政权;1965 年 4 月,美国对多米尼加共和国进行了大规模的武力干涉;1983 年 10 月,美国直接出动部队入侵格林纳达;1989 年 12 月,美国政府悍然派兵入侵巴拿马,引起世界舆论大哗。如果我们对美拉关系史做一番详细的考察,对美国这些干涉行为也就不会惊讶了,只要美国在拉美地区实行强权政治,武力干涉他国内政便是其主要手段之一。

二、军事援助。军事援助主要是指美国为拉美"合作"政府提供武器装备,让其用来镇压国内的革命力量和维护所谓的西半球安全,它是武力干涉的一个重要补充。第二次世界大战后,美国的直接出兵毕竟受碍于条约的限制,必要时才进行直接武力干涉,因此美国就依赖军事援助达到与武力干涉相同的目的。战后初期,美国和许多拉美国家签订了双边协定,美国给它们提供防务武器。此外,美国还为拉美国家训练了大批军官。二战前的军事援助多用于平息拉美国家内部的"叛乱",维护美国的既得利益,主要服务于经济目的。二战后的军事援助主要用来加强西半球的防御能力,有效地抵制所谓"国际共产主义"的"威胁",与之相联系的是加强拉美国家防止革命爆发的能力,这样军事援助就主要服务于政治目的。美国学者波普·阿特金斯就认为,美国军事援助的主要目的是防止拉美国家内部共产主义颠覆和暴乱。[1]

三、经济援助。第二次世界大战后,美国确立了它的美元帝国地位,这就为美国把经济援助作为推行其对外政策的手段提供了可能性与现实性。当然美国不是毫无选择地向一切国家提供经济援助的,美国在拉美地区同样如此,首先是为了实现美国的经济利益。拉美国家对杜鲁门政府"第四点计划"的评价是:"美国的政策旨在增加对它们的经济控制,而不是帮助它们发展。"[2]这句话的确道出了美国经济援助的实质,从这个意义上讲,它与在落后地区进行资本输出的目标是一致的。战后初期拉美地区获得美国的经济援助仅占美国经援总额的 2.50%,但同时却吸收了美国对外直接投资的 39.00%。二者的区别仅仅在于,经济援助是暂时的,资本投资则是长期的,前者的执行一

① G. Pope Atkins, *Latin America in the International Political System*, New York, 1977, p.181.
② Gordon Connell-Smith, *The United States and Latin America: A Historical Analysis of Inter-American Relations*, London: Heinemann Educational, 1966, p.205.

般为后者的扩大排除了障碍，是直接服务于后者的。在战后两种制度的抗争中，美国经济援助的政治目的也很明显，因为美国决策者认为经济萧条和贫困是动乱和革命的根源，也是滋生"共产主义"的土壤。古巴革命后，美国随即增加了对拉美地区的经济援助，旨在铲除产生卡斯特罗革命的条件。卡特政府把经援作为拉美国家实行所谓"人权"的筹码。里根政府对中美洲地区的经援主要出于政治目的。现在美国经济面临严重挑战和激烈竞争，美元帝国大厦已经倾斜，这自然会影响美国的对外经济援助计划。不过，美国决不会因此而放弃这种有效推行其外交政策的手段。

四、扶植和维护亲美政权的社会和政治稳定。英国著名历史学家汤因比指出，美国由于那种扩张而变成世界上最保守、最反对变革的国家，从而它就必定要竭力维持它的利益，所以发展和巩固那些国家的"既定秩序"。[1]战后美国政府维护亲美政权的社会和政治稳定是加强对拉美地区控制的一个主要手段。美国决策者主要出于三点考虑。一是美国在拉美地区享有巨大的经济利益，亲美政权的存在又是美国进行经济渗透和扩张的必要条件，如果这些政权出现社会动荡和政治不稳，必然损及美国的既得利益。二是亲美政权一般在政治、经济和军事上依赖美国的援助，倘若经常出现政权更替，既会给美国带来负担，又会对美国霸权地位构成潜在的威胁。三是社会动荡和政治不稳定往往是滋生革命的温床，同时给苏联提供了插手的机会。在美拉关系上，能够与美国保持通力合作的一般是落后腐朽的独裁政权，所以美国就竭力使亲美独裁政权稳固，免遭颠覆。杜鲁门和艾森豪威尔执政时期"美国显而易见只对与之合作的独裁者的偏爱"[2]。20世纪60年代，为了改变这种形象，美国政府把鼓励代议民主制作为"争取进步联盟"的两大目标之一，但代议制民主没有得到加强，独裁政权反倒进一步巩固，因为资金多流向军事独裁者或军人控制的文人政府。卡特政府推行的"人权外交"虽然给独裁政权带来一定的压力，但其目的是强迫他们改用其他手段巩固国内统治地位，以防内部爆发革命。里根政府在这方面也做了一些努力，尽量减少苏古插手的可能性。美国无论是对亲美独裁政府的偏爱，还是对亲美文人政府的支持，都是服务于美国在拉美地区的国家利益，一旦这种利益受到威胁，美国必然会破坏现行的稳定，恢复原来亲美的"秩序"。美国武装入侵巴拿马，就是想

---

[1]　参见中国社会科学院拉丁美洲研究所：《拉丁美洲问题译丛》，第15辑，第93页。

[2]　Connell-Smith, *The United States and Latin America: A Historical Analysis of Inter-American Relations*, p.223.

扶植亲美反对派上台制定对它有利的政策，以便在 2000 年后继续占领运河，保持运河的军事基地。

战后 40 余年来，世界局势发生很大变化，大国左右世界的能力日益减弱，发展中国家作为一支独立的力量愈来愈发挥着重要的作用，这可能会导致美国对外政策进行调整，但美国决不会允许在自己的势力范围内出现敌对政权。从政治上和经济上加强对西半球的控制仍然是美国拉美政策的主线。可以断言，无论美国政府在未来采取何种形式的政策，这一点都不会发生实质性的改变。

（原载《历史教学》，1992 年第 5 期）

试论美国向拉美"输出民主"的实质

    1993 年 5 月 4 日，克林顿政府的副国务卿小克利夫顿·沃顿在阐述新政府的拉美政策时强调说："人权是我们政策的核心，美国将想方设法用其援助和影响力帮助这些国家促进人权和强化增强法治的民主制度。"①沃顿之言道出了固存于美国对发展中国家外交政策的一个重要特征（这种特征在第二次世界大战后表现得尤为明显），即以美国的民主制度为模式，促使这些国家的政治制度向着美国规定好的方向发展。产生这种现象的深刻思想根源，在美国白人传统文化新教"使命观"（或称"天命观"）中可以找到，但显然，"输出民主"本身并不是目的，而是实现其强权政治和进行军事、经济、文化扩张的一种手段。美国在拉美地区的政策就足以证明这一点。

一、"输出民主"的思想根源

    美国一贯标榜自己的"民主制度"模式，并要求或强迫他国接受这种模式。这种在其他国家外交中鲜见的现象不能不引起我们的深思。只有首先搞清楚产生这种现象的思想根源，才能从更深层的角度揭示这种行为的实质。美国总是以自己的是非标准衡量其他国家，尤其是发展中国家的行为与文化传统，并认为美国有义务将其民主制度推广到全球，实现美国治理下的和平。这里面显然包含着两层意思：一是美国受上帝之托对人类发展和命运承担一种特殊责任的"使命观"；二是美国是世界上特殊的"道义之邦"，它的政治制度在世界上最"完美"，是其他国家效仿的榜样。这两种价值取向是美国对

---

① John M, Goshko, "Clinton to Stress Democracy, Human Rights in Latin America Policy," *The Washington Post*, May 4, 1993, p. A15.

外"输出民主"的思想基础，而这些思想的历史根源都可以从美国白人传统文化新教"使命观"中找到。

"使命观"是盎格鲁-撒克逊白人清教徒的宿命论和天职观在美国文化中的意识形态反映。他们认为，他们的行为是实现上帝赋予的一种使命。这种观念在处理国与国之间的关系时就变成美国受上帝之托向世界承担一种责任，其理论渊源可以追溯到反映资产阶级要求的新教理论。16世纪，欧洲宗教改革运动产生了适合资产阶级需要的神学理论体系——新教。新教的主要内容之一是主张上帝以其绝对的最高意志对世人进行挑选，被选中者就是上帝的选民，其他则为弃民。个人的生死与命运、富贵与贫贱，皆由"上帝"预定。预定论必然导致宿命论。这种理论认为，人们无法改变自己的命运，只能顺从上帝的安排，通过在尘世中的行为来确定上帝对自己的恩宠。由此引发出新教徒在尘世的天职观，也就是他们以聆听上帝的召唤作为上帝的选民来到世间，因此，"对热衷宗教的人来说，世界是他的责任，他有按其禁欲理想改变世界的义务"[1]。这种宗教上的价值取向便是"使命观"的理论基础。在早期来到北美大陆的移民中，许多人是属于新教的虔诚清教徒。他们的主要目的是寻找一块使自己的宗教理想得以实现的"净土"。这些人到达北美后，带着神圣的使命感经营着上帝赐予的这片"乐土"。他们认为，北美的发现和开拓是上帝的旨意，其目的就是想创建一个全新的世界，因此，北美的未来不仅是其自身的未来，也是人类的未来、世界的未来，甚至是宇宙的未来。新教徒的宗教观对北美大陆的世俗社会产生了重要影响，它不仅成为人们开拓新大陆过程中的精神支柱，而且成为把移民们凝聚在一起的无形力量。这些早期移民为了寻求自由与幸福来到美洲，拓荒时代的艰苦生活使他们更加意识到自由的珍贵，独立进取成为披荆斩棘生活中的精神追求。虽然早期移民还没有把自己享有的自由推及世界其他地区的观念，但是一些人开始意识到北美大陆的特殊性以及他们在这块土地上所承担的使命："由于土地肥沃，资源丰富，气候宜人，北美就像上帝隐藏起来的希望之乡，现在即将由上帝的选民所占据。在神的指导和保护下，他们将致力于把光明和拯救带给世界

---

① Max Weber, *Economy and Society: An Outline of Interpretive Sociology*, edited by Guenther Roth and Claus Wittich, translated by Ephraim Fischoff, New York: Bedminster Pres, p.542.

其他地区。"①这个民族注定以某种特殊的方式在世界上履行特殊使命的意识深深扎根于美国白人传统文化之中，成为美国上层白人把美国与世界其他地区区别开来的主要标准之一，也成为他们作为上帝的选民在尘世中追求的"理想"。诚如耶奥舒亚·阿里利（Yehoshua Arieli）所言，北美殖民主义者把他们的新社会等同于新的耶路撒冷，"清教徒把自己看作是上帝的选民，他们认为自己是一个被挑选的民族，北美是希望之乡。他们的救世主倾向在一种历史与进步的宗教哲学中得以阐述，未来是人类历史运动的目的；北美将是最后阶段"②美利坚合众国成立以后，国家统治者认为，国家的安全与发展除了依赖内部的自身条件外，还依赖国家与外部的关系。这些资产阶级革命先驱以西欧启蒙思想家的学说为理论武器，发出了摆脱英国殖民统治的正义呼声。以"自由的使者""美国的号手"而著称的革命思想家托马斯·潘恩，以其犀利的文笔，写出了振聋发聩的战斗檄文——《常识》，首次激发起美利坚民族的独立的激情，点燃了美国独立战争的烈火。资产阶级民主主义者在向人民宣传与鼓动革命的过程中发展了"天赋人权"学说，提出了指导北美大陆独立的革命理论。1776年大陆会议通过的《独立宣言》就是这种理论的具体体现。它所包含的全部内容标志着资产阶级的"自由、平等、博爱"学说已经发展到成熟阶段，对美国历史和世界历史的发展都产生了重大影响。美国独立战争胜利后，1787年召开制宪会议，通过了美利坚合众国宪法，确定了资产阶级民主共和政体。1791年美国国会通过了宪法前10条修正案，称为《权利法案》，确认了资产阶级的民主原则，保障了美国资产阶级的基本权利。在美国上层白人看来，他们的祖先为了寻求自由来到美洲，经过几个世纪的奋斗终于在北美大陆建立了有别于世界上任何其他国家政治制度的体制，美国采取了世界上能够保证资产阶级民主自由的最好制度。以这种"自由与开明"的制度为基础去实现其复兴和"拯救"世界的梦想，自然就成为美国白人传统文化中的一个重要组成部分。当美国开始处理与自己政体不同的国家的关系时，这种价值观必然会在其外交政策中反映出来，"输出民主"便成为其中的主要内容之一。

---

① Edward M. Burns, *The American Idea of Mission, Concepts of National Purpose and Destiny*, New Brunswick: Rutgers University Press, 195, p.30.

② John D. Martz and Lars Schoultz, eds., *Latin America, the United States, and the Inter-American System*, Boulder: Westview Press, 1980, p.109.

二、在拉美地区"输出民主"的主要形式

"输出民主"是一个宽泛的概念，从狭义上讲，它是指美国要求其他国家对其政体的被动接受；从广义上讲，是指美国将其传统的文化价值观念传播给其他国家。民主属于一个国家的主权范围，是一个国家的内政。美国在强行向他国输出民主时，必然侵犯他国主权，干涉他国内政。美国和拉美同属西半球，当美国的扩张触角开始伸向其疆域之外时，拉美便首当其冲地成为美国"输出民主"的"试验地"。美国各个时期对拉美政策的侧重点不同，并随着形势的变化不断调整。因此，它向这块"试验地"上"输出民主"也表现出不同的形式。

首先是政治引力法则。这种观点流行于 19 世纪中叶美国完成了大陆领土扩张以后，是早期约翰·昆西·亚当斯关于古巴的"熟果理论"的逻辑延伸。其基本设想是，美国政治制度优越，共和原则完善，随着时间的推移，势必把其落后的近邻吸引到美国的怀抱；而这种引力与自然法则一样，是无法抗拒的。这一时期，扩张主义分子在这方面的言论俯拾皆是。众议员谢尔比·M·卡洛姆说："我们注定拥有控制从巴芬湾到加勒比海的整个西部大陆。但是……我们不必着急，当果子成熟时，它将落入我们的手中。"① 政治引力原则适应了美国向外扩张的趋势，成为美国思想界对扩张的一种解释。

其次是"文明"传播下的扩张。传播"文明"始终存在于美国对落后国家的外交政策之中，给本来赤裸裸地侵略他国的强权政策披上了一件"利他"外衣。其基本设想是，美国是世界上的"文明"大国，它有义务将这种"文明"传播给落后国家，而后者必须受文明国家的统治，以便得到教化，向文明转化。用朱尔斯·本杰明的话来说，"美国应该教会劣等民族的文明化"。② 19 世纪末叶，当美国对西半球事务进行肆无忌惮的干涉时，这种观点在美国上层人物中颇为流行。他们认为，拉美国家的民族属于"劣等民族"，经济发展落后，需要文明国家帮助其建立所谓的"民主自由"体制，这一使命当然

① Albert K. Weinberg, *Manifest Destiny: A Study of Nationalism Expansionism in American History*. Baltimore: The Johns Hopkins Press, 1935, p.243.

② Jules R. Benjamin, "The Framework of U.S. Relations with Latin America in the Twentieth Century," *Diplomatic History*, Vol.2, No.2, Spring 1987, p.93.

就责无旁贷地落到美国肩上。康奈尔-史密斯教授在一本书的开篇就写道:"当美国 19 世纪末宣称其对拉美的霸权时,美国领导人公开宣布其文明使命,很少隐藏住他们这种信念,即拉美人一般不适于自治。"[①]他在结论部分还强调说:"在扩张主义者眼中,美国在拉丁美洲具有一种文明使命,就如欧洲强国在其他'落后'地区具有文明使命一样。"[②]西奥多·罗斯福是这一时期具有代表性的美国总统,在他身上表现出强烈的"文明"扩张色彩。他认为,一个强国对其统治下的落后地区有强制传播"文明"的责任。1940 年 12 月 6日,富兰克林·罗斯福在致国会的年度咨文中说:"在美洲,如同其他地方一样,会最终需要某一文明国家进行干涉。"[③]正是在这种强权逻辑的指导下,美国对西半球国家的内部事务大肆进行干涉。其他美国总统也都程度不同地表露出这种倾向,在美国对拉美国家的外交中充分地体现出来。

再次是干涉拉美国家的政体形式。拉美国家由于历史传统和经济不发达,国内政局常常动荡不宁,政体形式更替频繁。美国就借此对拉美国家的内政进行干涉,其中经常使用的一种方式就是要拉美国家接受美国规定好的政体形式。在美拉关系史上,这种干涉从未消失。伍德罗·威尔逊在出任总统之前认为,向世界范围内传播民主,促进其他国家接受民主政体尤其是美国的一个"主要目标"。他上台伊始,就拒绝承认墨西哥通过政变上台的韦尔塔政府,并借助各种手段迫使韦尔塔下台,乃至最后出兵干涉,要求在墨西哥建立一个符合宪法的民选政府。他也借多米尼加和海地的内乱,派兵入侵,在刺刀的恐吓下进行所谓的投票选举。投票者慑于美国的胁迫,不得不选出美国选择好的总统。威尔逊的这种直接出兵的干涉形式在二战前较为常见。战后美国则更多地通过其他途径干涉拉美国家选举,如 1962 年美国出钱资助巴西大选中的亲美候选人。卡特政府在 1978 年多米尼加总统大选中,支持安东尼奥·古斯曼当选。在智利、厄瓜多尔、尼加拉瓜、危地马拉、洪都拉斯、萨尔瓦多等国,美国都程度不同地插手,力图使选举按照美国设计好的方向发展,最后组建亲美的"民选政府",以利于美国的政治控制和经济扩张。

---

① Gordon Connell-Smith, *The United States abd Latin America: A Historical Analysis of Inter-American Relations*, London: Heinemann Educational, 1974, p.4.

② Connell-Smith, *The United States abd Latin America: A Historical Analysis of Inter-American Relations*, p.286.

③ James W. Gantenbein, ed., *The Evolution of Our Latin-American Policy: A Documentary Record*, New York, Columbia University Press, 1950, p, 362.

　　最后是干预战后的拉美民主化进程。拉丁美洲民主化是战后拉美经济发展所导致的在政治领域的一种变革趋势。美国并没有置身于这一进程之外，而是将它纳入美国向拉美地区传播美国价值观的轨道。1958 年 5 月，副总统尼克松出访南美后提出美国应该热情地支持拉美民主制的领导人。肯尼迪上台后，提出在拉美推行"争取进步联盟"计划，把"促进经济发展和加强民主体制"作为两大目标。20 世纪 70 年代后期，卡特政府在拉美推行"人权外交"，强调把建立"民主制度"作为重要内容。里根政府虽然对拉美地区采取了灵活多变的政策，但依旧把促进包括拉美地区在内的世界各地的"民主运动"作为其外交政策的"基本方向"。布什政府提出的"美洲事业倡议"旨在与拉美国家建立一种新的经济关系，但其政治性也显而易见。目前的克林顿政府更加强调推进拉美的民主制和人权，认为冷战结束后的美国能够集中力量帮助拉美国家建立民主制度。今后，美国会更多地利用经济手段，诱使或施压拉美国家政体按照美国的设计发展，以谋求西半球在意识形态上统一到美国政治模式的旗麾之下。

三、"输出民主"的实质

　　美国一些学者一向把"输出民主"视为传统的"理想主义"外交的组成部分，把这种行为与对美国早期外交具有较大影响的托马斯·杰斐逊联系在一起。杰斐逊是个典型的资产阶级民主主义者。他受到欧洲启蒙运动的影响，憎恶君主制和暴政。他把君主制看作是人类社会冲突的根源，认为民主制的确立是消除这种根源的唯一途径。杰斐逊的政治哲学观可以说是美国向外传播"民主"的理论依据，也给这一行为的表面留下了深深的"理想"烙印。不可否认，杰斐逊的思想有合理的一面，但把这一思想通过国家的外交行动特别是通过武力强加给他国，就变成霸道了。美国是个资本主义大国，国家的性质决定了美国必然向外扩张，寻求海外市场、原料供给地和投资场所，以免国内生产过剩，危及资本主义统治基础。这是美国外交所要达到一个根本目标。拉美地区一直被美国视为天然的势力范围，自 1823 年"门罗宣言"发表以来，美国就把实现美洲是"美国人的美洲"作为其在西半球追求的长远目标，向拉美地区"输出民主"就是其中的一种图谋。由于受到这一长远目标的制约，美国"输出民主"往往采用非民主的方式、枪口下的投票选举、经济和政治压力下的政体变更等，成为对"民主"本身的莫大嘲讽。因此，美国"输出民主"并不会给被干涉国人民带来真正的民主，即使是屈从美国的好恶实行了所谓代议制的国家，充其量也是民主其外，专制其内，美国只是在民主的掩饰下寻找到了理想的代理人。朱利叶斯·普拉特考察了威尔逊政府的拉美政策后说，"美国的干涉都没有促进威尔逊和布赖恩声称的民主理想事业"，威尔逊政府的政策"虽然带来秩序，但不是民主，颇具讽刺意味的是，由促进民主愿望所产生的政策反而加强了外国人控制的独裁主义统治"[①]。维亚尔达也一针见血地指出，美国通过"输出民主"体制，"加剧了拉丁美洲政治频繁动荡，导致美国目前在中美洲和其他国家面对着各种混乱局面。这虽然不是二战后拉丁美洲政治不稳定的唯一原因，但的确是一个起主要作用的因素"[②]。这种给拉美国家带来不幸的做法必然会使拉美人质疑美国式的民主概念，原先抱有幻想的人也感到希望破灭。诚如美国图兰大学历史学教授西尔韦特解释的那样，美国传播的民主已"象征着伪善，民主只被那些能够提供它的人所享受……对世界上贫穷的地区来说，它只是剩余价值的盘剥者、殖民主义的强加者、本地精英的收买者和世界混乱的制造者"[③]。因此，"输出民主"的"理想"色彩只是对实现美国长远目标的一种掩饰，其在实施过程中，本身就包含着难以用"理想"来解释的"悖论"。

扶植和维护亲美政权的社会和政治稳定，是美国对拉美政策中的一个服从于美国战略和经济利益的目标，因为"稳定"有利于美国的经济扩张，"秩序"可以使美国享有的既得利益得到保障。美国要拉美国家接受美国设计好的政体就包含这方面的考虑。美国决策者总是认为，美国式的民主代议制或立宪政体能够减少拉美国家的政局动荡，消除国内革命或激进变革滋生的土壤，有效地维持美国在西半球的盟主地位。正如美国一些学者强调的那样："如果美国对拉美政策的主要目的是稳定、反共产主义和获得该地区市场和资源，那么促进民主只是在适当条件下使用的一种工具，有助于保证实现稳定和反共产主义更优先考虑的目标。"[④]实际上，由于把促使拉美国家采取立宪

---

① Julius W. Pratt, *Challenge and Rejection: The United States and World Leadership, 1900-1921*, New York: Macmillan, 1967, p.87.

② Kevin J. Middlebrook and Carlos Rico, eds., *The United States and Latin America in the 1980s: Contending Perspectives on a Decade of Crisis*, Pittsburgh: University of Pittsburgh Press, 1986, p.334.

③ Kalman H. Silvert, *Essays in Understanding Latin America*, Philadelphia: Institute for the Study of Human Issues, 1977, p.58.

④ Middlebrook and Rico, eds., *The United States and Latin America in the 1980s*, p.336.

政体的目标从属于美国的战略和经济利益，因此美国在为实现这一目标做出努力时，所支持的对象多是能够维持美国欲要"稳定"的独裁政权。美国政府主要是出于以下三个方面考虑的。一是亲美独裁政权能够保证美国在拉美地区享有的巨大经济利益不受侵犯，同时又能为美国继续进行经济渗透创造更好的条件。例如，美国扶持古巴独裁者巴蒂斯塔和多米尼加独裁者特鲁希略就是基于这种考虑。二是亲美独裁政府多倚仗美国的政治、经济以及军事上的支持来维持国内的统治，所以一般对美国政府俯首听命，成为美国政治和经济利益的可靠代言人。美国支持的尼加拉瓜索摩查独裁政权就属于此类。三是战后美国对拉美政策的基本考虑是防止所谓"国际共产主义"在西半球的渗透，而独裁政权则能保证与美国在这方面通力合作。美国对委内瑞拉、古巴、多米尼加、萨尔瓦多和尼加拉瓜等国独裁政权的支持就是明显的例子。美国波特兰州立大学教授梅尔文·格特夫等认为："美国对第三世界的政策始终是保护和加强具有共同经济和战略利益以及宣称遵循共同价值观的政权，而这类政权自然是独裁主义。"①美国长期对独裁政权的支持显然与美国政府宣称的"输出民主"的目标大相径庭，因此也曾试图改变做法，例如肯尼迪的"争取进步联盟"计划，卡特的"人权外交"等，都强调把支持拉美国家代议制纳入美国"输出民主"的轨道。不过，由于受战略和经济利益的制约，这些努力收效甚微，甚或事与愿违。其实，无论是"输出民主"也好，还是支持独裁政权也罢，二者都只是美国保证其根本利益顺利实现的选择。

从文化传播学上讲，各国之间在平等基础上的文化交流有利于相互取长补短，对于不发达国家来说，通过吸取发达国家文化的精华，更有利于本国的传统文化适应现代化的需要。美国向拉美"输出民主"并不具有这一内容，它不是互惠的文化交流，而是一种单向的文化渗透。美国政府根本不考虑拉美国家的文化传统与现实条件，完全以自己确定的标准划线。在美国看来，拉美国家民主的实现不是本国社会的政治运行和经济发展使然，而必须靠外力的推动，把"民主"恩赐于它们，拉美国家只能成为被动的承受者。实际上，如果一种异质文化的强行侵入不适应拉美国家的环境与需要，甚或侵犯了它们的国家利益，自然会受到当地人或统治者自觉不自觉的抵制，就是那些慑于美国压力而采取美国规定好的政体的国家，也只是流于表面，内部政

---

① Melvin Gurtov and Ray Maghroori, *The Roots of Failure: United States Policy in the Third World*, Westport: Greenwood Press, 1984, p.198.

治结构很难在不成熟的条件下进行彻底变更。因此，当美国在拉美推行美国
式的民主和传统价值观时，这种做法很难得到当地文化的认同，不仅无助于
拉美国家向着更完善的政治体制发展，而且会起到一种严重的阻碍作用。对
此，哥斯达黎加学者埃德尔韦托·托里斯–里拉斯就把体现在拉美民主人士身
上的积怨归因于美国阻碍民主改革的结果。他说："美国的文化传统对拉丁美
洲人的情感是陌生的，对另一个国家政治制度的模仿只能像美国试图在国外
建立这种制度一样迷失方向。"①托里斯–里拉斯的话对我们从文化冲突角度
来认识美国"输出民主"的实质很有启迪。

　　近些年来，随着世界格局的变化，美国对那些意识形态与其相异的国家，
除了采取经济和军事手段外，更加强调文化渗透的作用，这样对外输出美国
式的民主和传统价值观也就成为及早促使这些国家进入西方"自由世界"的
主要工具。事实上，当美国给自己的外交行为打上明显的"民主、自由、人
权"烙印时，并不会有助于世界矛盾的解决，更不会带来人们长期希冀的太
平盛世，相反却会给本来就不安宁的世界局势注入新的不稳定因素。美国强
行向他国"输出民主"，这实际上是一种自命不凡、唯我独尊的霸道作风，必
然表现为把自我价值观强加给其他国家，尤其是要求意识形态不同的国家接
受自己的政治发展模式。为了达到这一目标，美国采取了令主权国家难以接
受的种种手段，包括侵犯他国主权的非民主手段，结果势必出现一种矛盾的
"怪圈"：强加者提倡"民主"愈烈，国与国之间的矛盾也就愈尖锐。这种漠
视他国主权，以美国的好恶为特征的单方面行动，不仅无视各国因文化背景
相异而选择的不同发展道路，而且成为国际社会动荡的主要根源之一。在当
今由主权国家构成的国际社会中，各国由于历史文化传统千差万别，经济发
展参差不齐，在选择政治发展道路上必然存在着差异。即使具有类似文化背
景的国家，由于受到其他条件的制约，采取的整体形式也不尽相同；就是在
实行相似政体的国家中，因为文化背景的不同，也表现出具体法律条文运用
上的差别。一个国家采取什么样的政体形式，从根本上讲是由本国条件即经
济发展水平、政治状态、文化传统以及人们的思想观念等因素决定的，而政
治制度趋于完善的过程同样反映出国内条件的发展和变化。正如何塞·马蒂
所说的："政体必须在本国土壤上产生发展，一种政体的精神必须基于国内的

---

① Middlebrook and Rico, eds., *The United States and Latin America in the 1980s*, pp.447-448.

真正本质之上。"①因此，只要是以国内现实条件为基础，能够反映大多数人意愿和促进国内经济发展的政体，就会有其存在的合理性。对那些国内实行暴政的政权来说，它的出现固然也有一定的社会基础，但其长期存在必然失去合理性，并且最终会被另一种适合本国发展的新的政体形式取而代之。一个国家不顾本国国情盲目地模仿某一国家的体制，轻者会造成国内各种发展偏向，重者则会给国家带来严重的不幸和灾难，统治者也将自食其果。

强调发展的多样性、独立性、自主性已是当今国际社会绝大多数主权国家的共同要求，各国只有在经济发展上互惠合作，在政治体制上求同存异，在文化交流上平等往来，才能推进世界的和平与稳定，保证国际社会朝着健康的方向发展，使民主原则在国际范围内真正得到实现。

（原载《拉丁美洲研究》，1995 年第 2 期）

---

① Martz and Schoultz, eds., *Latin America, the United States, and the Inter-American System*, p.154.

拉丁美洲与美国文化外交的起源

在美国对外关系史上，美国政府通过向其他国家传播其所谓"民主、自由、平等"的文化价值观来实现其外交上的目的可以说是贯穿于其中，但美国人通常很厌恶把具有利他性质的"民主文化传播"与通常带有国与国之间你争我夺味道的"外交"联系在一起，所以，长期以来他们很少承认政府在从事文化外交活动。第二次世界大战之后，这种状况完全改观，冷战的爆发使美国决策者进而认识到，在这场全球性两种生活方式的斗争中，单靠战争手段难以实现美国外交所确定的目标，而"争取人的思想"成为取得冷战最后胜利的关键。因此，对外宣传、人员交流以及通过大众媒介传播有关信息等，成为美国政府实现其外交目的的有效手段，文化外交（美国人将之称为"公众外交"）由此开始在政府的全球战略中具有了一席之地。其实，在二战期间，面对着法西斯国家发起的文化攻势，美国政府开始改变了在官方层面上不重视文化作为实现外交战略的作用，逐渐使文化外交成为美国政府操持的一件得心应手的武器。拉丁美洲一向是美国不容他国染指的"后院"，当美国政府发起文化攻势时，拉美地区遂成为美国文化外交的"试验场"。因此，美国官方正式实施的文化外交的起源与拉丁美洲密切联系在一起。

一、文化外交的历史演变

在有的学者看来，文化外交同国际关系一样古老。在古代，希腊人和波斯人就把输出本国的文化作为征服异族人的一个强有力的手段。罗马帝国利用文化对异族进行统治是"文化外交"的一个例子。罗马文明的优势在于它的语言、学问、秩序、繁荣和举止等，这些因素成为让意大利人和当时已知世界中的很多国家臣服于罗马的强有力工具。一个人如果要成为罗马人，他必须要体现出罗马的文化传统，尤其要懂得拉丁语和拉丁文学。那些被罗马帝国征服的民族渴望获得罗马公民的地位，将之作为一种奖赏来炫耀。当罗马帝国处于鼎盛时期时，罗马代表的不是一个地理位置，而是一个文化概念。换句话来说，罗马人不只是居住在第伯尔河两岸的人，而是参与罗马文化的所有人。维持一种共同的文化联系成为把罗马帝国境内不同民族凝聚在一起的有力纽带[①]。

在西方工业国家中，通过政府行为来有意识地输出本国文化并非美国一家。其实，英法等殖民大国比美国更早注重由政府发起的对外文化输出活动。一些学者的研究成果表明，从 19 世纪以来，欧洲民族国家一直把文化作为对外关系的组成部分。法国第一个制订了官方组织的广泛文化关系计划，该计划尤其涉及法国在近东和远东的宗教、教育和慈善义举。这种由官方组织的文化输出活动主要是在法属殖民地，目的显然是为殖民统治服务的。一些私人文化组织在海外的活动也得到了官方的支持。如创建于 1883 年的法国法语联盟（Alliance Francaise）自成立以来就一直通过学校、书籍和讲课传播法国的语言和文化。很有意思的是，法语联盟把一向认为自己文化优越的美国看作是扩大法兰西文明的最可行的地方。从 1880 年到 1900 年，该联盟在旧金山、波士顿、洛杉矶、得克萨斯、芝加哥、丹佛、布鲁克林和纽约等地成立了委员会，以吸引更多的对法国文化很感兴趣的当地人加入。在随后的 14年间，法语联盟在全美国建立约 150 个新的地方委员会。到 1904 年，法语联盟在美国的成员超过了 2.5 万人。1934 年 11 月，英国政府宣布成立英国文化协会，以实施在海外的文化扩张计划。按照伦敦《泰晤士报》的报道，该协会的目的是"促进国外获得对英国语言、文学、艺术、音乐、科学、教育制度以及我们国家生活的其他方面的更广泛的知识，由此鼓励对大不列颠的更好理解，维持本国与其他国家更密切的关系"[②]。这些官方的活动表明文化以不同的方式用作实现外交目标的工具，旨在通过"教化使命"使对外国领土占领合法化，其实质在于使殖民地永远成为母国的附属地。美国学者凯文·马尔卡希认为，这些国家的文化外交促进了殖民主义目的的实现，"因为国家通常利用其文化殖民主义通常与在非洲和亚洲的法国人、英国人、西班牙人、

---

① 参见 Kevin V. Mulcahy, "Cultural Diplomacy and the Exchange Programs: 1938-1978," *Journal of Arts Management, Law & Society*, Vol.29, No.1, Spring 1999, p.9.

② Thomas A. Breslin, *Beyond Pain: The Role of Pleasure & Culture in the Making of Foreign Affairs*, Westport: Greenwood Publishing Group, Incorporated, 2001, p.134.

葡萄牙人联系在一起"①。历史事实表明,凡在海外拥有殖民地的国家,很少不利用输出母国的文化来"教化"当地人,达到巩固其政治统治的目的。

美国不是一个殖民大国,由政府发起的文化输出活动比较晚,但在历史上,许多对美国历史发展产生重要影响的人物很早就认识到文化作为一种武器在外交事务中的重要性。如 1785 年 9 月 20 日,托马斯·杰斐逊从巴黎致信詹姆斯·麦迪逊时谈道:"在阁下看来,我是一个对艺术问题的热心者。不过,这是一种我并不为耻的热情,原因在于其目的是改善我们国人的情趣,提高他们的声望,使他们赢得世界的尊重,获得世界对他们的赞扬。"美国学者辛西娅·施奈德认为杰斐逊这段话是对文化外交的一个很好的表述②。在美国独立战争期间,托马斯·潘恩 1780 年提出了一个瓦解英国继续进行反对北美殖民地独立战争决心的计划。按照潘恩的建议,他将隐瞒身份,秘密潜入英国,以一个到美国旅游一圈回来的英国人的身份在英国报刊上发表一系列文章。他希望这些文章将会对英国舆论产生重大的影响。在他看来,"如果一个人拥有相关美国的知识,并能够使这种知识牢牢地固定在英国人的脑海之中",这个人就会更倾向于和平。潘恩认为这种方法比"他能想象的任何方法"更为有效。但本杰明·富兰克林等人对潘恩的建议大泼冷水,并成功地劝说潘恩放弃了这一大胆的计划③。类似这样的例子在美国对外关系史上还可以找到很多。一旦美国政府意识到文化输出的重要性,其规模会远远超过其他西方国家发起的文化输出活动。

实际上,美国文化对境外的影响远比其他国家要大得多。进入 20 世纪之后,携带着一种新的生活方式的美国大众文化以不可阻挠的势头向全球蔓延,导致在全球范围内产生了似乎向代表现代社会发展潮流的美国社会趋同的现象。美国大众文化的大规模向外传递固然与文化产品自身对美国之外的消费者具有吸引力有关,但其输出的规模与产生的影响往往与美国的强大密切联系在一起。显而易见,强大的政治、经济和军事力量能为美国大规模向外输出其文化提供有力的保证。第二次世界大战之前,体现"现代性"的美国大

---

① Mulcahy, "Cultural Diplomacy and the Exchange Programs: 1938-1978," *Journal of Arts Management, Law & Society*, Vol.29, No.1, Spring 1999, p.9.

② Cynthia P. Schneider, "Cultural Communicates: Diplomacy that Works," No.94, September 2004, p.1, http://www.clingendael.nl/publications/2004/20040300_cli_paper_dip_issue94.pdf.

③ W. Phillips Davison, "Political Communication as an Instrument of Foreign Policy," *The Public Opinion Quarterly*, Vol.27, No.1, Spring 1963, p.28.

众文化已形成全球扩张之势，这对美国政府实现其外交战略发挥了很大的作用。毋庸置疑，这一时期美国大众文化向外传播受到美国政府的有力支持，但美国政府尚未有意识地利用这样一种文化传播来达到某一或某些外交上的目的。传播美国大众文化的主体主要是制造商或销售文化产品的公司，他们的行为多是受赚取利润的驱动，似乎与官方没有多大的关系，政府的支持很大程度上并不是针对大众文化输出本身，而多是出于促进海外经济扩张的目的，传播美国文化有助于美国外交政策目标实现的作用基本上处在一种不自觉的过程中。因此，在 1938 年前，美国政府把"跨国文化活动的责任置于私人手中"，认为在对外文化交流上政府没有任何"责任"而言。当然，要说美国政府完全与海外文化活动相脱离也不符合事实，如 1900 年，在美国政府的资助下，将近 1300 名古巴教师乘坐美国军舰来到美国，在哈佛大学学习了 6 周的英语和其他科目的课程后返国。再如 1907 年 12 月，美国总统西奥多·罗斯福建议把中国对美国的"庚子赔款"中的剩余部分退还给中国，用于中国的教育发展。结果，1908 年和 1924 年，美国国会两院通过共同决议，将 1800 余万美元交付给中方用作教育基金。从 1924 年到 1928 年，作为一项新制订的学术交流计划，100 余名德国学生被派往美国学习。类似这样的例子还可以举出一些。不过，美国政府自觉地重视文化外交还是在二战期间，自此以后，美国从来没有再放弃这样一个有助于其战略目标实现的"武器"，而且随着美国世界霸权的确立，这种"武器"在美国对外关系中显得越来越重要。

二、文化外交在拉美实施的背景

美国政府对文化外交的重视首先是从拉丁美洲开始的。美国与拉丁美洲同处西半球，联系极为密切。从美国立国时起，拉丁美洲在很长时期内是美国的外交重点之一。随着美国跨入世界强国之列，美国就把拉丁美洲视为自己天然的势力范围，必欲控制而后快。拉美国家对这位北方强邻怀着复杂的心理。美国和拉美多数国家摆脱殖民统治前后相差几十年。前者在独立后形成了完整的资产阶级民主政治体制，有效地促进了其国内经济的发展。后者独立后殖民时期的政治遗风继续存在，导致社会动荡不宁，经济发展十分缓慢。因此，在发展上与拉美形成鲜明对比的美国势必成为拉美地区许多人羡慕、钦佩和效仿的楷模。此外，维护国家免遭西半球之外国家的干涉是拉美国家独立后长期面临的一个问题，它们很希望仰仗这个北方强邻的"保护"以维护自己的独立，有时还需要美国的经济和军事援助来加强国内的统治。这些都是在历史上美国与拉美国家能够维持在一个地区组织内的原因。然而，美国和拉美国家在文化上长期很难相容。如在拉美独立战争期间，美国政府许多要人认为拉丁美洲不会得到自由，他们把天主教的迷信、西班牙专制制度的遗产和种族融合的人口说成是实现进步和自由的严重障碍。如杰斐逊曾直言不讳地宣称，西班牙美洲"处在极其黑暗的愚昧之中，深受偏执和迷信的影响"，因此，"就像孩子一样不能自治"，他只是希望用"军事独裁"取代现存的西班牙统治。① 这种看法显然是一种文化偏见，但是在美国社会很有市场，直接影响人们对拉美国家的认识，甚至到了二战前夕，当时的美国国务院把美国与其南部邻邦的关系看作是文化落后的问题。如副国务卿萨姆纳·韦尔斯在一次会议上谈到，拉美政治动荡的基本原因是这一事实，即"盎格鲁-撒克逊人在政府学和人的生活上具有六七百年的教育和训练"，而命运不幸的美洲共和国缺乏政治"见习期"，这就使这些国家"不可能吸取构成自由政府之结构的基础的理论、原则和精神"。另一位官员查尔斯·汤姆森认为，美国对拉美地区的国家拥有"某种道义上的委托管理，也就是一种文化上的委托管理"。② 显而易见，美国人无疑想要用自己的文化重塑处于"落后"状态下的拉丁美洲，这是美国最终采取官方行为来加强对拉美地区文化输出的根本原因。

拉美国家在文化上受欧洲影响比较大，在对美国经济发展的钦佩中却包含着文化上的蔑视心理，这种心理尤其在拉美知识分子中较为常见，他们存在着一种强烈抵制美国盎格鲁-撒克逊文化的情绪。用美国学者爱德华·格兰特的话来说："拉丁美洲人从西班牙和其他欧洲国家继承了丰富的文化，他们认为美国是一个物质主义的国家，缺乏高雅或没有文化。"③ 这种对美国文化的蔑视心理造就了欧洲文化在拉美地区很有市场。美国政府不能容忍非美洲国家在政治上插手西半球事务，但很难在文化上阻止欧洲国家对拉美地区的

---

① Michael H. Hunt, *Ideology and U.S. Foreign Policy*, New Haven: Yale University Press, 1987, pp.100-101.

② 参见 Frank A. Ninkovich, *The Diplomacy of Ideas: U.S. Foreign Policy and Cultural Relations, 1938-1950*, New York: Cambridge University Press, 1981, p.30.

③ Edward O. Guerrant, *Roosevelt's Good Neighbor Policy*, Albuquerque: University of New Mexico Press, 1950, p.116.

影响。从语言上看，大多数拉美共和国以西班牙语或葡萄牙语作为国语，法语是他们的第二语言，很多人还选择学习德语。在互派学生方面，很少有拉美的学生在美国的学院和大学学习，而来自美国的学生中几乎没有在拉美院校选课的。在书刊市场上，拉美的图书贸易主要控制在英国人、法国人、德国人、意大利人和西班牙人手中，也有美国书刊销售，但为数极少，如果有人需要购买美国某本书，通常须向出版商直接订购，但往往时间很长，常常是无果而终。文化交流的缺乏必然导致相互研究的不足。1938 年，哥伦比亚国家图书馆主任受命出使美国，前往美国之前他想对美国有所了解，但竟然在本国国家图书馆找不到一本用西班牙语撰写的关于美国历史与现状的书。事实上，这种情况在拉美国家都存在。美国在对拉美地区整体历史研究上还能说得过去，但对单个的拉美共和国的历史与现状的研究却付之阙如。[①]对美国而言，这种文化上的误解显然不利于美国实现其在拉美地区的现实利益，也会使拉美国家本来就存在的强烈反美情绪更为加剧。

　　富兰克林·罗斯福出任美国总统之后，美国对拉丁美洲的政策开始发生变化，导致这一变化的原因有很多，但面对世界局势的紧张而稳定住自己的后院是其中一个很重要的因素。此时，欧洲战云密布，德国和意大利等法西斯国家加紧备战，纳粹德国元首阿道夫·希特勒利用手中掌握的权力把德意志民族引向了极端。法西斯德国为了争取更多外围国家的支持，试图通过文化外交与拉美国家发展友好关系，结果德意志文化对拉丁美洲的影响在南美地区尤为突出。在许多拉美国家的大学图书馆和公共图书馆，很容易查找到德文版的有关出版物，南美洲一些国家对德语教学很重视，鼓励学生学习德语。德国的科技和医药图书也被翻译成西班牙文和葡萄牙文出版。在拉丁美洲新开办的 900 所小学和中学中，其中四分之三是德国人的，其余为意大利人和日本人开办的。许多德国教授到拉美国立大学授课。拉美国家的学生和技术人员可以得到奖学金到德国学习。按照美国著名外交史学家贝米斯的描述，德国是在推翻了西班牙共和国之后，试图利用西班牙这个极权主义政权向新大陆发动文化攻势，以破坏美洲国家之间的文化关系和民主意识形态，在拉美地区形成"第五纵队"联盟。为达到这些目的，德国等法西斯国家向拉美学生和教授提供优厚的奖学金以吸引他们到德国学习和研究，并资助本

---

① 参见 Charles A. Thomson and Walter H. C. Laves, *Cultural Relations and U.S. Foreign Policy*, Bloomington: Indiana University Press, 1963, p.34.

国教授到拉美大学任教；向拉美国家报纸提供免费的电报新闻服务，以加大当地媒体对法西斯的宣传；向南大西洋地区发射经过精心组织的用西班牙语和葡萄牙语进行播放的无线电短波节目，还向当地影院送去宣传德国等国生活方式的免费电影等等。[①]

上述状况令美国政府感到十分不安，如果不采取相应的措施，美国在西半球推行的以"门罗主义"为精神的外交政策必然会遭到非美洲国家的挑战。因此，为了保证美国在该地区的政治和经济利益不受到侵害或损失，美国政府通过提供文化交流项目加强与拉美国家的联系和反击纳粹德国的文化活动便成为美国的当务之急，这一举措也成为罗斯福在西半球推行"睦邻政策"的主要内容之一。随后出任文化关系司首任司长的本·彻林顿写道："当希特勒和墨索里尼把教育用作国家政策的工具达到登峰造极时……我们的政府决心向世界表明民主的方法和一个'启蒙和宣传部'（Ministry of Enlightenment and Propaganda）的方法之间的根本区别。"[②]显而易见，德国等国在西半球的文化活动促使美国政府开始重视发展与拉美国家的文化关系。正如美国学者小米尔顿·卡明斯相关研究表明的那样，美国在文化外交方面的重大举措之一来自对 20 世纪 30 年代期间纳粹德国在拉丁美洲开展的"文化攻势"的反应。他借用当时美国负责文化事务官员的话说，德国在美洲的活动"组织严密，得到充分的资助，目的在于抵制和削弱美国与拉美国家的文化关系，使美国在该地区的动机和目的受到怀疑"[③]。美国作为一向把西半球视为自己"势力范围"的国家，不会坐视德国的目的得逞，必然会尽一切力量予以反击，加强与拉美国家之间的文化关系便是其中一个比较有效的手段。

三、官方文化外交活动的合法化

1936 年 12 月，美洲国家维持和平会议在阿根廷首都布宜诺斯艾利斯举

---

① 参见 Samuel Flagg Bemis, *The Latin American Policy of the United States: A Historical Interpretation*, New York, Harcourt, Brace and Company, 1943, pp.325-326.

② Randolph Wieck, *Ignorance Abroad: American Educational and Cultural Foreign Policy and the Office of Assistant Secretary of State*, Westport: Praeger, 1992, p.8.

③ Milton C. Cummings, Jr., "Cultural Diplomacy and the United States Government: A Survey," Cultural Diplomacy Research Series, 2003, p.1, http://www.culturalpolicy.org/pdf/MCCpaper.pdf.

行。在这次会议上，美国代表团提出与会国家签署一个促进美洲国家之间文化关系的公约，开展美洲国家之间研究生、教授和教师的交流。据美国代表团有关报告称，签署这样一个公约的目的是促进美洲国家之间的文化关系，因为它是"在美洲共和国形成一种有利于和支持整个西半球和平规则之舆论的最实用的手段之一"[①]。美国参议院第二年批准了这一公约。美国政府加快了这方面的步伐，希望尽早使与拉美国家的文化交流项目付诸实践。美国政府内负责美洲共和国事务的主管劳伦斯•杜根在 1938 年 1 月 8 日的一份备忘录中向韦尔斯强烈建议，鉴于文化关系在国际社会的重要性日增，国务院应设立一个负责文化关系的办公室，致力于改善与世界上所有国家的文化关系。杜根的建议不仅很快被国务院批准，而且在国会引起一些共鸣。1938 年 5 月初，来自得克萨斯州的众议员莫里•马弗里克在国会提出一个议案，建议在国务院设立"友好美洲关系研究所"（Institute of Friendly American Relations），具体执行美国在 1936 年 12 月 23 日在布宜诺斯艾利斯签署的促进美洲国家之间文化关系公约中做出的承诺；加强美国公民与其他美洲共和国公民之间的友好联系；为美国和其他美洲共和国的学生和教授提供交流项目和奖学金；促进美国与其他美洲共和国之间的贸易与商业关系；设立一个无线电台用英语、西班牙语和葡萄牙语发布信息等。尽管国会对类似这样的提议反应不是很积极，但在行政部门的努力下，在国务院内成立一个负责对外文化交流机构的设想正在迅速变为现实。5 月 23 日，美洲国家之间文化合作会议如期举行，国务卿科德尔•赫尔等政府要人出席会议，并代表政府发表了重要讲话。这次会议日程主要集中在 5 个议题上：一是国务院建立文化关系司的计划；二是根据布宜诺斯艾利斯文化公约条款执行学生和学者交流的政策与程序；三是实现政府加强美洲国家之间文化关系的努力与美国私人部门的合作之手段；四是在整个拉丁美洲传播关于美国文化的信息；五是在美国普及拉美国家文化的知识。与会代表对上述议题展开热烈讨论，国务院发言人特别强调加强美洲国家文化合作的必要性和紧迫性，否则与美国敌对的纳粹文化活动势必会在拉美国家达到疏远美国与该地区关系的目的。助理国务卿乔治•梅瑟史密斯 1938 年在众议院拨款委员会作证时谈道："我们从巴西、阿根廷和

---

① *Report of the Delegation of the United States of America to the Inter-American Conference for the Maintenance of Peace*, Buenos Aires, December 1-23, 1936, Washington D. C.: U.S. Government Printing Office, 1937, p.34. 转引自 Donald M. Dozer, *Are We Good Neighbors?* Gainesville: University of Florida Press, 1959, p.117.

秘鲁等国获知，事实上从大多数南美国家获知，某些政府正在把派出的各类教授、学者和技术顾问强加给这些国家，支付他们的所有费用，其带来的影响是非常现实的。"[1]梅瑟史密斯这里所谓的"某些政府"显然是指以纳粹德国为首的法西斯政府。

在美国政府文化输出史或文化外交史上，1938 年是具有转折性的一个年头。奥地利学者赖因霍尔德·瓦根雷特纳把 1938 年看作是美国官方文化外交的开端。[2]是年 7 月 27 日，根据国务卿赫尔签署的国务院 367 号令，美国政府宣布在国务院设立文化关系司，具体负责对外文化交流事宜。367 号令谈到建立该司主要在于促进"教授、教师和学生的交流；在音乐、艺术、文学和其他知识和文化成就上合作；形成和分布收藏美国代表性作品和适当翻译作品的图书馆；本国政府参与国际无线电广播；鼓励从事美国文化和知识活动的本国政府与外国政府的非官方组织建立密切的关系；改善和扩大我们与其他国家的文化关系范围"。[3]关于成立该司的目的，一份文件是这样写的："美国政府很有兴趣尽可能地促进和加强美国与其他国家的文化关系和知识合作，出于这种目的，美国在国务院设立了文化关系司。"[4]这样，到了 1938 年，美国政府介入对外文化事务尽管不是一种全新的现象，但在政府内成立一个机构来具体贯彻或执行政府的文化交流意图显然具有了服务于国家外交的含义或目的，美国的文化外交由此进入了历史上的第一个时期，拉美地区由此成为美国文化外交的"试验地"。

不过，文化关系司的成立尽管标志着政府介入对外文化事务具有了合法性，但由于国会担心它会影响思想自由的传播，所以拨给该司的款项并不十分充足，经费的不足自然影响了由政府发起的对外文化活动的全面开展。实际上，在成立最初的两年期间，该机构因资金短缺几乎没有开展任何文化交流活动，这方面的工作主要还是由私人机构来承担，文化关系司扮演了一个配合与协调的角色。美国国务院发言人在 1940 年初的讲话中指出："在促进

---

① Ninkovich, *The Diplomacy of Ideas: U.S. Foreign Policy and Cultural Relations*, p.26.

② Reinhold Wagnleitner, "Propagating the American Dream: Cultural Policies as Means of Integration," in Richard P. Horwitz, ed., *Exporting America: Essays on American Studies Abroad*, New York: Garland Publishing, Inc., 1993, p.306.

③ Ruth Emily McMurry and Muna Lee, *The Cultural Approach: Another Way in International Relations*, Chapel Hill: University of North Carolina Press, 1947, pp.208-209.

④ United States Department of State, *Foreign Relations of the United States Diplomatic Papers, 1938. The American Republics*, Vol. V, Washington D. C.: U.S. Government Printing Office, 1956, p.75.

人们之间友好关系上，政府的作用有必要受到限制。我们没有向我们任何邻邦推销任何'官方文化'。事实上，我们一直不屑于一种官方文化的思想，我们的邻邦同样也是如此。在人际交往领域，政府的作用是鼓励和协调谋求扩大文化了解之基础的私人动议和私人机构的动议，并与之合作。"[1] 这位发言人不见得在公开场合把政府的真实目的讲出来，但他的话也的确反映了当时美国政府中许多人对政府在输出美国文化中的作用的认识，赫尔、韦尔斯、彻林顿等人以及国会许多议员就持这样的看法。这种认识当然直接影响了代表官方的文化关系司开展规模较大的活动。直到 1940 年，国会才正式拨款6.9 万美元用于美国和拉美国家之间学生和教授的交流。

四、文化外交活动在拉美的扩大

文化关系司在美国参战前主要负责美国与拉美国家的文化交流项目，美国参战后，其活动范围有所扩大，重点工作也发生了变化。单从工作人员和国会拨款的增加上就可看出该司的重要性呈上升趋势。该司成立之初为 8 人，到 1941 年 11 月增加到 25 人，到 1942 年 10 月为 53 人，到 1943 年 10 月为76 人。1941 年国会拨款 15.15 万美元用于美国与拉美国家之间的人员交流，1942 年该款项增加到 21.7 万美元，1943 年为 67.5 万美元。[2] 1941 年 12 月和1943 年初，文化关系司向国务院副国务卿和其他高级官员提交了几份备忘录，提请他们注意该司对美国战时努力所做出的贡献，如对美洲国家左右舆论的人物产生了影响，由此建立了南北美洲现在和未来的相互理解与合作。这些备忘录还强调，随着美国的重点越来越转向其他地区，保证拉美国家人民支持美国的战争目标显得尤为重要，而强化文化交流项目是实现这一点的关键。不过，由于交通不便，限制了人员的流动。因此，美国政府设立了旅行补助项目，对诸如新闻记者和作家等对舆论发生直接影响的人员提供资金。此外，该司的工作重点还包括加强美国文化机构在拉美主要城市的影响力，通过无线电广播、电影、书籍和翻译作品来更为有力地展现这个伟大民主国家的全貌。1941 年 12 月 17 日的备忘录题目是"文化关系司有关防御努力的

---

① J. Manuel Espinosa, *Inter-American Beginnings of U.S. Cultural Diplomacy*, Washington D. C.: Department of State Publication 8854, 1976, p.148.

② Espinosa, *Inter-American Beginnings of U.S. Cultural Diplomacy*, pp.225, 209.

工作"，强调了文化关系司工作的"重点转移"，表明了该司在战时努力中发挥的直接作用："宣战带来文化关系司项目的变化……与其说是目标的改变，不如说是重点的改变，通过文化关系帮助形成美洲国家之间休戚与共的现在比以往更为重要。人员的交流仍然至关重要，但此时人员的交换是塑造其人民思想的记者和作家以及在文化领域对西半球防御最有帮助的电台评论家、漫画家、技术人员和科学家。无线电广播和电影显得越来越重要，与那些设在拉美的文化机构之工作一样重要。出版物既是长期项目也是当前项目中的必不可少的有机因素，但是国家从和平状态向战争状态的转变意味着所写和所译应该直接有助于保证最终胜利的美洲之团结。"[1]

在战争期间，文化关系司与其他部门相配合，在传播美国文化上扮演了很重要的角色。据该司 1943 年 6 月和 1944 年 5 月科学、教育和艺术处提交的报告，1942 年到 1943 年年度，文化关系司资助来美国考察或访问的拉美教育家、艺术家、科学家、新闻记者以及电影制作者等 94 人，访问教授 4 人，英语教师 11 人，专业技术人员 6 人，学生 201 人，共 317 人；1943 年到 1944 年年度，总数上升到 413 人。1942 年到 1943 年年度美国派往拉美各类人员为 41 人，1943 年到 1944 年年度，总数下降到 24 人。[2] 其发起和资助的文化项目尽管首先是为了实现美国的现实利益，但的确有助于改善美国在拉美地区的形象，促进美洲国家之间的了解，对于巩固美国在西半球的领导地位以及保证战争的最终胜利起了一定的积极作用。

另一个在拉美地区执行文化外交的机构是美洲国家事务协调局，该机构主要是针对德国在西半球的宣传活动而创建的。1939 年，纳尔逊·洛克菲勒率领一伙美国商人到拉美地区考察了一圈，对德国在这一地区影响日增感到非常吃惊。回国后他立即给罗斯福总统提交了一份报告，建议创建一个促进在拉美进行亲美宣传的机构。罗斯福接受了洛克菲勒的建议，于 1940 年 8 月 16 日创建了最初称为"美洲共和国之间商业和文化协调处"，后嫌名字太长，改为"美洲国家事务协调局"，当时年仅 32 岁的洛克菲勒出任这一新机构的领导。协调局的主要工作是向拉美国家宣传美国，加强拉美国家的公民对美国社会和文化的了解。协调局实际上只是一个战时机构，但洛克菲勒最初强调它应与国务院并驾齐驱，拥有相同的权力，这样两个部门难免出现摩

---

① Espinosa, *Inter-American Beginnings of U.S. Cultural Diplomacy*, pp.191-192.

② Espinosa, *Inter-American Beginnings of U.S. Cultural Diplomacy*, p.223.

擦。1941 年 4 月，罗斯福总统致信洛克菲勒，明确了协调局与国务院的隶属关系。[①]关于美洲国家事务协调局的职责，按照 1941 年 7 月 30 日总统签署的行政命令，协调局承担制订和执行"在商业和经济领域项目"的责任，并通过有效地利用政府和私人机构"促进西半球的商业福利"。此外，协调局"通过有效利用在艺术和科学、教育和旅游、无线电广播、新闻出版以及电影等领域的政府和私人资源"，负责"促进国防和加强西半球国家之间的联系"。[②]协调局尽管承担着促进西半球"经济福利"的职责，但其主要活动却在文化领域。与文化关系司相比，协调局的确享有一种比较特殊的地位，单从年度拨款数目上就可看出，如 1941 年从总统紧急基金中获得 350 万美元，到 1942 年这一数目上升为 3800 万美元，大概是分配给文化关系司款项的 10 倍，1943 年为 6000 万美元，1944 年为 3000 万美元。[③]由于有资金保证，协调局的对外文化活动范围要比文化关系司更为广泛。

协调局的文化活动主要分为两大类别，一是通过报刊书籍、无线电广播和电影等向拉美国家提供有关美国的信息；二是发起具体的文化和教育交流项目。其目的主要在于抵消德国的宣传，使西半球人民保持获得正确的信息渠道，以尽最大可能实现西半球国家在战时的团结一致。为此，协调局设立了新闻部、广播部和电影部 3 个部门，利用美国在这方面的优势加大向拉美地区宣传美国的力度。协调局最多时向 1000 余家拉美国家报刊提供新闻内情、插图故事、漫画、照片和时事通讯等。此外，协调局还用西班牙语和葡萄牙语编辑出版了一份名为《警惕》（En Guardia）的杂志，该杂志品位较高，在拉美地区发行，发行量一度达到 55 万份，在拉美知识界产生了广泛的影响。拉美国家许多人无法读到《警惕》杂志和相关报纸，协调局便为他们印制了大量的宣传品，四处张贴，以保证他们获得来自美国的信息。

加强对外广播宣传是协调局战时最重要的工作之一。协调局执行的对拉美地区广播项目大致分为五大类。第一类是向拉美地区增加短波广播节目。到 1944 年 4 月，协调局与位于旧金山、辛辛那提、纽约和波士顿等地的 18

---

① 转引自 Guerrant, *Roosevelt's Good Neighbor Policy*, p.120.

② R. E. Blackwell, "Summary of the Activities of the Division of Science and Education of the Office of the Coordinator of Inter-American Affairs,"*Journal of Educational Sociology*, Vol.16, No.3, November 1942, p.139.

③ 参见 Emily S. Rosenberg, *Spreading the American Dream: American Economic and Cultural Expansion 1890-1945,* New York: Hill and Wang, 1982, p.207; Thomson and Laves, *Cultural Relations and U.S. Foreign Policy*, p.49.

家美国短波广播电台签约，用英语、西班牙语和葡萄牙语向拉美地区进行广播。第二类是让拉美当地电台重新广播源于美国的短波节目。第三类是让拉美电台重新广播人们很感兴趣的特殊商业节目。第四类是将录制好的节目直接送到拉美电台广播。第五类是在协调局的指导下让拉美当地有才华的人制作相关节目，然后送交拉美电台播放。为了让拉美听众能够及时地获得广播节目预告，协调局每两周印制 7 万份的节目单，由美国驻拉美使馆免费发放。协调局的这些做法大大加强了美国在拉美地区的宣传力度。德国、意大利和日本等轴心国在拉美地区的短波广播小时数远远落到美国之后。到 1939 年底，轴心国每周向拉美播放短波节目平均 7 小时，美国近 13 个小时。到 1941 年，美国几乎垄断了对拉美地区的短波广播，有效地遏制住轴心国在西半球发起的宣传攻势。

电影是实现文化宣传的一种最有效手段，协调局在这方面做得比较成功，一方面利用了美国在电影制作技术上的优势，另一方面也得到了好莱坞电影业的全力支持。协调局主要在以下五个方面开展工作：一是增加有关美国和其他美洲国家的故事片、短片和新闻片拍摄和制作，在整个西半球发行；二是鼓励其他美洲国家制作在美国放映后能产生积极效应的短片和新闻片；三是消除轴心国资助制作的电影在西半球放映；四是敦促电影业自愿地不制作和发行那些有伤风化的电影；五是劝告制作者不要在其他美洲国家发行造成对美国及其生活方式留下不良印象的电影。如《史密斯先生到华盛顿》（*Mr. Smith Goes to Washington*）是一部 1939 年拍摄的故事片，曾获得第 12 届奥斯卡最佳原著故事奖，但该片对美国民主制度极尽讽刺挖苦，所以协调局成功地禁止这部电影在美国境外发行。《阿根廷度假记》（*Down Argentine Way*）因包含着对阿根廷民族有冒犯性的描述而禁止在南美地区发行。总的来说，在协调局的努力下，美国电影业与政府密切配合，为从正面宣扬美国生活方式以及改善美国在西半球形象立下了"汗马功劳"。它们拍摄的诸如《里约之路》（*Road To Rio*）、《相遇在阿根廷》（*They Met in Argentina*）以及《西蒙·玻利瓦尔》（*Simon Bolivar*）等电影在拉美地区产生了积极影响。卡通片在这场宣传战中也扮演了积极的角色。拉美地区观众对迪士尼公司创作的"米老鼠"和"唐老鸭"比较熟悉，诸如《白雪公主》和《木偶奇遇记》等卡通片在拉美地区早就上映，深得当地观众的欢迎。因此，1941 年协调局邀请迪士尼公司代表美国到中南美地区进行友好亲善访问。他们花了约 6 周的时间走访中南美各国，并且沿途拍摄了许多当地的风土民情，回国后推出 2 部介绍当地的纪录片，分别是《致候吾友》（*Saludos Amigos*）与《三骑士》（*Three Caballeros*）。《致候吾友》是迪士尼第一部动画纪录长片，在西半球的放映不仅获得了很高的票房收入，而且成为协调局把电影作为"睦邻"之手段的典范之一。

文化关系司及美洲国家事务协调局尽管在美国文化外交中承担的角色不同，但都是在通过文化交流和文化宣传等手段来促使美国在西半球战略目标的实现，不仅传播了美国的文化价值观，而且大大有助于改善美国在拉丁美洲的形象，同时也有力地回击了法西斯国家在拉美地区的一些"扭曲"的宣传。美国政府发起的文化外交在拉美地区的实施效果非常明显，不仅有助于改变拉美地区知识分子对美国文化的一些刻板之见，更为重要的是巩固了美国在这一地区的领导地位，也使美国政府决策者看到了文化输出在实现美国对外战略目标过程中的巨大作用。文化外交可以说在拉美地区的"试验"取得了很大的成功，为美国政府在战时和战后把文化外交扩大到其他地区积累了很多有价值的经验。

（原载《拉丁美洲研究》，2007 年第 3 期）

美国"文化帝国主义"与拉丁美洲

在美国文化中心主义者的眼中，拉丁美洲在文化上与现代社会的发展格格不入，需要以处于优越地位的美国文化对之"征服"，使之向着美国价值观和生活方式转变或趋同。因此，美国在拉美地区有一种按照美国发展模式"改造"或"转化"它们文化的"使命"。美国向它眼中属于"落后"地区的国家传播其文化由来已久，差不多与其立国后的历史发展同步，而且随着国力的强大美国政府更加重视在这些国家和地区传播美国文化的观念，试图让它们按照美国政府规定或设计好的方向发展。进入 20 世纪之后，美国大众文化开始在境外广泛传播，尽管最先受到这种文化冲击的是与美国商业关系很密切的西欧国家，但也包括不可能是"世外桃源"的拉美在内的非西方国家，生活在这些国家的很多人还是感到了似乎离他们还很遥远的"美国化"掀起的波澜，第二次世界大战之后，这样一种感觉很快便成为发生在他们身边的活生生的现实。"文化帝国主义"命题主要反映了美国文化对发展中国家的"侵略和渗透"。拉丁美洲各国与美国同处一个半球，向来是美国不容他国染指的势力范围，自然成为其所谓"文化帝国主义"首先瞄准的对象，在发展中国家内属于"美国化"的重灾区。"文化帝国主义"话语是否能够准确地反映出美国大众文化进入拉美地区的过程？拉丁美洲国家出现的"美国化"是否一定是"文化帝国主义"的结果？本文试图对这些问题做出回答，以便更好地理解发展中国家在现代化进程中面对的"美国化"的威胁与挑战。

一、"文化帝国主义"命题的提出

在国际学术界，"文化帝国主义"是一个很流行但颇受争议的概念，但显然与帝国主义本身的行为有着很大的关系。很多学者认为这一概念主要是指西方传教士在非基督教国家对异教徒的"文化征服"或"文化教化"的活动。如美国著名历史学家小阿瑟·施莱辛格把美国传教使团等同于"文化帝国主义",认为传教士个人也许从来不向传播基督"福音"的国家行使经济或政治权力,但是他们的行为反映出美国文化对其他民族的思想和文化的有目的侵犯。[①]说得更明确一点,在帝国主义对殖民地的统治上,传教士通过传播宗主国的价值观念或生活方式进而实现对当地人的文化"征服"。因此,在关于现代基督教传教运动的论著中,"文化帝国主义"是一个常见的概念,用来说明西方帝国主义国家通过手持《圣经》的传教士在西方之外转变这些"异教"国家的文化所使用的方式以及带来的结果。美国摩海德州立大学历史学教授保罗·哈里斯研究了文化帝国主义与19世纪中叶美国新教运动对中国影响的关系,他对"文化帝国主义"的理解是,作为更好地了解传教史的一个分析概念,"文化帝国主义"仍然证明是非常有学术价值的。不过他认为迄今为止对这一概念的使用还存在着很大的局限性,原因主要有二。一是学术界对"文化帝国主义"解释不一,缺乏一个被广泛认可的准确概念,把传教士称为"文化帝国主义分子"主要是想纠正西方学术界过去占主导地位的一种观点,即非基督教世界的宗教是"虚假的、骗人的和腐败的体系",注定要被基督教取而代之。此外,在涉及传教事业和西方帝国主义历史的关系上,这一术语本身究竟包含着什么新的观点,似乎语焉不详。二是许多历史学家反对把传教士描述为"文化帝国主义分子",因为这一术语暗含着对传教事业的彻底否认,哈里斯对这种看法表示怀疑。在他看来,描述传教士事业的"文化帝国主义"术语显然与西方帝国主义活动有着密切的联系,他特别强调了"帝国文化"概念,如果以这一概念作为研究的出发点,那么"文化帝国主义"就会被界定为"是对通过侵略扩张和统治的经历在国外形成的一种文化的积极表述",这样就有助于对"确定传教士行为的深层文化力量的有意目的和正式政策"做出进一步的分析。更为重要的是,"文化帝国主义"设想传教使团与帝国主义之间存在着一种联系,而又不涉及"传教士在西方列强的较大行动计划中所起的任何具体功能的作用"。无论传教士在传教过程中是否扮演了"先头军、颠覆者、宣传家和推销商"的角色,传教士都可以被认为是"文化帝国主义分子",而这个并不取决于传教士的行为直接服务于政治和经济帝国

---

① 参见 Arthur Schlesinger, Jr., "The Missionary Enterprise and Theories of Imperialism," in John K. Fairbank, ed., *The Missionary Enterprise in China and America,* Cambridge: Harvard University Press, 1974, pp.363-364.

主义的利益。①哈里斯对"文化帝国主义"概念的解释尽管只是一家之言，但传教士所持有的信仰、价值观以及态度决定了他们不可能与西方列强在非西方国家或地区的帝国主义行为脱离干系，甚至在文化上起到了为"帝国主义"目的服务的"先驱者"的作用。从这个意义上讲，哈里斯对"文化帝国主义"的界定与解释是有很大说服力的。不管研究基督教传教使团的学者对"文化帝国主义"持何种不同的看法，这一命题显然是与西方文化主义者眼中的非西方"落后"地区密切联系在一起，也是对包括美国在内的西方大国在文化上试图转换"异教"国家的形象表达。

　　本文所使用的"文化帝国主义"概念与西方传教使团并无多大关系，而是 20 世纪 60 年代在西方学术界兴起的一种影响很大的理论流派。20 世纪 60 年代在西方是一个激进主义活跃的时代，西方社会的动荡导致学术界展开了对西方资本主义的反思，与此同时许多学者对美国的外交活动给予激烈的批评。这些激进的观点在某种意义上讲成为"文化帝国主义"话语出现的先声。在 20 世纪 20 年代形成的法兰克福学派本来就对资本主义社会持一种强烈批判的态度，这一在当时已经很有影响的"西方马克思主义"流派在二战后对西方文化进行了全面的批判，矛头直接针对西方世界的"领头羊"美国，把美国视为用大众文化扼杀自由、民主和个人主义的大众社会。法兰克福学派的主要代表人物之一赫伯特·马尔库斯把马克思主义与弗洛伊德理论糅合在一起，对现代资本主义工业社会产生的弊端给予全面清算。他在 1964 年出版的《单面人：发达工业社会意识形态研究》一书中勾画了一个生活在西方社会的人的形象，这个人不能辩证地进行思考，不能质疑其所处的社会，把屈从于受技术的控制以及效率、生产力和一致性原则。这本书不仅使马尔库斯成为"新左派"的英雄，而且为 60 年代发生在美国和欧洲的学生抗议运动提供了理论基础。法兰克福学派的重要代表人物还有马克斯·霍克海默尔、特奥多尔·阿多尔诺、莱奥·洛温索尔以及沃尔特·本杰明等。这些人以"批判理论"精神对西方文化的反思把许多学者的目光引向对现代美国消费社会及其外部社会影响的关注。"文化帝国主义"话语便是在这种大背景下出现的，反映出一些持激进观点的学者在研究美国媒介文化对其境外社会发展影响的一种批判精神。正如吉诺-黑希特博士指出的那样，在 20 世纪 60 年代，"一

---

① Paul W. Harris, "Cultural Imperialism and American Protestant Missionaries: Collaboration and Dependency in Mid-Nineteenth-Century China," *Pacific Historical Review*, Vol. LX, No.3, August 1991, pp.309-312.

场新极左运动把资本主义看作是描述 20 世纪许多特性的典型,这些特性包括消费主义、现代性、组织以及社会与个人的冲突"。受这场运动影响的学者们的"成果将留下研究美国'文化帝国主义'的深深痕迹"。[1]

从学者们的所论来看,"文化帝国主义"的涵盖面很广,主要涉及美国利用其文化优势来实现对不发达国家和地区的控制,也就是说通过这样一种控制或影响,美国把自己的一套信念、价值观、知识以及行为规范及其全部生活方式强加给这些国家。美国大众文化在世界范围内的广泛传播导致了 20世纪 70 年代国际学术界对"文化帝国主义"研究出现了热潮,"文化帝国主义"所指的对象显然是美国。1977 年版的《哈珀现代思想辞典》把"文化帝国主义"界定为"运用政治和经济力量,在牺牲当地文化的同时宣扬并传播外来文化的价值和习俗"。1982 年,法国文化部长雅克·朗把"文化帝国主义"界定为"不再夺取领土……但却改变意识、思维方式和生活方式的帝国主义"。[2]这些定义把"文化帝国主义"理解为一种通过文化来实现控制他国目的的帝国主义形式,政治和经济只是达到文化控制的工具。其实,如果对美国对外关系加以历史的考察,美国很大程度上是在利用其文化上的优势奠定构筑其"世界帝国"大厦基础的,这是美国与其他西方殖民大国的一个很不同的区别。从这个意义上讲,美国本身就具有"文化帝国主义"的传统。

二、"文化帝国主义"命题与拉丁美洲

不管从历史上任何时期来看,"文化帝国主义"作为一个概念的出现总是与西方之外的国家即发展中国家有着密切的关系,它们很大程度上正是西方"文化帝国主义"所施加的对象。第二次世界大战之后,美国文化借助美国强大的经济、政治和军事力量在全球范围内大规模地传播,"文化帝国主义"在学术界所指逐渐只限于美国,因为到了此时,受到美国大众文化威胁的国家

---

[1] Jessica C. E. Gienow-Hecht, "Shame on US?Academics, Cultural Transfer, and the Cold War: A Critical Review," *Diplomatic History*, Vol.24, No.3, Summer 2000, p.470.

[2] Gienow-Hecht, "Shame on US? Academics, Cultural Transfer, and the Cold War-A Critical Review," *Diplomatic History*, Vol.24, No.3, Summer 2000, p.472; Robert Arnove, ed., *Philanthropy and Cultural Imperialism*, Bloomington: Indiana University Press, 1982, p.2; Arthur M. Schlesinger, Jr., *The Cycles of American History*, Boston: Houghton Mifflin, 1986, p.156.

已经几乎囊括了其他工业化国家在内的所有国家，当然发展中国家由于与美国文化在本质上存在着区别，受到的冲击或许会更大些。因此，二战后国际学术界关于"文化帝国主义"话语的形成与美国在发展中国家的文化渗透活动有着密切的关系。在这方面，拉美地区的知识分子走到了其他发展中国家同行的前边，在"文化帝国主义"话语中加上了发展中国家文人的声音。

在 20 世纪五六十年代，拉丁美洲经济学家把研究的重点集中到经济帝国主义上，试图用依附论来解释拉美各国与西方发达国家之间的贸易和投资关系，美国遭到的抨击首当其冲。然而，对美国的批评不是单纯在经济方面，还有随同经济扩张而进入发展中国家的美国大众文化。随着美国文化产品的蜂拥而入，拉美地区一些研究媒介的学者开始著述谴责美国为了达到其经济扩张目的而干涉拉美各国政治和文化生活。1973 年，在智利工作的比利时社会学家阿里埃尔·多尔夫曼与智利大学研究大众通讯的专家阿曼德·马特拉尔特合出了名为《如何解读唐老鸭：迪士尼卡通中的帝国主义意识形态》（英译本的书名）的书。他们认为，美国中央情报局为了维护美国在智利的经济利益，不惜花费重金策划了一系列征服智利人民思想的心理战阴谋。他们严厉谴责了好莱坞影片对现实的扭曲，告诫拉美人要提防美国的摆布。他们把迪士尼卡通形象看作是对拉美文化传统的一种威胁，发出了要"唐老鸭回家去"的强烈呼声。在他们看来，迪士尼卡通形象对第三世界国家构成威胁的主要原因是："一个巨大的工业资本主义帝国使迪士尼产品成为必需，并受到这个帝国的促进，这些产品随着很多其他消费品一起被进口到依附国家。……我们的国家是原料输出国，也是上层建筑和文化产品的进口国。为了服务于我们的'单一产品'经济以及提供城市的各种用品，我们输出铜，它们输出分解铜以及当然还有制造可口可乐的机器。在可口可乐的背后是期望和行为模式的整个结构，随之而来的是某种特殊的现行和未来社会以及对过去的解释。当我们进口在国外设计、包装和贴上标签的工业品以及销售是为了这个富裕的外国大叔的利润时，与此同时我们也进口了这个社会的陌生文化形式，但我们却缺乏这些形式运行的背景，即基于它们之上的发达资本主义的社会状况。"[1] 这本书是拉美地区学者结合当地的实际状况对美国"文化帝国主义"的"口诛笔伐"。

---

① Ariel Dorfman and Armand Mattelart, *How to Read Donald Duck: Imperialist Ideology in the Disney Comic*, translated by David Kunzle, New York: International General, 1975, p.97-98.

　　研究卡通形象很有名的学者马丁·贝克在其 1989 年出版的著作中将多尔夫曼和马特拉尔特的观点总结如下:"美国资本主义必须说服受其支配的人民,'美国生活方式'是他们想要的东西。美国的优越是自然而然的,并且符合每个人的最佳利益。"[1]这样一种观点可以说是贯穿在这两位作者的具体论述当中,在字里行间体现出来。关于这本书的影响,加利福尼亚大学艺术系著名教授戴维·昆兹勒在该书英文版的序言中认为,这部作品的价值不只是在于阐明了一个特殊的卡通群体甚或一个特殊的文化企业,而在于揭示了资本主义和帝国主义价值观受这种卡通漫画宣扬的文化所支持的方式。多尔夫曼和马特拉尔特"对迪士尼意识形态首次全面分析来自在经济上和文化上依附程度最深的美国帝国的殖民地之一并不是偶然的。《如何解读唐老鸭》诞生于把智利从这种依附中解放出来的火热斗争中;该书有 11 种拉美版本,自然就成为解释资产阶级在第三世界媒介的一种非常有力的工具"。[2]这本书篇幅不长,只有 112 页,却被认为是影响很大的关于"文化帝国主义"的早期著作之一,也被看作是批判帝国主义文化对第三世界渗透的一部经典之作。美国威斯康星大学历史学教授克雷格·洛卡德认为,唐老鸭等卡通读物传递了诸如接受资本主义和反对革命可以带来诸多好处等美国文化价值观,描写象王贝巴的儿童图书实现了殖民主义者的梦想。因此,"多尔夫曼与许多观察者一道把这些产品的传播刻画为'文化帝国主义'的恶毒形式,这种形式瓦解了它们所入侵社会的独特价值观,在这一过程中传播了美国人具有特性的态度"。[3]由于这本书是对现代资本主义在文化上的"讨伐",具有唤醒第三世界人民自觉抵制美国文化入侵的效应,所以智利亲美的皮诺切克政府不准这本书公开发行,两位作者由此遭到迫害,被迫流亡他乡,美国也一度禁止该书英译本在美国上市。这一时期,许多拉美地区学者对与"文化帝国主义"相关的方面进行了探讨,其中比较有名的是安东尼奥·帕斯卡利、路易斯·拉米罗·贝尔特兰、费尔南德斯·雷耶斯·玛塔以及马里奥·卡普兰等人。正是在这些学者的推动下,再加上许多西方学者的介入,这一时期对"文化帝

---

　　① 转引自 John Tomlinson, *Cultural Imperialism: A Critical Introduction*, London: Pinter Publishers, 1991, p.41.

　　② David Kunzle, "Introduction to English Edition," in Dorfman and Mattelart, *How to Read Donald Duck: Imperialist Ideology in the Disney Comic*, pp.11-12.

　　③ Craig A. Lockard, *Dance of Life: Popular Music & Politics in Southeast Asia*, Honolulu: University of Hawaii Press, 1998, p.47.

国主义"的研究在国际学术界出现高潮。"文化帝国主义"这一术语 20 世纪
70 年代初开始出现在拉美学者对美国媒介影响批评性的论著之中。

"文化帝国主义"话语试图通过激烈批判的语言，从制度上或意识形态上
揭示美国文化渗透的本质，激发起人们维护民族文化传统的自觉意识，把来
自美国大众文化对发展中国家文化的侵蚀减少到最低限度。这种来自"弱者"
的呼声尽管打上了激进的民族主义烙印，很多情况下很难被更从实际利益考
虑的政府决策者所接受，更难改变多数普通民众从享乐或娱乐的角度考虑所
做出的自愿选择，但在二战后美国试图通过"文化"这个武器来实现左右发
展中国家经济发展和政治改革目的的年代，对美国大众文化在国外传播的本
质批评不仅具有合理性，而且也彰显出很重要的现实意义。

三、"文化帝国主义"在拉丁美洲的表现形式

"文化帝国主义"话语只是一种理论的探讨而已，尽管曾经在国际学术界
掀起了一股不小的讨论热潮，也有一批在学术上很有影响的论著出版，但毕
竟只是学者们对摆在人们面前的一个非常现实问题的探讨，究竟能对拉美国
家政府制订相应的政策产生多大程度的影响，我们很难将其量化。有一点可
以肯定，很多拉美国家并没有大规模地采取限制或禁止美国大众文化产品进
入它们国家市场的政策，也没有把这样一种倾向在诸如政治和经济等其他政
策中体现出来。这一事实表明，"文化帝国主义"话语在政府决策圈子里产生
的影响并不大，美国大众文化在这些追求现代化的国家照样"我行我素"，致
使它们社会的"美国化"程度一直没有丝毫减弱的征兆，反而呈现出不断加
剧的趋势。

美国大众文化对拉美国家生活方式的影响非常明显。美国学者彼得·伍
德曼在哥伦比亚观光时参观了位于该国南部亚马孙丛林中的一个土著社区，
这里应该说是地处偏僻，长期远离现代工业文明的喧嚣，但最终还是没有逃
脱美国大众文化的"侵袭"。该社区一位 102 岁的高寿老人告诉伍德曼，其祖
先古老的风俗和古代的智慧已经流传到最后一代，将很快消失殆尽。像哥伦
比亚许多其他地方一样，这个村落正在瓦解，失去其本土固有的文化。老人
告诉他，年轻的一代只对喝酒和接受新颖的美国生活方式感兴趣，美国的香
烟、啤酒和可口可乐成为他们生活中的经常消费品。偏远地区尚且如此，哥

伦比亚大城市的"美国化"程度更是可想而知了。由是观之，哥伦比亚甚或整个南美地区的人们似乎无法抵制美国文化产品或消费品的巨大"诱惑力"，致使这一在历史上本来就属于美国后院地区的本土文化正在面临着"美国化"的严峻挑战。伍德曼由此得出结论："'文化帝国主义'控制和西化了第三世界国家人民的心理，使他们与美国帝国主义利益保持一致。'文化帝国主义'产生了不可思议的作用，原因在于它从内部控制了人民，装扮成为了他们的自由意志。'文化帝国主义'作用是控制第三世界居民的精神，形成政治上顺从的民众，在人民中间唤起消费主义的愿望，致使能为西方的商品培育丰富的市场。'文化帝国主义'的目标强烈地针对年轻人，因为他们是理想的观众，社会敏感度强，易于适应变革。"[①]伍德曼描述的这种状况在很多发展中国家都存在。

　　冷战期间，当拉美国家开始现代化进程之后，很多国家为了摆脱长期的欠发达状态，自然加强了与美国的经济联系，一方面想从这个"钱袋鼓囊"的国家获得一点急需的经济援助，更重要的是想从美国已经走过的发展道路中吸收一些可供借鉴的经验或教训。拉美国家这样一种战略选择正合美国之意，对这一广阔"中间地带"的控制不仅在意识形态上具有占据竞争对手上风的政治意义，而且这样一个潜力很大的商品销售市场、原料供应地以及资本投资场所自然是美国工商企业家求之不得的。如以巴西为例，在中央情报局任职的美国官方历史学家杰拉尔德·海恩斯考察了美国1945年到1954年对巴西的政策，得出了"巴西美国化"这样的结论。海恩斯认为，在这一时期，美国政府试图控制、影响和支配巴西的政治、经济和文化的发展，以保持美国在西半球的权力和支配地位，消除外国的尤其是国际共产主义在该地区的影响，把巴西融入美国控制的全球资本主义贸易体系之内。为了实现这些目的，美国在政治上敦促"巴西人追随美国指导下的民主之路，推动他们模仿美国的政治体制"。在经济上，美国官员利用政府贷款和各种援助形式迫使巴西人放弃民族主义的国家资本主义发展模式，实行保证美国私人资本能够无障碍地进入巴西市场和得到自然资源的自由企业战略。诸如工业规划、交通、能源以及农业等美国技术援助项目，敦促巴西人在进行基础设施现代化过程中依赖美国的技术、美国的私人资本、美国的设备和美国的做法。在

---

① Peter Woodman, "Cultural Imperialism in Colombia," http://www.colombiasolidarity.org.uk/Solidarity%208/culturalimperialism.htm.

文化上，为了与苏联宣传抗衡以及消除法国和其他欧洲国家在巴西的文化影响，美国的公共信息、文化交流和教育援助项目等有效地促进了美国文化价值观、思想、标准和生活方式在巴西的广泛传播。①巴西是拉美地区最大的国家，美国政府在二战后初期采取了各种措施试图让巴西按照美国确定好的方向发展，这些措施的确取得了一定的成效，致使巴西出现了"美国化"的趋势，当然，这种趋势在拉美其他国家也程度不同地存在。就美国试图实现对第三世界国家的控制而言，巴西实际上提供了美国政治、经济和文化"三管齐下"且互相密切相连、相得益彰的一个例子。但是从历史发展的经验来看，美国的政治和经济影响是"有形"的，见效快，但很容易导致变化也快，甚至是"可逆转"的，而文化的影响却是"无形"的，会潜移默化地改变人们的生活方式和价值观念，也会非常有助于文化输出国实现其政治和经济利益。因此，在与美国交往中处于"弱势"方的拉美国家对此十分敏感，他们唯恐本土文化在美国大众文化的冲击下那些支撑社会凝聚力与民族认同的核心部分发生根本性的改变或丧失殆尽。这种担忧尽管很难完全变为现实，却导致在很多拉美国家出现一批具有民族文化自豪感的学者，他们高扬维护民族文化的旗帜，对美国文化形象的"泛滥成灾"给予严厉的抨击，旨在提醒国人面对美国文化的"入侵"时自觉地在思想上构筑起一道抵制之墙。

媒体是传播价值观念和生活方式的最有效的途径，很多学者由此把"文化帝国主义"等同于"媒介帝国主义"。两者尽管不能完全画等号，但显然有很多重合之处。诸如电影和电视等影像媒介在向发展中国家推销美国生活方式方面起了其他媒介手段难以替代的作用，原因在于影像媒介可以把人们想要表达的东西真实地展现出来，在给观众提供愉悦欢快的精神享受的同时潜移默化地对他们的言谈举止产生影响。美国好莱坞电影在 20 世纪 20 年代就在拉美国家的电影市场上占据了主导地位。据统计，1923 年，好莱坞占据了玻利维亚电影市场份额的 90.00%，巴西的 80.00%，委内瑞拉差不多也是这个比例。这种比例在 20 年代几乎没有多大变化，如 1929 年，美国影片占阿根廷市场份额的 80.00%，占巴西市场近 86.00%份额。在墨西哥以及中美洲国家，美国电影在当地的银屏上同样居于统治地位，如 1925 年，在墨西哥的

---

① 参见 Gerald K. Haines, *The Americanization of Brazil: A Study of U.S. Cold War Diplomacy in the Third World, 1945-1954*, Wilmington: Scholarly Resources, 1989, pp.159-192.

电影市场上，美国占据了近 87.00% 的份额。[①] 好莱坞进军拉美国家市场没有像在欧洲工业化国家那样受到过强烈的抵制，但对当地人的生活方式产生了很大的影响，诱使他们 "向往" 到处充满着财富与机会的美国，有意识或无意识地模仿好莱坞影片所张扬的价值观。1926 年 1 月，具有学者和官员双重身份的克莱因在国会作证时特别强调了好莱坞非常有助于美国产品能够在拉美等地区占据优势，用他的话来说，"在拉丁美洲让其对美国有更好的了解，电影可能是最有力的单一贡献者，我认为这种说法一点儿都不夸大"。[②] 好莱坞影片在拉美国家的市场占有率很少出现大起大落，总是保持着绝对优势的地位，这种状况可以说是一直持续至今。

随着电视进入很多拉美国家具有购买力的城市家庭，美国制作的电视节目成为输往这些国家的重要商品。好莱坞统治拉美地区电影市场的格局没有发生根本性的改变，而美国的电视节目以其能够给观众带来精神愉悦或刺激的故事情节正在重复着好莱坞占领拉美市场的老路。芬兰坦佩雷大学研究媒介的专家塔皮奥·瓦雷斯 1985 年为联合国教科文组织撰写了《电视节目的国际流动》的报告。根据瓦雷斯的统计，1985 年，拉美国家进口的电视节目中，美国约占 3/4，具体来说占 77.00%。对阿根廷 38 个电视频道进行的调查结果表明，阿根廷进口的 183614 分钟电视节目中，直接从美国进口的节目占73.00%，由美国跨国公司制作的节目占另外的 16.00%，而在 1973 年进口美国节目的比例据估计在 75.00% 左右。研究者对巴西的 6 个电视频道进行了分析，在 26856 分钟的进口节目中，美国节目占 93.00%。通过对墨西哥 6 个电视频道的研究，在 23676 分钟的进口节目中，美国节目占 74%。就连古巴从美国进口的电视节目也占总进口的 22.00%，几乎与从苏联进口的节目持平（23.00%）。[③] 这样一种状况即使到了现在也没有发生根本性的改变。美国的电影、电视节目、书刊、广告、音乐以及舞蹈等媒介产品已经成为拉美国家人们日常精神消费和享受的一个重要组成部分，也成为很多学者在论述 "文化帝国主义" 对发展中国家的影响时主要引证的材料。

① Kristin Thompson, *Exporting Entertainment: America in the World Film Market 1907-1934*, London: BFI Publishing, 1985, pp.139-140.

② 转引自 John Trumpbour, *Selling Hollywood to the World: U.S. and European Struggles for Mastery of the Global Film Industry, 1920-1950*, New York: Cambridge University Press, 2002, p.64.

③ Tapio Varis, *International Flow of Television Programmes*, Paris: the United Nations Educational, Scientific and Cultural Organization, 1985, pp.26-27, http://unesdoc.unesco.org/images/0006/000687/ 068746eo. Pdf.

在一个全球化的时代，只要国家对外开放，无论如何都很难从根本上改变美国文化产品在拉美国家"泛滥"的状况，随着互联网在很多拉美国家的普及，源于美国的信息或观念更是"铺天盖地"而来。面对着这种局面，拉美国家既体会到互联网给人们生活带来的便利，同时更深切地感受到本民族的文化认同正在逐渐地"弱化"，如何能够走出这样一种两难困境，看来是拉美国家长期面临的一个挑战。

四、如何看待拉美国家的"美国化"

在发展中国家中，拉美国家的发展大概受美国影响最大。美国是很多拉美国家长期难以摆脱掉的一个"阴影"，这些国家出现较大的政治变革或动荡，美国很少能够摆脱干系，至于在这些国家的经济发展上，美国更是扮演了来自外部影响的重要角色。在政治和经济上，美国对这些国家的影响可谓是"有形"可见的，与此同时还存在着一种"无形"的影响这种"无形"的影响，主要是指美国文化大规模的"入侵"导致这些国家人们的思想观念与行为方式发生越来越背离"传统"的改变。对美国政府来说，这样的"无形"影响可能不会是即刻见效的，但会潜移默化地使民众的思想朝着"向往"美国生活方式转变，这对实现美国在拉美地区的政治和经济利益具有长时段的效应。拉美国家的"美国化"显然与它们和美国之间这种难以解脱的联系有很大的关系。

冷战结束后，很多拉美国家加快了经济发展的步伐，对外开放已经是它们寻求和实现经济发展的一项既定的长远战略，这一战略的付诸实践给社会经济生活带来勃勃生机，拉美国家从中获得的利益远非具体的数字所能展现。对它们来说，与外部世界的联系只能是越来越密切，这是对外开放不断深化的结果，但同时会导致极具扩张性的美国文化蜂拥而入，造成人们思想上出现无所适从的混乱。不可否认，来自美国的文化一方面给这些长期在经济发展上处于落后状态的国家带来现代生活的理念；另一方面却使祖祖辈辈传承下来的文化面临着严峻的考验甚至危机，全球化的不断加剧使这一状况更为严重。51 岁的巴西人塔尼阿（Tania）在接受采访时深有感触地谈到，根据她的经历，巴西的老人受欧洲的影响远远大于受美国的影响。如果人们在 30年前观察巴西就会发现，较高阶层的人首先讲法语，然后才讲英语，因为法语在当时是交际语言。学生首先选法语，其次才是英语。她本人就在巴西一所法语学校就读。塔尼阿说她是个小姑娘时，美国就对巴西产生了影响，但不如现在这么大。例如，当时巴西的时尚更多受到欧洲时尚的影响，巴西人喜欢的歌曲更多是来自欧洲的，电影也差不多。当然，好莱坞一直受到人们的欢迎。不过，那个时代留给她印象是，普通人的生活更接近于欧洲而不是美国。"现在你要是来到巴西，一切都是美国的：衣着和音乐等。今天这一代的孩子把更多的目光转向美国。诚然，我总是认为，欧洲比美国更为精致，在文化、传统、一般艺术甚至电影方面莫不如此。现在我认为美国有杰出的电影，但按照我的本意，法国和意大利在电影上的艺术程度总是比美国高。"[1]塔尼阿的话中流露出了对过去生活的留恋，对当今美国生活方式在巴西的"流行"也感到有些无可奈何。拉美国家几乎都程度不同地面临着塔尼阿所描述的状况。

拉美国家出现的所谓"美国化"趋势是否能够用"文化帝国主义"加以解释，许多学者提出了质疑。这也是"文化帝国主义"解释话语在 20 世纪80 年代以后在国际学术界衰落的主要原因之一。在当代美国对外关系上，其"文化帝国主义"的意识或行为无疑是存在的，但的确与"美国化"还是存在着很大的区别。对美国之外的国家来说，这种区别主要体现在被动性和主动性方面。一般来说，"美国化"进程很少涉及美国对其他国家采取强制性的措施来迫使它们接受美国的生活方式，而是靠着美国文化产品的吸引力对外国公众产生的一种难以抵制的"诱惑"来实现美国价值观的传播。所以对那些追求"现代性"的人来说，他们刻意模仿美国文化产品传递的生活方式很大程度上并不是受到了外部的压力，而是自身的一种主动的行为。换句话说，如果人们对美国文化产品采取拒绝和排斥的态度，别人也奈何不得。犹如在商店里购买东西，买与不买，主动性完全在个人。其实，拉美国家的"美国化"过程肯定包含着"文化帝国主义"的因素，但毕竟不是靠着外部施加的强大压力所推动，很大程度上是国家内部对美国文化进入的一种主动的甚至积极的反应。这是与通过外部压力把一国的文化价值观强加给另一国的"文化帝国主义"做法的主要区别所在。当然，撇开表面上的现象，拉美国家的传统文化是否真的要沿着"美国化"进程发展，的确令人怀疑。

---

① Bernadete Beserra, *Brazilian Immigrants in the United States: Cultural Imperialism and Social Class*, New York: LFB Scholarly Publishing LLC, 2003, p.188.

按照"文化帝国主义"理论，对来自美国大众媒介传递的信息，拉美国家的观众根本没有选择，而且往往是处在一种"被动"接受的状态下。诚然，诸如电影、电视节目以及书刊等美国大众媒介对观众的消费观念和消费行为产生了很大的影响，这一点已经得到了历史的证明，但是否观众一定是毫无选择地"被动"接受呈现在他们面前的信息，研究传媒的学者们提出了不同的看法。1987年，美国威斯康星大学麦迪逊分校教授约翰·菲斯克出版了《电视文化》一书，提出了观众能够从媒介信息和文化产品中根据所处的文化场景构筑自己的解释和判断，列举了很多事实批判了"文化帝国主义"理论。菲斯克的观点尽管还存在着不完善的地方，但的确对以后的研究者影响很大，也为人们重新审视发展中国家的"美国化"提供了一个新的思路。随后很多人的研究证明了观众不会对来自外部媒介信号做出相当被动的反应，而是对任何信息都有一种主动的释读，在适合他们自己文化场景下对之做出新的解释。拉美地区成为这些学者说明他们观点的佐证材料。如有的学者以拉丁美洲为个案进行研究，研究表明地方文化与外来文化会相互影响，导致两种文化的杂交，而不是地方文化被外国文化所征服。这些带有实证性的研究对"文化帝国主义"命题的批判似乎更具有说服力。在他们看来，"文化帝国主义"是以一种消极的观点来看待不同国家之间的文化交流，本来很正常的文化互动在这里完全变成了"侵害"发展中国家文化生存与发展的"单向"文化流动，完全忽视了文化接受国大众的选择性和主动性。当然，文化流动永远是不平等的，具有优势地位的美欧文化向发展中国家的流动会在一定程度上改变后者文化演进的方向和速度，造成这些国家的文化似乎呈现出"衰落"的趋势，但决不会出现"文化帝国主义"理论所推导出的一种文化统治或消灭另一种文化的结果，而是出现外来文化与本土文化的"混合"。①

所谓不同文化的"混合"实际上是指发展中国家的文化对进入本国的外来文化的"消融"，经过一段甚或很长时间的磨合或冲突期，这些外来文化的成分被当地人根据自己的需要所接纳，逐渐失去了在起源国呈现的实质内核，以一种不同于最初进入时的文化形态融入了当地文化之中。一些研究文化传播的学者将这一过程称为"克里奥尔化"，即两种不同文化的"结合"产生了一种新的文化形态。在20世纪70年代期间，拉美学者对"文化帝国主义"

---

① 参见 Sandhya Bhattacharya, "Globalisation and Culture: Cultural Imperialism Does Not Exist," http://llc.du.edu/student/llabrecq/globalization/cultural6.htm.

的激烈抨击，很大程度上源于美国电视节目大批出口到这一地区而对人们的思想观念产生了不利于当地文化认同的影响，但事实表明，美国肥皂剧的流行只是给人们的生活增添了在消闲时的娱乐而已，并没有在文化上彻底"征服"当地人的意识，相反还促进了拉美国家以相同的娱乐形式制作了更能适合当地观众文化情趣的电视剧。巴西学者奥马尔·苏基·奥里维利亚的研究发现，到了 20 世纪 90 年代初，巴西自己制作的肥皂剧明显超过了从美国进口的同类节目，而且比后者更受当地观众的欢迎，"文化帝国主义"理论显然不能对这种结果做出解释。奥里维利亚由此得出结论，巴西"可以说与文化入侵进行战斗并赢得了这场战争"，为人们批判"文化帝国主义"理论提供了一个"范例"。肥皂剧显然不是起源于当地文化，更不是真正的地方风格，只是对来自美国的一种大众文化形式的借鉴。① 斯特恩斯的研究表明，墨西哥的连环漫画杂志是一个经典案例，说明了来自美国的消费文化如何为了适应当地人的口味而被修改，最终形成了一种独特的混合物。连环漫画杂志早在 20 世纪 30 之初就从美国进口到墨西哥，但很快就改变了起源国的形态以迎合墨西哥人的审美标准，也把墨西哥的政治价值观体现于内。到了 20 世纪后期，连环漫画杂志在墨西哥比在美国更受人们的喜爱，因为这些具有很深文化内涵的杂志"已经逐渐地填满了独特的民族文化空间，把美国题材的大众性与另外的成分混合在一起"。② 这些学者的研究是对"文化帝国主义"理论的一种很有说服力的批判。从整体上讲，拉美国家很难摆脱来自美国大众文化的影响，这是一个谁也无法否认的事实，但这些来自美国的文化产品所传输的内容并不会真正地改变当地人根深蒂固的文化偏好，而当地的相关机构却会从中获得启迪和借鉴，制作出适合当地人口味的类似文化产品，最终以具有本土的各种优势取代进口的同类产品。

毋庸置疑，对于在经济上处于"弱势"地位的拉美国家来说，来自美国的大众文化对当地的生活方式产生了很大的影响，也的确出现了让很多人感到十分忧虑的"美国化"现象或趋势。对美国而言，这样的局面显然有利于美国制定的对外战略目标的实现，更有助于美国利用其强大的大众文化形态把世界其他地区与自己紧密地联系在一起，最终以美国人的价值观完成对发

---

① 转引自 Colleen Roach, "Cultural Imperialism and Resistance in Media Theory and Literary Theory," *Media, Culture & Society*, Vol.19, No.1, January 1997, p.58.

② Peter N. Stearns, *Consumerism in World History: The Global Transformation of Desire*, Florence: Routledge, 2001, p.135.

展中国家社会朝着"更像美国"的方向改造或重塑。这既是美国的初衷，也是美国长期追求的目标。拉美国家的民众在消费来自美国的文化产品时，的确会产生与本国"传统"不同的体验，实际上这种体验经过了存在于当地消费者脑海中根深蒂固的价值观的"过滤"或改造，与美国民众消费同类产品时产生的体验已经大相径庭了。戴维·哈奇森认为："来自全世界的所有证据表明，尽管美国的电影普遍流行，但如果观众在美国和当地电视剧之间做出选择的话，他们几乎必然倾向国内制作的素材。"① 他是在实证研究的基础上得出这一结论的，尽管该结论还有待于进一步证明，但的确为我们考察拉美国家的"美国化"提供了一个新的角度。

（原载《拉丁美洲研究》，2008 年第 1 期）

---

① David Hutchison, "The Atlantic Gulf of Comprehension: European Reponses to American Media Imperialism," *Canadian Review of American Studies*, Vol.27, No.3, 1997, p.88.

第三编

拉丁美洲与"开放的地区主义"

"开放的地区主义"与拉美经济一体化

20 世纪 90 年代拉美地区经济一体化出现了前所未有的高涨，除了受外部环境的影响之外，显然是与拉美国家经济改革、调整、开放密切相关。地区经济一体化本身尽管就属于经济改革的重要组成部分，但它对改革的反作用比任何其他领域都显得要大或更为直接。一体化首先涉及国家之间在经济制度建设上相互接轨的问题，所以就必然会促使介入一体化进程的国家大刀阔斧地革故鼎新，在一些情况下甚至相互让渡出制定经济政策的主权，以便求同存异，在奉行基本一致的政策中实现共同发展。地区经济一体化的这一特征必然促使拉美国家的改革不断走向深入。就拉美地区经济一体化本身而言，也取得了较快的发展，可以说是成就斐然。这种结果与拉美国家在进行经济一体化时奉行的"开放的地区主义"战略是分不开的。

一、拉美经济一体化的开放特征

"开放的地区主义"是与 90 年代之前发生在拉美地区的经济一体化相对而言的。不可否认，拉美地区 60 年代和 70 年代的地区经济一体化对许多国家现代工业体系的建立起了不容忽视的作用,但其消极影响也是显而易见的,也就是说这种一体化是在一种对外相对封闭的环境中进行的,旨在为这一时期风行于拉美地区的进口替代战略服务。世界银行两位经济学家夏希德·贾维德·布尔基和吉列尔莫·佩里在谈到使用"开放的地区主义"这一术语的原因时指出:"拉丁美洲地区一体化或区域主义需要从一种历史观上给予评价。60 年代和 70 年代的拉美地区一体化具有积极和消极作用两个方面。在积极方面,地区贸易流动的自由化为更多的竞争至少是提供了有限的空间,结果就在一个其他方面封闭的环境中促进了效率提升和出口发展。在消极方面，地区主义旨在为迅速衰落的进口替代扩大范围，为这种保护主义模式的第二阶段提供了扩大的空间，因此它也许妨碍了贸易和投资自由化的进程。90 年代地区一体化的复兴显然是一个不同的进程。新地区主义是作为拉美大多数政府决定使它们的经济自由化的副产品。一般而言，它的发展是与单边贸易自由化和对外资开放密切联系在一起的。"[1]普里莫·布拉戈区别了"开放"的地区主义与"封闭"的地区主义，认为这种区别的标准通常是明确从过去几十年风靡于该地区一体化运动中的内向型进口替代模式转向更加强调外向型的国际竞争战略。他在论文中使用了"新地区主义"这一术语，指出它与开放的地区主义在含义上并无异议，其主要特征是商品和服务的自由化，资本和劳动力的自由流动，成员国规章制度的协调以及南北地区一体化协定的签署。[2]以上学者尽管在理解"开放的地区主义"上不完全相同，但他们的观点至少都表明，"开放的地区主义"是相对于过去的一体化目的和结果而言的，90 年代拉美地区经济发展向着"出口导向"战略转变，该地区的经济一体化必然就会体现出"开放性"。因此，"开放的地区主义"成为 90 年代拉美地区经济一体化的重要特征显然具有历史的必然性。

克拉克·雷诺兹等人在其论著中可能首次把"开放的地区主义"具体用来说明发生在拉美地区的经济一体化。他们在考察安第斯共同体一体化的可能性时使用了这一概念，把"开放的地区主义"界定为是一种全面的战略，该战略"通过逐渐取消对经济交易的壁垒，加上采取积极措施提高对现代市场的社会准入，形成一批与国际经济接轨的具有活力的市场"。[3]1994 年，拉丁美洲和加勒比经济委员会以"开放的地区主义"考察了近些年的拉美一体化进程，认为"开放的地区主义"应该具备以下九个条件：（1）在商品和服务部门提供广泛的市场自由化，但这种自由化并不排除在某些部门实施逐步的过渡性调整；（2）所有国家都应实现广泛的市场自由化；（3）采取稳定而透明的规则，并使之与关税及贸易总协定（GATT）和其他一些国际协定相吻合；（4）加入一体化组织的国家应努力使其经济实现稳定化，并要强化区

① Shahid Javed Burki and Guillermo E. Perry, "Towards Open Regionalism," in Shahid Javed Burki, Guillermo E. Perry and Sara Calvo, eds., *Annual World Bank Conference on Development in Latin America 1997: Trade, Towards Open Regionalism*, World Bank, October 1, 1998, pp.3-4.

② 参见 Primo Braga, "The New Regionalism and Its Consequences," World Bank, August 1994.

③ Clark W. Reynolds, Francisco Elias Thoumi, and Reinhart Wettmann, *A Case for Open Regionalism in the Andes: Policy Implications of Andean Integration in a Period of Hemispheric Liberalization and Structural adjustment*, Agency for International Development, United States (USID), Washington D. C., 1993, p.175.

域性机制在弥补国际收支赤字和避免宏观经济失衡方面的作用；（5）对第三方竞争者采取适当的保护，鼓励使用共同对外关税，如有必要，分阶段实施；（6）为了将国与国之间的交换成本降到最低，应取消或统一体制性安排（如条例和规则），加快货币的可兑换进程或制定完整的支付协议，并为此建立必要的基础设施；（7）签署并实施灵活开放的部门协定，以加快国际性技术转移；（8）为使相对欠发达的国家和地区进行调整，应采取特殊的措施，其中包括逐渐降低保护水平以及为吸引地区内投资而提供刺激性财政优惠；（9）采取灵活的制度安排，鼓励不同的社会部门广泛参与一体化进程。[①]客观上讲，拉美国家在进行经济一体化时并不完全以这九个条件作为谈判的准则，拉美地区的一体化也没有完全实现上述条件，但拉美国家无疑正朝着这个方向努力，因此"不完善"丝毫不影响该地区经济一体化的"开放性"特征。

二、拉美经济一体化对贸易的促进

美洲开发银行一体化、贸易和半球问题部长罗伯特·德夫林和拉美经委会主要地区顾问里卡多·弗伦奇-戴维斯在谈到20世纪90年代拉美地区贸易特征时指出："区内和区外的进口增长率一直是同步的。尽管区内进口在1990年到1996年期间年均扩大了18.00%，但来自区外进口的增长也非常快，年均为14.00%，这反映出该地区进口的普遍迅速增长。再加上区外出口的大幅度增长，进而证明，该地区的一体化一直与开放的地区主义保持一致。"[②]区内进出口贸易的增长乃是地区一体化的目的，但这种增长如果是以区外进出口贸易减少为代价，就会产生贸易转移效应，贸易转移效应越大，地区一体化也就越会在一种封闭的环境中进行。事实上，拉美国家在区内贸易增长的同时也大力发展与区外国家的关系，导致与区外国家的贸易同样呈现出增长的势头。我们先看一下整个拉丁美洲的区外进出口在全部贸易中的比重。1990年区外进口额为871.55亿美元，增长14.50%，占总进口的83.40%，出口额

---

① ECLAC, *Open Regionalism in Latin America and the Caribbean: Economic Integration as a Contribution to Changing Production Patterns with Social Equity*, Santiago, Chile, 1994. 转引自江时学：《90年代拉美经济发展的特点》，《世界经济》，1999 年第 3 期，第 69-70 页。

② Robert Devlin and Richardo Ffrench-Davis, "Towards an Evaluation of Regional Integration in Latin America in the 1990s," Inter-American Development Bank, Working Paper 2, December 1998, p.3.

为 1077 亿美元，增长 10.40%，占总出口的 86.40%；1991 年区外进口额为 1141.69 亿美元，增长 31.00%，占总进口的 84.5%，出口额为 1189.59 亿美元，增长 10.50%，占总出口的 86.40%；1992 年区外进口额为 1354.86 亿美元，增长 18.70%，占总进口的 83.80%，出口额为 1233.14 亿美元，增长 3.70%，占总出口的 83.30%；1993 年区外进口额为 1523.5 亿美元，增长 12.40%，占总进口的 83.60%，出口额为 1291.13 亿美元，增长 4.70%，占总出口的 81.60%；1994 年区外进口额为 1774.77 亿美元，增长 16.50%，占总进口的 83.6%，出口额为 1527.5 亿美元，增长 18.30%，占总出口的 81.40%；1995 年区外进口额为 2034.09 亿美元，增长 14.60%，占总进口的 82.70%，出口额为 1859.34 亿美元，增长 21.70%，占总出口的 81.60%；1996 年区外进口额为 2208.45 亿美元，增长 8.60%，占总进口的 81.80%，出口额为 2081.35 亿美元，增长 11.90%，占总出口的 81.10%；1997 年区外进口额为 2777.1 亿美元，增长 25.70%，占总进口的 82.90%，出口额为 2324.1 亿美元，增长 11.70%，占总出口的 80.70%；1998 年区外进口额为 2817.09 亿美元，增长 1.40%，占总进口的 82.30%，出口额为 2383.68 亿美元，增长 2.60%，占总出口的 80.80%。[1]

根据美洲开发银行 1999 年 10 月发布的统计数字，拉美地区主要区域化组织的区外贸易基本状况是：安第斯共同体区外出口额 1990 年为 304 亿美元，在总出口中所占比例为 95.50%，进口额为 106.06 亿美元，在总进口中占比 93.60%；到 1998 年区外出口上升到 399.51 亿美元，占总出口的 88.10%，区外进口额为 412.16 亿美元，占总进口的 88.00%。加勒比共同体区外出口额 1990 年为 53.03 亿美元，在总出口中所占比例为 92.10%，进口额为 79.57 亿美元，在总进口中占比 94.20%；到 1998 年区外出口额上升到 63.29 亿美元，占总出口的 84.50%，区外进口额为 124.52 亿美元，占总进口的 90.70%。中美洲共同市场区外出口额 1990 年为 36.99 亿美元，在总出口中所占比例为 84.60%，进口额为 58.87 亿美元，在总进口中占比 90.30%；到 1998 年区外出口额上升到 136.45 亿美元，占总出口的 87.60%，区外进口额为 171.5 亿美元，占总进口的 89.60%。南方共同市场区外出口额 1990 年为 424.32 亿美元，在总出口中所占比例为 91.10%，进口额为 271.24 亿美元，在总进口中占比 85.90%；到 1998 年区外出口额上升到 610.08 亿美元，占总出口的 74.90%，

---

① Inter-American Development Bank, *Integration and Trade in the Americas, Periodic Note*, October 1999, pp.57-58. 有些数字是根据美洲开发银行这一报告的统计数字计算得出。

区外进口额为 812.59 亿美元,占总进口的 78.60%。三国集团区外出口额 1990
年为 509.19 亿美元, 在总出口中所占比例为 98.00%, 进口额为 408.44 亿美
元, 在总进口中占比 98.00%; 到 1998 年区外出口额上升到 1513.03 亿美元,
占总出口的 97.30%,区外进口额为 1330.18 亿美元,占总进口的 88.00%。安
第斯共同体区外出口额 1990 年为 304 亿美元, 在总出口中所占比例为
95.50%,进口额为 106.06 亿美元, 在总进口中占比 93.60%; 到 1998 年区外
出口额上升到 399.51 亿美元, 占总出口的 88.10%, 区外进口额为 412.16 亿
美元, 占总进口的 96.8 %。

从对以上这些统计数字的分析中我们能够看出 20 世纪 90 年代以来拉美
地区和一体化组织的区外贸易有以下几个特点: 首先, 尽管区外进出口在整
个贸易中所占的份额有所下降, 但贸易额却一直呈增长的态势, 1991—1998
年进口额年均增长 15.80%, 1998 年进口额比 1990 年的增长了 3.2 倍。同一
时期出口额年均增长 10.40%, 1998 年进口额比 1990 年的增长了 2.2 倍。其
次, 各次区域一体化组织进出口贸易发展不平衡, 有的呈贸易顺差状态, 如
安第斯共同体 (1998 年除外)、三国集团, 其他都呈贸易逆差状态, 1997 年
发生的国际金危机使贸易赤字大幅上升。再次, 各次区域一体化组织进出口
贸易在 90 年代平均而言都表现为正增长, 在 1991—1998 年期间, 安第斯共
同体进出口年均增长率分别为 12.60% 和 3.50%; 加勒比共同体两项分别为
5.80% 和 2.20%; 中美洲共同市场两项分别为 14.30% 和 17.70%; 南方共同
市场两项分别为 14.70% 和 4.60%; 三国集团两项分别为 6.80% 和 5.40%。这
一时期各次区域一体化组织的年进口增长率显然都高于年出口增长率。最后,
各次区域一体化组织的进出口贸易在总贸易中所占比例尽管在不断下降, 但
到目前低者还占 3/4, 高者要达到近 9/10。这些特征尽管表明拉美次区域集
团内部贸易的互补性大有潜力可挖, 但同时说明它们在优先考虑成员国经贸
关系的同时, 也在积极发展与区外国家之间的经贸往来。

三、拉美经济一体化的不断加深

20 世纪 90 年代拉美地区经济一体化可谓形式多样, 一种是现行的一体
化组织不断向外拓展, 新加入该集团的成员要么获得了正式成员国资格, 要
么取得了伙伴国的地位; 另一种是单个国家相互谈判达成双边或多边协定;

还有一种是集团与集团之间进行谈判，扩大相互之间的经贸关系。形式的多样化既反映了拉美地区一体化进程在不断加快和加深，又表明了拉美次区域经济集团的"开放性"。

安第斯共同体近些年积极寻求与第三国或集团的谈判，最初是成员国单独行动，以后又发展为共同体的集体行动。1992年委内瑞拉与加勒比共同体签署了自由贸易协定，1993年、1994年和1996年玻利维亚分别与智利、墨西哥、南方共同市场签署了自由贸易协定。1998年初，安第斯共同体和南方共同市场决定进行进一步贸易自由化的谈判，以便到2000年两个集团之间形成自由贸易区。尽管这一进程在1999年3月因为两个集团无法在农产品问题上达成共识而暂时停顿下来，但安第斯共同体与南方共同体成员国之间的关税优惠谈判取得迅速进展。1999年8月，安第斯共同体与巴西签署了《经济互补协定》，2000年1月正式生效。它尽管不是一个自由贸易协定，但双方的贸易往来在绝大多数情况下享受最惠国关税待遇。目前，安第斯共同体正在与巴拿马进行自由贸易协定的谈判，与危地马拉、萨尔瓦多和洪都拉斯进行关税优惠协定的谈判。

加勒比共同体1992年与委内瑞拉缔结了《贸易和投资协定》；1994年与哥伦比亚签署了《贸易、经济、技术合作协定》，这一协定在1998年进行了修订；1998年8月，加勒比共同体与多米尼加共和国签署了全面的自由贸易协定；1997年加勒比共同市场开始与中美洲共同市场进行自由贸易协定的谈判。对加勒比共同体国家来说，"更为外向型的一体化日程安排起到了积极作用。除了得到促进与邻邦之间政治合作的好处外，诸种动议还预示着为加勒比共同体创造了新的贸易和投资机会。"[①]中美洲共同市场在90年代主要致力于区内一体化机制的建设，在1997年之前，只有哥斯达黎加和尼加拉瓜分别与墨西哥达成了双边自由贸易的协定。1998年4月中美洲共同市场与多米尼加共和国签署了自由贸易协定，这是90年代以来该共同市场集体与第三国达成的第一个协定，原计划于1999年1月1日投入运行，但由于不久后双方都遭受了巨大的自然灾害，签署国议会被迫推迟批准协定。1998年4月，中美洲领导人和智利总统均表示有意开始进行全面自由贸易的谈判，随后双方举行了几轮会谈。1999年10月，中美洲五国总统访问了智利，大大加快了双

① Anneke Jessen and Ennio Ridriguez, "The Caribbean Community: Facing the Challenges of Regional and Global Integration," Inter-American Development Bank, Occasional Paper 2, Buenos Aires, January 1999, p.21.

方的谈判进程。中美洲共同市场与巴拿马现在正进行自由贸易的谈判。与此同时，所谓的中美洲"北三角"国家萨尔瓦多、危地马拉和洪都拉斯与墨西哥关于自由贸易协定的谈判已经进行了数年。

南方共同市场投入运行后不久就开始扩大范围，于 1996 年和 1997 年先后与智利和玻利维亚签署了自由贸易协定，目前正在与安第斯共同体进行谈判。关于南方共同市场的"开放性"以及带来的获益，正如阿根廷外交部一份文件指出的那样，南方共同市场是"开放的地区主义，在市场框架中确定了国家政策和遵循多边主义的方向。……如果成功，南方共同市场就会成为增加商业盈利以及提高从投资项目中获取预期利润的工具"。[①]拉美地区经济一体化的这种"交叉性"的特征充分展示出这些次区域集团的"开放性"。

四、拉美地区与域外经贸组织的关系

自 20 世纪 90 年代以来，拉美国家或次区域集团也在积极地发展与所属半球之外的国家或集团的经贸关系。墨西哥没有把自己的眼光仅仅局限在北美自由贸易区（NAFTA）和本半球之内，它从 90 年代中期就开始追求与欧盟实现自由贸易协定的谈判，双方谈判于 1998 年 7 月开始，经过一年多的努力达成了自由贸易协定，该协定于 2000 年 7 月 1 日生效。欧盟与墨西哥的自由贸易协定内容广泛，几乎涉及双方经贸领域的各个方面。墨西哥总统塞迪略在 2000 年 3 月 23 日在葡萄牙里斯本举行的签字仪式上高度评价了这一协定，他指出："墨西哥人对下面这一事实感到十分满意，即这是欧盟与其地区之外一个国家签署的最广泛的协定，它也是欧盟与一个拉美国家之间达成的第一个自由贸易协定。这一商业协定是促进墨西哥发展的有力的工具，因为对我们的人民来说，它代表着新的机会、更多的就业和更好的收入。"[②]

欧盟是南方共同市场在拉美地区之外的最大贸易伙伴，这一次区域集团出口的产品约 22.00% 流向欧盟市场。欧盟从 1990 年到 1998 年向南方共同市场出口的总额从 70 余亿美元上升到 280 亿美元，增加了近 4 倍。在 1992

---

① Mikio Kuwayama, "Open Regionalism in Asia Pacific and Latin America: A Survey of the Literature," CEPAL-SERIE Comercio Internacional, Santiago, Chile, December 1999, p.8.

② 参见 http://www.naftaworks.org/mex-eu.html.

至 1996 年期间，南方共同市场占欧盟在拉美地区约 60.00%的直接投资。因此，南方共同市场在启动后就积极发展与欧盟的关系，"欧盟与南方共同市场之间的关系自 1995 年以来就受《地区内框架合作协定》（Interregional Framework Cooperation Agreement）的指导，这一协定的目的是在两个集团之间增加经济合作，促进政治对话以及为逐渐的、互惠的贸易自由化做好准备"。① 双方尽管都承认，两个地区之间建立自由贸易区能够使参与国从中获益，但当涉及某些具体问题时就会出现难以解决的分歧。如欧盟对农业补贴很高，在农产品市场准入上设置了各种关税和非关税壁垒。南方共同市场希望欧盟削减农业补贴，全面开放农产品市场，但欧盟国家的农场主竭力反对，担心与来自南方共同体的相对廉价农产品形成直接竞争。而南方共同市场的一些工业部门和服务行业也担忧如果市场向欧盟开放，难以抵挡欧盟同类产品与行业的竞争。不过在双方的共同努力下，1999 年 6 月 28—29 日在巴西的里约热内卢举行了首届欧盟—拉美首脑会议，欧盟 15 国和拉美 32 国国家元首和政府首脑出席了会议。这次在 20 世纪末叶举行的会议拉开了欧盟与拉美国家在新世纪进一步加强全面合作的序幕。会议通过和签署了《里约热内卢声明》和《优先行动计划》两份重要文件，前者是与会领导人关于建立一个跨地区的战略联盟的各项承诺，后者是在这些承诺的指导下在近期内采取的具体重点行动。会议期间，欧盟、南方共同市场以及智利 20 个国家的首脑发表了联合公告，"重申了 1995 年 12 月南方共同市场与欧盟之间签署的《地区内框架合作协定》中所做出的承诺"，并一致同意，"通过发展南方共同市场、智利和欧盟之间的自由贸易，使贸易的扩大成为在建设更有活力的关系、促进相互间一体化进程以及加强多边贸易体系等方面的中心内容"。② 此外，安第斯共同体、中美洲共同市场以及加勒比共同体积极与欧盟接触，希望使已有的经贸联系得到进一步发展。

拉美国家在近些年也加强了与东亚和东南亚的经贸联系，墨西哥、智利和秘鲁先后于 1993 年、1994 年和 1998 年成为亚太经济合作组织（APEC）的成员国，与其他亚太国家一道致力于促进这一跨越太平洋的地区实现自由贸

---

① Inter-American Development Bank, *Integration and Trade in the Americas*, *Periodic Note*, October 1999, p.47.

② "Joint Communiqué of Rio de Janeiro," *Capitulos 56*, May-August 1999, pp.225-226.

易。当然，亚洲对拉美地区的重要性因国家而异，智利与亚洲贸易联系比较密切，在亚洲金融危机发生之前，智利在亚洲市场的份额占其总出口的29.00%，其他拉美国家依次是秘鲁占21.00%，巴西占13.00%，厄瓜多尔占12.00%。除了一些国家参与 APEC 进程之外，拉美国家与亚洲国家主要在双边层面上进行贸易谈判。1999年9月，智利和韩国宣布正式开始一项全面自由贸易协定的谈判。APEC 成员国澳大利亚也是智利优先发展的对象，1998年5月，智利与澳大利亚达成协定，成立了"促进贸易和投资双边委员会"，同年11月，该委员会在圣地亚哥举行了第一次会议。日本是墨西哥的第四大贸易伙伴国，所以墨西哥比较重视发展与日本的贸易和投资关系。1999年7月，墨日两国举行了高层会谈，决定于该年秋天开始进行双边投资协定的谈判。哥伦比亚也积极发展与日本的关系。1999年7月，两国同意就贸易、投资、工业和技术开始双边协定的谈判。自1997年以来，拉美国家发展与亚洲的经贸关系受到国际金融危机的影响，但随着亚洲国家走出危机，走向经济的复苏，两个地区之间的经贸关系自然会得到恢复和发展。

五、结　语

拉美国家在市场体制改革基础上奉行的出口导向战略决定了地区一体化的"开放性"，也就是说拉美国家在促进本地区经济一体化的同时不会采取危及与世界其他地区经贸关系的举措，相反还会积极促进这些已有的经贸联系迈向一个更高的层次，以便为自己的经济发展和增长寻找更为广阔的空间。此外，这里需要强调的是，拉美国家均为世界贸易组织（WTO)的成员国，显然是在 WTO 提供的框架内发展本地区的经济一体化，同时还会与世界其他地区的成员国一道致力于全球多边贸易体制的建设。德夫林等人在谈到这一点时说；"拉美地区已经接受了乌拉圭回合中出现的新规定。的确，它是一个使自己关税的100.00%都具有约束力的发展中地区。……随着1995年巴拿马加入世界贸易组织，这一地区的所有国家现在都服从该组织的权利和义务。"[1] 目前，拉美国家正在与美国等国进行美洲自由贸易区的谈判，这种"开

---

① Devlin and Ffrench-Davis, "Towards an Evaluation of Regional Integration in Latin America in the 1990s," Inter-American Development Bank, Working Paper 2, December 1998, p.3.

放性"决定了这一地区国家对美洲自由贸易区的态度，一方面拉美地区的次区域集团在"开放的地区主义"原则指导下会向着迈阿密美洲首脑会议上确定的这一宏伟目标迈进，另一方面拉美地区经济一体化向着纵深发展同样会大大加快这一进程。

（原载《国际问题研究》，2000 年第 5 期）

拉美经济一体化的发展及其前景

区域经济一体化近年来在世界经济格局中越来越引人注目，成为与经济全球化并行不悖的两大趋势。它是指处于同一地域内的国家通过谈判结成经济区域集团，实行域内贸易自由化以及相互给予域外国家所不能获得的优惠条件，最终实现经济的共同增长。世界经济区域化已成为当代国际社会一股不可逆转的潮流。拉美国家顺时达变，不断推进本地区的经济一体化进程。尽管拉美地区实现经济一体化还是一个漫长的过程，各种困难或障碍也会出现，但拉美国家积极朝着这个方向努力已经成为无可辩驳的事实，这一地区的经济发展也由此受到深刻而广泛的影响。

一、拉美经济一体化的发展

按照中外经济学家的解释，经济一体化一般分为六种不同类型，即特惠关税区、自由贸易区、关税同盟、共同市场、经济同盟和完全经济一体化。贝拉·巴拉萨把经济一体化区别为四种类型："经济同盟是成员国一体化了它们的所有经济政策；共同市场是通过取消成员国之间对要素流动的所有壁垒而对关税同盟的补充；关税同盟是成员国取消它们之间的所有关税和非关税壁垒，对来自第三国的关税确定一个共同对外关税；自由贸易协定使成员国实际上消除了它们之间的所有关税和非关税壁垒。"① 拉丁美洲尽管尚未形成一个囊括整个地区的一体化组织，但已出现的次区域经济集团所采取的合作方式体现出了某种类型的基本内容，其中建立自由贸易区和共同市场已成为

---

① 参见 Organization of American States, *Toward Free Trade in the Americas*, this document is available at http://www.sice.oas.org/tunit/tftr/index.stm.

拉美地区在实现经济一体化过程中的主要形式。美洲开发银行的一体化、贸易和半球问题部长罗伯特·德夫林和拉美经委会主要地区顾问里卡多·弗伦奇-戴维斯指出:"地区一体化表现出各种形式。最简单的一体化形式只是商品的自由贸易区,在这种贸易区域内,成员国逐渐消除对大多数贸易设置的关税。地区一体化承诺的下一个层面是包括服务在内的更全面的自由贸易区,甚至包括世界贸易组织在其他与贸易相关领域的'附加'规定。再深的地区一体化承诺将涉及让渡商业政策上的主权,方式是创建具有共同对外关税的关税同盟以保护已经自由化的次区域市场。更深的承诺是生产要素自由流动的共同市场。所有这些规划目前都在拉美一体化的目标中反映出来。"[①]

拉丁美洲一体化协会是该地区最大的经济合作组织,成立于 20 世纪 80 年代初,其宗旨是加强成员国之间的贸易往来和经济合作,促进成员国的经济和社会的发展,建立共同市场,实现本地区的经济一体化。该协会现有 11 个成员国,除墨西哥之外,主要由安第斯集团和南方共同市场的成员国组成。从 90 年代开始,拉美一体化协会在促进区域经济合作上显示出了非凡的活力,成员国之间的经贸联系不断加强。1991 年 12 月,拉美一体化协会部长理事会通过决议,确定协会的职能是给整个拉美地区一体化提供体制和行动的规范,以推动全地区最终汇合成统一的拉美共同市场。截至 1996 年,拉美一体化协会的成员国共签署了 55 项双边贸易协议,其中 31 项做出承诺实行完全的商品自由贸易,所涉及的金额占拉美市场贸易额的 75.00%,南方共同市场之间的贸易额占 40.40%,安第斯集团国家之间的贸易额占 13.70%,这两个集团之间的贸易额占 16.80%,智利与南方共同市场之间的贸易额占 12.80%,墨西哥与南方共同市场间的贸易额占 5.30%,智利与安第斯集团间的贸易额占 4.50%,智利与墨西哥间的贸易额占 1.70%。拉美一体化协会在推进本地区贸易自由化过程中发挥着越来越重要的作用。据预计,1997 年该协会做出承诺自由贸易的双边协议将达到 47 项,所涉及的贸易额将占整个拉美地区间贸易额的 92.00%。

安第斯集团成立于 60 年代末期,由 5 个国家组成,经过数十年的发展,其成员国之间的经济一体化程度逐渐加深。该集团从 80 年代起就实行降低关税和贸易自由化的政策,进入 90 年代后开始加快了建立自由贸易区的步伐。

---

① Robert Devlin and Richardo Ffrench-Davis, "Towards an Evaluation of Regional Integration in Latin America in the 1990s," Inter-American Development Bank, Working Paper 2, Buenos Aires, December 1998, p.13.

1991 年 5 月，成员国总统签署了正式组建自由贸易区的决议。经过几年的努力，这一设想终成现实，1994 年 5 月，5 个成员国正式组建了安第斯自由贸易区。1995 年 2 月 1 日，安第斯集团开始执行共同对外关税，9 月初改称为"安第斯一体化体系"。目前安第斯集团正与南方共同市场进行自由贸易框架协议的谈判，以共同促进拉美地区经济一体化进程。

中美洲共同市场是拉美地区最早的经济一体化组织，成立时的宗旨就是成员间互免关税，逐步扩大相互间在各个经济领域的合作。中美洲共同市场在促进该地区国家经济合作上做了大量的工作，也取得了不少成绩，但由于中美洲长期动荡不安，战乱频仍，所以未能发挥有效的作用。从 90 年代开始，中美洲共同市场恢复生机，一体化进程开始加快，一系列促进本地区一体化的协议先后签订。1993 年 10 月，中美洲首脑会议通过了《危地马拉书》，明确提出中美洲国家合作的最终目标是建立经济联盟。1995 年 6 月，组建中美洲自由贸易区被提上议事日程。中美洲国家 1996 年为推进整个美洲经济一体化做了不少工作，如制定了一体化准备工作的标准和政策，调整了宏观经济政策、贸易政策和工农业生产改革政策，大力发展外贸出口，逐步实现出口产品多样化，加强人力资源的开发和利用，修建了一批水、电、交通等基础设施。这些措施使中美洲国家开始与西半球其他地区经济接轨。

加勒比地区的经济一体化从 90 年代开始也在不断深化。1990 年 8 月，加勒比共同体 13 个成员国一致同意于 1993 年建立加勒比共同市场，计划从 1991 年中期起取消共同体内的所有贸易限制，分批实施对外共同关税，降低进口关税。1994 年 7 月，加勒比各国首脑在卡塔赫纳签署协议，组建了加勒比联盟，该联盟由 25 个主权国家组成，人口为 2.02 亿，国内生产总值为 500 亿美元，年进出口额超过 180 亿美元。1997 年 2 月 19 日，加勒比共同体领导人在圣约翰举行首脑会议，达成了为组建统一市场创造条件的协议，在经济一体化的道路上迈出了重要的一步。加勒比共同体与中美洲也加强了经济合作的谈判，它们各自国家的外交部长 1996 年 11 月下旬在哥斯达黎加首都举行了为期两天的会议，讨论了两个地区首先在经济、旅游、缉毒等领域进行合作，决定在中美洲和加勒比地区建立自由贸易区，具体时间表尚未确定，只是成立了一个高级技术委员会就这一问题进行研究。中美洲和加勒比地区经济一体化若能实现，将对整个拉美地区的经济发展和社会稳定起到非常重要的作用。

南方共同市场是拉美地区发展最快和成效最显著的一体化组织。1991 年

3月，南美洲国家阿根廷、巴西、巴拉圭和乌拉圭签署了《亚松森条约》，决定于 1994 年 12 月 31 日建立南方共同市场，在过渡期间，4 个国家不断调整其宏观经济政策，加快彼此间的经贸联系，消除迈向一体化道路上的障碍，为共同市场的建立做了充分的准备。1995 年 1 月 1 日，南方共同市场正式启动，很快就表现出了雄心勃勃的活力，在推动整个拉美地区一体化上发挥了重要的作用。南方共同市场的关税共分 10 个等级，从 2.00% 到 20.00%，另外 15.00% 的商品的关税是从 0 到 75.00%，其成员国之间的贸易额在不断上升。南方共同市场表现出的强劲发展势头吸引了南部其他国家。1996 年 6 月 25 日，南方共同市场 4 个创建国的代表在阿根廷圣路易斯城举行了第十次首脑会议，讨论了南方共同市场在地区一体化中的作用及发展前景，与智利签署了一项自由贸易协定，根据协定，智利与四国之间的双边贸易关税依据产品的敏感性程度逐步降低，至 2000 年全部取消关税，实现自由贸易。会议期间玻利维亚也与南方共同市场达成协议，确定了谈判时间表。时隔半年，南方共同市场与玻利维亚达成协议，同玻利维亚贸易的 80.00% 在 10 年内实现免税。巴西总统卡多佐发表讲话说，由于智利和玻利维亚的加入，南方共同市场得到了加强。秘鲁于 1997 年 4 月宣布脱离安第斯集团，表示有意加入南方共同市场。目前南方共同市场拥有 2.07 亿人口，国内生产总值 8566.57 亿美元，人均收入 4121 美元，出口额 704.87 亿美元，进口额 612.25 亿美元。南方共同市场的未来发展正如墨西哥《至上报》1996 年 12 月 24 日刊文指出的那样："到 2001 年，从巴西东北部到智利太平洋沿岸建成一个生产值超过 1 万亿美元、日益壮大和开放的一体化市场，它就是我们所称的南美洲南方共同市场。"

除了上述的经济一体化组织外，一些双边和多边自由贸易区在 90 年代也大量涌现，如墨西哥、委内瑞拉、哥伦比亚三国自由贸易区，墨西哥和智利自由贸易区，委内瑞拉和智利自由贸易区，阿根廷和智利自由贸易区，墨西哥和哥斯达黎加自由贸易区，等等。这些缔结自由贸易协定的国家逐渐减免关税，直至最后取消，实现贸易的完全自由化，直接推动整个地区的经济一体化向前发展。

由于拉美国家不同程度地卷入了经济一体化大潮，建立拉丁美洲共同市场被提上议事日程。1994 年 4 月，在巴西召开的欧盟和里约集团外长会议上，里约集团提出成立拉美共同市场的建议。6 月在第四届伊比利亚美洲首脑会议上，哥伦比亚总统建议在伊比利亚美洲建立开放的经济文化集团。拉丁美洲议会 1994 年底表示,可以用较低的代价和尽可能少的机构在较长的一段时期内逐步建立拉美经济共同体。在 1997 年 5 月举行的第十三次欧洲和拉美议会代表大会上, 会议协调员恩里·本西特强调说, 目前是拉丁美洲和加勒比实现全面一体化的时候了。当然拉美国家实现联合尚需各国的共同努力, 拉美共同市场也不是一蹴而就的, 但这既是拉美国家所面临的一个挑战, 也是拉美地区经济一体化向纵深发展的契机, 更是拉美地区作为一个整体在与发达国家进行经济合作时实现自己利益的有力保障。巴巴多斯前总理哈罗德·伯纳德指出:"显而易见, 为了在全球化进程中生存, 对拉丁美洲和加勒比至关重要的是寻求实现地区联合。这是许多次区域经济集团(加勒比共同体、安第斯条约组织、南方共同市场等)面临的一个挑战性的任务, 它们已经开始与区域外集团就各种问题展开分别谈判。然而, 一种切合实际的和现实主义的方法……应该帮助我们在更广阔的地区层面上迎接实现地区联合的挑战。"[1] 这些建议付诸实施尚需各国的努力, 现在许多国家正在为之奔波努力, 推动拉美地区经济一体化向纵深发展。

二、拉美经济一体化的影响

首先, 拉美区域集团性经济一体化起步较早, 走在世界其他地区发展中国家的前面, 只是到了 90 年代以后随着世界经济区域集团化的高涨, 拉美地区业已存在的一体化组织才焕发出活力, 它们表现出的强劲势头标志着拉美地区经济一体化进入到一个新的发展阶段。目前, 拉美地区几乎每个国家都以某种形式加入了一个或多个区域性集团组织之中, 形成了相互交叉、多层次、多形式的经济一体化局面, 拉美国家最终形成一个经济共同体的梦想正在逐步向现实转化, 其所产生的影响不仅体现在置身于这一进程中的所有国家身上, 而且对整个美洲乃至世界经济一体化有着不可忽视的重要作用。

区域经济集团化主要是为成员国的利益而消除地区内经济活动的障碍, 形成规模经济, 合理配置资源和劳动分工, 使集团内各成员国的经济实现稳步增长。拉美国家结成区域性经济集团尽管已经涉及成员国在不同经济活动

---

① Harold Bernard St. John, "Common Area of Interest Between Latin America and the Caribbean," *SELA/Capitulas 55*, January–April 1999, p.110.

方面的合作，但目前还是主要处在向自由贸易迈进的阶段。在当代国际经济格局中，对外贸易在国家经济发展中所起的作用越来越大，一个在经济上实现高速增长的国家特别注重发展与其他国家或地区的经贸关系。拉丁美洲自90年代以来成为对外贸易增长较快的地区之一固然受到多种因素的影响，但经济一体化程度不断加深是其中很重要的一个原因。那些提倡经济一体化并积极介入这一进程之中的国家往往在对外贸易上都实现了较快的增长。美洲开发银行的资料表明，墨西哥从1990年至1995年期间出口平均增长率为14.30%，智利为13.80%，阿根廷为11.00%，巴西为8.10%。1995年智利人均出口额为1129美元，居拉美地区首位，墨西哥为880美元，位居第二位，余下依次为委内瑞拉、阿根廷、哥伦比亚和巴西。墨西哥尤为明显，它近些年在地区经济一体化活动中很活跃，所以对外贸易发展最快，连续两年出口增长率超过20.00%。据世界贸易组织1997年4月公布的数字，墨西哥在世界贸易国家排队中名列第十六位，在拉美地区居于首位。墨西哥财政部1997年1月23日宣布，1996年墨西哥出口额达到925.29亿美元，比上年增长20.60%，创历史最高水平，其中客户工业的出口占到墨对外贸易的40.00%。拉美地区重要经济区域集团内部出口近年来也在稳步上升，拉美一体化协会域内出口额1993年为237亿美元，到1996年上升为370亿美元；南方共同市场1993年域内出口额为100亿美元，到1996年上升为162亿美元；安第斯集团1993年域内出口额为29亿美元，1996年上升为48亿美元；中美洲共同市场1993年域内出口额为11亿美元，1996年为15亿美元。关于自由贸易给成员国带来的好处，诚如智利总统爱德华多·弗雷1996年6月25日在与南方共同市场签署自由贸易协定时指出的那样："最大的受益者将是我们这些国家的人民。根据这项协定，将来会有质量更好和价格更加低廉的产品。我们将可以在我们这些国家之间和向世界其他地区出口具有更高附加值的产品。"这里需要指出的是，拉美经济一体化尽管包含着域内国家在贸易上相互给予域外国家所得不到的优惠条件，但并不意味着这些经济区域集团是"排他性"的，而是发展域内贸易的同时积极开拓与域外国家的经贸关系，因此它们对域外国家的出口在90年代后也呈上升趋势，如拉美一体化协会1993年域外出口额为1215亿美元，到1996年上升为1941亿美元；南方共同市场1993年域外出口额为442亿美元，到1996年上升为605亿美元；安第斯集团1993年域外出口额为269亿美元，到1996年上升为382亿美元；中美洲共同市场1993年域外出口额为38亿美元，到1996年上升为60亿美元。同时，域外进口额也在大幅度地增长。这表明拉美国家奉行的是一种"开放的区域主义"，这种选择不仅使它们从中受益，而且对拉美整个地区经济与国际经济接轨都有着重要的意义。

其次，外国资本的大量流入是拉美地区经济保持稳定增长的一个重要因素，经济一体化则以成员国共同遵守的"法则"消除了从事各种经济活动的障碍，为外资的流入创造了一个有利可图的自由环境。外资近些年看好拉美显然与该地区经济一体化导致投资环境的改善密切相关，如墨西哥加入北美自由贸易区后，外资争先恐后涌入墨西哥，致使客户工业得到迅速发展，目前墨境内客户企业共有 3508 家，1996 年创造的生产总值为 338.83 亿美元，比 1988 年的 99.78 亿美元猛增了 340.00%。据美洲开发银行统计，1996 年拉美地区资本净流入 600 亿美元，主要集中在经济一体化程度比较高的墨西哥、智利、阿根廷、巴西等国。外国人在这些国家的直接投资额迅速增长，1990 年墨西哥的外国直接投资额为 25.5 亿美元，到 1996 年上升为 70 亿美元，同一时间阿根廷的外国直接投资额从 18.4 亿美元上升到 32 亿美元，巴西的外国直接投资额从 3.2 亿美元上升到 80 亿美元，智利的外国直接投资额从 5.8 亿美元上升到 28 亿美元，哥伦比亚、秘鲁、委内瑞拉等国的外国直接投资都有较大幅度增加。不过应当注意的是，由于拉美国家市场开放程度较高，在蜂拥而来的外来资金中，短期性的投机资本占相当比重，这些资本大多投在股市和债券上，灵活性较大，其进出完全视利而定，有利可图就进入，无利可图就抽走，这自然增加了拉美金融市场的不稳定性，容易触发金融危机，这是经济一体化所带来的主要负面影响之一。拉美国家应对这类外资的流入量加以限制，否则最终会酿成祸乱，墨西哥金融危机应该引以为戒。

泛美银行首席经济学家里卡多·豪斯曼 1996 年 10 月 21 日在美国《商业日报》发表的一篇文章中考察了拉美经济一体化飞速发展所取得的成就，认为拉美国家采取的"开放地区主义"正在与北美地区进行一场富有伟大历史意义的"聚合"。他指出："美洲自由贸易区反映了历来保护自由贸易的北美向地区主义的转变。与此同时，有着地区主义悠久传统的拉丁美洲正在走向开放的经济，放宽对地区内外贸易的限制。现在各方都必须利用这些基础，抓住机会创造一种推动更多商品和服务流动的互惠贸易环境。"[①]拉美经济一体化程度越高，美洲离自由贸易区的目标就越近，也就是说拉美经济区域集

---

① Ricardo Hausman, "Latin America's Trade Lead,"*The Journal of Commerce*, October 21, 1996.

团化的发展促进了整个美洲经济一体化进程。1994年12月，美洲34个国家的首脑云集美国的迈阿密,确定了2005年在西半球建立一个统一的自由贸易区的目标。自此以后,拉美国家便通过小区域经济一体化的进程逐渐加快向迈阿密会议所确定的目标靠拢。墨西哥金融危机的爆发尽管使这一进程有所放慢,但危机过后不久再次趋于高涨。中美洲国家正在积极准备迎接美洲自由贸易区的到来,南方共同市场、安第斯集团也为这一目标的实现展开多边谈判。1996年9月中旬,美洲34国代表在巴西弗洛里亚诺波利斯举行会议,会议研究分析了2005年实现西半球经济一体化上存在的问题,尽管与会代表在许多方面意见不一,但促进西半球经济一体化进程则是各国的共识,这次会议为奠定美洲自由贸易区基石迈出了可喜的一步。也正是在拉美经济一体化进程加快的背景下,美国总统克林顿于1997年5月初出访拉美,试图消除与拉美国家之间的矛盾,加强相互间的各种合作,推动美洲自由贸易区按照美国安排的谈判时间表进展。在1997年5月中旬举行的第三次美洲国家贸易部长会议上,与会代表同意从1998年3月开始举行有关美洲自由贸易区的谈判。2005年建成美洲自由贸易区需要这一地区国家的共同努力,矛盾、摩擦、分歧难以避免,但拉美经济一体化的深入无疑推动了该目标的实现。

总之,拉美经济一体化的加快对置身于这一进程内的国家所产生的影响是全方位的,不仅涉及经济诸方面,而且推动了政治领域朝着更加适宜生产力发展的方向的变革。随着经济一体化程度的不断加深,这块有着悠久历史文化传统的大陆将会放射出引人注目的异彩。

三、拉美经济一体化的前景

在1996年6月5日召开的美洲国家组织的第二十六届大会上,该组织的秘书长塞萨尔·加维利亚总结了美洲经济一体化所取得的令人瞩目的进展,颇有信心地宣称:"本大陆提出了最宏伟的一体化计划,在过去这一计划是非常遥远的事情,现在看来越来越切实可行了。"与会代表也为经济一体化高唱赞歌。他们得出这种结论很大程度上基于拉美经济一体化迅猛发展所取得的成就。事实也正是如此,拉美经济一体化的深化给许多国家的经济赋予了活力,为经济发展提供了新的增长源。拉美国家政府对该地区的经济一体化充满信心,其领导人在不同场合表明了置于这一进程以迎接新挑战的决心,拉美国家多数民众对经济一体化持赞成态度,据 1996 年 10 月 17 日在智利圣地亚哥公布的"1996 年拉美民意测验"结果,58.00% 的拉美人支持经济一体化,在南美洲和墨西哥支持率高于平均数,达到 63.00%。政府的决心和民众的支持将使该区的经济一体化不断走向深入,呈现出生气勃勃的发展前景。

拉美经济一体化是涉及整个地区的一场深刻变革,其前景诱人,但在其发展过程中难免会遇到一些困难,有时还会出现反复。不利于拉美经济一体化的因素主要有四个方面。一是地区内经济发展不平衡,国家贫富悬殊。世界银行的新近统计数字表明,在人均国内生产总值上,阿根廷为 8110 美元,墨西哥为 4180 美元,巴西为 4345 美元,乌拉圭为 4660 美元,而海地、尼加拉瓜等国只有数百美元,高者与低者相差高达数十倍,这种差距在未来还会进一步扩大。二是经济发展水平不同,国家在发展战略和具体的经济政策上自然显示出差异,如在税制结构、关税水平、劳工政策、金融体制等方面。如果拉美国家在宏观经济政策协调上达不成一致,就很难在涉及具体问题时形成共识,而且易于产生摩擦,导致一体化进程放慢,如秘鲁宣布退出安第斯集团,巴西和阿根廷在减免税收以吸引投资上的争吵,两国货币政策的不统一等无不影响了一体化的发展。三是国家之间的贸易互补性还不太大,如中美洲和加勒比地区都盛产香蕉,香蕉成为一些国家的传统出口产品和国民经济的重要支柱,它们之间贸易额很少,还经常在香蕉出口上矛盾迭出,有时甚至把官司打到世界贸易组织。这种情况在其他国家也程度不同地存在。拉美国家只有在出口产品上形成多样性和互补性,才能把自由贸易和共同市场推向更高的层次。四是拉美地区不存在一个超国家权力的机构,经济一体化发生于政府之间,各国对经济结构的调整主要服从于各自民族经济的利益,对所签署的经济一体化协议的遵守也是视其是否有利于本国的经济发展而定,这样一国在某一问题的完全自主选择就有可能侵犯了其他国家的利益,造成相互间不信任,甚至出现裂痕,如巴西 1997 年决定严格限制进口融资,引起南方共同市场其他国家的不满,它们认为这种单方面转向保护主义的做法违背了这个地区的协议和规定。五是拉美国家在经济发展上存在许多难以解决的问题,如失业率居高不下、内部储蓄严重不足、依赖外资程度较高、财政体制比较脆弱、外债数额巨大,等等。这些问题不仅是拉美国家实现经济增长的"隐患",而且给经济一体化向前推进留下了深深的"阴影"。

尽管存在诸多消极因素,但经济一体化在拉美地区已形成不可阻挠之势,拉美国家无不想在这一进程中寻求契机,使本国经济振兴腾飞。不过这里需要强调的是，不同国家从经济一体化过程中获取的好处或利益肯定是不相同的。对于技术力量雄厚与发展资金充足的国家来说，所得必然利大于失，但有的国家会由于经济比较脆弱，很可能难以抵制市场开放后所带来的强大冲击波，造成经济发展出现无序状态。因此这些国家尤其应制订切实可行的发展战略，以充分的准备迎接贸易自由化带给其经济的"挑战"，切莫操之过急，否则就会欲速则不达。正如墨西哥《对外贸易》杂志 1996 年 8 月号刊文指出的那样："从美国、加拿大和墨西哥的北美自由贸易协定到巴西、阿根廷、乌拉圭和巴拉圭的南方共同市场，这些最近的协定都呈现出积极的状态，它们为本地区一些国家的发展开辟了可能性。但是以为自由贸易是一条大河，无论哪个国家跳下去都会被流水冲往幸福和经济发达的地方，那纯属一种幻想。自由贸易不能成为全面的经济政策的有效替代品。国际开放不是也不可能是全面的经济政策。与国际贸易和金融的接轨要求实施既要外向又要内向的战略。"只有拉美各国从经济一体化进程中获得共同的利益和求得共同的发展，经济一体化才能健康地向前迈进。"路漫漫其修远兮"，随着拉美地区经济的发展，拉美国家在经济一体化过程中遇到的问题终会得到解决或缓解，拉美经济一体化的前景应该说是十分乐观的。

（原载《国际问题研究》，1997 年第 4 期）

美国市场对拉美地区经济发展的意义

第二次世界大战后，拉美国家长期实行"进口替代"发展模式，试图通过优先发展面向国内市场的工业部门，改变以出口初级产品为主的贸易格局，在本国工业化发展的基础上减少对工业发达国家的过度依赖。这种发展模式实际上是发展中国家对如何实现现代化的一种有益探索，在当时的国际环境下，适应了深受国际分工不合理之害而又急欲实现工业现代化的拉美国家的需要，曾经在拉美地区创造了经济发展的"奇迹"。但与国际市场相分离势必走入发展的"困境"，在 20 世纪 80 年代初，终于导致了一场空前规模的债务危机。这场危机宣布了"进口替代"发展模式的寿终正寝，同时也标志着拉美国家经济发展战略开始向着以自由市场为基本特征的外向型经济转换。在这种外向型战略的指导下，拉美国家十分重视对国际市场的开拓，这是拉美地区 90 年代经济发展充满活力的主要原因之一。美国市场的容纳量远非其他国家所能比拟，扩大在美国市场上的占有份额对拉美地区经济增长有着非常重要的意义。因此，正是美国巨大的市场，诱使拉美国家义无反顾地走上了与美国的经贸合作之路。

一、美国巨大的消费市场

美国是世界上最发达的国家。进入 90 年代后不久，美国经济进入了历史上少见的持续增长时期。美国国内生产总值连年增长，1982 年至 1998 年的年均增长率为 3.00% 左右，1998 年为 4.30%，1999 年为 4.20%，2000 年第一季度为 5.50%。经济合作与发展组织（Organisation for Economic Co-operation and Development）的《经济展望》第 66 期对主要经济指标的预测表明，2000年美国实际国内生产总值（GDP）的增长率为 3.10%，2001 年为 2.30%。经济增长在很大程度上是靠内需增长带动的。国内总购买的增长率 1998 年为 5.40%，1999 年为 5.10%，2000 年第一季度为 6.20%。个人消费支出增长率 1998 年为 4.90%，1999 年为 5.30%，2000 年第一季度为 6.20%，国内购买总值为 95040 亿美元，比 1999 年第四季度增长了 6.40%。[①]由于通货膨胀率和失业率基本上处在近 30 年来的最低水平，所以个人收入有了大幅增加。居民收入的增加一方面导致资金大量流向股票交易所，另一方面必然刺激国内消费市场的不断扩大。

美国人的消费观与许多国家，尤其与东方国家存在很大的区别。美国人的生活信念就是工作——挣钱——消费，工作成就的大小一般以赚钱多寡来衡量。"享受人生，消费至上"成为他们赚钱的基本目的。这种人生准则在美国社会得到普遍的认可，就是那些基督教徒在消费上很难看出与世俗之人有什么明显的不同。有钱的在消费，没钱的可以到银行举债超前消费。东方人对美国人"寅吃卯粮"多少有点看不惯或不习惯，但这的确是大多数美国人在生活消费上所遵循的主要准则之一。所以凡是从发展中国家到美国访问的人很少不对美国市场的丰富叹为观止，对美国人的消费水平更是自愧弗如。大概许多人都有这样一种想法，如果世界其他国家的人都像美国人那样消费，世界的资源恐怕抵挡不了多少年就该枯竭了。正是美国人的消费观念不断地把他们的消费水平推向更高的层次，刺激着美国国内消费市场不断扩充，使之成为世界上最大的消费市场。

美国市场上充斥着来自世界不同国家和地区的产品，说美国市场"国际化"一点儿都不过分。美国每年从其他国家和地区进口大量的商品，以满足本国市场日益增长的需求。所以从 90 年代开始，美国的进口总额几乎是连年攀升，1999 年进口额为 10247.66 亿美元，比上一年增长了 12.10%，2000 年第一季度的进口额为 1465.5 亿美元，比 1999 年第四季度增长了 12.70%。[②]这些数字足以说明美国人每年消费来自外国的商品和服务是其他国家所无法比拟的。如果我们通过把美国在世界进口市场上的占有份额与巴西和中国进行横向比较，美国市场的规模就更加清晰可见了。我们以 1999 年为例来加以说明。据世界贸易组织发布的《2000 年年度报告》中的统计数字，1999 年世界

---

① 以上统计数字除注明外均来自美国商业部经济分析局的网页 http://www.bea.doc.gov/bea/an/bsback/0600/maintext.htm.

② 根据美国商业部经济分析局 2000 年 6 月 15 日公布的统计数字计算。这些基本的数字可在 U.S. Foreign Trade Highlights 站点得到，网址是 http://www.ita.org/td/industry/otea/usfth/tabcon.html.

进口总额为 57250 亿美元，如果这一数字不包括欧盟内部贸易的话，1999 年世界进口总额为 44940 亿美元。美国进口总额为 10599 亿美元（与上述美国商业部经济分析局的统计数字略有出入），占世界市场份额的 23.60%；巴西为 518 亿美元，占世界市场份额的 1.20%；中国为 1657 亿美元，占世界市场份额的 3.70%。[①]美国人口比巴西人口多一亿有余（据《大英百科全书》的统计数字，巴西 1996 年人口为 1578.72 万，美国人口为 264.55 万），但美国进口市场的容量比巴西多了近 19 倍，美国人口比中国少近 5 倍，但进口市场的容量却比中国多 5.4 倍。美国人对进口品消费需求之巨大在此就可见一斑了。

二、进入美国市场的关税与非关税壁垒

从上面的统计数字可以看出，美国是世界上最大的市场，美国人每天消费着来自世界各国的商品，但是平心而论能够顺利地进入这一市场也并不是很容易。美国的关税水平相对较低，可以说是大大低于世界的平均水平，但具体到某一类产品上，美国征收不同的关税，高低差很大，对自己国内缺乏竞争性的产品征收较高的关税，以免受到外国廉价品对国内市场的冲击。根据对 1996 年到 1999 年美国贸易政策的评论，美国对农产品中如活动物、肉产品、精制食品、饮料、烟草等进口品征收较高的关税。1999 年对农产品征收的平均最惠国关税比工业品高 10.70%，奶制品平均关税为 22.30%，最高的达到 232.20%，糖和糖制品平均关税为 15.70%，最高的达到 168.70%，可可和可可制品平均关税为 14.70%，最高的达到 191.50%，谷类制品等平均关税为 19.00%，最高的达到 151.70%，混合食品平均关税为 14.90%，最高的达到 109.80%，烟草等平均关税为 53.30%，最高的达到 350.00%。[②]美国对纺织品和服装征收的关税相对也比较高，1999 年对这两类产品征收的平均关税分别为 10.30% 和 11.30%。世界贸易组织秘书处的数字表明，美国对纺织业实行不同的保护水平，纺织品输入的平均关税为 3.00%，但其制成品的平均关

---

① World Trade Orgnization, "Annual Report 2000,"p.17, http://www.wto.org/english/res-e/anre00-e.pdf.

② International Trade and Development Finance Division of ECLAC, "The New Trade Negotiations: A Chanllenge for Latin America and the Caribbean," Santiago, Chile, November 1999, p.47.

税为 10.10%。[1]

除了对不同的进口品征收不同的关税外，美国政府常常为了保护国内市场设置许多非关税壁垒，最常见的是进口配额，如农产品的关税配额包括牛肉、奶制品、糖和某些糖制品、花生、烟草和棉花，实行配额的农产品约有198 种，占全部征收关税商品种类的 1.90%。1998 年，美国对棉花、其他植物纤维、羊毛、合成纤维和混纺等制造的纺织品的服装实行配额。美国还对奶制品、咖啡、茶叶、谷类食品、动物和动物制品等关税目录中的 189 种产品保留了使用特别安全措施的权利。从 1995 年到 1998 年期间，美国在价格上和数量上使用了特别安全措施。经济制裁的使用也比较频繁。美国贸易代表可以在美国的出口未受到平等对待以及缺乏足够保障的情况下，对任何一个他们认为具有贸易歧视的国家采取措施，国会也可通过经济制裁议案迫使一些国家改变他们认为不利于美国外部利益实现的做法。经济制裁的政治目的很明显，但对遭到制裁的国家来说显然就是一种最大的非贸易壁垒，因为它是一种不受任何国际规则限制的任意行为，几乎剥夺了被制裁国家的商品进入美国市场的权利。此外，美国还对某些进口商品使用诸如烦苛的技术标准，卫生安全检验、标签和包装等规定。非关税壁垒的存在是许多拉美国家的商品进入美国市场的一大障碍。联合国秘书长科菲·安南 1999 年 11 月 29 日在美国《华尔街日报》发表文章指出："富国对从发展中国家进口的制成品征收的平均关税是它们对从其他工业化国家进口的产品征收的关税的 4 倍。配额和'反倾销'惩罚还被用来阻止第三世界的产品进入第一世界的市场，尤其在穷国具有竞争优势的领域，例如农产品、纺织品和服装。"[2]安南这里谈到的富国自然包括美国，而穷国也少不了拉美国家。

三、拉美商品在美国市场上的占有份额

美洲开发银行经济学家劳尔·伊诺霍萨-奥赫达等人指出："拉美国家依靠西半球市场吸收它们生产的大多数产品。这种依赖主要集中在美国，美国是拉美大多数出口品的目的地。拉美国家在西半球的出口占总出口的

---

[1] International Trade and Development Finance Division of ECLAC, "The New Multilateral Trade Negotiations: A Chanllenge for Latin America and the Caribbean," Santiago, Chile, November 1999, p.48.

[2] *Wall Street Journal*, November 29, 1999.

53.50%，其中 39.30% 到了美国。除了阿根廷，每个国家和区域集团出口到美国的产品占相当比例，超过了整个拉美地区加在一起的平均数。墨西哥在本地区的出口占 75.70%，其中 69.30% 到了美国。然而，从很大程度上来说，这种依赖是单方面的，因为美国出口的大多数注定在西半球之外。"[1]其实，单方面的依赖关系并不能反映美国与拉美地区经贸关系的现实，西半球市场对美国经济增长的重要性是不言而喻的，不过拉美国家对美国市场的依赖正在日益加深，这一点无疑是正确的。

拉美国家自 80 年代中期陆续进行发展战略调整以来，就把促进出口作为实现其经济增长的一个主要途径。90 年代拉美地区的经济多保持着增长的势头，成为世界上主要新兴市场之一。这是拉美国家经济调整、改革和开放取得成效的反映，也与它们大力发展国际贸易是分不开的。在这一过程中，拉美国家从来没有忽视美国市场的重要性，因此拉美国家对美国的出口一直呈增长趋势。如果不包括墨西哥，其他拉美国家（古巴除外）对美国的出口总值 1991 年为 314.07 亿美元，占美国的市场份额的 6.40%，1992 年为 335.34 亿美元，市场份额为 6.30%，1993 年为 344.78 亿美元，市场份额为 5.90%，1994 年为 385.04 亿美元，市场份额为 5.80%，1995 年为 422.50 亿美元，市场份额为 5.70%，1996 年为 488.47 亿美元，市场份额为 6.20%，1997 年为 536.76 亿美元，市场份额为 6.20%，1998 年为 504.18 亿美元，市场份额为 5.50%，1999 年为 584 亿美元，市场份额为 5.70%。以上数字表明，上述拉美国家对美国出口的绝对值是在明显上升，1999 年对美国的出口比 1990 年增长了 73.00%，但占有美国市场的份额却没有相应提高，1999 年的市场占有率甚至比 1990 年的 6.80% 降低了 1.1 个百分点。对于以增加出口来带动经济发展的许多拉美国家来说，美国市场的确大有潜力可挖，这无疑是它们与美国开展自由贸易区谈判的主要原因之一。

相比之下，墨西哥产品在美国市场的占有份额却在大幅度地提高。墨西哥对美国的出口总值 1991 年为 311.3 亿美元，占美国市场份额的 6.30%，1992 年为 352.11 亿美元，市场份额为 6.60%，1993 年为 399.17 亿美元，市场份额为 6.90%，1994 年为 494.94 亿美元，市场份额为 7.50%，1995 年为 621.01 亿美元，市场份额为 8.40%，1996 年为 742.97 亿美元，市场份额为 9.40%，

---

① Raúl A. Hinojosa-Ojeda, Jeffrey D. Lewis and Sherman Robinson, "Convergence and Divergence between NAFTA, Chile, and Mercosur: Overcoming Dilemmas of North and South American Economic Integration," Inter-American Development Bank, Working Papers Series 219, 1997, p.26.

1997 年为 859.38 亿美元，市场份额为 9.90%，1998 年为 946.29 亿美元，市场份额为 10.40%，1999 年为 1097.09 亿美元，市场份额为 10.70%。[①]墨西哥之所以对美国出口的增长速度远远超过其他拉美国家，除了与美国地理上接邻外，与美国达成的自由贸易协定（NAFTA）显然起了非常重要的作用。NAFTA 是个北南型的自由贸易协定，对墨西哥来说，与经济发展水平远远高于自己的北方强邻签署这一协定，一个主要目的就是为本国产品更容易进入美国市场创造条件。NAFTA 已经运行快 7 年了，墨西哥基本上实现了这一目的，其产品在美国市场上的占有份额稳步上升，约占美国整个进口总额的十分之一。这就给其他拉美国家提供了一个先例，西半球实现贸易自由化将会为拉美国家的出口产品顺畅地进入美国市场打开一条通道。

四、拉美国家为出口产品进入美国市场的努力

拉美国家为了减少出口产品进入美国市场的障碍，现在正积极致力于 2005 年美洲自由贸易区的实现。美洲自由贸易协定不会拥有超越国家主权的权力，但毕竟是签约国在贸易与投资等问题上所达成的"共识"，任何一国对共同规则的违反势必遭到其他国家的谴责，成为众矢之的。加拿大总理让·克雷蒂安在 1995 年 1 月宣称，加入美洲自由贸易集团的国家团结起来，就会形成一种足够抗衡美国的力量，以防止美国利用国际条约采取变化无常的行动。这段话实际就是针对美国不顾国际基本准则任意对他国采取贸易制裁而言的。从这个意义上来讲，美洲自由贸易协定会对美国的任意行为有所约束，美国也会为了得到西半球市场而对自己的贸易伙伴国的出口品进入美国市场网开一面。否则用负责拉美的美国电话电报公司（AT&T）副总裁克雷森西欧·阿科斯的话来说："如果不在北美自由贸易协定式的贸易协定下为拉美地区的商品提供一个有保障的市场，我们将不能从我们的贸易伙伴国取得政治让步。为什么呢？因为商业现状是很难改变的。"[②]由此可见，美洲自由贸易区在市场准入上为拉美国家出口品进入美国市场提供了规则上的保证。因此，

---

① 根据美国商业部经济分析局 2000 年 6 月 15 日公布的统计数字计算。这些基本的数字可在 U.S. Foreign Trade Highlights 站点得到，网址为 http://www.ita.org/td/industry/otea/usfth/tabcon.html.

② Cresencio Arcos, "Beyond Rhetoric: A Renewed U.S. Commitment to Hemispheric Free Trade," *The Heritage Lectures*, No.558, March 26, 1996, p.2.

"对拉丁美洲国家来说，美国已成为该地区工业出口品最有希望的市场。……但它仍然是一个很难进入的市场，因为被大量的非关税壁垒所包围。美洲自由贸易区的谈判对拉美国家来说将主要是打破这些壁垒，使拉美的产品更大范围地进入美国市场"。[①]

从双边贸易上讲，拉美地区在与美国的贸易中一直处于入超的地位，这当然与美国设置的非贸易壁垒有很大的关系。以最近 6 年为例，如果不包括墨西哥，1994 年拉美地区对美国的贸易入超额为 19.34 亿美元，1995 年入超额为 30.51 亿美元，1996 年入超额为 15.54 亿美元，1997 年入超额为 19.85 亿美元，1998 年入超额为 33.89 亿美元，1999 年入超额为 6.98 亿美元。墨西哥在签署北美自由贸易协定（NAFTA）之前与美国的贸易一直处于入超地位，1991 年入超 21.47 亿美元，1992 年入超 53.81 亿美元，1993 年入超 16.64 亿美元。NAFTA 生效后，除 1994 年（入超额为 13.50 亿美元）之外，墨西哥与美国的贸易开始由入超变为出超，1995 年出超 53.09 亿美元，1996 年出超 175.02 亿美元，1997 年出超 145.50 亿美元，1998 年出超 158.56 亿美元，1999 年出超 228.41 亿美元。[②]这些统计数字说明，拉美其他国家在与美国实现自由贸易后，美国也会像对待墨西哥那样向它们的产品开放市场，它们也有可能像墨西哥一样对美国的出口急剧增加，改变现在与美国贸易的入超状况。可以预料，美洲自由贸易区建成运行后，美洲国家之间将会在许多产品上实行自由贸易，由于无关税障碍，拉美国家出口到美国市场上的产品将比现在更具有竞争力，随着对美国市场占有份额的扩大，不仅会使与美国的贸易逆差逐步降低，更重要的是为拉美国家经济增长带来一个很大的契机。安妮克·赫森认为，加勒比国家能从未来的北美自由贸易区（FTAA）中获得许多潜在利益，其中首要之点是扩大了在美国的出口市场，"将为加勒比共同市场的出口商创造富有意义的新的市场机会。……此外，只要对服装和其他'敏感'进口品的关税被取消，非关税壁垒在正在进行的谈判中得到有效的解决，FTAA 将提供更稳定的和更有预测性的对美国市场的准入"。[③]加勒比地区小国尚且如此，对南美洲经济相对发达的国家来说在这方面获得的好处会更多。

正是因为美国市场对拉美经济发展的重要性，拉美国家在 90 年代初就接

---

① "Building the FTAA: Policy Debate and Prospect,"*Latin American Special Reports*, April 1998, p.1.

② 参见 http://www.ita.org/td/industry/otea/usfth/tabcon.html.

③ Jessen and Ridriguez, "The Caribbean Community: Facing the Challenges of Regional and Global Integration," Inter-American Development Bank, Occasional Paper 2, Buenos Aires, January 1999, p.27.

受了美国的倡议，与美国一道开始了美洲贸易自由化的谈判。尽管拉美国家在许多问题上与美国存在着矛盾或冲突，就是在 FTAA 谈判问题上与美国也有许多利益冲突的地方，但在 2005 年建成 FTAA 上，南北美洲国家表现出了高度的一致性。中美洲和加勒比国家面对着 NAFTA 带来的贸易转移和投资转移效应，希望 FTAA 能早日建成，使它们的出口产品能在美国市场上享有与墨西哥产品相同的待遇。南美洲国家有时尽管不太"积极"，但在 FTAA 谈判的时间下限上屡屡表示完全遵照在历次首脑会议上所做出的承诺。如 2000 年 9 月初，南美 12 国首脑签署的《巴西利亚公告》宣称："南美国家总统重申对扩大和加深西半球经济一体化进程的支持。他们欢迎 1999 年 11 月在多伦多举行的第五届部长会议的结果，再次表明他们对逐渐建立美洲自由贸易区的保证，即在保证南美出口品有效进入各国市场的公平和均衡基础上，FTAA 谈判应该不迟于 2005 年完成。为了达到这一目的，总统们决定加强南美洲国家在谈判立场上的协作。"[①] 对拉美国家来说，美洲贸易自由化带给它们的不会全部都是"福音"，但显然是利大于弊，尤其是对美国市场的开拓的确能促进拉美地区经济实现快速增长，会有效地巩固十几年来改革开放的成就，使这一给经济带来活力的战略继续走向深化。

（原载《国际问题研究》，2001 年第 5 期）

---

① "The Brasilia Communiqué," *SELA/Capitulos 60*, September-December 2000, p.140.

美国与拉美经贸关系的发展及其趋向

　　1990 年 6 月 27 日，美国总统乔治·布什提出"美洲事业倡议"，宣布将与拉美国家建立一种"新的经济伙伴关系"，把开辟一个西半球自由贸易区的计划正式提上了议事日程。实践证明，这一计划的实现并非一帆风顺，有时还障碍重重，但在西半球国家的共同努力下并没有流于言谈，而是取得了很大的进展。美国与拉美国家加强经贸领域的合作不仅反映出近些年来美拉关系上的一个主要特征，而且也成为今后美拉关系发展的基本趋向。

一、美国的对外贸易战略与西半球市场的重要性

　　冷战结束后，美国对外关系尽管常常笼罩在"冷战思维"的阴影下，但美国也与世界上其他国家一样把战略重点从强调安全利益转向经济发展，较过去更加重视开拓海外市场，以为其国内经济寻求更为广阔的增长源，这样美国的经济就与其他国家的市场密不可分地联系在一起了。正如耶鲁大学管理学院院长杰弗里·加顿指出的那样："美国经济的健康发展比以往更紧密地依赖世界市场，国内的动力已不再能形成充分的增长、就业、利润和储蓄。美国目前超过三分之一的经济增长来自出口。……从美国外交政策的立场上讲，美国同大多数国家的联系以及对这些国家的潜在影响，越来越依赖于它们之间的商业关系。贸易、金融和经济投资已成为与俄罗斯、中国、日本、东南亚、欧盟和西半球国家联系中绝对必要的条件。"[①]因此，冷战后美国对外战略的调整自然相应地加强了服务于海外经贸利益实现的力度，外交与商

---

① Jeffrey E. Garten, " Business and Foreign Policy," *Foreign Affairs*, Vol.76, No.3, May-June 1997, pp.69-70.

贸密切相连，甚至在某种程度上说前者成为后者的"奴婢"。法国《快报》周刊 1997 年 11 月下旬刊文谈到美国冷战后寻求一种新的战略时指出："外交成了这个商业大国意志的一种延伸，成了为出口和经济服务的一种武器。"事实也正是如此，冷战后美国政府无不大力在世界范围内推行西方自由体制，为美国商品更为便利地进入他国市场创造条件。克林顿政府更加强调外交服务于经贸的扩张，美国对外部市场的需要比任何时候都更为强烈。克林顿在向国会提交的《1997 年全球贸易政策安排》中指出："对美国经济来说，贸易现在比任何时候都更加重要。今天，美国对外贸易额几乎是国内生产总值的 30.00%。"由此他特别强调美国必须在经济上继续保持"对世界出口猛增的趋势"；在政治上，贸易是美国"能够在全世界推广其核心价值观的工具"；在战略上，通过加强贸易关系，美国"可以在世界各地发挥领头作用"。他在 1998 年的国情咨文中再次重申了这一点。克林顿所谈的贸易显然是指美国政府孜孜以求的自由贸易。正如美国前商业部谈判代表杰弗里·卡坦指出的那样："当我的简短发言不包括对自由化提出建议或向自由化祝贺时，我从来不去出席。……我们确信，我们正在随着一条河流前进，我们的工作就是使河水的流速更快。……华尔街对此感到高兴。"①卡坦之语显然包含着美国在推进贸易自由化时的利益所在。因此，外交服务于国外市场的扩大是美国对外战略的一个重要内容。

西半球在传统上就是美国经贸上的势力范围，美国主要向拉美国家出口技术设备和工业制成品，从拉美地区进口原材料和技术附加值很低的半成品。这一地区的广阔市场从未被美国忽视，即使是在美国将安全利益置于第一位的冷战时代也是如此，拉美市场在经济上也未失去重要性。因此，美国对外政策重点开始由强调安全利益转向经济发展，美拉关系同样体现出了这一内容。美国加强了与拉美国家的经贸合作，把建立美洲自由贸易区的计划提上了议事日程。在美洲国家的共同努力下，该计划取得很大进展。加强经贸合作是近些年美拉关系的一个主要特征和趋势，但美国与拉美国家的根本利益不同又使这种合作中充满着分歧和冲突，致使它们只能缓慢地向着贸易自由化的既定目标前进。

冷战结束后，当美国开始把全球战略重点转向为国内经济发展寻求新的

---

① Doug Henwood, "The Americanization of Global Finance," *NACLA Report on the Americas*, Vol.33, No.1, July-August 1999, p.14.

外部财源时，西半球市场的巨大潜力更是显示出了重要的意义。按照美国政府 90 年代初的构想，未来的世界经济格局将由三大经济圈组成，分别是以统一后的德国为首的欧洲大市场、以日本为核心的亚太经济圈和以美国为盟主的美洲自由贸易区。美洲自由贸易区如果能够顺利实现，势必能加强美国与其他区域性经济集团竞争和抗衡的能力，为其全球经济利益的实现增加筹码，最终巩固其在世界经济格局中的领导地位。在这种背景下，美国自然会加强与拉美国家的经贸合作关系。联合国拉美经委会驻美国官员艾萨克·科恩在 1997 年 10 月回顾说，布什向整个美洲提出倡议，把贸易放在首位，由此将确定美国与拉美之间建立一种新型关系的模式。美国对拉美地区出口贸易呈直线上升趋势就反映出拉美市场的日益重要性。[①]美国外交问题专家欧塞维奥·穆哈尔-莱昂在 1997 年 8 月底接受墨西哥《至上报》采访时指出，冷战结束后，拉美地区对美国开始越来越重要，"如今，华盛顿更多的是从经济而不是从军事角度来确定它的安全战略。然而并不是说安全利益不再重要，但最根本的是巩固市场和加强贸易关系"。他的这番话道出了美国在西半球战略的转变，给其处理与拉美国家关系带来了新内容。

第二次世界大战后，许多拉美国家的经济曾出现较快的增长，但 80 年代初发生的债务危机一下子就使拉美国家陷入了长达 10 年之久的经济增长中断期。90 代以后，拉美国家通过发展战略的调整，再次成为世界上经济增长较快的地区之一，发展迅速的对外贸易在其中起了非常重要的作用。世界贸易组织 1997 年 4 月 10 日发表的一份报告表明，1996 年拉美地区的商品出口增长率是世界平均水平的 3 倍，进口增长率是世界上平均水平的 2.4 倍。美国是拉美国家出口的第一大市场，从 90 年代以后出口额持续增长，1990 年为 638 亿美元，到 1994 年上升为 881 亿美元，增幅为 38.00%，近几年增长速度更快。美国显然是拉美国家优先发展贸易的对象。除此之外，拉美国家在资金、技术、债务等方面都需要美国的帮助。这种在经济上无法摆脱的联系决定了拉美国家在寻求经济增长途径时，更需要与美国建立一种经贸合作关系。

1997 年 5 月 5 日，克林顿在访问墨西哥之前宣称："美国与拉美国家之间正在形成一种伙伴关系，这种关系不仅以历史、地理位置和文化为基础，

---

① 相关统计数字可在美国商业部国际贸易管理局的《美国对外贸易要闻》站点得到，网址是 http://www.ita.org/td/industry/otea/usfth/tabcon.html。

而且越来越多地以共同的利益和价值观，以一起为共同的未来做出努力为基础。"克林顿在这里掩饰了美国对拉美政策的强权实质，但从一个侧面反映了冷战后美拉关系的深刻变化。

二、西半球贸易自由化的大势所趋

冷战后，美国与拉美国家在经贸上的合作开始于布什总统的"美洲事业倡议"，该倡议明确提出三项建议。一是美国许诺在关税和贸易总协定的乌拉圭回合谈判中与拉美国家合作；二是美国准备同其他美洲国家达成全面自由贸易的协定；三是与那些不准备达成全面自由贸易协定的国家进行谈判，以便就开放市场和加强贸易关系达成双边协定。此后美国与拉美国家合作组建西半球自由贸易区就成为美国的一个长远目标。1990年底，布什对南美5个国家进行了访问，反复强调美国与拉美关系进入了"新纪元"。当时的舆论普遍认为，布什的这次拉美之行说明美国正从一种新的角度看待拉美，通过与拉美各国领导人的直接对话，启动美洲自由贸易区进程。拉美多数国家对布什政府的"倡议"基本上持欢迎态度，因为它们需要通过与美国在各个方面的合作来解决自身经济发展过程中遇到的问题。阿根廷、智利、哥伦比亚以及委内瑞拉等国领导人先后访美，同布什政府讨论与"倡议"有关的事项。8个国家与美国签订了建立自由贸易区的框架协定。1991年，26个拉美经济体系成员国的代表和十几个地区性组织的领导人举行了磋商会议，一致认为布什的"倡议"开启了一种互利的"伙伴关系"进程。其实，布什政府的上述意图不会改变美国与拉美国家根深蒂固的不平等关系，但对整个美拉关系的发展方向产生了深刻的影响，也为美拉在经贸等领域的合作提供了更为广阔的前景。

克林顿政府在许多问题上与布什政府相左，但延续了前任在西半球的既定方针，以更务实的态度推进美洲自由贸易区的进程。1994年1月1日，经过多年谈判的北美自由贸易区正式运行，美国实现了迈向"美洲经济圈"至关重要的一步。克林顿政府显然想以北美自由贸易区为起点把这种合作模式扩大到中南美洲。克林顿一上任就宣布："在与墨西哥和加拿大签署了北美自由贸易协定以后，将这一协定扩大到本大陆其他国家是美国所追求的目标之一。"1994年12月，在克林顿的倡议下，美洲34国首脑云集美国的迈阿密，经过讨论和协商，确定了 2005 年在西半球建立统一的自由贸易区的目标。这次会议尽管不可能使美国和拉美国家在一些具体问题上达成共识，但在某种意义上说标志着美拉在经贸领域的合作迈上了一个新的台阶。这次会议之后墨西哥爆发了举世瞩目的金融危机，北美自由贸易区南扩的呼声在美国几乎销声匿迹，拉美国家激发起的热情也大大减弱。不过这次危机并未从根本上扭转西半球经济一体化进程，而美国在阻止危机蔓延上所起的作用一定程度上显示出西半球国家合作解决重大问题的意义。1996 年美国与拉美国家尽管在经贸上产生了诸多摩擦和风波，但丝毫没有影响到美国和拉美互为市场对各自经济发展的重要性，这就预示着美国不会改变其西半球既定战略，迈向美洲自由贸易区的进程也不会中断。1997 年克林顿政府再度把与拉美国家建立"合作伙伴关系"提到议事日程。是年 5 月 10 日，克林顿两度访问拉美地区，其目的就是加强与拉美国家的合作，巩固美国与拉美地区现存的经贸关系，解决影响美拉关系发展的一些重大问题，促进关于美洲自由贸易区的谈判恢复正常。这两次访问尽管不会驱散笼罩在美拉关系上的阴影，但的确反映出美国何等迫切地需要拉美国家在经贸等领域的进一步合作，同时也预示着通过这种合作关系加快实现美洲贸易自由化会再掀高潮。

　　组建美洲自由贸易区为美国所倡导，其进程的快慢往往与美国的态度有很大的关系，不过离开了拉美国家的合作，这种"宏大"的计划也就只能流于空谈。拉美国家在这样一个涉及整个地区经济结构变革的重大问题上基本上持欢迎态度，它们无非是想在这一进程中寻找发展契机，使国内经济振兴腾飞。拉美许多国家实际上也在积极地准备迎接贸易自由化来临的挑战，它们不断调整宏观经济政策，促进内部经济结构的改革，放弃了长期实行的高关税保护政策，大力发展对外贸易，逐步实现出口产品的多样化，建立了一套与国内市场开放相适应的外贸体制，如取消进口许可证制，降低关税税率，减少关税等级和税种等。拉美地区的一些区域性组织也在为 2005 年实现美洲贸易自由化开展多边谈判。1997 年 9 月 25 日，刊登在阿根廷《民族报》上的一篇文章指出，南方共同市场在组建南部自由贸易区的同时，"将与北部国家一起，确定建立本半球自由贸易区的基础"。在拉美国家的积极合作下，1996 年 9 月中旬美洲 34 国贸易部和外交部的副部长在巴西举行了会议，研究分析了 2005 年实现迈阿密会议确定的目标上存在的问题，尽管与会代表在许多方面意见并不一致，但促进美洲自由贸易区进程则是各国的共识。1997 年 5 月中旬，美洲国家举行了第三次贸易部长会议，与会代表同意从 1998 年 3 月开始有关美洲自由贸易区的谈判。10 月 28 日，美洲 34 国代表举行了为期 3 天的会议，重点讨论了 2005 年前建立美洲自由贸易区的谈判日程、目标和组织结构等议题，并为 1998 年 4 月在智利进行的西半球首脑会议准备讨论和签署的文件。显而易见，美洲自由贸易区向着既定的目标接近与拉美国家的共同努力密不可分，它们在这一进程中寻求经济增长的契机的考虑势必会加强与美国的合作关系。

西半球迈向贸易自由化是符合世界经济发展大潮的一种必然趋势，这一进程不会是一帆风顺的，但也绝不会停滞不前，中途夭折。置身于这一进程内的国家所追求的利益尽管难以求同，但形式上一个共同的目标已使它们无可解脱地联系在一起。它们只有消除歧见，求同存异，才能促使该目标的实现。美国与拉美国家在经贸领域合作的意义也就在于此。

三、西半球实现贸易自由化的障碍

距 2005 年完成美洲自由贸易区的谈判剩下不到 10 年时间，美国与拉美国家在经贸领域的合作是这一目标能够顺利实现的最基本保证。客观上讲，近些年在南北美洲的共同努力下，美洲自由贸易区的谈判取得了很大的进展。不过这场影响到西半球国家发展的深刻变革毕竟发生在高度发达的美国与正在发展中的拉美之间，经济水平的巨大差异决定了美国与拉美国家不会以统一的步伐向着贸易自由化的目标齐头并进，经贸合作中充满着利益的冲突。虽然接踵而来的困难和障碍不会使美洲贸易自由化进程停滞不前，但美洲国家显然是在一条坎坷不平的道路上向着这一目标缓慢前进。

美国与拉美国家通过发展经贸合作关系实现美洲贸易自由化受到一些不利因素的制约。第一，任何形式的国际合作取得成效都是建立在一种平等互惠的基础上的，可是美国在寻求与拉美国家进行经贸合作时并没有放弃对拉美地区固有的看法，亦即以"大兄弟"或"盟主"自居，把拉美地区视为自己的"势力范围"或"后院"，要求拉美国家围绕着美国的好恶转动，但拉美国家听任美国摆布的时代毕竟已成为历史，不牺牲本国利益是现在它们与美国合作的基本前提。1996 年 3 月，美国通过"赫尔姆斯－伯顿法"，扬言要对与古巴发生经贸关系的外国公司进行制裁。拉美国家反应强烈，群起而攻之。它们也对美国在环境、反毒、移民和人权等问题上的强权做法普遍不满。当然这些冲突并不是都与建立美洲自由贸易区有关，但当美洲国家致力于该目标实现时，美拉紧张关系必然会产生一些负面影响。第二，自北美自由贸易协定生效以来，一些拉美国家表示有意加盟，克林顿也屡屡摆出要使用"快速审批权"的姿态，邀请某些拉美国家单独与美国进行加入北美自由贸易协定的谈判。然而，由于贸易保护主义作祟，国会从来没有赋予克林顿这种权力，致使北美自由贸易区南扩流于空谈，一度挫伤了拉美国家对美洲贸易自由化的热情。第三，建立美洲自由贸易区体现出了美国与拉美国家在经贸领域的合作关系，但经济发展战略的不同决定了美国与拉美国家在具体合作问题上的冲突难以避免，美洲自由贸易的谈判实际已经变成了一个新的经济战场，在这个战场上，一边是尚未完全联合起来的拉丁美洲，另一边是美国。事实正是如此，美国与拉美国家在一些重大问题上存在着较大分歧，如建立美洲自由贸易区的时间安排、完全取消关税、环境与劳动、工作小组数量以及农业等。南美国家在谈判中更是表现了与美国难以取得一致的态度，正如巴西《圣保边州报》1997 年 5 月 5 日刊文指出的那样，在美洲自由贸易区谈判会议上，南方共同市场坚持"制定适用于所有国家的规定，以便使强国不能将自己的意志强加于别国，也不能把自己的规定变为其他国家必须遵守的法律"。这种主张实际就是针对美国而言的。第四，贸易自由化的基本要求就是成员国取消或降低关税和非关税壁垒，实现市场的相互开放。然而贸易保护在美洲国家依然存在，致使贸易摩擦此起彼伏。如美国对巴西 26 种产品征收附加税，美国和智利在大马哈鱼问题上的冲突，委内瑞拉指责美国限制进口委石油、扬言要向世贸组织投诉，美国与墨西哥之间的西红柿大战，美国限制墨西哥运输车辆自由出入美国等。拉美国家为了保护还很脆弱的国内市场，有时不得不用关税壁垒对进口加以限制。不管美国和拉美国家的举措是否合理，但贸易冲突无疑给美洲自由贸易区的谈判投下深深的阴影。第五，近些年来，拉美国家在致力于本地区经济一体化的同时还加强了与西半球之外的国家或经济集团的联系，许多拉美国家首脑频频出访域外国家，开展多元外交。1997 年 8 月，里约集团首脑会议决定加强与欧盟的关系，南方共同市场与欧盟建立跨区域的自由贸易区开始由可能性向现实性转化。经过谈判协商，拉美国家与欧盟商定 1999 年上半年举行首次欧盟与拉美国家元首和政府首脑会议，以寻求建立一种新型合作关系的途径。拉美国家积极开展区域外的多边经济合作是国内经济发展所需，但在一定程度上会削弱与美国的经贸合作关系，影响美洲自由贸易区的谈判进程。智利外长因苏尔近期指出：

"即使没有美国，我们同拉美其他国家、欧洲和亚洲的贸易进程也将持续下去。"他这里虽然仅指智利而言，却反映出整个地区事务通过加强与域外国家的经济合作来抵制美国的普遍情绪。

美国与拉美国家的经贸合作尽管受到上述不利因素的限制，西半球迈向贸易自由化也存在着诸多障碍，但至今尚无任何域外国家能够取代美国在拉美国家经济发展中的重要地位，这就决定了美拉经贸合作关系只会得到加强，相互的贸易往来将会随着美洲贸易自由化目标的接近而变得愈来愈密切。当然，这种合作中必然存在着利益上的分歧和冲突，但任何障碍都不能从根本上扭转已经在西半球掀起的贸易自由化的"大潮"。各国只有在平等互利的基础上发展经贸合作关系，才有可能在 2005 年实现既定的目标。1998 年 4 月，美洲国家首脑将在智利圣地亚哥举行第二次会议，可以预言，这次会议将充满着激烈的争执，但无疑会促进美洲国家之间经贸等领域的合作，促使美洲自由贸易区谈判迈上一个新的台阶。

（原载《国际问题研究》，1998 年第 3 期）

亚洲金融危机对拉美地区国际贸易的影响

自 20 世纪 90 年代以来，拉美地区的经济多保持着增长势头，成为世界上的主要新兴市场之一，这是拉美国家经济调整、改革和开放取得成效的反映，与它们大力发展国际贸易显然是分不开的。亚洲 1997 年爆发金融危机后很快就波及拉美，明显使该地区的经济增长速度放慢。1997 年拉美地区的国内生产总值（GDP）增长率为 5.40%，1998 年下降为 2.10%，1999 年出现了近些年少见的零增长。国际金融危机在拉美地区经济发展中引起连锁反应，其中国际贸易受到的冲击大概最为严重。对于以促进贸易尤其是以出口带动经济增长的拉美地区来说，这无疑是 1999 年出现零增长的主要因素。

在当今世界，任何一个国家想要经济的快速增长，脱离与外部的联系都是不可能实现的。也就是说，国家经济发展日益与国际社会接轨，外部因素或外部环境对经济增长的制约趋于加强。发展中国家通过改革开放把本国经济与外部世界更加密切地联系在一起，并从中获得明显收益。然而，任何事物都具有两面性，外部有利的环境会对经济发展产生巨大的推动作用，但是如果我们把世界经济比作一根链条，一旦这根链条上有一环脱节，那么用这个链条维系的所有国家的经济都会或多或少地受到影响，在这种意义上来说，在这根链条上的那些制度尚未健全的国家，经济会由此变得更加脆弱，更易受外部的攻击。因此亚洲金融危机不可避免地对拉美地区带来冲击。美洲开发银行在 1999 年 2 月发布的一份报告中指出，亚洲金融危机主要是通过三种途径来影响拉美国家的。一是金融市场的"蔓延"效应导致资本外逃，对汇率形成压力，利息率提高，股市变化无常，维持宏观经济稳定和持续经济增长的能力急剧下降；二是世界贸易和经济增长的衰退直接对地区贸易额产生消极影响；三是较低的商品价格不仅导致出口业绩下降，而且导致依靠出口收入的国家财政困难。^①这三种途径与拉美地区国际贸易的开展显然有着直接或间接的联系。因此，拉美地区国际贸易近两年出现滑坡是受国际金融危机影响的一种必然结果。

首先，表现在拉美地区与发生危机国家的贸易上。金融危机对所在国的直接影响是经济大规模的衰退，国内市场因消费需求减少和进口商品价格相对昂贵而急剧萎缩。一些拉美国家对东亚的出口随之下降。在亚洲爆发金融危机之前，拉美与东亚地区（包括中国和日本）的贸易持续增长，从 1992 年到 1996 年，拉美国家出口到东亚的产品价值年平均增长率为 12.00%，从东亚地区进口的产品价值年平均增长率为 16.00%。亚洲金融危机对拉美国家影响不一，程度取决于出口在发生危机的地区所占的市场份额。智利所占份额最高，为 33.00%，其次是秘鲁，为 23.00%，接下来依次是巴西（15.50%）、厄瓜多尔（11.30%）、乌拉圭（11.20%）、阿根廷（9.80%），等等。所以在亚洲金融危机的冲击下，智利在 1998 年出口在亚洲地区所占的份额降为 12.10%，秘鲁为 7.70%，巴西为 4.40%，阿根廷为 2.50%。^②其他拉美国家对亚洲的出口也程度不同地下降。

其次，对拉美地区与第三国市场的影响。国际贸易对金融危机起着一种传递作用，因为随着汇率的变动、经济衰退、经常项目赤字的调整等，商品流动的进出口价格都会发生相应的变化。如汇率下跌改变了商品的相对价格，继而影响到贸易流动。所以在货币贬值国家，商品由于在价格上更具有竞争性而导致出口潜在的扩大。东亚国家汇率的变动导致本国货币贬值，一个附带的潜在所得就是出口商品的国际竞争力提高。再加上由于国内市场的萎缩，生产者必然想方设法出口在国内市场上销售不出去的产品。东亚国家出口的猛增自然与拉美国家在第三国市场上形成了竞争。此外，由于东亚国家出口商品价格低廉，在拉美市场上同样构成了竞争上的优势。根据美洲开发银行 1999 年的数据，拉美地区出口商品面临亚洲出口商品竞争的比例是，在拉美市场上为 34.50%，在经济与合作发展组织（OECD）国家市场上为 37.90%，在世界市场上为 32.90%（参见表 3-1）。亚洲具有竞争性的产品短时间不可

---

① Inter-American Development Bank, "Integration and Trade in the Americas: Special Report: The International Financial Crisis: Implications for Latin American and Caribbean Trade and Integration," *Periodic Note*, February 1999, p.1.

② 参见 SELA's Permanent Secretariat, "Latin America in the International Financial Crisis," *Capitulos 56*, May-August 1999, p.45.

能取代拉美在上述市场上的产品,但无疑会使拉美产品的市场占有份额下降,影响了拉美地区的出口收益。

表 3-1 拉美出口面临亚洲竞争的比例

(以 1995 年贸易结构为基础)单位:%

国家	拉美市场	OECD 国家市场	世界市场
墨西哥	53.7	57.5	55.6
乌拉圭	39.5	32.5	30.8
巴西	46.5	31.7	28.9
哥伦比亚	44.9	15.9	22.6
阿根廷	23.8	15.4	16.5
秘鲁	14.7	14.5	12.0
智利	25.2	4.2	7.3
委内瑞拉	17.1	9.9	6.8
厄瓜多尔	19.3	2.6	6.1
拉丁美洲	34.5	37.9	32.9

资料来源: Based on IDB data, 1999. See SELA's Permanent Secretariat, "Latin America in the International Financial Crisis," *Capitulos 56*, May-August 1999, p.45.

最后,造成了出口商品价格的下降,直接影响了拉美地区的出口收入。许多拉美国家是诸如原油、铜、铁矿、铝、锡、木材、大豆、咖啡、棉花、香蕉、鱼粉、木浆等初级品和制成品的重要出口国。亚洲金融危机导致全球经济衰退,世界市场上需求量减少和竞争激烈使得这些商品价格明显下跌。以 1998 年为例,拉美整个地区因贸易条件变化遭受的损失在 GDP 中所占的比例为 4.10%,其中委内瑞拉为 22.80%,智利为 10.50%,秘鲁为 8.80%,厄瓜多尔为 8.40%,哥伦比亚为 6.30%,巴拉圭为 4.80%,阿根廷为 4.50%,玻利维亚为 4.50%,墨西哥为 2.60%,巴拿马为 1.80%。[①] 在 1999 年,较低的商品价格继续从整体上影响着拉美地区的出口业绩,造成了对外收支不平衡。当然也有一些拉美国家从诸如原料和汽油等价格下跌中获益,但就整个拉美地区而言,所失远远大于所得。著名经济学家阿图罗·波泽坎斯基(Arturo Porzecanski)指出:"亚洲金融危机的影响反映在拉美一些关键商品价格的下

---

① Inter-American Development Bank, "Integration and Trade in the Americas: Special Report," *Periodic Note*, February 1999, p.29.

跌和所有发展中国家支付更高的信贷价格，同时伴随着它们的贸易平衡和中央银行储备情况的大大恶化。尽管私有化计划继续把资金吸引到该地区，但随着当前 10 年经济改革带来的历史机遇的退潮，外资在几年时间内将减少。"①

拉美国家面对着商品价格下跌、出口减少、进口上升的趋势，在贸易保护的呼声中不得不采取一些临时性的措施，如强化反倾销立法，征收抵消税，对某些具体部门采取保护，提高某些进口品的标准，针对进口设置新的行政审批程序、进口登记要求、运输方式的限制等。这些措施一定程度上缓解了亚洲金融危机给拉美地区贸易带来的压力，但同时也减慢了以自由贸易为主要内容的地区一体化进程，造成区域一体化组织内部贸易额下降。正如拉美经济一体化协会秘书长罗哈斯在 1999 年 10 月 27 日举行的关于金融危机对拉美地区经济影响的讨论会上认为的那样，拉美近些年遭受了亚洲金融危机的打击。这场危机不仅影响了地区一体化进程，而且还使建立自由贸易区的谈判停滞不前。他说："我们预测 1999 年地区间贸易将像 1986 年一样，下降32.00%。"他解释说，拉美一体化协会成员国之间的贸易已从 1991 年的 194亿美元增至 1997 年的 504 亿美元。然而，1997 年的危机已使 1998 年的内部贸易额降至 474 亿美元。预计 1999 年能勉强达到 320 亿美元。②美洲开发银行在 1999 年 10 月公布的一份文件中指出："下降的商品价格、大多数拉美国家较低的经济增长和/或衰退以及对亚洲货币贬值对拉美竞争力影响的担忧，导致了一些拉美国家保护主义威胁的上升以及另一些拉美国家保护主义措施的实际采取。……最大的忧虑在于这些措施对地区一体化带来的种种后果。"③

亚洲金融危机已经持续了两年多，这场危机笼罩在全球经济上的阴影至今未消失，拉美国家同样深受其害。好在亚洲经济开始出现复苏的迹象，这是世界经济发展的一个"好兆头"。随着出口的增加，拉美国家将重新走上经济增长的轨道。据拉美经委会 1999 年底预测，2000 年拉美地区的经济增长将达到 3.60%。亚洲金融危机尽管即将成为历史，但给拉美国家留下许多有益的教训。拉美国家应该加快调整内部经济结构的改革，从体制上消除内部发生金融危机的隐患，能够对外部所发生的危机做出快速反应，把危机带来

---

① Inter-American Development Bank, For Immediate Release, March 15, 1998.

② 参见《参考资料》，1999 年 11 月 16 日，第 42 页。

③ Inter-American Development Bank, "Integration and Trade in the Americas," *Periodic Note*, October 1999, p.4.

的损失降到最低。这是拉美国家在世界经济越来越成为一个整体的情况下对付难以预料和控制的外部金融危机的最好选择。

（原载《拉丁美洲研究》，1998 年第 4 期）

对北美自由贸易区批评的评析

北美自由贸易协定（NAFTA）迄今已经运行 6 年有余，它在许多领域无疑是达到了预期的目的，尤其是在促进成员国贸易发展、改善投资环境、提高国际竞争力等方面取得了明显的成功，就是 NAFTA 的批评者也无法否认这些基本的事实。然而 NAFTA 从正式提上议事日程起就没有"安宁"过。时至今日，批评之声有增无减，有时还甚嚣尘上。这些批评尽管没有从根本上阻止 NAFTA 的正常运行，但对国家的决策形成了一定程度的压力，也反映出自由贸易、资本的自由流动等理念在一个严峻的现实面前受到的冲击与挑战。

一、美国国内对北美自由贸易区的看法

对 NAFTA 的批评尽管在其成员国都程度不同地存在，但主要是来自美国。在美国，上至国会议员，下到平民百姓，还有文人学者，都站在各自的层面上对 NAFTA 提出异议或指责。就连美国许多大学使用的有关教材也毫不客气地对 NAFTA 进行批评。如一本在美国大学广泛使用的拉美历史教材在谈到 NAFTA 时写道："NAFTA 式的协定实际上把北美工人置于与拉美工人的竞争中，看看谁将为美国和加拿大市场生产支付尽可能低的工资的产品。根据全国公民贸易观察，克林顿政府尽管曾经允诺每年在美国创造 20 万个新工作岗位，但 5 年之后，它并不能用材料说明 NAFTA 带来任何新的工作岗位，而它却证明 21.5 万名美国工人成为该协定的受害者。当受 NAFTA 的诱惑到墨西哥的客户工业增长了 37.00% 和就业猛升时，墨西哥工人的工资自1994 年以来下降了 29.00%。作为 NAFTA 的结果，墨西哥的贫穷率从 1984

年到 1994 年的年均 34.00% 上升到 1999 年的 60.00%。"①美国经济研究所的高级研究人员加里·赫夫鲍尔指出，对许多美国人来说，NAFTA 成为他们发泄不满的对象，"自 1993 年 NAFTA 被国会批准以来，美国经济得到极大的改善，然而这些不满越来越严重"。②

美国普通老百姓对 NAFTA 没有多少热情，对 NAFTA 的了解也不能算多。我在美国时住在一个普通的美国人家里，经常接触一些寻常百姓，偶尔也向他们问及有关 NAFTA 的情况，但得到的回答总是感到失望和诧异。像这样一个与美国人生活息息相关的协定，他们竟然说不上一二三。这也许是我生活在相对平静的美国中部的小镇所致。一个在堪萨斯城一家公司担任会计的美国人家住在这个小镇，与我关系甚好，他有一次竟和我兴致勃勃地谈起了NAFTA。他谈到 NAFTA 使美国许多公司南迁到墨西哥，造成了美国许多人失去了工作，这一点给我留下了比较深的印象。他讲的是一个事实，同时也反映出多数美国人对 NAFTA 的心态或看法。1997 年 4 月，美国广播公司（ABC）新闻与《华尔街日报》联合举行了一次民意调查，赞成 NAFTA 的美国人自 1994 年以来基本上没有多大变化，约为 28.00%，但反对 NAFTA 的人则在逐年增加，从 35.00% 上升到 43.00%。认为 NAFTA 既没有积极也没有消极影响的人数从 16.00% 降为 8.00%。"不肯定"的人数保持在 21.00% 左右。③一家机构进行的民意测验表明，66.00% 的美国人认为，美国和其他国家的自由贸易协定是以美国工作岗位的减少为代价的；66.00% 的美国人认为，NAFTA 帮助了大公司；73.00% 的美国人认为，NAFTA 在美国不利于小型企业的发展；81.00% 的美国人说，国会不应该接受在消费者安全、劳工或环境上赋予其他国家改变美国法律权力的贸易协定。④另一家机构进行的民意调查结果显示，61.00% 的应答者同意与其他国家进行自由贸易，88.00% 的认为美国未来的经济力量取决于在全球市场上的竞争能力。然而在涉及NAFTA 时，47.00% 的人主张美国应该修改或退出 NAFTA，只有 30.00% 的人同意美国应该继续这一协定。颇有意思的是，这次调查表明，四分之三的

① Benjamin Keen and Keith Haynes, *A History of Latin America*, vol. 2, Boston: Houghton Mifflin, 2000, p.547.

② Gary C. Hufbauer, "NAFTA in A Skeptical Age: the Way Forward," July 2000, this research paper is available at http://www.iie.com/TESTMONY/gchnafta.htm.

③ Mark Falcoff, "FTAA: The Moment of Truth is Fast Approaching," *Latin American Outlook*, September 1997.

④ 参见 http://www.Citizen.org/pctrade/nafta/reports/5years.htm, p.2.

美国人不知道美国是世界上最大的出口国，60.00% 的人对美国出口在过去 6 年期间翻了一番茫然无知。[1]民主党领导理事会在一次对选民的调查中发现，强烈支持美国扩大贸易的人数占有相当的比例。三分之二的选民把全球一体化看作是一个必需的和具有建设性的行动；76.00% 的选民认为积极打开国外市场是有益的，只有 22.00% 的选民主张限制贸易和实行保护主义。选民们在支持自由贸易和拒绝保护主义的同时，主要关心贸易对他们就业和家庭生活的影响，认为跨国公司比普通美国人获益更多。[2]

　　以上不同机构进行的民意调查显示，即使是调查同一个题目，结果也会出现差异，但毕竟这是部分公众意见的集合，从中也可以看出普通人的基本态度。多数美国人并不反对自由贸易，更是主张打上美国制造的商品应该风靡世界市场。出口能够促进国家经济的繁荣，这是一个稍有一点文化的人都能明白的常识。但是在具体涉及 NAFTA 时，多数美国人又换了一种态度，似乎反对者多而赞成者少。难道 NAFTA 真的损害了美国人的福利吗？其实不然，就业和生活水平的提高在美国人眼中就是天经地义的事情，他们并不在乎这一切是来自何处。许多人连美国是世界上第一大出口国家都不知道，当然更不了解 NAFTA 对美国经济产生的积极作用。但是他们的确很关心眼前发生的实实在在的事情。NAFTA 给美国社会带来的结果不可能全都是好处。设想在 10 个美国人中有一个人因为 NAFTA 而失去了工作，另外 9 个人可能会倾听这个失去工作的人诉说不平，久而久之，他们中的一些人就会对 NAFTA 产生偏见。其实这些人或许正在享受 NAFTA 带给他们的福利。他们对此并无所知，但对失业者的恻隐之心有可能会促使他们站在 NAFTA 的对立面。这个大概是对为什么民意测验时许多美国人赞成自由贸易却反对 NAFTA 的一种比较合乎逻辑的解释。民意的好恶尽管不会改变政府的决策，但会形成一种社会压力，由他们在立法部门中的代言人把他们的意见表达出来。

　　1999 年 4 月 13 日，美国参议院外交委员会以"贸易对援助：5 年后的北美自由贸易区"为题目举行了听证会。在听证会上，贬者把 NAFTA 说得一无是处，认为 NAFTA 经过 5 年的运行已经证明损害了美国的利益。参议员

---

① 参见 Rebecca Reynolds Bannister, "The NAFTA Success Stories More Than Just Trade, Trade in the New Economy Project," *Policy Report*, No.1, September 1997, p.29.

② Bannister, "The NAFTA Success Stories More Than Just Trade," *Policy Report*, No.1, September 1997, p.29.

杰西·赫尔姆斯在他的发言中集中谈到了一些参议员在这方面的观点。他说："现在美国签订 NAFTA 已经 5 年了，就全国而言失去了 20 余万个工作岗位。……《华尔街日报》报道了贝利·梅塞简的悲惨经历。梅塞简来自战乱的黎巴嫩，是一个工作勤奋的移民，他在加利福尼亚的洛杉矶开了个服装小店。由于工作努力，他的小店发展迅速，1987 年销售额为 290 万美元，从 120台缝纫机中赚取了 40 万美元的利润。他实现了美国之梦吗？没有，因为NAFTA，他被迫将工厂移往墨西哥以便与他的竞争者拥有类似的人工费用。他并不想迁移，但他没有任何选择。今天他就在墨西哥，住在一家破旧的旅馆，一周支付给工人 60 美元的工资，取代了他在洛杉矶一周支付工人 300美元的工资。"[1]赫尔姆斯所谈大概不是杜撰，应该是事实。类似这样的谴责在国会内外处处可闻。美国研究墨西哥的著名经济学家诺拉·勒斯蒂格在谈到这一点时指出："国会内外的许多美国人正在宣布 NAFTA 是一个错误。在很大程度上，这些反对 NAFTA 的声明是基于错误的信条和极蠢的扭曲之上。NAFTA 被谴责为造成了美国工作损失或降低了工人，尤其是非熟练工人的生活标准。"[2]

二、北美自由贸易区对美国就业机会的增加

从上面的批评可以看出，NAFTA 给美国社会带来失业是反对者所持的一个基本理由。大多数经济学家认为，在一种充分就业的经济中，贸易的增加对该经济的工作总数几乎没有或根本没有影响。NAFTA 在美国国会通过辩论之际，发表在美国《外交》季刊上的一篇论文指出："NAFTA 将造成一些工作消失，这是事实。用某种怀疑的眼光看待经济增长的代价和所得也未尝不可。但是就 NAFTA 情况而言，利得将大大超过代价。……官方估计，NAFTA将导致 50 万个工作岗位流失，这一数目在人们认识到下面这一点之前足以引起惊恐，即这些工作岗位不是立即消失，而是存在一个 10 年的过程，而且其中大多数的消失是因为生产力的提高或来自低工资国家的进口竞争。与此同

---

① Hearing before the Committee on Foreign Relations, United States Senate, the 106 Congress, the First Session, April 13, 1999, p.6.

② Nora C. Lustig, "NAFTA: Setting the Record Straight," *The World Economy*, Vol.20, No.5, August 1997, p.605.

时，在美国大约 2000 万个新的工作岗位在下个 10 年期间将被创造出来，其中至少 100 万个将支持 NAFTA 在墨西哥形成一个扩大的市场。"[①]这一估计应该说是比较符合实际发展趋势的。NAFTA 给美国带来贸易的增加，贸易增加产生了就业转移的影响，也就是把一些缺乏竞争性部门的工作转移到更有竞争性的部门，把低技术和低工资的工作转变为高技术和高工资的工作。在如汽车、服装、电信设备等美国许多工业部门都可以看到这种积极的影响。在美国汽车工业中，1994 年以来整个就业的增长速度远远快于 NAFTA 之前的年份。根据美国劳工统计局的数字，从 1990 年到 1993 年，汽车生产雇员的年增长率平均为 1.00%。自 NAFTA 生效以来，美国汽车工业的生产工人年均增长率为 5.00%。汽车工人的工资也在持续上升，从 1991 年到 1997 年年均增长率为 3.00%。克莱斯勒汽车公司总裁罗伯特·伊顿曾经说，由于 NAFTA，美国三大汽车公司没有一家裁减过雇员。[②]

纺织业和服装业在美国属于传统工业，反对 NAFTA 者很少不援引这些行业的失业数字来向 NAFTA 发难。如据迈阿密大学加勒比研究中心主任安东尼·布赖恩估计，自墨西哥强行进入美国服装市场以来，已经有 150 家纺织工厂关闭，12.3 万个工作岗位丧失。[③]实际上 NAFTA 给这些行业带来的并非完全是灾难，而是很多利益。首先，NAFTA 的原产地规则一般要求从纱线阶段开始到质地产品都享受协定的优惠。其次，在互惠基础上墨西哥市场向美国纺织产品出口开放。在 NAFTA 之前，墨西哥对美国纺织品的平均关税为 16.00%，美国对墨西哥的平均关税为 9.10%。到 1998 年 1 月 1 日，墨西哥对美国 93.00% 的纱锭出口、89.00% 的织物出口、60.00% 的制成纺织品和 97.00% 的服装取消关税。最后，NAFTA 成员国合作机制的建立有效地防止了区外非法纺织品进入北美市场。这些都有利于美国制造的纺织品在北美地区扩大市场。从 1993 年到 1998 年，美国出口到墨西哥的纺织品上升了181.30%，从 16 亿美元增加到 45 亿美元。同一时期美国出口到加拿大的纺织品上升了 72.00%，金额增加到 34 亿美元。纺织行业就业水平的下降并不能完全归因于 NAFTA，1973 年是纺织行业就业水平的最高点，生产工人达

---

① William A. Orme, Jr., "Myths versus Facts: The Whole Truth about the Half-Truths," *Foreign Affairs*, Vol.72, No.5, November/December 1993, pp.11-12.

②"North American Auto Industry Expanding Market Under NAFTA," *NAFTA Works,* Vol.1, Issue 7, July 1996, p.2.

③ 参见 Douglass Stinson, "Neighborly Relations," *Latin Trade* Online, March 2, 1999.

到 240 万，此后就开始下降，到 1993 年降为 170 万人。从 1993 年到 1998 年，该行业就业水平下降到 140 万人。显而易见，即使没有 NAFTA，纺织行业就业水平的下降也不可能从根本上挽回。然而从 1993 年到 1998 年，纺织业和服装业的生产力提高了 18.30%，纺织业生产工人的工资增加了 17.00%，服装业工人的工资上升了 20.00%。这些显然与 NAFTA 有很大的关系。关于 NAFTA 给美国纺织业带来的好处，正如美国纺织制造者协会执行副会长卡洛斯·穆尔 1997 年 9 月在众议院拨款委员会上作证时指出："NAFTA 是一个贸易协定的模式：公正、平衡、互惠。靠着各种措施，NAFTA 为美国纺织业提供了重要的好处。……所有 NAFTA 伙伴国增加了各自纺织品的相互出口。这就是 NAFTA 所做出的承诺，这就是 NAFTA 给其纺织工业提供的一切。"[①]

　　美国就业的整体情况表明，NAFTA 不是减少而是增加了就业机会，不是降低而是提高了生活水平。1993 年 1 月，美国的失业率为 6.70%，自 NAFTA 生效后失业率就呈下降趋势，到 1999 年 3 月，失业率为 4.20%。近两年来，失业率一直保持在 4.50% 左右，这是和平时期的最低水平。1994 年 1 月，非农业就业人数为 1.123 亿，到 1999 年 3 月，这一数字上升到 1.277 亿，也就是说自 NAFTA 运行以来为非农业人口增加了 1540 万个就业机会。在制造业中，1994 年 1 月就业人数为 1810 万，到 1999 年 3 月，这一数字上升为 1840 余万，增加了 30 余万个就业机会。工人的平均工资水平也在不断提高。在 1993 年之前，他们每周实际收入为 245.87 美元，1999 年 1 月这一数目上升到 277.77 美元，同一时期每小时平均工资从 7.39 美元增加到 7.83 美元。[②] 2000 年 1 月，美国加利福尼亚大学公布了劳尔·伊诺霍萨等人题目为 "NAFTA 后北美一体化对美国就业的影响" 的研究论文。作者认为，第一，NAFTA 没有危及美国的就业。从 1990 年到 1997 年，墨西哥的进口潜在影响美国工作岗位总共为 29.9 万，年均为 3.7 万。考虑到美国经济每月创造的工作岗位为 20 万个，美墨贸易对美国就业的潜在影响占相当小的部分。此外，出口增长抵消了由于进口或生产力改善对就业的任何潜在冲击。第二，关于美墨贸易，存在两种比较复杂的情况。一种情况是，墨西哥商品不会完全取代美国商品。这样，来自墨西哥进口的上升通常不会导致美国生产和就业的萎缩和减少。

---

① Hearing before the Committee on Foreign Relations, United States Senate, the 106 Congress, the First Session, April 13, 1999, p.28.

② 参见 Hearing before the Committee on Foreign Relations, United States Senate, the 106 Congress, the First Session, April 13, 1999, p.24.

另一种情况是，事实上墨西哥生产和美国生产之间存在着非常重要的互补，显而易见，对包含在墨西哥商品中美国产品的重新进口不会减少美国的生产和工作。[①] 这一比较新的研究成果表明 NAFTA 与失业之间并无必然的联系，相反却提升了就业水平，提高了工人的生活标准。正如美国贸易副代表理查德·费希尔说的那样："5 年前，我们预计 NAFTA 将意味着经济增长，更好和更多的工作，日益提高的生活水平，高质量的生活。今天我们可以说，该协定对实现所有这些目标一直有着无法估价的力量。"[②]

三、北美自由贸易区对墨西哥的影响

墨西哥从 NAFTA 中获得很大利益，各种统计数字已经证明了这一点。然而 NAFTA 的反对者却认为，该协定导致了墨西哥社会生活水平的降低。卡伦·布兰登指出，在墨西哥工薪阶层中间，1997 年底的工资下降到他们1994 年收入的 60.00%。[③] 玛丽·萨特认为，NAFTA 的运行引起了墨西哥发展水平的倒退，在此过程中，贫穷在加大，中产阶级在缩小，工资在降低，提供不足维持生活的工作和降低生活质量的客户工业就业有所发展。外国投资者试图开发低工资出口加工区，当 NAFTA 的规定使他们实现这一目的变得更容易时，墨西哥绝大多数小型和中型公司却由于金融、资金和管理等问题而陷于困境。[④] 类似上述观点在美国政界和学界并不少见。

贫穷和贫富差距拉大是当今发展中国家所面临的一个共同问题，如何走出社会不公正的困境，各个国家都在进行探讨。社会不公正尽管不完全是一个经济发展问题，但发展经济显然是其解决的最基本的条件。墨西哥加入NAFTA 说到底也就是想走出"发展"的困境，为其经济发展寻求新的机会。当然 NAFTA 不可能是包治百病的灵丹妙药，更不可能彻底消除社会不公正。NAFTA 基本上达到了墨西哥的预期目标，墨西哥自 1995 年从金融危机中恢

---

① "NAFTA's Effect on U.S. Employment is Positive," *NAFTA Works,* vol. 5, Issue 3, March 2000, pp.1-3.

② Hearing before the Committee on Foreign Relations, United States Senate, the 106 Congress, the First Session, April 13, 1999, p.37.

③ 参见 Karen Brandon, "NAFTA at Five: Promises and Realities," *Chicago Tribune*, November 29, 1998.

④ 参见 Mary Sutter, "Mexico's Commerce Chief Banks on Nafta to Heat Economic Woes," *Journal of Commerce*, November 9, 1998.

复以来经济一直保持着高于整个地区的增长率的水平。1996 年拉美地区的经济增长率为 3.70%，1997 年为 5.40%，1998 年为 2.10%，1999 年为 0；同一时期墨西哥的经济增长率分别为 5.20%、6.80%、4.90%、3.50%。[①]墨西哥的这种经济形势显然与 NAFTA 有着密切的关系。客观上讲，NAFTA 给墨西哥经济发展带来的最大益处就是竞争机制。这种机制运行规则说简单点就是，一些具有竞争力的企业或个人在竞争中会迅速发展或发财致富，而缺乏竞争力则会垮台倒闭或失去工作。在 NAFTA 之前，墨西哥的城市失业率很低，1991 年为 2.70%，1992 年为 2.80%，1993 年为 3.40%。NAFTA 生效后，贸易自由化带来的冲击导致失业率上升，1994 年为 3.70%，1995 年达到 20 世纪 90 年代的最高点，为 6.20%。然而随着经济的发展，新的就业机会必然会增加。所以从 1996 年起，失业率开始下降，1996 年为 5.50%，1997 年为 3.70%，1998 年为 3.20%，1999 年为 2.60%。而同一时期拉美其他国家城市失业率不仅大大高于墨西哥的水平，而且基本呈上升趋势，1995 年为 7.20%，1996 年为 7.70%，1997 年为 7.30%，1998 年为 8.00%，1999 年为 8.70%。[②]就业的扩大与经济增长之间存在着有机的联系，而墨西哥经济自 1996 年以来保持在年均 5.20% 的增长水平，其中一半多与出口活动有关。根据墨西哥社会保障研究所的估计，自 1996 年，每年平均有 100 万个工人加入劳动力的队伍。这些新工作的一半多与出口活动有关。外国直接投资在创造新工作和支付高工资上起着十分关键的作用。自 1994 年以来，墨西哥吸引了大约 700 亿美元的直接投资，这些资金大部分被导向工业活动。1998 年，拥有外资的公司雇佣墨西哥总劳动力的 20.00%。在这些公司工作的工人平均工资高于全国的50.00%。墨西哥从事出口的企业支付给工人的工资高于全国的平均水平。出口大多数产品的企业支付工人的工资高于不出口企业的 30.00%。如果 1993 年制造业部门（客户工业除外）的实际工资指数为 100，那么在 1999 年，出口产品占 40.00% 以上的企业实际工资为 110，出口产品占 60.00% 以上的企业实际工资为 129，出口产品占 80.00% 以上的企业的实际工资为 154。[③]

---

① ECLAC, *Preliminary Overview of the Economies of Latin America and the Caribbean 1999*, Santiago, Chile, December 1999, p.84.

② ECLAC, *Preliminary Overview of the Economies of Latin America and the Caribbean 1999*, Santiago, Chile, December 1999, p.86.

③ "Exports Enhance Job Opportunities: Mexico's Experience in the 1990s," *NAFTA Works,* Vol.5, Issue 3, March 2000, p.6.

NAFTA 给墨西哥带来的不全都是利益，缘起于它的问题也客观存在，但由此否认 NAFTA 至少可以说是对这个协定抱有偏见。NAFTA 给墨西哥经济的发展注入了新的活力，其对墨西哥的影响显然是利大于弊。它不可能解决墨西哥的社会问题，但的确通过贸易的扩大，增加了就业机会，提高了人们的平均生活水平。正如墨西哥驻美使馆发布的一份公告指出的那样："开放的贸易和投资政策是不足以实现持续发展和消灭贫困的，却是达到这些目标的根本。贸易一直是工人们寻找更好的工作机会和更高的工资以及生活标准的机会的关键工具。"[①]

在 NAFTA 生效 1 周年之际，墨西哥突然爆发举世瞩目的金融危机，比索贬值，股市狂跌，外资大量抽逃。这场危机给墨西哥经济带来严重的后果，1995 年墨西哥国内生产总值增长率为-6.20%，比上一年的 4.10% 下降了 10.3 个百分点，成为 20 世纪 90 年代墨西哥经济增长率最低的年份。当年的通货膨胀率达到 51.10%，比上一年提高了 47.00%，失业率也成为 20 世纪 90 年代的最高年份，人民生活受到严重影响。许多 NAFTA 的批评者把这一危机的发生与 NAFTA 联系在一起，认为 NAFTA 是这场危机的根源。[②]发生这场危机的原因很复杂，但不能简单地归因为墨西哥经济开放战略，更不能把责任一股脑儿地推到 NAFTA 的身上。"按照美国政府和墨西哥政府、主要国际金融机构和大多数正统经济学家的观点，墨西哥在 20 世纪 80 年代后期奉行的经济自由化政策，包括由 NAFTA 达到顶峰的自由贸易战略在根本上是没有错的。"[③]勒斯蒂格在谈到这次危机的原因时指出："墨西哥金融危机一方面是美国利率上升、政治动荡、市场歇斯底里等综合的结果，另一方面是墨西哥对付这些问题奉行的错误政策。"[④]当然由贸易自由化带来的资本市场开放过快也难辞其咎。就墨西哥政府而言，NAFTA 本身并不会必然引起危机，因为它是符合墨西哥的长期发展战略。倒是墨西哥金融危机爆发后，NAFTA 在帮助墨西哥迅速度过危机过程中起了十分重要的作用。这场危机其实是对自由贸易的严峻考验。克林顿政府立即做出反应，向国会提出划拨 400 亿美元

---

① "Exports Enhance Job Opportunities: Mexico's Experience in the 1990s," *NAFTA Works,* Vol.5, Issue 3, March 2000, p.6.

② 参见 Nora C. Lustig, "NAFTA: Setting the Record Straight," *The World Economy*, Vol.20, No.5, August 1997, p.606.

③ Robert A. Blecker, "NAFTA, the Peso Crisis, and the Contradictions of the Mexican Economic Growth Strategy," Center for Economic Policy Analysis, Working Paper No.3, July 1996, p.4.

④ Lustig, "NAFTA: Setting the Record Straight," *NAFTA Works,* Vol.5, Issue 3, March 2000, p.607.

的贷款给墨西哥，以帮助其渡过困境，但这一建议在国会未被通过。克林顿政府马上动用了外汇稳定基金，向墨西哥提供了 200 亿美元的贷款。国际货币基金组织等国际金融机构也向墨西哥提供了紧急贷款。近 500 亿美元的国际援助在平息这场危机中扮演了关键性的角色。墨西哥政府就认为，该国经济能够从 1995 年初近乎崩溃的金融危机中复苏，在很大程度上应该归功于北美自由贸易协定。理由很简单：与美国之间的密切联系迫使华盛顿迅速而慷慨地解囊相助。约翰·佩珀在美国众议院拨款委员会上作证时说："NAFTA 使墨西哥在其近期历史上经济最严重衰退期间与美国一道走在朝向经济改革和贸易自由化的路上。这与 1982 年金融危机期间所发生的一切形成鲜明的对比，当时墨西哥对美国产品征收 100.00% 的关税和实行其他贸易限制。那次我们花费了 7 年时间才恢复了我们的出口，这次我们只花费了 18 个月。"① 佩珀这里尽管站在美国的角度来谈危机的迅速过去带给美国的好处，但 NAFTA 的重要作用在其中也可见一斑。

对 NAFTA 的批评远远不是限于上述几个方面，当然批评中也不是没有可接受的意见。客观上讲，NAFTA 在运行过程中依然存在这样和那样的问题，但这些问题的出现并非与 NAFTA 之间存在着必然的联系，所以它们的解决不是取决于修改或废除 NAFTA，而是在于成员国政府通过继续谈判，使 NAFTA 的内容更加完善，使其条款的执行更加制度化和符合各成员国的利益。NAFTA 在 6 年多的运行过程中在美、加、墨三国政府的努力下已经取得了很大的进展，显现出了比较乐观的前景，暴露出的问题逐渐地开始得到缓解或正在解决。当西半球国家正在朝着美洲贸易自由化的方向努力时，NAFTA 的成功对这一进程有着不可忽视的重要影响。

（原载《世界经济与政治》，2001 年第 8 期）

---

① Testimony of John E. Pepper before the Subcommittee on International Trade Committee on Ways and Means, March 18, 1997, http://usaengage.org/legislative/pepper.html.

第四编
美洲贸易自由化与拉丁美洲

美洲贸易自由化与拉美国家的战略选择

1994 年 12 月，在美国总统克林顿的倡议下，美洲 34 个国家的首脑云集美国的迈阿密，经过讨论和协商，确定了 2005 年在西半球建立统一的自由贸易区的目标，一场影响拉美国家经济变革的序幕缓缓拉开。几年过去了，尽管西半球国家出于各自利益的考虑，都在程度不同地促进这一进程，但迈向该目标的进展并不像原先估计的那样乐观。拉美国家对此并不气馁，而是在积极朝着这个方向努力的同时寻求促进本地区经济增长的各种途径，逐步确立了它们在美洲贸易自由化进程中的战略选择。

一、美洲贸易自由化的可能性与现实性

所谓"贸易自由化"，就是指处于同一地域内的国家经过谈判在贸易与投资等问题上达成共识，结成经济区域集团，实行域内贸易自由化以及享受域外国家所不能获得的优惠条件，最后实现经济的共同增长。贸易自由化是同一区域实现经济完全一体化的重要组成部分。美洲贸易自由化同样包含着上述基本内容。这一目标自提出以来备受世界的关注，并在美洲各国的共同努力下有所进展，西半球基本上具备了促使该目标实现的内外部条件。

区域经济一体化是第二次世界大战后在世界格局中出现的一种新现象，它在形式上表现为同一地域内的国家在经济上的联合或合作，但在美苏两个超级大国激烈竞争的年代，纯经济意义上的区域合作几乎是不可能的，程度不同地受到波及全球的冷战的影响。实际上，经济合作如果超越不出意识形态的樊篱或具有很浓的政治色彩，就很难取得成效，而且成员国为此达成的基本规则同样难以得到有效的贯彻。因此，冷战时期尽管区域经济合作出现过高潮，但在 20 世纪 80 年代之前，除了少数几个区域性组织还在运行之外，

大多数都是名存实亡或处于停滞状态。80年代中期以后，冷战因素在国际经济格局中相对减弱，国家间在经贸领域的竞争日益激烈，这一趋势在90年代以后更为明显。冷战的结束标志着两极格局的"寿终正寝"，大大促进了业已形成的多极化格局的发展。在一个多极化的世界里，任何一个大国都无力对整个世界的经贸格局产生决定性的影响，当它们依然想在这种格局中获取长久优势时，自然就把源于地域而形成的区域性经济合作视为提高各自竞争实力的一种手段，而那些弱国或小国在竭力为国内经济发展争取一个有利的外部环境时，通过域内国家的经济合作同样不失为一种重要的选择。因此，在新的国际局势的推动下，区域经济一体化再次掀起高潮，在世界经济发展中越来越引人注目，成为与世界经济全球化并行不悖的两大趋势。这股不可逆转的潮流"冲击"着置身于这个蔚蓝色地球上的所有国家，致使它们几乎都以某种形式加入一个或多个区域性组织之中。贸易自由化是区域经济一体化的先导和基础，只有首先消除贸易上的关税壁垒和资金流动上的各种障碍，才能进而推动区域一体化向着更高的层次迈进。由此可见，西半球国家确立建立美洲自由贸易区无疑是顺应世界经济潮流之举，将对整个世界经济的发展产生具有重要意义的影响。

建立美洲自由贸易区在很大程度上取决于美国的态度。二战后很长时期内，美国反对形成区域性贸易经济集团，主张通过多边自由贸易体系最终实现全球贸易的自由化。美国的意图显然与其冷战战略具有某种联系，也反映出美国想以其强大的经济实力来主宰世界经济的发展。随着世界经济贸易区域化的兴起，同一地区内的国家需要联合起来进行更密切的经济合作，共同对付来自其他地区国家的经济竞争。1987年2月，欧共体委员会提出了被称为"德洛尔计划"的一揽子改革方案，初步确定了欧共体在建设内部统一大市场方面的明确目标和具体规划。《纽约时报》对此评论说，拥有3.2亿人口的欧共体在建成内部统一大市场后，将成为世界上最大的贸易集团，这种挑战是令人吃惊的。与此同时，亚太地区的区域经济合作也在明显加强，1989年亚太经济合作组织成立，有力地推动了该地区的贸易和投资朝着自由化方向发展。美国自然不甘落于这种新潮流之后，而是力图寻找更有利于自身经济发展的机会。按照美国政府的构想，未来的经济格局将由三大经济圈组成：一是以统一后的德国为首的欧洲大市场，二是以日本为核心的亚太经济圈，三是以美国为盟主的美洲自由贸易区。对于前两个经济中心，美国也想占有一席之地。布什政府提出的"新大西洋主义"和"太平洋主义"就是想保住美国在欧洲和亚太地区的利益和地位，同时也表明了美国对被排挤出欧、亚地区的担忧。对于以地理邻近为基本要素的"经济圈"来说，美国并没有找到令人信服的根据，而美国经济应付来自欧共体和日本的激烈竞争已经显而易见，因此组建美洲自由贸易区，形成与欧共体和东亚经济圈鼎足之势，对美国来说不失为一种可行的方针。可以设想，如果美洲自由贸易区得以实现，世界经济格局中将会出现一个经济实力、资源和人口都非常强大的区域性经济集团，美国作为这一集团的核心，势必加强与其他区域集团进行竞争或抗衡的能力。1994 年 1 月 1 日，正式运行的北美自由贸易区对美国来说只是实现"美洲经济圈"的第一步，美国有意以此为契机推动整个西半球的贸易自由化进程。用布什总统的话来说："我希望并且相信北美自由贸易区将扩大到智利和南美洲、中美洲以及加勒比的其他伙伴国。在整个美洲实现自由贸易的时机已经到来。"克林顿总统基本上也是按照这一方针行事的。当然，北美自由贸易区向南推进受到各种因素的制约，不会一帆风顺，但美国寻求与西半球国家在经贸领域上的合作则是一个不可争辩的事实，结果必然会促进美洲朝着贸易自由化的方向发展。

二战后，拉美许多国家的经济曾出现过较快的增长，但 80 年代初发生的国际债务危机一下子就使这种增长中断了，拉美地区陷入了债务危机的深渊，主要债务国被迫将大部分精力集中在对付巨额的债务负担和遏制外债的持续增长上，为此付出了沉重的代价。美国是拉美地区的主要债权国，债务危机实际上使拉美国家与美国在经济上的相互依赖程度进一步加深。战后拉美国家曾痛感对美国的依附给其经济发展带来的种种不利因素，一度积极寻求与西半球之外的国家开展多方面的经济合作，但结果不尽如人意。随着世界经济区域集团化趋势的发展，拉美国家尽管不会放弃多元经济外交，但再次把重点转向"地区主义"，发出了"回到西半球"的呼声，这样在经贸关系上势必加强与美国的联系。90 年代以后，拉美国家为了吸引外资，促进对外贸易的发展，放弃长期实行的高保护政策，建立了一套与国内市场开放相适应的外贸体制，如取消进口许可证制度、降低关税税率、减少关税等级和税种，等等。拉美地区关税的普遍降低有利于美洲国家间贸易的往来，自然也是西半球迈向贸易自由化的主要基础之一。显而易见，拉美国家在 90 年代以后也想通过与美国的合作来解决经济发展过程中所遇到的困难，并通过自身内部经济结构的大力调整来适应外部世界的变化，它们对美国倡导的美洲自由贸易区持欢迎态度，也就是为了在这一进程中寻求经济增长的契机。

90 年代初提出的组建美洲自由贸易区的设想绝不是无本之木，空中楼阁，而是具备了进入实际操作的主客观条件。置身于该进程内的国家所企求的利益尽管很难求同，但形式上的一个共同目标已使它们无可解脱地联系在一起。因此，组建美洲自由贸易区不再是一种理论框架或设想，而是摆在西半球国家面前的一个"活生生的"现实。

二、迈向美洲贸易自由化的坎坷之路

距 2005 年完成美洲自由贸易区的谈判还有不到 10 年的时间，客观上讲，自这一目标提出以来，南北美洲国家都把它作为实现未来经济增长的关键性一招，尤其近几年为适应贸易自由化而进行的经济改革或调整的确给拉美国家的经济带来了活力。贸易自由化是一场涉及整个西半球国家经济发展的深刻变革，这就决定了这一目标的实现不会是一帆风顺的，各种困难或障碍势必接踵而来，有时甚至会出现反复或倒退。用"路漫漫其修远兮"来形容这一进程未必恰当，但美洲国家显然是在一条坎坷不平的道路上向着贸易自由化缓慢地前进。

美国首先倡议建立美洲自由贸易区，其中一个主要原因是看到了西半球市场的巨大潜力和对美国经济发展的重要意义。拉美地区在传统上一直是美国的出口市场，美国主要向拉美国家出口技术设备和工业制成品。从 90 年代开始，美国对拉美地区的出口呈直线上升趋势，1990 年出口额为 490 亿美元，到 1994 年上升到 880 亿美元，增加了 79.00%，1995 年为 937 亿美元，1996 年达到 1090 亿美元。一位学者得出的结论是："拉美一直是美国出口增长的促进地区，事实上，美国向拉美出口增长速度快于对世界上任何地区。"[①] 1996 年 12 月 1 日，美国《洛杉矶时报》刊登文章，建议克林顿应该举起"自由贸易"大旗，加快美洲贸易自由化进程。作者认为，按照美国对拉美地区出口额的年递增长率，到 2010 年，这一数目将达到 2400 亿美元。作者这里是想说明拉美市场对美国日趋重要。美国对拉美地区出口的上升是一个谁也无法否认的事实，但拉美市场究竟对美国的重要程度有多大，恐怕不能估计过高。

---

① Patricia Gray Rich, "Latin America and Present US Trade Policy," *The World Economy*, Vol.20, Issue 1, January 1997, p.88.

美国无疑希望美洲自由贸易区早日投入运行，其目的主要是加强其在世界经济格局中的领导地位，为其谋求的全球经济利益增加筹码。这种考虑决定了地区主义不会是美国优先的选择，而且美国也不会允许西半球的区域安排与其全球战略发生冲突，果真如此，美国会毫不犹豫地倾向后者，欧洲和亚太的重要性绝不亚于拉美，往往会超过拉美。当然，在美国的全球战略天平上，孰重孰轻，并非固定不变，而是视势而定。当天平向拉美倾斜时，美洲自由贸易区的进程就会加快，反之则会变慢。事实正是如此，北美自由贸易区南扩一度在美国呼声很高，但不久就趋于低落，只是到了近期才再次出现高涨，但迄今为止，南扩只是流于言谈，并未见诸行动，显然美国没有真正重视拉美地区是其中一个重要原因。就美国政府而言，全球战略与区域安排应该是并行不悖的，互为补充的，实际上两者完全统一起来并非易事，而要受到各种因素的牵制。因此，美国的全球主义选择固然不会成为美洲迈向贸易自由化的障碍，但在特定的时空范围内可能会使这一进程放慢。

从理论上讲，贸易自由化要求成员国取消或降低关税和非关税壁垒，实现市场的相互开放。美洲实现贸易自由化从目前来看还是一个漫长的过程，但想要接近这一目标势必要求参与该进程的国家遵循一些有利于实现贸易自由化的基本规则，尤其是应该放弃贸易保护政策，否则就谈不上自由贸易。事实上，贸易保护在美洲国家依然存在，常常引起国家间的冲突。如美国对巴西 26 种产品征收附加税，巴西每年由此造成的损失高达 25 亿美元，因此巴美之间贸易摩擦经常不断。智利的大马哈鱼占美国市场的 40.00%，1997 年 6 月以来，美智在大马哈鱼问题上的摩擦加剧，智利谴责美国奉行贸易保护主义。1996 年美国限制进口委内瑞拉石油，委内瑞拉曾就此问题向世贸组织投诉。甚至在北美自由贸易区内部，贸易摩擦同样不能避免。1996 年美墨之间爆发西红柿大战，美国限制墨西哥运输车辆自由出入美国。美国与加拿大自 1994 年以来发生过多起贸易争端（如"啤酒战""木材战""小麦战"等等），一些纠纷虽已解决，但新的争端还会再起。从总体上看，美国的平均进口关税仅为 3.00%，其实，许多产品即使取消关税，拉美国家也无法与美国竞争，更谈不上占有美国市场。相反，美国则对拉美国家具有竞争性的产品提高进口关税，不管美国的举措是否合理，但无疑给美洲自由贸易区谈判带来"不祥之兆"。拉美地区近年来大大加快了市场开放程度，由此给经济发展注入了活力，但同时也使进口品蜂拥而入。为了保护还很脆弱的国内市场，许多拉美国家不得不加强贸易限制，如哥伦比亚提高了进口关税，委内瑞拉和厄瓜多尔的贸易保护主义重新抬头，阿根廷和墨西哥运用行政手段对进口加以限制，巴西 1997 年决定严格限制进口融资。这种单方面地转向贸易保护主义引起了其他国家的严重不满。拉美国家本来进口关税就不低，平均为15.00%，许多国家还存在着很高的非关税壁垒。当然，拉美国家作为发展中国家保护国内市场原本无可非议，这也是无奈之举，虽然有利于民族工业的生存和发展，但从建立美洲自由贸易区的角度讲，则会给这一目标向前推进投下深深的"阴影"。

20 世纪 90 年代以后，美国加强了与拉美国家的合作以解决困扰西半球的许多重大问题，组建美洲自由贸易区就是这种合作在经贸领域的体现，应该说这是符合世界经济区域集团化趋势的，参与国只有建立在一种平等互惠的关系上才能使这一目标日趋接近。事实上，美国并未从根本上改变对拉美地区的固有看法，即把后者视为自己的"势力范围"或"后院"，以"盟主"自居要求拉美国家按美国的意志行事；但拉美国家听任美国摆布毕竟已成为历史，不牺牲本国利益是它们与美国合作的基本前提。两种截然不同的观念决定了美国与拉美国家发生冲突难以避免。美国的强权政治在贸易、环境、反毒、移民、人权等一系列问题上表现出来，这引起拉美国家的普遍不满，也曾造成美国与拉美一些国家的关系几度紧张。1996 年 3 月，美国通过了"赫尔姆斯—伯顿法"，扬言要对与古巴发生经贸关系的外国公司进行制裁，拉美国家反应强烈，群起而攻之。同年 6 月 6 日，第二十六届美洲国家组织大会通过了一项关于"西半球贸易和投资"的决议，强烈谴责美国企图进一步强化对古巴制裁的这一法案，美国在这个地区性组织中首次成为众矢之的。在里约首脑会议和伊比利亚首脑会议上，与会国也通过了谴责美国的类似决议。拉美国家一致把矛头指向美国，这在战后历史上是罕见的。当然，美国与拉美国家发生的上述许多冲突并非与建立美洲自由贸易区有关，但在美洲国家共同致力于推进这一目标时，这些冲突必然会产生一些负面影响，直接或间接地影响这一进程。

对拉美国家来说，美洲实现贸易自由化并不单是一个贸易体制相互接轨的问题，而是涉及整个经济领域的调整与变革，尤其与拉美地区经济发展息息相关。不可否认，拉美国家近些年来通过经济改革或调整，取得了引人注目的成就，1995 年初墨西哥爆发的金融危机尽管影响了这一年度整个拉美地区的经济增长，但拉美地区很快走出了这场危机的"阴影"，经济重新实现增长。不过，在这种增长的背后存在着一些不利因素。与拉美地区一体化具有联系的不利因素主要表现在以下五个方面。一是地区内经济发展不平衡，国家穷富程度悬殊。世界银行的最新统计数字表明，在人均国内生产总值上，阿根廷为8110美元，墨西哥为4180美元，巴西为4345美元，乌拉圭为4660美元，而海地、尼加拉瓜等国只有数百美元，高低相差数十倍，这种差距在未来还会进一步扩大。二是经济发展水平不同，国家在发展战略和具体的经济政策上自然显示出差异（如在税制结构、关税水平、劳工政策、金融体制等方面）。拉美国家如果在宏观经济政策协调上达不成一致，就很难在涉及具体问题时形成共识，而且易于产生摩擦，导致一体化进程放慢（如巴西和阿根廷在减免税收以吸引投资上的争吵、两国货币政策不统一等无不影响了一体化的发展）。三是国家之间的贸易互补性还不是太大（如中美洲和加勒比地区都盛产香蕉，香蕉成为一些国家的传统出口产品和国民经济的重要支柱，它们之间贸易额很少，还经常在香蕉出口上矛盾迭出）。拉美国家只有在出口产品上形成多样性和互补性，才能把自由贸易和共同市场推向更高的层次。四是拉美地区不存在一个超国家的权力机构，经济一体化发生于政府之间，各国对经济结构的调整主要服从于各自民族经济的利益，对是否遵守签署的经济一体化协议也是视其是否有利于本国的经济发展而定，这样，一国在某一问题上的完全自主选择就有可能侵犯其他国家的利益，造成相互间不信任，甚至出现裂痕。五是拉美国家在经济发展过程中存在许多难于解决的问题（如失业率居高不下、内部储蓄严重不足、依赖外资程度较高、财政体制比较脆弱、外债数额巨大等等），这些问题不仅是拉美国家实现经济增长的"隐患"，而且阻碍了经济一体化向前推进。拉美地区一体化程度越深，就会越接近贸易自由化的目标。因此，上述不利因素的存在势必会对西半球实现贸易自由化产生消极作用或影响。

　　建立美洲自由贸易区所遇到的困难或障碍，尽管不能从根本上扭转已经在这个半球上掀起的这股汹涌澎湃的"浪潮"，但无疑起着一种制约作用，使受到这股浪潮"冲刷"的国家缓慢地迈向贸易自由化的目标。

三、拉美国家的战略选择

　　美洲国家组织秘书长塞萨尔·加维利亚在该组织第二十六届大会上颇有信心地宣称："本大陆提出了最宏伟的一体化计划，在过去这一计划是非常遥远的事情，现在看来越来越切实可行了。"他这里所说的"一体化计划"显然是指组建美洲自由贸易区。贸易自由化在西半球已是一种无法回避的潮流或趋势，拉美国家面对这一现实，只有形成切实可行的战略，才能在迈向贸易自由化时维护本国的利益，使自由贸易成为经济发展的新增长源。当然，30多个拉美国家的经济发展水平不同，利益必然有所差异，因此，"步调"不可能完全一致。不过，当我们把拉美作为一个整体考察时就会发现，置身于贸易自由化进程中的拉美国家在做出战略选择时有着某些共同的特征。

美洲自由贸易区的建设按照已经确定的谈判时间表正在进行之中。迈阿密会议确定 2005 年建成美洲自由贸易区的目标的确在拉美国家激起了热情，墨西哥爆发的金融危机尽管使这种热情有所减弱，但危机过后不久这种热情再次出现高涨。中美洲国家为了迎接美洲自由贸易区的到来，做了大量的工作，如制定了一体化准备工作的标准和政策，调整了宏观经济政策、贸易政策和工农业生产改革政策，大力发展外贸出口，逐步实现出口产品多样化，加强人力资源的开发和利用，修建了一批水、电、交通等基础设施。这些措施使中美洲国家开始与西半球地区其他国家的经济接轨。南方共同市场、安第斯集团也为这一目标的实现进行多边谈判，用 1997 年 9 月 25 日刊登在阿根廷《民族报》上的文章的话来说，南方共同市场在组建南部自由贸易区的同时，"将与北部国家一起，确定建立本半球自由贸易区的基础"。1996 年9 月中旬，美洲 34 国代表在巴西弗洛里亚诺波利斯举行会议，研究和分析了组建美洲自由贸易区存在的问题，尽管与会代表在许多方面的意见并不一致，但促进这一目标的实现则是各国的共识。在 1997 年 5 月中旬举行的第三次美洲国家贸易部长会议上，与会代表同意从 1998 年 3 月开始举行有关美洲自由贸易区的谈判。美洲开发银行首席经济学家里卡多·豪斯曼 1996 年 10 月 21日在美国《商业日报》发表文章认为，拉美国家采取的"开放地区主义"正在与北美地区进行一场富有伟大历史意义的"聚合"。他指出："美洲自由贸易区反映了历来保护自由贸易的北美向地区主义的转变。与此同时，有着地区主义悠久传统的拉美正在走向开放的经济，放宽对地区内外贸易的限制。现在各方都必须利用这些基础，抓住机会创造一种推动更多商品和服务流动的互惠贸易环境。"[1] 2005 年建成美洲自由贸易区需要西半球国家的共同努力，虽然矛盾、摩擦和分歧难以避免，但拉美国家积极投身于这一进程无疑

---

[1] Ricardo Hausman, "Latin America's Trade Lead,"*The Journal of Commerce*, October 21, 1996.

推动了该目标的实现。

拉美地区的经济一体化不断深化。拉美区域集团性的经济一体化起步较早，但只是到了 90 年代以后才焕发出活力。拉美一体化协会是该地区最大的经济合作组织。1992 年 12 月，该协会部长理事会通过决议，确定协会的职能是给整个拉美地区一体化提供体制和行动的规范，以推动全地区最终汇合成统一的拉美共同市场。到 1996 年为止，拉美一体化协会的成员国共签署了 55 项双边贸易协议，其中 31 项做出承诺实行完全的商品自由贸易，所涉及的金额占拉美市场贸易额的 75.00%。预计，1997 年该协会做出承诺的自由贸易的双边协议将达到 47 项，所涉及的贸易额将占整个拉美地区间贸易额的 92.00%。1994 年 5 月，安第斯集团 5 个成员国正式组建了安第斯自由贸易区。翌年 2 月 1 日，该集团开始执行共同对外关税。1997 年 8 月 1 日，安第斯共同体取代安第斯集团投入运作，舆论认为，这标志着安第斯国家一体化进入了一个新时期。中美洲地区一体化进程也出现生机，1997 年 7 月 12 日，中美洲 6 国总统签署了"第二个巴拿马宣言"，决定就建立中美洲自由贸易区举行谈判。加勒比地区的经济一体化自 90 年代以来也在不断深化。1994 年 7 月，加勒比各国首脑在卡塔赫纳签署协议，组建了加勒比联盟。1997 年 2 月 19 日，加勒比共同体领导人在圣约翰举行首脑会议，达成了为组建统一市场创造条件的协议。同年 6 月底，加勒比首脑会议签署了经济一体化议定书，允许人员和资本在该地区内自由流动。南方共同市场是拉美地区发展最快和成效最显著的一体化组织，1995 年 1 月 1 日正式启动，很快就出现勃勃生机，南部其他国家出现了有意加盟的意向。其未来发展正如墨西哥《至上报》1996 年 12 月 24 日刊文指出的那样："到 2001 年，从巴西的东北部到智利的太平洋沿岸建成一个产值超过 1 万亿美元、日益壮大和开放的一体化市场，它就是我们所称的南美洲南方共同市场。"目前，拉美地区几乎每个国家都以某种形式加入了一个或多个区域性集团组织之中，形成了相互交叉、多层次、多形式的经济一体化局面。拉美经济一体化的加快对置身于这一进程内的国家所产生的影响是全方位的，不仅涉及各个经济领域，而且推动了政治领域朝着更加适宜生产力发展的方向的变革。

拉美国家积极寻求与域外国家的经济合作。美国与拉美国家在经济领域的合作是符合各自需要的一种发展趋向。美国首先采取主动，提出组建美洲自由贸易区。拉美国家深知在经济发展上无法摆脱与美国的联系，在资金、技术、贸易、债务等方面都需要美国的帮助，所以自然予以响应，力图在这种经济区域化大潮中求得自身的发展。美国的目的很明显，想把西半球变成对自己开放和对外部封闭的大市场。这一点很难得到拉美国家的认同。拉美国家不会把自己的经济发展押在对美国的过分依赖上。美国是它们优先发展的对象，但是在当今世界经济发展互相依存的趋势日益增强的情况下，拉美国家不可能排除与大陆以外经济集团的联系。事实上，拉美市场越来越引起半球之外的发达国家的关注。德国、日本等国积极谋求发展与拉美国家的经贸关系，法国甚至提出建立欧拉自由贸易区。据德国《商报》1997 年 9 月15 日报道，欧洲联盟打算抢在美国之前与南方共同市场签署建立自由贸易区的协定。委内瑞拉 1997 年 8 月 31 日《宇宙报》刊文指出，欧共体积极寻求与南美国家建立伙伴关系，日本把拉美看作是投资的肥沃土地，"与此同时，诸如智利、巴西等国把眼光投向太平洋和大西洋一边，目的是使产品进出口选择多样化"。拉美国家开展多边经济外交，一方面是其自身经济发展的需要，更重要的是可以摆脱过分依赖美国的局面，加强在与美国关于自由贸易区谈判时的地位。

西半球迈向贸易自由尽管存在诸多障碍，但已形成不可阻挠之势，拉美国家无不想在这一进程中寻求契机，使自身经济振兴腾飞。不过，这里需要强调的是，不同国家从贸易自由化过程中获取的好处或利益肯定是不相同的。对于技术力量雄厚与发展资金充足的国家来说，所得必然大于所失，但有的国家会由于经济比较脆弱，很可能难以抵御市场开放后所带来的强大冲击波，造成经济发展出现无序状态。因此，这些国家尤其应制定适合本国国情的战略，以充分的准备迎接贸易自由化带给其经济的"挑战"，切莫操之过急，否则就会欲速而不达，在迎接"挑战"时失去发展的"机遇"。

（原载《拉丁美洲研究》，1998 年第 1 期）

贸易自由化与拉美国家的经济发展

贸易自由化是当今国际经济发展的主题之一，对发展中国家的经济发展尤其有着重要的意义。发展中国家不管愿意与否，也不管贸易自由化给自己国家经济发展带来的弊端程度大小，都无法置身于这一大潮流之外，或多或少地把贸易自由化作为国家经济的主要增长源。拉美许多国家在 20 世纪 80 年代中期以后就把贸易自由化作为改革开放的主要内容之一。贸易自由化给拉美国家带来的不会全是"福音"，但从长远来看显然符合它们的利益或者是利大于弊，可以说是 20 世纪 90 年代以来拉美地区经济实现快速增长的至关重要的一步。本文主要通过分析贸易自由化对拉美国家经济发展的利弊得失，为发展中国家做出自由贸易选择时提供有益的借鉴。

一、拉美经济发展走向开放的必然性

拉丁美洲国家在 80 年代债务危机爆发之前基本上实行的是"进口替代"发展模式，其主要特征是强调国家对经济活动的干预，在关税和非关税壁垒的保护下使处于初级阶段的幼稚工业部门免受外部同类产品的竞争而得以迅速发展。不可否认，这种模式在战后很长时期使拉美国家的经济发展取得了显著的成就，但从本质上讲它是试图通过把经济发展与市场力量相分离来促进增长，"几乎所有国家都形成了国家计划体制，发展了金融机构、国民储蓄和贷款制度。……这种体制的强有力发展与国家在推行发展战略中所扮演的角色密切联系在一起。……一种新生的无效率的官僚体制开始出现，其工作就是强制推行一系列常常是自相矛盾的规定，旨在控制保护主义的水平和汇率的管理"。[①] 因此，经济增长的背后隐含着"进口替代"模式所无法解决的问题，随着时间的推移，这些问题必然会积重难返，最终到了 20 世纪 80 年代初在拉美地区爆发了前所未有的债务危机，拉美国家苦心保持几十年的经济增长顿时停了下来。这场危机宣告了"进口替代"发展模式的寿终正寝，同时也标志着拉美国家经济发展战略开始向着以自由市场为基本特征的外向型经济转换。自此以后，经济改革、调整、开放就成为拉美国家走出发展困境的唯一选择。

贸易自由化是这场转换经济发展模式改革的基础和主要内容，拉美经委会在 1999 年 11 月提交给西雅图世界贸易组织第三次部长会议的报告中指出："在过去 15 年期间，拉丁美洲和加勒比国家政府在其贸易和外汇体制上进行了富有深远意义的变革。这些变革被确定在范围广泛的宏观经济改革的框架内，旨在改善国际市场的运行状况，重组刺激私营部门发展的体系，消除反出口的偏见，帮助提高位于各自国家疆域之内的生产单位的国际竞争力。"[②] 其实，拉美一些国家早在 20 世纪 70 年代就开始了贸易自由化的改革。1973 年，智利的皮诺切特通过军事政变上台后，为了控制通货膨胀，摆脱经济困境，便在一些以"芝加哥弟子"著称的经济学家的帮助下出台了所谓的货币主义经济政策，通过改革外贸体制推行出口导向战略。在改革之前，智利的对外贸易必须服从国家的控制，名义关税率平均为 94.00%，幅度从 0 到 750.00%，进口品中的 50.00% 须由智利中央银行授权，规定严格的非关税壁垒更使进出口商望而生畏。改革后智利的外贸体制基本上适应了贸易自由化的要求，平均关税率逐年降低，到 1980 年降至 10.10%，非关税壁垒基本上被取消。[③] 这种关税水平以后有所反复，但智利在贸易自由化上依然是走在拉美地区前面的国家。随后乌拉圭和阿根廷也相继在 1974 年和 1976 年进行了在新自由主义理论指导下的经济改革，关税和非关税壁垒都有所降低。不过在 1985 年之前，与世界其他发展中地区相比，整个拉美地区的关税和非关税壁垒还是显得比较高。据统计，1985 年拉美地区关税保护和非关税堡垒两项

---

① Enrique Iglesias, *Reflections on Economic Development: Toward a New Latin American Consensus*, Washington: Inter-American Development Bank, 1992, p.29.

② International Trade and Development Finance Division of ECLAC, "The New Multilateral Trade Negotiations: A Challenge for Latin America and the Caribbean," Santiago, Chile, November 1999, p.6.

③ 参见 Manuel R. Agosin and Ricardo Ffrench-Davis, "Trade Liberalization in Latin America,"*CEPAL Review*, 50, August 1993, p.47.

平均分别为 44.70% 和 61.00%。同一年，北非两项分别为 39.00% 和 85.00%，非洲其他地区两项分别为 36.00% 和 86.00%，东亚地区两项分别为 5.00% 和 11.00%，亚洲其他地区两项分别为 25.00% 和 21.00%。[①]拉美国家高关税贸易保护严重地阻碍了该地区国际贸易的开展。

　　20 世纪 80 年代中期可以说是战后拉美经济发展的分水岭，此后拉美国家开始从封闭走向开放，从贸易保护走向贸易自由化。拉美国家贸易完全自由化显然是一个长期的过程，但随着外贸体制与世界的接轨，关税和非关税壁垒到 90 年代初期就有了明显降低。就整个拉美地区而言，"从 1985 年到 1991 年，所有拉美国家都开始实行取消对其贸易体系控制的一系列富有意义的计划。平均关税率从改革前的 41.60% 降低到 1995 年的 13.70%，最高关税率从平均 83.70% 降低到 40.00%"。[②]美洲开发银行 2000 年 12 月发布的报告也表明拉美地区的平均关税率从 80 年代中期以来已经大大降低。拉美地区的平均关税率到现在依然高于发达国家，与发达国家经济发展水平的差异决定了它们不会完全放弃关税对国内市场的保护，但贸易自由化又决定了这种保护会局限在一定的合理范围内。当然，随着经济的发展和国内工业竞争力的提高，拉美地区的关税保护水平还会逐渐降低。

　　汇率体制改革是贸易自由化的一个重要方面。关于汇率在一国经济运行中的作用，正如美洲国家组织首席贸易顾问何塞·萨拉萨尔等人指出的那样："汇率在任何经济中都是最重要的，因为它同时至少履行三个基本功能：一是规定了本国货币的购买力，因此与世界其他国家比较是一国人民财富的平均水平；二是影响了本国生产的国际竞争力；三是左右着对国内和国际金融资产的相对吸引力。"[③]在 80 年代中期之前，拉美多数国家采用双重汇率制或多重汇率制，即在外汇管制下国家规定几种同时并存的官方汇率。双重或多重汇率制与贸易保护相一致，其目的是通过对汇率的强行控制，在进出口业务中针对不同的商品使用不同的汇率，降低资本的外流，避免货币贬值带来的通货膨胀的压力，以减少因国际环境的变化而导致贸易条件恶化所带来的不

　　① Graham Bird and Ann Helwege, eds., *Latin America's Economic Future*, London: Academic Press, 1994, p.12.

　　② Eduardo Lora, "A Decade of Structural Reforms in Latin America: What Has Been Reformed and How to Measure it," Inter-American Development Bank, Working Paper Green Series, No.348, 1997, p.5.

　　③ José M. Salazar-Xirinachs and José Tavares de Araujo, Jr., "The Free Trade Area of the Americas: A Latin American Perspective," *The World Economy*, Vol.22, No.6, August 1999, p.787.

利后果。在债务危机爆发之前，由于国际资本市场资金比较充裕，拉美国家能够以比较优惠的条件得到国际贷款，因此国际收支还算比较平衡，没有出现巨额的经常项目赤字。在这样的情况下，国家为维护几种汇率的稳定而无须给予大量的汇率贴水。如 1979 年除了少数几个国家之外，拉美地区的汇率贴水平均仅为 4.00%。债务危机发生后，拉美地区外汇流入迅速减少，国际收支严重失衡，通货膨胀急剧上升，与美元等值的名义汇率制实际上名存实亡。外汇短缺导致本国货币大幅度贬值，货币贬值尽管有效地刺激了出口，但加剧了社会的动荡。国家为了维护多重汇率制的运行，加大了对汇率的贴水，以便通过不同的汇率促进某些商品的出口和抑制某些商品的进口。多重汇率制显然不利于拉美地区贸易自由化进程。从 90 年代初期开始，拉美国家开始对汇率体制进行改革，大多数拉美国家逐渐废除了多重汇率制，转而采用统一的汇率制，这样对资本流动的限制基本上被取消，出口收入的返还也不再有任何限定。汇率自由化是贸易改革的一个重要指标，拉美国家经过多年的探讨初步形成了与其贸易体制相一致的"自二战以来最为自由的汇率制度"。[①]

拉美国家选择了贸易自由化如果从 80 年代中期算起，至今已经 16 个年头了。市场的开放给拉美地区经济增长带来了活力，使之成为世界上的新兴市场之一。拉美国家也在不断地总结经济改革的经验教训，在解决新问题中把贸易自由化向前推进。

二、经济一体化与拉美经济的发展

20 世纪 90 年代拉美地区经济一体化之所以出现前所未有的高涨，除了受外部环境的影响之外，显然还与拉美国家以贸易自由化为基础的市场开放密切相关。地区经济一体化本身尽管就属于经济改革的重要组成部分，但它对改革的反作用比任何其他领域都显得要大或更为直接。一体化首先涉及国家之间在经济制度建设上相互接轨的问题，所以就必然会促使介入一体化进程的国家大刀阔斧地革故鼎新，在一些情况下甚至相互让渡出制定经济政策

---

① 美洲开发银行：《拉美改革的得与失：美洲开发银行论拉丁美洲的经济改革》，江时学等译，社会科学文献出版社 1999 年版，第 37 页。

的部分主权，以便求同存异，在奉行基本一致的政策中实现共同发展。

　　贸易自由化是拉美各次区域经济一体化组织所确定的一个基本目标，这一目标的实现首先要求成员国降低或取消阻碍贸易开展的关税和非关税壁垒。在安第斯共同体内，成员国根据1990年签署的要求加速区域内贸易自由化的《拉巴斯纪要》，先后采取了加强区域内贸易自由化的措施。哥伦比亚和委内瑞拉率先实现了自由贸易，于1992年1月最后敲定了两国的关税取消计划。玻利维亚于1992年10月宣布开放国内市场，厄瓜多尔在1993年1月紧随其后。秘鲁安排逐步取消关税，到2000年自由化85.00%左右的关税细目，余下的到2005年完成。1998年秘鲁与厄瓜多尔达成了和平协定，随后两国于1999年4月签署了自由贸易协定，秘鲁取消关税的进程由此大大加快。目前安第斯共同体有自己的原产地规则和竞争规则，成员国不得随意征收反倾销税与反补贴税，类似这些的不公平交易做法必须服从于一种地区结构机制。加勒比共同体成员国从80年代末期起日益认识到，为了提高本地区的竞争力需要削减关税的保护水平，同时承认，对那些经济发展严重依赖对外贸易的国家来说，保持高关税保护将会使它们付出代价。在这种认识的基础上，该共同体在1991年把原始关税率从0至75.00%削减到0至45.00%。1992年，为了加快贸易自由化进程，成员国批准了一项新的共同对外关税结构，颁布了一个在5年内逐步削减关税的计划，分4个阶段完成，把共同对外关税限制在0至20.00%之间。现在该共同体未加权的关税在10.00%左右，整个关税平均水平为9.93%。中美洲共同市场90年代在贸易自由化方面也取得了很大的进展。1990年，成员国决定重新确定共同对外关税。新的共同对外关税率最低为5.00%，最高为20.00%。1994年，成员国决定农产品实行自由贸易，迈出了贸易自由化关键的一步。1995年，成员国一致同意加速关税削减进程，计划到1999年把共同对外关税的水平确定为0至15.00%。目前中美洲共同市场的平均关税率为8.47%，与其他区域经济集团相比算是比较低的。南方共同市场为了实现商品的自由流动，在其成立时签订的条约中就规定从1991年到1994年12月"逐渐地、自动地和全面地"取消进口关税。根据这一安排，大多数关税已经被取消，自1995年以来绝大多数的区域内贸易免征关税。根据1999年的统计数字，南方共同市场成员国1997年至1998年的对外平均关税为12.00%。拉美国家在谈判达成的双边或多边自由贸易协定中，都把相互削减或取消关税和非关税壁垒作为主要内容之一。结果在贸易自由化的推动下，整个拉美地区的贸易壁垒大幅度地下降，"从80年代下半叶的45.00%

下降到 1995 年的 13.00%。……此外，在同一时期，该地区进口服从非关税壁垒的份额从 31.00% 下降到 11.00%。从量税甚至依然在工业化国家经济中很普遍时，它们实际上已经在这里被取消"。[1]

区域集团内贸易壁垒和非贸易壁垒的降低或取消加快了区域内贸易自由化的进程，使成员国之间的贸易量迅速增加。美洲开发银行 2000 年 12 月发布的统计数字[2]表明：首先，90 年代拉美地区进出口贸易除 1998 年和 1999 年受国际金融危机影响之外，基本上呈增长趋势。1990 年至 1999 年，整个拉美地区的区域内出口年平均增长率为 11.10%，进口年平均增长率为 14.90%；同一时期安第斯共同体区域内出口年平均增长率为 12.90%，进口年平均增长率为 11.60%；中美洲共同市场两项分别为 14.90% 和 15.70%；南方共同市场两项分别为 15.60% 和 15.20%；1990 年至 1997 年，加勒比共同体区域内出口和进口年平均增长率分别为 9.50% 和 10.40%。其次，拉美地区的区域内进口增长尽管平均幅度快于出口，但进出口贸易额并未出现太高的逆差。贸易平衡在 1994 年以前除个别年份外，基本上处于出超状态（1990 年为 4.93 亿美元，1991 年为 -2.57 亿美元，1992 年为 -7.06 亿美元，1993 年为 10.9 亿美元，1994 为 19.71 亿美元）；1995 以后除个别年份外，基本上处于入超状态（1995 年为 -0.08 亿美元，1996 年为 3.28 亿美元，1997 为 -8.03，1998 年为 -2.11 亿美元，1999 年为 -6.32 亿美元）。[3]最后，区域内进出口贸易尽管得到了快速的发展，但在整个进出口贸易中所占比例还是不大，这说明区域内成员国生产的产品互补性较小，许多区域内需要的商品还必须从区域外国家进口。当然一方面这是"开放的地区主义"带来的结果，但更重要的是表明成员国只要合理地处理好内部经济结构的调整和大力发展各自的优势产业，区域内的进出口贸易还是大有潜力可挖的。

区域经济一体化组织的主要任务是为成员国消除地区内经济活动的障碍，通过自由贸易，形成规模经济，在分工的基础上合理配置资源，使成员国的经济稳步增长。事实上，在实现这一目标的过程中，当成员国相互开放各自的国内市场时，来自外部的产品获得了与进口国产品的同等地位，过去

---

[1] Robert Devlin, and Richardo Ffrench-Davis, "Towards an Evaluation of Regional Integration in Latin America in the 1990s,"Inter-American Development Bank, Working Paper 2, Buenos Aires, December 1998, p.12.

[2] Inter-American Development Bank, *Integration and Trade in the Americas*, December 2000, p.116.

[3] 根据美洲开发银行 2000 年 12 月份公布的数字计算。

在国内市场上占据优势的产品一旦失去关税保护的屏障，自然就选择了由市场决定其生存的竞争规则。在世界经济越来越相互依赖的今天，如果一个国家进入国际市场后，在自己的优势产品上没有竞争优势，实际上也就丧失了刺激国内经济增长的一个重要来源。拉美国家出口导向战略说到底就是想通过扩大国际贸易而给本国经济发展带来活力，显然产品具有竞争性是实现这一目的的先决条件，而贸易自由化首先就为成员国的产品实现竞争优势创造了环境。因此，贸易自由化给成员国带来的最大利益应该说是促使了它们的产品形成竞争优势。罗伯特·德夫林等人认为，拉美地区自由贸易协定在运行过程中降低了贸易保护的平均水平，实现了贸易创造，提高了竞争力，促进了该次地区市场的专业化。具体而言，一是"通过规模经济和开发与集中生产活动联系在一起的经济的可能性，扩大市场规模以促进程度更高的专业化和工业化"；二是"提高竞争力，扩大具有保证互惠准入的市场，突出信息流动的特性，所有这些反过来应该导致新的国内投资，为吸引有效的外部投资创造更好的条件"；三是"形成次区域市场准入和优惠的安全，开发接邻国家所熟悉的环境，诸种因素结合在一起就会加快经营制造品的新出口商的出现。……历史已经表明，发展中国家在长期与工业化国家趋同的道路上能够实现具有活力的新的比较优势"。[①]德夫林等人是美洲开发银行和拉美经委会跟踪研究拉美经济一体化的专家，而且直接参与了这些国际组织的政策制定，他们的研究应该说是比较权威和具有说服力的。

　　单从理论上来说明自由贸易给拉美国家通过竞争带来比较优势是远远不够的，拉美国家出口结构的明显变化大概在量化上最能反映出。在过去很长一段时间里，由于生产力低下，拉美国家工业产品在国际市场上缺乏竞争性，只有靠出口资源型的劳动密集产品换取外汇，来向工业国家购买本国所需要的工业制成品。当然这种不利于拉美国家经济发展的状况在第二次世界大战后逐渐地起了变化，然而变化之大和之快莫过于90年代。到1996年的时候，在中美洲共同市场、安第斯共同体和南方共同市场中，制造品在区域内集团出口中分别占70.00%、63.00%和61.00%。这些数目大大高于制造品在集团整个出口中所占的份额。此外，除了中美洲共同市场外，在1990到1996年期间，制造品在区域内集团出口中所占份额的增长速度快于在整个出口中所

---

　　① 参见 Devlin and Ffrench-Davis, "Towards an Evaluation of Regional Integration in Latin America in the 1990s," Inter-American Development Bank, Working Paper 2, December 1998, pp.14-16.

占的份额。据拉美经委会 1999 年 11 月在提交给世界贸易组织第三次部长会议的报告中公布的数字，1988 年拉美和加勒比的初级产品出口占总出口的 35.52%（其中农产品为 17.21%，矿产品为 4.92%，能源产品为 13.39%），到 1998 年这一数字下降为 22.86%（其中农产品为 11.70%，矿产品为 2.91%，能源产品为 8.25%）；1988 年工业制成品的出口占总出口的 63.88%，到 1998 年这一数字上升为 76.63%；1988 年来自技术进步的产品为 7.73%，1998 年这一数字上升为 21.72%。[①] 根据另一个不包括墨西哥在内的统计数字，1965 年拉美地区的农产品、矿产品、能源产品出口占总出口的 60.10%，1990 年下降为 42.00%，1994 以后这一数目变化不大，基本上在 35.00% 上下浮动；1965 年制造品出口占总出口的 38.60%，1990 年上升为 57.30%，1994 年以后基本上在 65.00% 上下浮动。[②] 以上这些数字表明，拉美国家在高技术产品上与发达国家相比还存在着相当大的差距，但在以自由贸易为基础上形成的地区一体化大潮的推动下，出口产品结构与过去相比发生了明显的变化，工业制品开始在出口中居于主导地位，由此反映出拉美主要国家出口商品的国际竞争力的提高应该说是拉美地区经济一体化所带来的主要成就之一。

正是以贸易自由化为基础的地区一体化大大促进了拉美国家经济的发展，所以，当美国单方面地提出召开美洲国家首脑会议商谈南北合作建立美洲自由贸易区时，拉美国家（古巴除外）群起响应。加利福尼亚大学经济学教授约瑟夫·格伦沃尔德指出："拉美国家过去试图通过各种形式的经济联盟联系在一起，很大程度上旨在使这一地区不再依附美国，现在多数拉美国家似乎渴望与美国结合在自由贸易协定中。"[③] 这的确是当时多数拉美国家的真实心绪。南北经济一体化的模式尽管还处在尝试阶段，美洲贸易自由化给拉美国家带来的也不会全是"福音"，但从长远看显然符合它们的利益，可以说是未来拉美地区经济实现快速增长的至关重要的一步。

---

① 参见 International Trade and Development Finance Division of ECLAC, "The New Multilateral Trade Negotiations: A Challenge for Latin America and the Caribbean," Santiago, Chile, November 1999, p.28.

② 参见 Vivianne Ventura-Dias, Mabel Cabezas and Jaime Contador, "Trade Reforms and Trade Patterns in Latin America,"CEPAL-SERIE Commercial Internacional, Santiago, Chile, December 1999, p.38.

③ Joseph Grunwald, "The Rocky Road Toward Hemispheric Economic Integration: A Regional Background with Attention to the Future," Roy E. Green, ed., *The Enterprise for the Americas Initiative: Issues and Prospects for a Free Trade Agreement in the Western Hemisphere*, Connecticut: Praeger Pulishers, 1993, p.124.

三、贸易自由化给拉美地区带来的挑战

现在拉美国家正与北美国家一道致力于 2005 年建立美洲自由贸易区的谈判。一般而言，在一个自由贸易区内，国家的经济势力越强大，从自由贸易中所获的利益就可能会越大，相对来说所产生的负面影响就会越小。也就是说，如果不存在特殊的情况，国家的经济实力与所获利益成正比，而与负面影响成反比。拉美地区是一个由 30 多个国家构成的群体，各国在经济发展过程中尽管面临着许多共同的问题,而这些问题的解决往往需要相同的方法，但由于国土面积、资源、人口素质、技术水平等因素的不同，经济发展水平和速度必然呈现出高低之分和快慢之别，所以贸易自由化给它们带来的利益也各有差异。一般而言，自由贸易给拉美国家带来的利益会小于北方国家，负面效应却会大于北方国家。

贸易自由化首先会给那些工业基础相对弱小的国家带来巨大的压力。随着关税和非关税壁垒的取消或减少，原先多少还处在国家保护之下的企业一下子就被置于几乎与外国同类产品平等竞争的处境。如果缺少各方面的有利条件和准备，不要说开拓国外市场困难重重，就是想保住国内市场也并非易事。来自国外的廉价商品将充斥于国内市场。对拉美地区那些欠发达的国家来说，这些商品不仅来自像美国或加拿大那样的发达国家，而且来自像墨西哥、阿根廷、巴西、智利那样的中等发达国家。商店可能是琳琅满目，各种商品应有尽有，消费者可以用更少的钱买到所需要的商品，但国内那些尚未形成规模经济的企业却面临着"灭顶之灾"。在自由贸易的冲击下，这些国家（其中包括拉美地区的经济较发达国家）的许多中小型企业会被迫关闭或者被大企业吞并掉。这种结果在短期内很可能对经济增长产生不良影响：出口贸易下滑，进口贸易上升，国际收支不平衡加剧，外汇储备急剧减少等。美洲国家组织的一份文件谈到这一点时指出："对于拉美和加勒比的欠发达国家来说，积极参与西半球贸易对迅速和持续的增长与发展至关重要。然而，接受更开放的贸易体系以及西半球自由贸易并不能改变这一事实，即这些国家仍然处于一种脆弱的地位。尽管人们普遍承认贸易自由化会给全球带来利益，但小国和欠发达的国家实现这些利益将大大取决于它们适应市场机会转变以及增强竞争力的能力。当这些国家不能足以迅速地适应时，由于基础结构的软弱，它们的贸易和经济前景也许会恶化。"[①]

贸易自由化给拉美地区不具有竞争优势的产业带来冲击，从长远来讲对拉美国家未必是件坏事，但无疑会给本来就很高的失业率"雪上加霜"，使更多的劳动力被迫进入失业大军。拉美地区的失业率居高不下可以说多少与拉美国家的经济改革有些关系，这大概也是发展中国家在改革带来经济增长的同时必须要付出的代价。以国有企业私有化为例，国有企业私有化是新自由主义发展模式所体现出的一个主要内容，拉美地区国有企业私有化的兴起无疑受到新自由主义的影响，但在很大程度上与国有企业在国民经济中难以发挥作用有关。尤其是 20 世纪 80 年代拉美地区爆发债务危机后，政府对国有企业的过多补贴造成财政赤字严重，通货膨胀加剧，国有企业若不私有化，拉美地区便很难实现经济增长。因此拉美国家从 80 年代起开始把国有企业私有化作为促进经济增长的重要手段。拉美地区私有化进程发端于智利，随后墨西哥、阿根廷等国起而仿效，到 1992 年私有化遍及整个拉美地区，形成了前所未有的高潮。拉美国家经过多年努力，私有化政策基本上达到了预期的目的，拉美地区经济发展显示出活力一定程度上反映出私有化所起到的重要作用。然而私有化的负面影响也是显而易见的，其中造成的失业问题更加突出。随着关税大幅度地削减，国内市场竞争将愈益激烈，失业率必然上升。

在蜂拥而入的外国商品的冲击下，一些缺乏竞争力的企业倒闭是自然而然的，这样短时期内会给国内就业市场形成比较大的压力。这是有些拉美学者不赞成与美国实现贸易自由化的一个理由。如果国家的社会福利跟不上，或者不能及时地调整失业人员的心态，就会埋下社会动荡的隐患。如北美自由贸易协定生效的第一年，墨西哥就发生了恰帕斯州农民武装暴动，政府不得不出动正规军进行镇压。在以后的几年期间，墨西哥城以及许多大中城市恐怖事件此起彼伏，甚至一些高官显贵也不能幸免，执政党的总统候选人和党的总书记先后遭到暗杀。墨西哥社会一度出现的动荡并非与自由贸易有着必然的联系，但自由贸易带给一部分人心理上和生活上的冲击和压力也是其中一个重要原因。社会不公正在包括墨西哥在内的拉美地区越来越突出。不过把这些问题一股脑儿归咎于自由贸易有点失之偏颇，没有自由贸易，这些问题就不会存在？回答显然是否定的。自由贸易是拉美国家在实施对外开放战略时的一种明智选择，它无疑是参与国经济增长的一个重要推动力，同时

---

① OAS, *Toward Free Trade in the Americas*, http://www.sice.oas.org/tunit/tftr/index.stm.

也会产生一些不容忽视的问题，但拉美国家决不能因噎废食，倒是经济增长才是解决这些问题的唯一途径。墨西哥和其他一些国家的经验表明，自由贸易会带来经济增长，但并不是每个人都可分享到这种增长所带来的财富。许多人可能因为自由贸易而失去工作，许多人可能由此发财致富，贫富加剧和两极分化无疑都会出现。拉美国家不能因为这些负面效应而放弃自由贸易，但在接受自由贸易的同时把这些效应的负面影响降到最低，是它们所面临的一个很大挑战。

贸易自由化还会给拉美国家带来一些新的问题。首先，国家财政收入会减少。拉美国家财政收入很大一部分来自关税，随着关税的削减或取消，国家自然会失去这部分的收入来源。这样在短时期内势必给国家财政造成压力。其次，本地人才会流向在拉美国家投资设厂的跨国公司。贸易自由化必然导致拉美国家投资环境更为宽松，不断刺激着境外企业前来安营扎寨或设立分厂，以便利用这里的比较优势增强产品的国际竞争力。这种结果对拉美国家可以说是求之不得，但它们同时面临着技术人才流失的挑战。一般来讲，跨国公司或企业在某一国家投资设厂，除了重要的管理部门领导从本国派遣之外，绝大多数雇员都是从本地招聘，只有这样才能充分利用当地的优势，否则就失去了投资的意义。这种雇员本地化战略由于工资或其他福利高于本地企业，必然会吸引着技术人才流入。人才流失会在一定程度上削弱本地企业的市场竞争力，当然同时也会促使本地企业为了生存加大改革力度。这是发展中国家所面临的共同问题，市场开放程度越高，这一问题可能就越突出。因此，当拉美地区市场完全自由化之后，本地技术人才流失将变得不可避免，而且速度可能会越来越快。最后，贸易自由化不仅仅只是涉及贸易问题，同时要求拉美国家在许多与贸易和投资有关的领域加大开放力度，以便共同制订的规则能够贯彻执行。西半球国家既然结成了一个共同的自由贸易区，这样做既是一种大势所趋，也符合成员国的共同利益。但是西半球国家在经济发展水平上差异很大，各个国家执行共同的规则不见得会取得相同的结果。如一些经济落后国家的金融市场、服务行业、通信行业进一步开放后，很可能难以抵制住来自经济发达国家的竞争，只好将这些行业的国内市场"拱手相让"。对发展中国家来说，资本市场开放是一个相当敏感的问题。随着贸易的自由化，拉美地区的资本市场肯定会进一步开放，大量的外资将会通过购买债券等形式流入。这类短期资本活跃异常，流动性很快，常常是有利可图就入，无利可图就走。随着这类资本流入量的增大，拉美国家的资本市场自然与国际金融市场更为密切地联系在一起。"飞燕式"的资本会给证券市场带来活力，使拉美国家在更为便利的条件下实现国际融资，但同时也加剧了拉美国家在贸易自由化过程中的风险。因此，资本市场达到什么样的开放"度"，在美洲国家应该是不同的。拉美国家决不能盲目使资本市场完全自由化，必须保证本国的金融市场的健全和稳定，否则就容易导致汇率和利率的动荡，继而形成金融危机。美洲国家组织首席贸易顾问何塞·萨拉萨尔等人认为，金融市场的全球化和国际收支资本项目的自由化给拉美外汇市场的管理增加了难度，实际上使政府管理外汇市场的能力受到各种限制。诸如信贷猛增、资产价格泡沫、公司短期债务过多积累、银行贷款有价证券管理不善等因素"限制了金融当局对利率提高而造成对本国货币进行投机性攻击做出反应的能力。当利率最终提高时，便会引起经济衰退、资产价格崩溃和破产"。[1]在这方面，墨西哥金融危机、东亚金融危机和巴西金融危机提供了前车之鉴。

　　以贸易自由化为基础的西半球经济一体化已经形成不可阻挠之势，拉美国家正在以积极的姿态参与这一进程，它们就是想通过贸易自由化来寻求发展契机，使本国经济振兴腾飞。不过有的国家由于经济比较脆弱，很可能难以抵挡住市场开放后所带来的强大冲击波，造成经济发展出现无序状态。它们究竟能从贸易壁垒取消后获得多少实惠，至今还有待实践检验。因此，这些国家尤其应制订切实可行的发展战略，以充分的准备迎接贸易自由化带给其经济的冲击。只有牢记自由贸易对它们的"双重性"，时刻保持着冷静的头脑，才能把贸易自由化带来的负面影响降到最低。

（原载《拉丁美洲研究》，2002 年第 2 期）

---

① Salazar-Xirinachs and Araujo, Jr., "The Free Trade Area of the Americas: A Latin American Perspective," *The World Economy*, Vol.22, No.6, August 1999, p.788.

美洲贸易自由化对提高拉美企业
国际竞争力的影响

　　1994 年是西半球历史上非常重要的年份，当年年底，南北美洲 34 个国家的首脑云集美国的迈阿密，经过协商和讨论，确定了 2005 年在西半球建立统一的美洲自由贸易区（FTAA）的目标。自此以后，南北美洲国家就在曲折的道路上致力于这一目标的实现。美洲贸易自由化尽管不可能从根本上改变美国与拉丁美洲国家关系的本质，也不会使经济发展很不平衡的南北美洲国家在一种平等互利基础上实现真正的经济一体化，但的确在许多领域，尤其是在经贸关系领域引起了西半球国家关系发生深刻的变革。发达国家和发展中国家通过自由贸易这根纽带能否实现经济的共同增长并最终迈向经济一体化，美洲自由贸易区在这方面具有很大的代表性。就拉美国家而言，与发达国家进行自由贸易带来的不会全是"福音"，但从长远来看显然符合它们的利益或者说是利大于弊。自由贸易引入了竞争机制，通过有规可循的市场竞争不断把拉美地区具有优势的企业的竞争力提高到新的层次。在这方面，北美自由贸易协定（NAFTA）提供了有益的经验。

一、贸易自由化与拉美国家的竞争优势

　　委内瑞拉著名经济学家胡安·巴勃罗·富恩特斯指出："一个国家要从诸如 FTAA 的自由贸易协定中得到好处，竞争优势要比比较优势更重要。一个国家通常交易它拥有比较优势的商品。例如，哥伦比亚和巴西都出口咖啡，因为它们都拥有咖啡生产的明显比较优势（理想的气候、适宜的土壤和廉价的劳动力）。这样的国家将总是进行咖啡交易而不管它们加入什么贸易协定。鉴于比较优势概念相对静止的特性，即它涉及诸如自然资源或气候这样的既定条件，因此，竞争优势概念更具有活力。也就是说，随着时间的推移，实

施自由贸易协定的代价和利得基于诸种竞争优势的适当发展之上。一些国家在发现具有竞争优势的部门后,成功地发展了竞争优势,这些国家将从自由贸易协定允许的自由贸易和投资流动中得到更多的好处。那些不能识别和促进具有竞争性部门的国家将会由于自由贸易而遭受损失,因为国际竞争将趋向取代与进口品竞争的国家生产者。"① 富恩特斯尽管谈的是开展国际贸易所遵循的一个基本原则,但其目的还是要说明经济相对落后的国家在自由贸易活动中发展竞争优势的重要性。

比较优势是国家之间开展国际贸易的基础,其给国家在从事国际贸易中带来的利得相对比较稳定,但比较优势也不是一成不变的。一般而言,发达国家亦即北方国家的比较优势是技术和资本,它们进行国际贸易的多是技术和资本密集型产品,这类产品包含的附加值高,在国际贸易中具有竞争优势。发展中国家亦即南方国家的比较优势是自然资源和劳动力,它们用来开展国际贸易的多是资源和劳动密集型产品,这类产品包含的附加值低,利润也远远不能与技术和资本密集型产品同日而语。不过"比较优势的原则告诉我们,每个国家都可从贸易中获得收益,即使一些国家在全部生产活动中效率低下,具备的全部生产要素尚不成熟"。② 美国经济学家小罗伯特·麦克蒂尔也指出:"比较优势意指,无论是富国还是穷国,所有国家将从贸易中获益。……任何国家都不可能左右自由贸易或获得来自贸易自身的全部所得。"③ 以上所言说明,南方国家在初级产品或资源和劳动密集型产品出口中同样有利可图,但长此以往这种贸易格局显然不利于南方国家国际贸易的大规模开展,也直接影响其国内的经济增长。所以对南方国家而言,原有的比较优势不足以刺激某一种行业的发展,南方国家要改变这种处境,就必须在自己原有比较优势的基础上使之进一步扩大,把北方国家的技术和资本优势注入自己的产品中,使其在国际市场上具有竞争优势。在全球经济联系日益密切的今天,南方国家的对外开放为北方国家的技术和资本的流入大开了方便之门,当然发达国家也在想方设法利用发展中国家的比较优势。南—北型的自由贸易协定大大促进了南北双方比较优势的融合过程,给南方国家企业提高国际竞争力

---

① Juan Pablo Fuentes, "The FTAA: Costs and Benefits," *SELA/Capitulos 55*, January-April 1999, pp.131-132.

② World Trade Orgnization, "Annual Report 1998," p.38, http://www.wto.org/english/res-e/anre98-e.pdf.

③ Robert D. McTeer, Jr., "The Benefits of Free Trade," in Gerald P. O'Driscoll, Jr., ed., *Free Trade Within North America: Expanding Trade for Prosperity*, Boston: Kluwer Academic Publishers, 1993, p.22.

创造了更好的条件。

二、贸易自由化对拉美企业竞争优势的促进

当今国际资本的运行规律非常简单，哪里有利可图就流向哪里，哪里有生产优势就在哪里设厂，哪里有市场就在哪里销售。在全球化趋势日益明显的时代，人类生存的这个星球变得越来越小，经济关系的纽带使国家之间牢牢地联系在一起，跨国公司在其中充当了非常重要的角色。尽管跨国公司依然面对着主权国家为保护国内市场而设置的许多障碍，但它们总想方设法在世界范围内任何地方进行生产和经营。南方国家的资源和劳动力等比较优势备受跨国公司的青睐，当它们利用南方国家的比较优势获取巨额利润时，它们自身所具有的资本、技术、管理经验等比较优势也逐渐被南方国家的企业所吸收，这对提高南方国家企业的国际竞争力起了十分重要的作用。南-北型的自由贸易协定无疑加速了这一过程。根据协定的规则，南方国家必然会通过削减或取消贸易壁垒和非关税壁垒进一步开放国内市场，北方国家的跨国公司或企业势必会利用这一机会大举南下投资设厂，谋取更多的利润。就是北方国家那些不具有竞争优势的产业也纷纷南迁，试图利用南方国家丰富的自然资源和廉价的劳动力等比较优势来降低产品成本，增强产品在全球市场上的竞争力，以达到重振企业的目的。在富恩特斯的笔下这一过程是这样的："在削减和取消贸易壁垒之前，制造业集中在北方，即发达国家，而欠发达的南方国家基本上生产和交易它们拥有明显比较优势的商品。在这样一种形势下，北方国家享有更高的生活标准，因为制造业的发展使得实际意义上的工资提高。一旦关税壁垒开始降低，把产业迁徙到南方的刺激就变得明显。如上所述，诸种刺激与降低生产费用和市场扩大是联系在一起的。后者通过南方的规模经济使得竞争优势得以开发。在这一背景下，两种观测是相关的。当跨国企业在发展中国家开始安营扎寨时，一种工业集中的进程便发生了，这就使得自由市场造成的最初刺激成倍增加。由此产生的'外部效应'进而促进了新企业迁往南方的刺激，因为对一个具体部门来说，最早也许被认为是具有较弱竞争优势的因素却变成了明显的商业机会。"[1]北方国家企业在利

---

[1] Fuentes, "The FTAA: Costs and Benefits," *SELA/Capitulos 55*, January-April 1999, pp.132-133.

用南方国家的比较优势时实际上也把北方国家的比较优势带给了南方国家的企业，逐渐地在南方企业生产的资源和劳动密集型产品中增加了技术和资本的含量。当技术和资本的含量在资源和劳动密集型产品中占据一定比例后，这些产品便会向技术和资本密集型产品转化，顺利地实现产品的升级和南方国家整体产业结构的变化，使南方国家的出口品在国际市场上的竞争力大大提高。这一过程已经在许多南方国家发生。拉美国家作为 20 世纪 90 年代以来新兴的世界市场之一，吸引着大批北方国家的企业前来安营扎寨，拉美国家在这方面积累了丰富的经验，但远没有完成产业结构的升级与转化。对拉美国家来说，这是一个长期的过程，除了自身的不断努力外，还需要北方国家的技术和资本的推动。在这种意义上说，美洲贸易自由化将为拉美国家加速这一进程创造良好的条件。

南方国家企业国际竞争力的提高与外资的流入紧密联系在一起。北方国家的企业在南方国家投资设厂，尽管多数产品返回到投资国国内市场或主要在国际市场上销售，但当地市场也不会受到忽视，因此在一定程度上加剧了当地市场的竞争，迫使当地同类企业进行改革，以便在国内市场上能够与外商进行竞争，否则就会在竞争规则的支配下关门倒闭。如果外资与当地企业合资办厂，先进的技术和管理方式必然会伴随而来，当地企业的国际竞争力随之就会迅速提高。所以外资流入率高的国家，出口增长率也较快，这显然与该国企业生产的产品在国际市场上的竞争力提高有着较大的关系。外国直接投资的流入会产生有形效益和无形效益，前者缓和了南方国家的资金短缺等问题，后者促进了当地企业在许多方面与国际接轨。从某种意义上说，无形效益比有形效益对南方国家经济发展所起的作用更大。许多南方国家在吸引外国直接投资上下了很大功夫，国际资本在优惠条件的刺激下源源不断地流向那些改革开放力度较大的发展中国家，在促进这些国家经济增长上起了非常重要的作用。迄今为止，发达国家有较大比重的资本投放到发展中国家，但这并不意味着发展中国家已经有充裕的资金来源。全球对外直接投资额每年尽管呈上升趋势，但毕竟还是有着限额，其流向哪个国家的数额每年都不是固定不变的，而是受到各种因素的制约。现在各个国家对国际直接投资的争夺十分激烈，其中也包括发达国家。美国经济学家罗伯特·塞缪尔森撰文指出："促进贸易自由化的另一个因素是争夺国际投资。根据联合国的估计，1998 年，跨国投资（包括合并）的总额是 6440 亿美元。各国都日益意识到这是技术活力和就业机会增加的一个原因。但是由于一些例外，公司不愿去商业环境不利的地方。它们希望能够很容易地从事出口和进口业务；它们希望有健全的银行系统和便捷的通信；它们不希望面对偏向国内公司的规定。为了吸引投资，许多国家——富国和穷国——正自发地抛弃限制竞争或区别对待外国人的规定。"[①] 国家之间对外国投资进入本国市场的竞争从来没有停歇，在全球联系越来越密切的今天呈日益加剧的趋势。

就拉美国家来说，外国直接投资一直在其经济发展中起着十分重要的作用，这对所在国产生的有形效益和无形效益都比较明显。许多国家对外资的依赖性很大，外资流入一旦减少，经济增长就会出现波动。所以拉美国家也在不断地改善投资环境，增强经济运行的自由度和透明度，以吸引外资的流入。美国传统基金会和《华尔街日报》2000 年经济自由指数表明，拉丁美洲在经济自由和经济增长方面有了很大的改善。根据该指数，拉丁美洲在经济自由方面取得了全面进步。拉美国家中足有一半1999 年的经济自由度比1998 年的更大，三分之一保持相同的经济自由水平，只有 3 个国家有所下降。这种改善主要表现在三个方面：较低的通货膨胀，较轻的政府干预，较少的贸易壁垒。[②] 拉美地区整体上经济自由度的提高显然有利于外资的流入。美国是拉美国家对外直接投资的主要来源，占拉美地区外资的 43.00% 左右。美国投资者看好拉美地区，固然是因为这里有着较廉价的劳动力，回报率较高，但 "工资率较低只是最吸引投资者的一个方面，这种优势远不足以诱惑投资蜂拥而入。发展中国家使自己成为更具吸引力的投资位置的较好办法是接受自由贸易和超区域集团的投资安排"。[③] 实际上，综观当今世界，很少有国家不受到自由贸易思想的影响，经济上获得迅速发展的国家很少不与自由贸易发生关系。美国国际经济研究所主任弗雷德·伯格斯滕指出："在今天的世界，经济上的成功要求国家放宽限制以吸引流动的国际投资，这就大大有助于决定全球生产、工作、利润和技术的分配。这种成功也要求国家在国际市场上进行有效的竞争，而不只是局限于国内。因此，竞争自由化过程推动了世界各个地区许许多多具有不同经济制度、处于不同发展阶段以及哲学思想完全

---

① 参见 *Washington Post*, December 29, 1999.

② Ana Eiras and Gerald P. O'Driscoll, Jr., "Advancing Free Trade in Latin America: The Test of Leadership," *Heritage Foundation Executive Memorandum*, No.649, February 8, 2000, p.1.

③ Gary C. Hufbauer and Barbara Kotschwar, "The Future Course of Trade Lileralization," October 1998, this research paper is available at http://www.iie.com/TESTMONY/spchfta/gh7.html.

不同的国家趋向自由贸易。"[1]拉美国家在这方面并没有落后于这一世界潮流，自由贸易的思想已经深入国家发展战略的制定中，但具体到与美国之间的贸易关系，只能说是大大降低了原先的高关税壁垒，还谈不上自由贸易。拉美国家中只有墨西哥与美国签署了自由贸易协定。从吸引美国的对外直接投资而言，墨西哥走在了其他拉美国家的前面，但来自美国的外资毕竟还是有限的，彼国之多就意味着他国之少，所以在北美自由贸易区投入运行后，其他拉美国家就面临着美国投资转移出去的威胁，解决这一问题的有效办法就是像墨西哥一样，与美国达成类似的自由贸易协定。从目前形势来看，单个拉美国家加入 NAFTA 不是没有可能性，但对绝大多数拉美国家来说，至少在现阶段并不现实。美洲自由贸易区谈判已经开始，整个西半球国家达成自由贸易协定的谈判在近几年内肯定会取得进展，实现贸易自由化只是时间问题。所以美洲贸易自由化对许多拉美国家来说尽管不全是"福音"，却有着很重要的意义，其中之一就是在共同制定的"游戏规则"的支配下，不仅可以把流出的外资重新吸引回来，而且会再次成为外国尤其是美国投资者关注的热点地区。关于这一点正如劳尔·伊诺霍萨-奥赫达等人指出的那样："虽然日本已取代美国成为世界上最大的债权国，但美国在拉美地区依然是最大的债权国。尤其是在过去 10 年期间许多国家大大减少对发展中国家提供贷款时，美国不断的经济支持是拉美国家考虑一个自由联盟时指望美国的一个原因。国内资金缺乏是几个拉美国家考虑加入 NAFTA 或与美国达成一个类似的自由贸易协定的主要原因之一。因为发展中国家高度依赖外资流动，所以加入一个贸易联盟现在被认为是在寻求外资时的一个竞争优势。"[2]

三、技术模仿与拉美企业竞争力的提高

加里·赫夫鲍尔等人认为，贸易自由化可以对发展中国家产生"追赶效应"，它们"从商品、服务和资本自由流动中的最大所得之一是穷国有机会把它们的生产力和收入提高到富国已经达到的水平。巴罗、萨拉·马丁、本·戴

---

[1] C. Fred Bergsten, "Globalizing Free Trade," *Foreign Affairs*, vol. 75, No.3, May/June 1996, p.105.

[2] Raúl A. Hinojosa-Ojeda, Jeffrey D. Lewis and Sherman Robinson, "Convergence and Divergence between NAFTA, Chile, and Mercosur: Overcoming Dilemmas of North and South American Economic Integration," Inter-American Development Bank, Working Papers Series 219, 1997, p.15.

维等许多人的研究表明，更自由的贸易每年以 0.50%的速度帮助缩小了穷国和富国之间的差距。'追赶效应'很大程度上反映出对更先进的技术、先进的管理经验的获得以及伴随着激烈竞争和对外直接投资对生产力的促进"。[①] 多数发展中国家与发达国家的生产水平和生活水平还存在着很大的差距，这种差距是在缩小还是在扩大尚无定论，但发展中国家通过与发达国家的自由贸易至少在生产技术水平上在逐渐缩小与发达国家的距离。美国国际贸易委员会的一份文件谈到国际贸易从四个方面促进了先进技术的国际传递。"第一，国家之间的商业交往可以作为新产品和生产过程的信息来源。第二，技术信息上的国际贸易能够通过专利合同和合资企业进行，对知识产权的强烈认可促进了这种贸易的发展。第三，技术的重要构成在国际上进行贸易的新资本设备上体现出来。第四，通过外国直接投资进行的资本国际贸易促使了技术构成的传递。"[②] 一般来讲，北方国家劳动力素质较高，生产设备先进，所以技术创新通常发生在北方国家。当然南方国家也不会放弃通过自身的努力进行技术开发，但对北方国家产品的技术模仿显然是大规模提高企业生产技术水平的一条捷径。[③] 就某一种产品而言，北方国家通过技术创新既降低了生产成本又提高了产品质量而获得对市场的垄断，但这种垄断并不是永久的。因为当北方国家把这种产品出口到南方国家市场上后，南方国家就会进行技术模仿，继而利用自身的比较优势打破北方国家对市场的垄断，占领部分市场份额。当然这种技术模仿并不是无代价的，在知识产权越来越受尊重的时代，南方国家应该为这种模仿付给北方技术创新者一定的费用，不过费用比起最初开发这种技术投入的人力和资本要少得多。

北方国家的技术外溢是南北国家进行贸易的必然现象，南方国家的技术模仿则是这一现象的必然结果。技术模仿对提高南方国家企业的国际竞争力有着十分重要的意义。贸易是技术外溢的载体，而技术模仿必须以技术外溢作为前提。在保护主义盛行的时代，技术模仿受到南北国家贸易不畅通的限制，只是偶尔发生，难以大规模地进行，所以南方国家在技术发展水平上与

[①] Hufbauer and Kotschwar, "The Future Course of Trade Lileralization," this research paper is available at http://www.iie.com/TESTMONY/spchfta/gh7.htm.

[②] U.S. International Trade Commission, *The Dynamic Effects of Trade Liberalization: An Empirical Analysis*, Investigation, Publication 3069, October 1997, Chapter 2, p.10.

[③] 参见 Gene M. Grossman and Elhanan Helpman, *Innovation and Growth in the Global Economy*, Cambridege, MA: MIT Press, 1991, chapters 9-12.

北方国家的差距越拉越大。保护主义尽管在特定的时期会对落后国家经济发展起着一定的积极作用，但长此以往必然会以落后国家付出沉重的代价而告终。许多南方国家就是在保护主义走到死胡同后才采取了以市场为导向的发展战略。市场开放给南方国家的经济注入了前所未有的活力，提供了许多新的发展机遇，其中之一就是在大规模的南北贸易中通过技术模仿"追赶"世界先进技术水平。事实已经证明，南方国家的经济开放程度越高，北方国家技术外溢的速度就越快，南方国家技术模仿的范围就越广，南方国家在这方面应该说取得了明显的"追赶效应"。美国是个高技术大国，高素质的专业人才济济，加上财力雄厚，所以技术创新的程度可以说是远远高于其他发达国家。因此，美国在国际贸易中居于优势的产品普遍具有很高的技术含量，这必然为与美国发生贸易关系的南方国家提供了技术模仿的条件。

拉美国家从整体上讲近十几年来与美国的贸易基本呈上升态势，对来自美国的技术模仿是拉美国家企业竞争力迅速提高的主要原因之一。尽管这样，美国和拉美绝大多数国家之间的贸易还是存在许多障碍，通过贸易传递技术依然受到一定的限制，也就是说拉美国家通过加深与美国的贸易关系来模仿或学习美国的高技术有着更为广阔的空间。可以设想，美洲自由贸易区一旦投入运行，横亘在南北美洲之间的许多贸易障碍将不复存在，伴随着贸易自由化，整个西半球的内部贸易将会出现前所未有的高涨。从这个意义上讲，美洲自由贸易区将为拉美国家获得技术领域的"追赶效应"创造更好的环境。拉美国家的企业也会在这一效应的作用下不断实现产品的更新换代，逐渐拉平或缩小与发达国家在生产技术水平上的差距。

四、贸易自由化对拉美企业竞争力的影响

拉美国家企业国际竞争优势的提高首先取决于能够置身于一个竞争环境中。贸易自由化就提供了这样一种竞争环境。美洲开发银行的一份研究报告在谈到 FTAA 对加勒比地区带来的利益时指出："加勒比共同市场将面对着来自拉美国家生产者在美国市场上的更为激烈的竞争，其在该市场上的现存优惠将受到削弱。尽管拉美和加勒比在美国市场上的出口品结构似乎不会出现任何较大程度的重叠，但加勒比共同市场的生产者将必须考虑到西半球的

背景来迎合市场的需要。这是因为加勒比传统的出口品（如香蕉和咖啡）将面对来自中南美洲更有效率的生产者的势不可挡的竞争。准备增加市场份额的一个战略将是集中发展那些已经证明取得成功的出口行业。"[1]这段话是指贸易自由化将使加勒比地区国家在美国市场上面临着更为严峻的竞争，其中一个重要含义是竞争迫使这些国家集中更多的资源发展具有竞争优势的出口产业。实际上，在贸易自由化的条件下，参与国相互取消了关税和非关税壁垒，在西半球就会形成一个商品流动不受限制或较少受限制的统一大市场。任何一个拉美国家在国内市场或地区市场上都将面对着加勒比国家在美国市场上的类似经历。失去了国家保护屏障的企业大概除了奋进之外就别无选择了。"优胜劣汰"是竞争规律最简洁的表达，任何一个企业并不是从一开始就注定永远处于优势或劣势，优劣总是在运行过程中形成的。衡量一个企业是处于优势还是劣势的基本指标就是看其所生产的产品在国际市场上占有份额的多寡，即产品的国际竞争力程度如何。一般而言，当一个地区市场的贸易壁垒被取消后，经济上较发达国家的企业在同类产品上的市场竞争力总是高于经济相对落后的国家的企业。自由贸易对后者可能产生两种结果，一是为了维持产品在国际市场上的生存，就必须在提高产品质量的同时不断降低生产成本，这就要求企业在产品中加大技术和资本的含量，扩大生产，形成规模经济，在不长的时间内使产品的国际竞争力迅速提高。二是企业通过努力（这里面也包含着决策失误等）仍无法改变现状，不仅在地区市场上很难占有一席之地，就连在国内市场上的占有份额也在来自其他国家同类产品的冲击下不断减少。到了此时，企业面临的选择无非是破产、转产和合并。无论出现哪种情况，原来意义上的企业将不复存在。尽管这是人们所不愿意看到的结果，但竞争规律本身就是无情的，从长远来看未必不利于国家的经济发展，因为缺乏竞争力的企业如果是国有的话，将使国家长期不堪重负，欲罢不能，欲弃不忍；如果是私有的话，将造成资源的浪费。这类企业在自由贸易的冲击下被无情的市场淘汰出局具有一定的必然性，非人力所能挽回。以上两种结果都会实现国家资源的重新配置，国家有限的资源将会不断地流向具有竞

---

[1] Anneke Jessen and Ennio Ridriguez, "The Caribbean Community: Facing the Challenges of Regional and Global Integration," Inter-American Development Bank, Occasional Paper 2, Buenos Aires, January 1999, p.27.

争优势的产业，促使这些企业在现有的基础上扩大规模，在地区市场上形成与他国相比具有很强竞争力的部门。此外，对于那些在贸易自由化之后在地区市场上没有任何竞争优势产品的国家来说，自由贸易也不是说把它们的产品完全从市场中排除出去。它们的产品成本尽管高于其他国家，但其他国家有可能将自己的资源转向更为具有竞争优势的产业，这样就给这些国家发展就本国而言具有潜力的产品留下了余地。正如富恩特斯指出的那样，竞争优势理论表明，"对一个从自由贸易中所获益的国家来说，它不是必然要比其贸易伙伴国以更低的成本生产一种商品。换言之，一个特指国家在纺织品的生产上比另一个国家效率更低，但在这一地区贸易自由化之后它依然能够增加纺织品的生产，以此从中获益。这是因为以更低费用生产纺织品的国家能够决定停止纺织品的生产，以把这些资源投入到它拥有更大竞争优势的另一类商品，或者比生产纺织品更有效率地生产其他商品"。[①]

　　北一南型的自由贸易协定对拉美国家来说可能在许多方面是不对称的，但拉美国家想要参与地区竞争或全球竞争的话，的确不存在比这更有利的选择。十几年的改革、调整、开放使拉美地区多数企业不再在国家关税保护的羽翼下生存与发展，已经走出了国门置身于市场竞争的大环境之中，许多企业在国际市场上形成了自身的优势，在拉美地区经济增长中扮演着重要的角色。当然，与发达国家的同类企业相比，它们中的多数企业的国际竞争力还有待再上新台阶。贸易自由化对它们既是一个严峻的挑战，也是攀登这个新台阶的必经之路。从这个意义上讲，美洲自由贸易区为拉美企业迅速提高国际竞争力提供了广阔的空间。美洲开发银行行长恩里克·伊格莱西亚斯在一篇论文中谈到这一问题时说："通过在自由贸易区内更为激烈的竞争，区内工业专业化得到了发展，由此形成了规模经济。再加上所谓的一体化动力，导致了在干中学、投资、创新和技术进步，所有这些都有助于国际竞争力的发展，因而促进了最终的单边和多边自由化环境。"[②]美国哈佛大学经济学教授杰弗里·萨克斯等人对 20 世纪 70 年代和 80 年代的世界经济进行了研究。他们发现，在这一时期，实行开放经济的发展中国家年均经济增长率为 4.50%，

---

① Fuentes, "The FTAA: Costs and Benefits," *SELA/Capitulos 55*, January-April 1999, p.130.

② Enrique V. Iglesias, "Towards Free Trade in the Western Hemisphere: The FTAA Process and the Technical Support of the Inter-American Development Bank," Working Paper Series 217, Washington D. C., 1997, p.10.

而实行封闭经济的发展中国家年均经济增长率仅为 0.70%。那些经济更为开放的发达国家年均经济增长率为 2.30%，而经济相对封闭的发达国家年均经济增长率仅为 0.70%。[①]上述官员或学者是针对整个世界经济发这些议论的，但是他们的研究对认识 FTAA 对拉美国家所产生的积极影响颇有启迪。拉美国家选择了自由贸易，也就意味着市场将会最大限度地相互对外开放，开放程度越高，经济增长可能就会越快。因此从刺激经济快速增长的角度讲，拉美国家选择自由贸易无疑是正确的。

（原载《拉丁美洲研究》，2001 年第 3 期）

[①] Jeffrey Sachs and Andrew M. Warner, "Economic Reform and the Process of Global Integration," Brookings Paper on Economic Activity, No.1, 1995. 参见 Aaron Lucks, "WTO Report Card III: Globlization and Developing Countries," Trade Briefing Paper of Center for Trade Policy Studies, No.10, June 20, 2000, p.2.

试析美洲自由贸易区的贸易创造效应

美洲自由贸易区（FTAA）是典型的南北经济一体化的模式，目前还处在谈判或尝试阶段，但无疑是拉美国家未来实现经济快速增长的一种选择。因此当美国单方面地提出召开美洲国家首脑会议商谈南北合作建立 FTAA时，拉美国家（古巴除外）群起响应。加利福尼亚大学经济学教授约瑟夫·格伦沃尔德指出："拉美国家过去试图通过各种形式的经济联盟联系在一起，很大程度上旨在使这一地区不再依附美国，现在多数拉美国家似乎渴望与美国结合在自由贸易协定中。"① 这的确是多数拉美国家的真实心态。美洲贸易自由化给拉美国家带来的不会全是"福音"，但从长远来看显然符合它们的利益或者是利大于弊。这些利益会在不同的经济领域体现出来，实现贸易创造效应显然是其中一个非常重要的方面。

一、经济一体化对贸易创造与转移的影响

贸易创造和贸易转移是国际贸易理论中的两个基本概念，主要用来分析区域经济一体化集团在运行过程中所产生的静态效应，实际是衡量一体化集团取得成效的重要指标。这两个概念最早是由美国普林斯顿大学经济学教授雅各布·维纳在 1950 年出版的《关税同盟问题》② 一书中提出的。他认为，当结成关税同盟的成员国在内部实行自由贸易时，由于对成员国之外的国家保持一致的关税壁垒，结果会产生贸易创造和贸易转移两种效应。

---

① Joseph Grunwald, "The Rocky Road Toward Hemispheric Economic Integration: A Regional Background with Attention to the Future," in Roy E. Green, ed., *The Enterprise for the Americas Initiative: Issues and Prospects for a Free Trade Agreemnt in the Western Hemisphere*, Connecticut: Praeger Pulishers, 1993, p.124.

② J. Viner, *The Customs Union Issues*, New York: Carnegie Endowmwnt for International Peace, 1950.

　　所谓贸易创造，是指成员国相互取消关税和非关税壁垒后带来贸易量的增大和由此导致成员国整体福利的上升。如假设甲乙两国在结成关税同盟之前都生产同一种产品，两国由于资源、技术、劳动力等要素的不同，生产成本必然会有所区别，甲国由于生产条件不如乙国，所以生产该种产品的成本必然会高于乙国的生产成本，但甲国为了防止乙国同类产品流入本国市场，便会借助着关税保护来消除对本国同类产品的威胁。这样做实际损害了甲国消费者的利益，使他们在购买该产品时支付更高的价格。当甲乙两国结成关税同盟之后，两国相互取消关税，实行自由贸易，市场竞争原则自然会使甲国放弃对这种产品的生产，转而向乙国购买。结果是一方面甲国可以把原来生产这种产品的资源转移到自己更具优势的部门，与乙国形成新的国际分工与贸易互补，促进两国之间贸易量的增大；另一方面甲乙两国的消费者都可以更低的价格购买到所需要的商品，提高了国民的整体福利水平。这种情况发生时就可称为实现了"贸易创造"效应。

　　所谓贸易转移，是指成员国的贸易方向发生了改变，原来向成员国之外国家进口的廉价商品现在转而以更高的价格在成员国内部购买。如甲国在参加关税同盟之前，由于资源关系或生产成本过高从丙国进口某种产品来满足本国市场的需求。当甲乙两国结成关税同盟之后，尽管乙国生产这种产品的成本高于丙国，但由于甲乙两国的结盟关系和共同对外关税，乙国的产品在甲国市场上的价格实际上还低于丙国的产品，这样甲国就会放弃以低价从丙国进口这种产品而转向以高价从乙国购买。这种情况便称为"贸易转移"效应。贸易转移的结果是降低了资源配置效率，造成了成员国整体福利的下降。

　　在经济一体化理论与实践中，关税同盟与自由贸易区的区别是，前者具有共同的对外关税，而后者则没有。[①]不过，自由贸易区在运行过程中，同样会产生贸易创造和贸易转移效应。美国农业部经济服务所的一份文件中谈到自由贸易区时是这样解释贸易创造和贸易转移的："因为与全球协定不一

---

　　① 美国国际经济学家迪恩·德罗萨在分析贸易创造和贸易转移时没有把关税同盟和自由贸易区明显地区别开来，他认为："组成自由贸易区的国家取消了区内集团贸易的关税和其他限制，但并不像组成关税同盟的国家那样采取共同对外关税体系。为了避免贸易'偏向'，自由贸易区外的国家向自由贸易区内的国家出口也许会通过具有较低关税水平的成员国而重新定向，为此自由贸易区一般都实行'原产地规则'，规定商品达到一定的区内集团含量或加工的程度才有资格被成员国免税进口。然而，正如巴格瓦蒂和帕纳加里亚等人强调的那样，原产地原则没有阻止在组成自由贸易区国家内部生产的商品的转移，在这种情况下，自由贸易区内不同的对外关税率能够导致与关税同盟很少或完全不同的结果，取决于对外关税率的差别和自由贸易区成员国把它们可出口产品从国内市场转移到其他成员国市场上的能力。"见 Dean A. DeRosa, "Regional Integration Arrangements: Static Economic Theory, Quantitative Findings, and Policy Guidelines," Revised, August 7, 1998, p.7.

样，地区协定使成员国和区外国家之间存在着区别对待。一方面，通过削减或取消国家集团之间的贸易壁垒，地区协定可以为成员国生产的具有竞争性的商品打开新的贸易渠道。这在经济学上被称为'贸易创造'。当贸易自由化发生时，用于生产的资本和其他资源就会重新分配，流向效率更高的部门，如流向在一种特殊气候下长势良好的农作物，流向具有竞争性的产品。这就提高了投资收益率，改善了成员国的全面经济'福利'。这种福利收益能够增加成员国对所有商品的要求，包括对协定之外的国家生产的产品，结果必然会促进世界经济整体福利的提高。另一方面，如果一个地区协定在该国家集团之内保护高费用产品，排除来自外部地区的低费用产品，这个在经济学上称为'贸易转移'。贸易转移导致在全球经济中资源的低效率分配，直接损害了协定之外的国家的利益。如果情况严重，也会伤害到成员国的利益。"[1] 因此美洲自由贸易区在运行过程中必然会产生贸易创造和贸易转移两方面的影响。这一协定是否有益于成员国、区外国家以及整个世界，显然取决于哪种影响居于优势。

二、北美贸易自由区带给墨西哥的贸易创造效应

任何地区性的协定或多或少都具有排他的性质，就区内的贸易而言必然会在成员国之间产生贸易创造效应，但排他性却又不可避免地导致贸易或多或少从区外国家向区内国家转移。美国经济学家戴维·帕尔默特在谈到这一点时指出："按照定义，地区贸易协定是歧视性的，在经济上和政治上的歧视是反生产性的。经济损失来自贸易转移。歧视性关税造成任何地区合作者在另一个合作者的市场上取代区外国家。从这种意义上说，贸易已经转了方向。从经济学上讲，因为受歧视性关税的影响，这意味着最有效的供应商不再能给该市场提供商品。"[2]帕尔默特指出地区协定对区外国家具有歧视性无疑是正确的，否则同一地区的国家就没有结成经济区域集团的必要性了。地区协定肯定会产生贸易转移效应，但这并不意味着成员国必然遭受经济损失。实际上如果成员国从一个地区协议中得到的不是贸易量的增大和国民福利的提

---

① Economic Research Service, "Free Trade Area of the Americas: Potential Advantages for U.S. Agriculture," *Agricultural Outlook*, April 1998, p.21.

② David Palmeter, "Why the Rush to Regioalism?" *Journal of Commerce*, December 12, 1994.

高，这个协议就没有存在的必要或者很快就成为一纸空文，对成员国不会产生任何约束力。尤其是在当今"开放的地区主义"大环境下，一个地区协议对成员国所产生的贸易创造效应应该总是远远高于贸易转移效应。只有这样，这个地区性协议才具有生命力。FTAA 正在谈判过程中，它对拉美国家来说具有多大程度的贸易创造和贸易转移效应尚待未来的实践检验，但对西半球已经运行的北美自由贸易协定（NAFTA）考察可以在这方面有一个大致的轮廓。

NAFTA 也是一个具有代表性的北南型自由贸易协定，自生效以来大大促使了墨西哥区内贸易量的飞速增长。根据 1999 年的统计数据，墨西哥对美国的出口额为 1097.07 亿美元，比 1993 年 399.17 亿美元增长了 175.00%，从美国的进口额为 868.66 亿美元，比 1993 年的 415.85 亿美元增长了 109.00%。[①]美国达拉斯联邦储备银行在 2000 年出版的《商业边疆》季刊的第二期中载文考察了 NAFTA 带给墨西哥出口品在美国市场上份额上升的情况。文章认为，因为 NAFTA 使美国的市场大大向墨西哥的纺织品和服装开放，这一部门出口到美国的许多产品急剧增加。从 1993 年到 1998 年期间，墨西哥出口到美国的纺织品和服装增长了 419.00%。1998 年墨西哥超过中国成为美国这些产品的最大供应者。作者以男布服装为例来加以说明。1993 年这些服装进入美国市场须缴纳 21.00% 多的关税。1994 年 NAFTA 生效后，美国对它们征收的关税完全取消。自此以后墨西哥出口到美国市场上的男布服装增长了近745.00%，从 1993 年的 1000 万美元上升到 1999 年的 8450 万美元。墨西哥还在下述商品上是美国市场的最大供应国：汽车无线电接收器、点火接线装置、中型汽车、卡车、装配发动机的汽车底盘、方向盘、油箱、速度计、仪器零件和附件、电灯、高尔夫俱乐部附件、螺线管阀门、非轻便灶具、男士牛仔裤、咖啡等。[②]这些数字和材料表明，由于 NAFTA 使北美地区基本上实现了贸易自由化，墨西哥在这一区域内实现了贸易创造，使自己与 NAFTA 伙伴国之间的贸易量大大增加。

墨西哥是否在增加 NAFTA 区域内的贸易量的同时与世界其他地区的国际贸易必然有所下降？如果下降幅度大，那就说明墨西哥将一部分原来从其他地区或国家进口的商品转移到了 NAFTA 区域内。如果没有下降抑或还有

---

① 参见 http://www.ita.org/td/industry/otea/usfth/tabcon.html.

② 参见 Lucinda Vargas, "U.S.-Mexico Trade: Sector and Regions," *Business Frontier*, Federal Reserve Bank of Dallas, Issue 2, 2000, p.4.

所上升，就说明墨西哥在实现 NAFTA 区内贸易创造的同时没有造成过多的贸易转移。1994 年墨西哥的总进口额为 791.99 亿美元，来自 NAFTA 区内的进口额为 523.10 亿美元，来自世界其他地区或国家的进口额为 268.89 亿美元；1995 年总进口额为 723.99 亿美元，减去从 NAFTA 伙伴国的进口额 470.98 亿美元，世界其他地区或国家的进口额为 253.01 亿美元，比上一年下降了 0.60%（主要原因是该年度墨西哥爆发了严重的金融危机，实际上墨西哥从 NAFTA 伙伴国进口下降的幅度更大，为 1.10%）；1996 年墨西哥总进口额为 892.81 亿美元，减去从 NAFTA 伙伴国的进口额 576.18 亿美元，来自世界其他地区或国家的进口额为 316.65 亿美元，增长率为 25.20%，而来自 NAFTA 伙伴国的进口增长率为 22.30%；1997 年总进口额为 1118.47 亿美元，减去从 NAFTA 伙伴国进口的进口额 722.94 亿美元，从世界其他地区或国家进口的进口额为 375.53 亿美元，增长率为 18.60%，而来自 NAFTA 伙伴国的进口增长率为 25.50%；1998 年总进口额为 1249.27 亿美元，减去来自 NAFTA 伙伴国的进口额 798.68 亿美元，来自世界其他地区或国家的进口额为 450.59 亿美元，增长率为 20.00%，而来自 NAFTA 伙伴国的进口增长率为 10.50%；1999 年墨西哥的总进口额为 1367 亿美元，减去来自 NAFTA 伙伴国的进口额 879 亿美元，来自世界其他地区或国家的进口额为 488 亿美元，增长率为 8.40%，而来自 NAFTA 伙伴国的进口增长率为 10.00%。[①] 以上统计数字说明，NAFTA 生效后墨西哥并没有大幅度地减少从区外国家的进口，就某些商品而言可能会发生贸易转移效应，但就整体而言，墨西哥依然在积极发展与区外国家的经贸关系，从区内和区外进口那些物美价廉的产品，以满足国内市场的需要。所以墨西哥的区内和区外进口贸易在 NAFTA 生效之后除 1995 年之外一直都呈现出增长的趋势，而且两者增长的幅度不相上下。需要强调的一点是，即使墨西哥将原来从区外国家进口某种商品转向从 NAFTA 伙伴国进口，很大程度上是因为区内贸易壁垒的取消使该商品比从区外进口更为便宜。当一个国家遵循着"开放的地区主义"原则时，在进口贸易上很难出现就区内之高而弃区外之低的现象。

　　NAFTA 的存在倒是对区外国家来说产生了所谓的贸易转移效应，也就是

---

① 以上统计数字根据下述组织发布的材料计算，其中 1999 年的统计数字为约数。ECLAC, *Economic Indicators*, Santiago, Chile, November 1999, p.82; Inter-American Development Bank, *Intergration and Trade in the Americas*, *Periodic Note*, October 1999, p.34; World Trade Orgnization, "Annual Report 2000," p.10. 报告全文可在世界贸易组织的网页上得到，网址为 http://www.wto.org/english/res-e/anre00-e.pdf.

说区外国家原本在美国市场上具有竞争性的产品由于 NAFTA 伙伴国免税或低税产品的冲击逐渐失去了优势，结果在美国市场上的占有率下降。在 NAFTA 投入运行前，一些学者就对 NAFTA 可能给其他拉美国家带来的贸易转移进行了预测。[①]这些估计数字并不十分准确，但 NAFTA 对其他国家的贸易转移的确如他们所料地发生了。加勒比地区倡议（CBI）是美国对加勒比和中美洲 27 个国家和地区的一项经济援助计划，1984 年 1 月 1 日开始执行，主要目的是通过单方面的贸易优惠促进这些国家的非传统产品出口到美国市场。CBI 国家出口到美国市场的商品是按照下述比例进行的，根据加勒比地区倡议，美国从 CBI 国家进口品中有 20.00% 享受零关税，大约 35.00% 的非 CBI 的合格产品在以 807（现在为 9802）而著称的产量分成计划（production sharing program）下进入美国市场，这一计划仅仅对在美国境外组装的美国产品征收增值税。还有 25.00% 的 CBI 国家的进口品通过最惠国待遇免税进入美国市场。余下的 18.00% 的进口品多为特立尼达和多巴哥生产的石油，石油进入美国市场时征收很低的关税。[②]加勒比地区倡议尽管首先服务于美国在这一地区的经济和战略利益，但自其生效尤其是 1990 年扩大范围以来，促进了 CBI 国家的贸易发展，在一定程度上改变了这些国家的出口商品的构成，使它们开始走出长期困扰经济发展的"单一产品构成"，在美国市场上的占有份额有所上升。据统计，从 1990 年到 1996 年，美国从加勒比共同市场国家的进口以年均 6.00% 的速度增长，从中美洲共同市场的进口以年均 17.00% 的速度增长。[③]如果没有 NAFTA，CBI 国家对美国的出口还会稳步增长。自 1994 年 NAFTA 生效以来，墨西哥借助着 NAFTA 中有利于其对出口

---

① 卡洛斯·阿尔韦特等人在 1992 年发表的一篇论文中认为，NAFTA 的创建使拉美和加勒比国家产生很大的忧虑，即 NAFTA 会导致除墨西哥之外的国家发生贸易和投资转移。NAFTA 三国之间关税的消除将造成美国从拉美国家进口率减少 0.70%。参见 Carlos Albert and Primo Braga, "NAFTA and the Rest of the World," in Nora Lustig, Barry p. Bosworth and Robert Z. Lawrence, eds., *North American Free Trade: Assessing the Impact*, Washington D. C.: Brookings Institution, 1992, pp.210-234. 另一项研究估计，NAFTA 将产生贸易转移，其中 94.00%将对该地区之外的国家发生影响。按照这一数字，对拉美地区来说，这将意味着减少 2800 万美元的订单。参见 Refic Erzan and Alexander Yeats, "U.S.-Latin American Free Trade Areas: Some Emprical Evidence,"in Sylvia Saborio, ed., The *Premise of Free Trade in the Americas*, New Brunswick: Transaction Publishers, 1992, pp.117-146.

② 参见 Anneke Jessen and Ennio Ridriguez, "The Caribbean Community: Facing the Challenges of Regional and Global Integration," Inter-American Development Bank, Occasional Paper 2, Buenos Aires, January 1999, p.24.

③ Jessen and Ridriguez, "The Caribbean Community: Facing the Challenges of Regional and Global Integration," Inter-American Development Bank, Occasional Paper 2, Buenos Aires, January 1999, p.25.

贸易的规定，其产品在美国市场上的占有份额急剧上升。美国市场对国外产品的容量非常大，但毕竟不是无限的，当墨西哥与 CBI 国家向美国市场出口同类产品时，墨西哥享受的区内国家免税的互惠自然就使 CBI 国家面临着贸易转移的威胁。恩尼奥·罗德里格斯说明了 NAFTA 的贸易转移对加勒比盆地国家和中美洲的影响。他强调加勒比地区倡议的受益国享有高于墨西哥7.00% 的出口品进入美国市场的优惠。根据"对墨西哥出口的关税和非关税壁垒水平，NAFTA 规定的实施会使加勒比地区倡议出口的 60.00% 的产品处于不利境地。首先根据加勒比地区倡议或普遍优惠制，进入美国市场的15.00% 的 CBI 国家的出口品和列在普遍优惠制单子上的出口品，美国打算把对墨西哥的普遍优惠制产品的关税确定为零。其次是享受最惠国待遇的45.00% 的敏感产品，美国当局已经表明，NAFTA 对这些产品的让步将缓慢地进行，但将立即开始和逐步增加"。[①] 美国国际经济研究所经济学家杰弗里·肖特认为 NAFTA 引起了贸易转移，"只要在像农业和纺织部门中存在着复杂的原产地规则，CBI 国家过去在纺织品上就享有更有利的优惠，但是在NAFTA 的条件下，墨西哥超过了它们"。[②]

　　事实正是如此。这里以服装为例加以说明。在 NAFTA 生效的前三年，墨西哥与 CBI 国家出口到美国市场的服装大致以相同的速度增长，年均在25.00% 到 30.00% 之间。NAFTA 生效以后，情况就大为不同了。按照 NAFTA的规定，墨西哥出口到美国市场上的服装基本上是免税的，而在 CBI 国家客户工业加工的服装则须交纳地方增值税，这种不对等的竞争自然会使后者在美国市场上处于不利地位。因此，自 1994 年以来，墨西哥在美国市场上的服装出口迅速增长，年均增长至少 40.00%，与此同时，CBI 国家的服装出口增长速度却减缓到年均 15.00%。[③] 美国进口商把 10.00% 以上的原先从 CBI 国家进口的服装转移到了从墨西哥进口。CBI 国家出口到美国市场上的农产品也面临着墨西哥相同产品的威胁。与 CBI 国家相比，南美洲国家对美国市场的依赖性相对较小，但同样也由于 NAFTA 而遭受了贸易转移的损失。伊诺霍萨-奥赫达等人的研究成果表明："NAFTA 的这些消极影响和区别对待是

---

　　① Christos C. Paraskevopoulos, Ricardo Grinspun and George E. Eaton, eds., *Economic Integration in the Americas*, Brookfield: Edward Elgar Publishing Linited, 1996. p.303.

　　② Douglass Stinson, "Neighborly Relations," *Latin Trade Online*, March 2, 1999.

　　③ Jessen and Ridriguez, "The Caribbean Community: Facing the Challenges of Regional and Global Integration," Inter-American Development Bank, Occasional Paper 2, Buenos Aires, January 1999, p.26.

NAFTA 伙伴国之间贸易日益集中的一个功能，是 NAFTA 伙伴国进出口贸易从巴西、阿根廷、智利等国的转移。由于 NAFTA，美国和墨西哥在西半球内部的出口分别增加了 5.30% 和 4.90%，而巴西则下降了 0.24%，阿根廷下降了 0.53%，智利下降了 0.20%。……巴西和阿根廷的贸易业绩大大落后于NAFTA 的伙伴国。由于 NAFTA 的贸易转移效应以及巴西和阿根廷整个出口的下降，这种差距扩大或区别表明它们很难把它们的出口从北美完全转移到世界其他地区。"[①]

三、美洲贸易自由化与拉美国家贸易创造效应的提升

以上分析并不是想对 NAFTA 做什么评价，而是想从 NAFTA 对墨西哥的贸易创造效应以及对其他拉美国家的贸易转移效应中来大致了解 FTAA 将会对拉美国家的贸易可能产生的影响。NAFTA 与 FTAA 都是南北型的自由贸易协定，尽管 FTAA 的实现可能有多种途径，但说到底 FTAA 只是 NAFTA 在空间上的扩大而已，从性质上讲两者并无太大的区别。这一点决定了两者在运行过程中存在许多相同之处。

首先，FTAA 导致成员国之间的贸易壁垒和非贸易壁垒的取消或降低，可以给拉美国家带来贸易创造效应，促进西半球区内进出口贸易大规模增长。当然由于拉美国家经济发展存在着差异性，FTAA 所产生的贸易创造效应不可能均衡地分摊到 30 余个拉美国家，但它们都会程度不同地从中得到好处。安妮克·赫森认为，加勒比国家能从未来的 FTAA 中获得许多潜在利益，特别是将扩大在西半球的出口市场，"这样一种协定提供了对拉美市场更有利的准入。像加勒比共同体一样，拉美国家依然对它们的进口品征收相当高的对外关税。诸种关税的取消（以及依然对西半球之外的贸易伙伴国的维持）将为加勒比共同市场的出口商创造富有意义的新的市场机会。……此外，只要对服装和其他'敏感'进口品的关税被取消，非关税壁垒在正在进行的谈判中得到有效的解决，FTAA 将提供更稳定的和更有预测性的对美国市场的准

---

① Raúl A. Hinojosa-Ojeda, Jeffrey D. Lewis and Sherman Robinson, "Convergence and Divergence between NAFTA, Chile, and Mercosur: Overcoming Dilemmas of North and South American Economic Integration," Inter-American Development Bank, Working Papers Series 219, 1997, p.15.

入"。① 加勒比地区小国尚且如此，对南美洲经济相对发达的国家来说能从 FTAA 中获得更多的贸易创造效应。

其次，FTAA 在给拉美国家带来贸易创造效应的同时，并不会导致它们与世界其他地区或国家之间的贸易相应下降，反而会使之与 FTAA 成员国之间的贸易一样同步增长。FTAA 在西半球内部大市场给拉美国家的出口品提供了一个竞争的环境，当竞争使资源重新配置时，拉美国家投放到国际市场上的产品必然更具竞争优势，结果必然会促进与区外国家的贸易增长。此外 "开放的地区主义" 决定了拉美国家会借着 FTAA 给其经济增长带来的契机积极发展与世界其他地区的贸易关系，当然拉美这个新兴的市场也不会被其他国家所忽视。所以可以设想 FTAA 建成后，拉美国家进出口贸易在世界市场上的占有份额将会有较大程度的提高。

最后，FTAA 是一个地区性的贸易协定，区内国家和区外国家的区别对待不可避免地在某些种类的商品上产生贸易转移效应，但是贸易转移很大程度上是针对区外国家而言的，不会对拉美国家的国际贸易产生太大的影响，更不会改变拉美国家与世界其他地区或国家的现行贸易关系。从某种意义上讲，FTAA 带给区外国家的贸易转移恰恰是以区内国家的贸易创造为背景或前提的，两者几乎是同一过程的两个不同方面。拉美国家在某些商品种类上的进口方向从区外转向区内，并不是以牺牲国民福利为代价。它们放弃或减少从区外对某些商品的进口是因为能够从区内用更少的钱购买到国内市场上需要的高质量产品，结果国家的整体福利会有所提高，国民更能够充分享受到自由贸易所带来的利得。

总的来说，FTAA 会大大促进拉美国家的国际贸易发展，大规模地实现贸易创造效应。NAFTA 在这方面的成功运行为这一结论提供了一面历史的镜子。

（原载《拉丁美洲研究》，2000 年第 6 期）

---

① Jessen and Ridriguez, "The Caribbean Community: Facing the Challenges of Regional and Global Integration," Inter-American Development Bank, Occasional Paper 2, Buenos Aires, January 1999, p.27.

自由贸易与墨西哥经济的发展

贸易自由化是当今国际经济发展的主题之一，对发展中国家的经济发展尤其有着重要的意义。发展中国家不管愿意与否，也不管贸易自由化给自己国家经济发展带来的弊端程度大小，都无法置身于这一大潮流之外，或多或少地把贸易自由化作为国家经济的主要增长源。墨西哥是选择自由贸易较早的国家之一，在发展中国家也具有一定的代表性。自由贸易与墨西哥的发展已经不可解脱地联系在一起。本文主要通过考察北美自由贸易区（NAFTA）对墨西哥经济产生的全方位的影响，以为发展中国家做出自由贸易战略选择时提供有益的借鉴。

一、墨西哥"出口导向"战略的确立

墨西哥选择自由贸易既是决策者深思熟虑的结果，也在很大程度上受到客观环境的影响。20 世纪 80 年代末，美国与加拿大签署的自由贸易协定生效后，当时美国就有意让墨西哥加盟，但遭到墨总统德拉马德里的拒绝，他并不是否认美国当时在墨西哥经济发展中的重要性，而是在心理上始终摆不脱美国在历史上给墨西哥留下的深深阴影，担心墨西哥一旦与美国达成自由贸易协定，将会成为美国石油、天然气的供应基地，相对弱小的墨西哥会被强大的美国在经济方面控制住。德拉马德里以后回忆说，在他执政期间，"从来没有产生过自由贸易协定的想法"。①就是萨利纳斯刚就任总统时也认为与美国达成自由贸易协定是永远行不通的。他说："由于美国和墨西哥之间的经

---

① Frederick W. Mayer, *Interpreting NAFTA: The Science and Art of Political Analysis*, New York: Columbia University Press, 1998, p.37.

济水平差距是如此之大，我不赞成实行任何贸易或共同市场的计划。"①不过这位从哈佛大学毕业的政治经济学博士雄心勃勃，当时显然是一位决心推进墨西哥经济改革和富有创新精神的总统。他没有拘泥于历史的成见，为了墨西哥的发展更没有以狭隘的民族主义眼光去处理墨西哥与美国的关系。历史毕竟已成为过去，它留给墨西哥人心理上的创伤只能用本国的发展和强大去弥补。萨利纳斯尽管后来因为政治经济腐败而被本国人民所遗弃，但不能以此否认他对墨西哥经济发展战略选择所做的贡献。他在国内大力推行经济改革和奉行实用主义外交政策是符合墨西哥的根本利益的。历史决定了萨利纳斯在墨西哥大转变时期所扮演的角色。当他一旦发现建立北美自由贸易区有利于墨西哥经济发展时，便会以积极的态度促使其成功。墨西哥国立自治大学国际关系学教授豪尔赫·卡斯塔涅达指出："面对着这些许许多多的经济和政治困难，萨利纳斯政权的战略是简单的和专心致志的，即与美国进行自由贸易。"②

"进口替代"发展模式是自由贸易的最大障碍，这种模式是第二次世界大战后发展中国家普遍奉行的一种经济发展战略。其基本含义是通过对本国产品的补贴和保护，改变国内不合理的经济结构，促进和扶植大工业的发展，走一条不依赖工业国家的现代化发展道路。"进口替代"在一定时期对国家经济发展起了积极的作用，但长此以往势必埋下发生危机的隐患。墨西哥与其他拉美国家一样奉行这种战略，严格限制外国投资，实行高关税保护，大力发展国家控制的工业。国内资金的不足通过举借国际债务来弥补。80年代国际市场出现大规模的萎缩，墨西哥出口随之急剧下降。在这种情况下，墨西哥无法得到足够的外汇来支付到期债务和利息。美国和其他发达国家也紧缩了货币政策，纷纷提高实际利息率，致使墨西哥很难得到新贷款来偿还老账。到1982年夏天，美国等国各大商业银行停止与墨西哥发生借贷业务。同年8月，墨西哥成为发展中国家第一个中止支付国际债务的国家。债务危机一下子就把墨西哥数十年来的经济"辉煌"化为烟云，同时促使了墨西哥政府对过去发展模式的深刻反思，缓缓地拉开了墨西哥以市场经济为基础的经济改革序幕。美国研究墨西哥的著名经济学家诺拉·勒斯蒂格认为："在80年代，墨西哥在经济战略上进行了根本性的转变。这种转变暗示着同过去奉行的进

---

① *Chicago Tribune*, April 10, 1991.

② Jorge G. Castaneda, "Can NAFTA Change Mexico?" *Foreign Affairs*, Vol. 73, No.4, September/October, p.73.

口替代政策的分道扬镳，其中包括在贸易、对外投资和汇率制度等领域进行的变革，以及发布了一系列针对扩大和加强墨西哥在世界经济中的作用的制度性创议。"[1]这场改革涉及范围很广，但首先是从贸易改革入手的，这是墨西哥走出债务危机的关键。墨西哥中央银行的官员最早提倡自由贸易，但他们对市场开放的大声疾呼很少有响应者。当墨西哥政府向诸如国际货币基金组织和世界银行等国际金融机构求助时，敦促墨政府实行自由贸易政策是它们提供资金的一个先决条件。在这种形势下，墨政府开始降低贸易壁垒，有条件地开放国内市场。1986年，墨西哥加入关贸总协定（GATT），不仅反映了墨西哥对外开放的深化，更重要的是进一步促进了墨西哥的贸易自由化进程。萨利纳斯上台后，在经济决策思想上发生了根本性的转变，在经济领域大刀阔斧地进行改革，把"进口替代"战略所留下的"遗产"最终送进了历史陈列室。萨利纳斯政府采取的措施尽管是德拉马德里时期开始的经济改革的延续，但却是"出口导向"正式确立为国家对外战略的标志。在这种战略的指导下，墨西哥不会放过任何一个有利于本国经济发展的外部机遇，而与美加两国进行自由贸易谈判是墨西哥90年代初所面临的一次最大机遇,通过与美国进行自由贸易，消除外国投资者对墨西哥经济改革的疑虑，为外资的进一步流入扫清障碍。

墨西哥的这场改革与外部环境的变化也是密不可分的。世界经济区域集团化的趋势，特别是国际贸易领域的激烈竞争，使墨西哥认识到与美国进行经贸合作是大势所趋，也是墨西哥经济走出困境的关键性一步。自80年代末期以来，自由贸易在墨西哥对外经济战略中开始占据重要地位。萨利纳斯还多次号召并组织墨西哥经济界和企业界就是否与美国签订自由贸易协定展开讨论，许多著名人士赞成与美国进行自由贸易协定的谈判。以前曾担心与美国组建共同市场会使墨西哥变成美国原料产地的一些学者也改变了看法，认为尽管美墨签署自由贸易协定不可能使双方的经济矛盾一劳永逸地得到解决，但从长远利益上讲，两国之间的经济矛盾是不能阻止双方经济合作总的发展趋势。萨利纳斯1991年在一次记者招待会上宣布："一个拥有8200万人口和广阔市场的墨西哥将是一个特别的地方，我们不想永远拿低工资，相反，我们正寻求经济复兴以增加工资，提高生产率。我们希望自由贸易协

---

[1] Nora Lustig, "NAFTA: Potential Impact on Mexico's Economy and Beyond," in Roberto Bouzas and Jaime Ros eds., *Economic Integration in the Western Hemisphere*, Indiana: University of Notre Dame Press, 1994, p.47.

定能使墨西哥的工资真正提高。如果不面对竞争，我们就会失去工作机会。如果我们三国经济能相互补充，那么我们应作为一个开放的自由区域而不是一个封闭的地区参与竞争。"[1]正是基于上述认识的基础上，墨西哥政府主动向美国提出开始自由贸易谈判。美、加、墨三国政府经过一年多的艰苦努力，终于在北美自由贸易协定的基本内容上取得了一致。就墨西哥而言，NAFTA的生效标志着自由贸易开始在其对外经济战略中占据主导地位。

二、北美自由贸易区与墨西哥经济的发展

NAFTA是一个自由贸易协定，其中多数条款规定了三国进行自由贸易应遵循的基本准则，主要目的是促进三国之间的贸易增长，用自由贸易这根纽带把北美地区紧密地联系在一起，为向着更高的一体化程度迈进奠定基础。因此，自NAFTA生效之后，随着贸易壁垒和非贸易壁垒的降低或取消，三国之间的贸易在迅速增长。据美洲开发银行1999年10月公布的数字，在90年代，NAFTA的区内出口以年均11.00%的速度增长，快于该集团每年的全球贸易增长速度（8.00%）。这样，"在绝对和相对意义上说，加拿大、墨西哥、美国作为贸易伙伴国相互变得日益重要。NAFTA的区内销售额在该集团的整个出口中占有的份额上升，从1990年的41.00%上升为1998年52.00%，在该集团的整个进口中占有的份额日益上升，从1990年的33.00%上升到1998年的40.00%"。[2]

NAFTA给墨西哥区内贸易带来飞速增长。根据1999年的统计数，墨西哥对美国的出口额为1097.07亿美元，比1993年399.17亿美元增长了175.00%，从美国的进口额为868.66亿美元，比1993年的415.85亿美元，增长了109.00%。[3]美国达拉斯联邦储备银行在2000年出版的《商业边疆》季刊的第二期中载文考察了NAFTA带给墨西哥出口品在美国市场上份额的上升。文章指出，因为NAFTA对墨西哥的纺织品和服装大大开放了美国的市场，这一部门出口到美国的许多产品急剧上升的情况。从1993年到1998

① *The Latin American Times*, Vol. 10, No.8, 1991, p.20.

② Inter-American Development Bank, *Integration and Trade in the Americas*, *Periodic Note*, October 1999, p.35.

③ 参见 http://www.ita.org/td/industry/otea/usfth/tabcon.html.

年期间，出口到美国的纺织品和服装增长了 419.00%。1998 年墨西哥超过中国成为美国这些产品的最大供应者。作者以男布服装为例来加以说明。1993 年这些服装进入美国市场须缴纳 21.00% 以上的关税。1994 年 NAFTA 生效后，美国对它们征收的关税完全取消。自此以后墨西哥出口到美国市场上的男布服装增长了近 745.00%，出口额从 1993 年的 1000 万美元上升到 1999 年的 8450 万美元。墨西哥还在下述商品上是美国市场的最大供应国：汽车无线电接收器、点火接线装置、中型汽车、卡车、装配发动机的汽车底盘、方向盘、油箱、速度计、仪器零件和附件、电灯、高尔夫俱乐部附件、螺线管阀门、非轻便灶具、男士牛仔裤、咖啡等。[①] 墨西哥与加拿大的贸易在 NAFTA 签字之前不算高，1993 年两国之间的贸易额为 21.4 亿美元，确实还不及加美贸易的零头。NAFTA 生效以后，墨西哥与加拿大的双边贸易也有了很大的增长，到 1998 年上升为 57.1 亿美元，与 1993 年相比增加了近 2.7 倍，加拿大已经成为墨西哥的第三大贸易伙伴国。这些数字和材料表明，由于 NAFTA 使北美地区基本上实现了贸易自由化，墨西哥在这一区域内实现了贸易创造，使自己与 NAFTA 伙伴国之间的贸易量大大增加。

墨西哥在签署 NAFTA 之前与美国的贸易一直处于入超地位，1991 年入超 21.47 亿美元，1992 年入超 53.81 亿美元，1993 年入超 16.64 亿美元。NAFTA 生效后，除 1994 年（入超额为 13.50 亿美元）之外，墨西哥与美国的贸易开始由入超变为出超，1995 年出超 53.09 亿美元，1996 年出超 175.02 亿美元，1997 年出超 145.50 亿美元，1998 年出超 158.56 亿美元，1999 年出超 228.41 亿美元。[②] 在两国的贸易中，墨西哥对加拿大的出口额远远高于从该国的进口额，1998 年加拿大对墨西哥的贸易逆差竟有近 5.7 倍之高。这些统计数字说明，墨西哥在与美国实现自由贸易后，美国向墨西哥的出口品全面开放了市场，致使墨西哥出口品在美国市场上占有的份额迅速上升。1999 年，拉美地区由于受国际金融危机的影响，国内生产总值增长率出现了近些年少见的零增长。然而墨西哥的经济增长率为 3.50%，2000 年上半年高达 7.80%，可谓拉美大国中的"一枝独秀"。墨西哥经济之所以在国际金融危机的冲击下没有像南美大国出现急剧滑坡显然与 NAFTA 有着很大的关系，因为美国经济保

---

① 参见 Lucinda Vargas, "U.S.-Mexico Trade: Sector and Regions," *Business Frontier*, Federal Reserve Bank of Dallas, Issue 2, 2000, p.4.

② 参见 http://www.ita.org/td/industry/otea/usfth/tabcon.html。这些统计数字与美洲开发银行的统计数字有所差异。

持强劲的增长势头为墨西哥开展国际贸易提供了广阔的市场。在很大程度上说墨西哥是北美三国中依赖 NAFTA 市场增长最快的国家。美国在海外每花 10 美元，其中就有 1 美元多是购买墨西哥的产品。墨西哥驻美使馆公布的最新材料表明，1999 年，墨西哥购买了美国总出口品的近 12.50%。墨西哥的产品占全部美国进口的 11.00%。北美自由贸易协定执行后 6 年，墨西哥作为美国第二大贸易伙伴国的地位得到加强。NAFTA 在很大程度上加强了墨西哥和美国之间的贸易联系，巩固了墨西哥在进出口上一直具有活力的贸易伙伴国地位。①

取消对外资的限制与贸易自由化是紧密相连的，因此 NAFTA 设专章对在自由贸易状态下进行投资做出了具体的规定。其主旨是"将取消重要的投资壁垒，给予三国的投资者以基本保障，并建立一种解决投资者和自由贸易协定某成员国间可能发生的争端的机制"。从理论上讲，美、加、墨三国的资本可以在 NAFTA 规定的范围内在北美地区自由流动，但 NAFTA 对投资的具体规定在实际执行过程中主要是针对墨西哥而言的，因为美国本来就是一个对外投资大国，其外资获得利润的多寡在很大程度上取决于所在国投资环境的改善。美国和加拿大相互投资额都比较高，作为发达国家，它们对外资的进入几乎没有多少限制。墨西哥是一个发展中国家，从其奉行经济对外开放之日起，就把吸引外资作为补充其国内资金不足的重要途径。可以毫不夸张地说，自墨西哥放弃了"进口替代"战略后，外资在墨西哥经济中就一直扮演着十分重要的角色，是墨西哥经济具有活力的主要来源。当然，对发展中国家来说，吸引外资并不是必然意味着向外资开放所有部门，而且投资环境的改善与贸易自由化一样同样有一个调整和适应的过程。对一些涉及国计民生的重要部门，国家只能逐步地向外资开放。对那些活跃于金融市场的投机性外资，国家还必须做出某些必要的限制，以免造成虚假繁荣，埋下危机的隐患。墨西哥与其他发展中国家一样在经济现代化过程中，把改善投资环境以吸引外国直接投资作为国家的主要战略之一，而 NAFTA 的生效大大促进了这一进程。

墨西哥在 80 年代之前对外资采取了限制性政策，认为外资在墨西哥投资设厂是对本国资源的剥削和掠夺。1973 年 3 月，墨西哥政府颁布了《促进墨

---

① "1999 U.S. DOC Trade Figures Reflect Bilateral Trade with Mexico Continues to Grow Mexico is U.S. Second Largest Trading Partner," this article is available at http://naftaworks.org/trade99.html.

西哥投资和外国投资管制法》，试图鼓励国内投资和限制外国投资。80 年代中期以后，随着墨西哥对外经济战略的调整，墨西哥政府开始实行鼓励外商投资的政策，于 1984 年和 1989 年两次修改了外国投资法的有关条文，放宽了对外国直接投资的限制。1993 年 12 月 28 日，墨西哥政府颁布了新的《外国投资法》，使墨西哥的投资环境更为宽松，外商在墨西哥的投资机会也大幅度地增加。这项新的法律为外资在几乎占墨西哥国内生产总值 80.00% 的领域投资扫清了障碍。按照新投资法的规定，来自任何国家的投资者能够扩大其在墨西哥的生产活动，制造新的生产线，开设新的机构，以拥有多数所有权的形式不受限制地参与宪法规定以内的经济活动。新法还取消了对外国投资者的两项与贸易有关的限制。一是要求在某些部门的外国投资者必须出口一定比例的产品才能获得进口产品的投入，二是要求在最终产品上必须使用一定比例的国内生产的部件或材料。新投资法颁布在 NAFTA 生效的前夕，显然是与 NAFTA 的规定相一致。随着 NAFTA 投入运行，墨西哥进一步改善了投资环境。按照"NAFTA 的规定，墨西哥允许外国人在以前受到限制的工业部门拥有所有权，减少政府的监督。墨西哥也取消了把地方投资作为市场准入的一个条件"。[1] 因此 NAFTA 对巩固墨西哥的鼓励外资流入政策和进一步放松对外资限制的领域有着重要的意义。墨西哥自治大学经济学家巴勃罗·鲁伊斯-纳波莱斯指出："一些专家认为，NAFTA 必须被解释为一个自由贸易协定。然而，对墨西哥来说，NAFTA 的一个暗含之意是外资规则的改变，关于这个问题，协定中有重要的一章。作为新政策的组成部分，墨西哥政府首先改变了宪法中有关外资的规定，随后改变了宪法本身。"[2]

　　在发展中国家中，墨西哥算是吸引外国直接投资的一个大国，外国投资者乐意到墨西哥寻求发展显然与这里宽松的投资环境息息相关。墨西哥吸引了许多国家的投资者前来开办企业。据对 NAFTA 之后 1994 至 1998 年墨西哥外国直接投资情况的统计，美国是墨西哥外国直接投资的主要来源地，约占总额的 60.00%，加拿大为 4.00%，德国为 4.00%，西班牙为 2.00%，荷兰为 7.00%，联合王国为 7.00%，欧盟其他国家为 2.00%，日本为 3.00%，其他

---

[1] Council of the Americas and the U.S. Council of the Mexico-U.S. Business Committee, *NAFTA: Five Years*, Washington D. C., January 1999, p.12.

[2] Pablo Ruiz-Napoles, "Investment, Trade and Employment in Mexico in the Context of a Liberal Reform and NAFTA,"in Christos C. Paraskevopoulos, Ricardo Grinspun and George E. Eaton, eds., *Economic Integration in the Americas*, Brookfield: Edward Elgar Publishing Linited, 1996. p.56.

发达国家为 1.00%，发展中国家为 5.00%，国际金融中心为 5.00%。[①]NAFTA
之前，美加两国在墨西哥的直接投资就在逐年上升，NAFTA 之后，除了 1995
年因为墨西哥金融危机之外，美加两国在墨西哥的直接投资额的增长明显加
快。据美洲开发银行的统计，美国在墨西哥的外国直接投资总额 1994 年为
169.68 亿美元，1995 年为 168.73 亿美元，1996 年为 193.51 亿美元，1997 年
为 241.81 亿美元，1998 年为 258.77 亿美元，1998 年比 1994 年增长了 52.50%；
加拿大 1994 年为 7.86 亿美元，1995 年为 6.91 亿美元，1996 年为 14.02 亿美
元，1997 年为 13.96 亿美元，1998 年为 15.14 亿美元，1998 年比 1994 年增
长了 92.60%。[②] 1999 年关于美加在墨西哥直接投资的统计数字尚未见到，但
无疑是在继续增长。墨西哥总统埃内斯托·塞迪略在一次讲话中说，2000 年
墨西哥的外国直接投资可望达到 124 亿美元，比 1999 年增加了近 25.00%。
在他执政的头 5 年期间，与 1990 年到 1994 年的 270 亿美元相比，外国直接
投资达到了 545 亿美元。[③] 从塞迪略的讲话中我们可推算出 1999 年墨西哥吸
引的外国直接投资约为 99.2 亿美元，按照外资来源国在墨总投资中所占的比
例，美国约为 60 亿美元，加拿大约为 4 亿美元。这些虽然不是精确的数字，
但也可从中看出美加两国在墨西哥直接投资的增长趋势。

三、墨西哥产品在北美市场上竞争力的提升

在任何时候，受规则指导的自由贸易给成员国带来的利得并非仅仅体现
在相互之间贸易的增长，而更多地赋予了成员国积极参与自由贸易的公司和
企业的活力，也就是说，在贸易和投资增长的同时，这些公司和企业的国际
竞争力大大提高。这是一个非常简单的道理。自由贸易的一个主要目的就是
要摧毁设置在成员国疆界上的贸易壁垒或非贸易壁垒，一旦这些壁垒削减或
取消，过去一直在国家羽翼保护下生存与发展的工业一下子就被置于"生与
亡"的选择境地。任何工业都会毫无例外地选择前者，只是在万般无奈的情

---

① Michael Mortimore, "The 1999 Report on Foreign Investment in Latin America and Caribbean," Unit on Investment and Corporate Strategies, ECLAC, p.5.

② Inter-American Development Bank, *Integration and Trade in the Americas*, *Periodic Note*, October 1999, p.36.

③ His statement is available at http://naftaworks.org/fdi2000.html.

况下才接受后者。"优胜劣汰"规则本来就是无情的,但只要选择了自由贸易,就不能不受这一规则的限制。

墨西哥在三国中面对着这方面的挑战也许更为严峻。正如美国学者欧内斯特·普里格指出的那样:"在西半球,自由贸易如何影响整个贸易体制的一个最重要特征是我们称之为的架起南北分开的桥梁。NAFTA 涉及两个主要工业化国家和一个重要发展中国家的全面自由贸易协定,几乎完全是基于全面互惠承诺之上。出于自己的利益,墨西哥比美国和加拿大更大程度地开放了它的市场,因为墨西哥的关税和其他疆界限制开始就非常高,在诸如投资、知识产权、交通和政府采购等领域做出的新承诺对墨西哥影响重大。"[1]随着墨西哥相对高于美加两国的关税的削减或取消,另外两国具有竞争性的产品必然会蜂拥而入,这种状况在墨西哥会导致三种后果:一是一些企业无法抵挡外部竞争性商品的冲击而迅速垮了下来;二是一些企业经受住了自由贸易带来的最初考验,开始利用本国的资源优势参与竞争,以一种新的面孔出现在北美统一的大市场上;三是优化了国内的资源配置,使国内有限的资源(如资金、自然资源、技术劳动力、科技成果等)流向那些在市场上生存下来并迅速发展起来的行业或企业。自由贸易在短时期或许给墨西哥带来一定程度的社会压力,但从长远来看无疑是有利于国家经济发展的。墨西哥著名经济学家路易斯·鲁维奥指出:"NAFTA 构成了墨西哥最大的优势之一,它是墨西哥经济发展的一种特殊的工具。"[2]可以设想,在一种完全自由贸易的条件下,墨西哥通过商品的自由流动,逐渐地实现本国资源的最佳配置,不断把具有竞争力的产品投放到北美市场上,使具有竞争优势的企业一步步迈向新的层次。

墨西哥产品在北美市场上具有竞争力在两个方面表现出来。一是出口产品结构上的变化。1984 年,墨西哥出口到美国市场上的产品主要是石油(67 亿美元)、活塞(5.33 亿美元)、收音机和电视零件(4.86 亿美元);1990 年,排在前面的出口品是石油(48.2 亿美元)、发动机(21.6 亿美元)、汽车零部件(12.3 亿美元);到 1996 年,主要出口品是汽车发动机(79 亿美元)、石

---

① Ernest H. Preeg, *From Here to Free Trade: Essays in Post-Uruguay Round Trade Strategy*, Chicago: the University of Chicago Press, 1998, p.70.

② *Latin Trade Online*, March 2, 1999, p.1.

油（63.6 亿美元）、卡车发动机（30.5 亿美元）。[①]据拉美经委会国际贸易和发展金融局 1999 年 11 月在提交给世界贸易组织第三次部长会议的报告中公布的数字，墨西哥 1988 年初级产品出口占总出口的 42.93%（其中农产品为 10.74%，矿产品为 2.77%，能源产品为 29.42%），到 1998 年这一数字下降到 9.98%（其中农产品为 4.12%，矿产品为 0.36%，能源产品为 5.50%）；1988 年工业制成品的出口占总出口的 56.68%（其中传统工业制品为 10.76%，食品、饮料和烟草为 3.93%，其他传统制品为 6.83%，规模密集型产品为 20.60%，耐用品为 10.18%），到 1998 年这一数字上升为 89.93%（其中传统工业制品为 20.02%，食品、饮料和烟草为 2.30%，其他传统制品为 17.72%，规模密集型产品为 8.31%，耐用品为 24.00%）；1988 年来自技术进步的产品为 15.31%，1998 年这一数字上升为 37.61%。[②]正如一份材料指出的那样："墨西哥贸易和投资自由化有效地加强了墨西哥的工业基础。贸易壁垒的消除为外资、技术和投入打开了途径，这些就使墨西哥工业变得更有效率和竞争性。在 1998 年上半年，墨西哥制造业国内生产总值增长了 8.20%。这种增长很大程度上归因于墨西哥充满活力和竞争力的制成品出口企业。自 NAFTA 生效以来，出口企业的数目增加了 50.00%，从 1993 年的近 21500 家上升到 1997 年的 32500 余家，其中大多数企业生产制成品。今天，墨西哥出口品的 85.00% 是制成品。"[③]二是墨西哥在北美市场上所占的进出口份额有了明显的提高。1990 年北美市场上的进口份额比例是：墨西哥 9.00%，美国 56.00%，加拿大 35.00%；到 1998 年，墨西哥上升为 16.00%，美国和加拿大分别为 55.00% 和 29.00%。1990 年北美市场上进口品原产地墨西哥所占的份额为 8.00%，美国为 50.00%，加拿大为 42.00%；到 1998 年，墨西哥所占的份额上升为 21.00%，美国和加拿大分别为 44.00% 和 35.00%。[④]上述这两个方面是密切联系在一起的，出口结构的改变意味着墨西哥技术含量高的产品进入北美市场，出口份额的上升表明墨西哥产品具有相当的市场竞争力。

---

① 参见 Peter Coffey et al., *NAFTA: Past, Present and Future*, Boston: Kluwer Academic Publishers, 1993, p.95.

② International Trade and Development Finance Division of ECLAC, "The New Multilateral Trade Negotiations: A Chanllenge for Latin America and the Caribbean," Santiago, Chile, November 1999, p.28.

③ "NAFTA Spurs Growth in Mexico's Manufacturing Exports,"*NAFTA Works,* Vol. 3, Issue 8, August 1998, p.1.

④ Inter-American Development Bank, *Integration and Trade in the Americas*, in *Periodic Note*, October 1999, p.74.

　　显而易见，在竞争规则指导下提高企业的竞争力是 NAFTA 带给墨西哥的最大利得，这是墨西哥近些年经济活动能够出现勃勃生机的主要源泉。更为重要的是，在全球化不断发展的今天，国与国之间的经济联系越来越密切，它们在世界市场上的竞争也变得日益激烈。墨西哥作为 NAFTA 的一个成员国，其竞争力在北美市场加强的同时必然会在国际市场上表现出来，结果之一是大大促进出口产品在国际市场上占有率的提高。

四、自由贸易与墨西哥走出经济发展的困境

　　自由贸易给墨西哥的经济发展带来活力，所以墨西哥从来没有把自由贸易仅仅局限在北美地区范围内。墨西哥与许多拉美国家或次区域集团签署了自由贸易协定。它从 90 年代中期就开始追求与欧盟实现自由贸易协定的谈判，双方谈判于 1998 年 7 月开始，经过一年多的努力达成了自由贸易协定，该协定将于 2000 年 7 月 1 日生效。欧盟与墨西哥的自由贸易协定内容广泛，几乎涉及双方经贸领域的各个方面。墨西哥总统塞迪略在 2000 年 3 月 23 日在葡萄牙里斯本举行的签字仪式上高度评价了这一协定，他指出："墨西哥人对下面这一事实感到十分满意，即这是欧盟与其地区之外一个国家签署的最广泛的协定，它也是欧盟与一个拉美国家之间达成的第一个自由贸易协定。这一商业协定是促进墨西哥发展的有力的工具，因为对我们的人民来说，它代表着新的机会、更多的就业和更好的收入。"[①]墨西哥于 1993 年成为亚太经合组织的成员国，与其他亚太国家一道致力于促进这一跨越太平洋的地区实现自由贸易。

　　墨西哥选择自由贸易说到底也就是想走出"发展"的困境，为其经济发展寻求新的机会。当然，自由贸易不可能是包治百病的灵丹妙药，更不可能彻底消除社会不公正。它给墨西哥带来的不全部是利益，缘起于它的问题也是客观存在，但由此采取否认或消极态度至少可以说对自由贸易抱有一定的偏见。自由贸易给墨西哥经济的发展注入了新的活力，其对墨西哥的影响显然是利大于弊。它不可能解决墨西哥的社会问题，但的确通过贸易的扩大，增加了就业机会，提高了人们的平均生活水平。正如墨西哥驻美使馆发布的

---

① 参见 http://www.naftaworks.org/mex-eu.html.

一份公告指出的那样:"开放的贸易和投资政策不足以实现持续发展和消灭贫困,却是达到这些目标的根本。贸易一直是工人们寻找更好的工作机会和更高的工资以及生活标准的关键工具。"[1]当拉美其他国家大踏步地迈向贸易自由化时,墨西哥的经验对它们无疑具有重要的借鉴意义。

(原载《南开经济研究》, 2001 年第 1 期)

---

[1] "Exports Enhance Job Opportunities: Mexico's Experience in the 1990s," *NAFTA Works,* Vol. 5, Issue 3, March 2000, p.6.

美洲贸易自由化对中国出口贸易的影响

贸易自由化是当今世界经济发展的主题之一，各个国家不管愿意与否，也不管贸易自由化给自己国家经济发展带来的弊端程度大小，都无法置身于这一大潮流之外，或多或少地把贸易自由化作为国家经济的主要增长源。美洲贸易自由化发生在 20 世纪 90 年代全球冷战结束之后，是西半球经济一体化在新时期的集中体现。参与这一进程的南北美洲国家目前正在谈判，力争到 2005 年建立美洲自由贸易区（FTAA）。尽管美洲贸易自由化赋予了"开放的地区主义"特性，但任何区域经济集团都不可避免地包含着"排他"的内容，在运行之后或多或少给区外国家带来"贸易转移"效应。中国对西半球地区的出口贸易现在处于上升的态势，面对着一个覆盖整个半球的贸易集团，如何能够保持和发展中国出口品在西半球市场上的占有份额，是中国在未来面对的一个非常严峻的挑战。

一、FTAA 对中国出口贸易可能发生的影响

中国自 1978 年以来一直进行经济体制的改革和对外开放，试图通过自身的调整来适应外部世界的变化，彻底改变长期落伍于世界经济主流的面貌。尤其是在冷战结束后，各国都把战略重点转向经济发展和如何为本国经济实现增长创造一个有利的外部环境上，中国自然也加快了改革的步伐，成为亚太地区乃至世界经济发展比较快的国家之一。20 年过去了，中国的改革开放取得了令人瞩目的成就，中国的经济、政治、社会和文化等各个领域正在发生着深刻而广泛的变化。截至 1998 年，中国经济总量居世界第七位，中国主要工农业产品产量居世界第一位，对外贸易总额居世界第十位，外汇储备居

世界第二位，国际旅游业居世界第八位，吸收外资居世界第二位。[①]这些数字表明中国在世界经济格局中的地位正在迅速上升，也显示出改革开放给中国经济带来的勃勃生机。

中国对外改革开放的一个主要目的不仅是向外国商品和服务开放国内市场，更为重要的是，将本国长期受国家保护的产品置于与外国同类产品的竞争环境中，通过增强自身的国际竞争力，以实现在国际市场上占有份额的不断扩大。从 1980 年到 1999 年，中国的进出口贸易总额从 381.4 亿美元上升到 3606.5 亿美元，增长了近 8.5 倍。其中出口总额从 181.2 亿美元上升到 1949.3 亿美元，增长了近 9.8 倍。这些数字表明，国民经济实现快速增长的背后总是伴随着对外贸易的飞速发展。在经济日益全球化的今天，不管是发达国家还是发展中国家，都把发展国际经贸关系置于经济战略中举足轻重的地位。当各国通过不同途径为实现这一目标创造条件时，尽管密切了国家或地区之间的经贸联系，但也导致国际市场上越来越激烈的竞争。中国同样无法回避这一严峻的现实。对中国这样一个大国来说，要想继续保持国民经济较快速度的增长，必须大力发展国际贸易。因此，世界上任何一个国家或地区的市场对中国经济的发展都有着程度不同的重要意义，而且这些市场出现大的变动都有可能对中国开拓国际市场产生积极或消极的影响。西半球国家组建美洲自由贸易区，可以说是该地区市场将要出现的一个较大变动。如何能够适应这种变动，并且把随之而来的副作用降到最低限度，显然是中国在美洲贸易自由化这个大趋势下，继续保持和发展与该地区经贸关系的关键。

美洲自由贸易区囊括了西半球除古巴之外的所有国家，这是一个对区内外国家来说前景都看好的巨大市场。按照 1999 年的统计数字，中国与西半球国家的贸易总额为 744.64 亿美元，占中国进出口贸易总值的近 20.70%，其中出口额为 496.57 亿美元，占总出口的 25.50%，进口额为 248.08 亿美元，占总进口的 15.00%。然而，这些数字在该地区分布是很不平衡的。美国是中国向西半球出口的主要市场，占中国向该地区出口总额的近 85.00%。中国对西半球其他国家的出口仅占 15.00% 左右，而且这 15.00% 大部分又集中在为数不多的国家。加拿大占中国向西半球总出口额的近 4.90%，巴拿马占不到 2.10%，巴西占不到 1.80%，墨西哥占不到 1.60%，智利占 1.20% 强，阿根廷占 10.00%。当然，中国向上述国家的出口额会因年份不同而有所差异，但基

---

① 参见任仲平《五十年探索 五十年辉煌》，《人民日报》，1999 年 10 月 8 日。

本分布不会有太大的改变。显而易见，中国出口品只要维持或不断扩大在美国市场上的份额，中国对西半球的出口贸易就不会出现太大的变动，如果能够扩大在拉美地区的市场占有份额，中国在该地区的贸易就会有一个广阔的发展前景。美洲贸易自由化会给西半球地区贸易开展带来活力，但却使包括中国在内的区外国家在发展与 FTAA 国家贸易关系时面对着更为激烈的竞争。如果中国缺乏切实可行的战略，FTAA 对中国向西半球国家出口带来"贸易转移"效应就会由可能变成现实。

二、FTAA 加剧了中国产品在美国市场上的竞争

中国对美国的出口一直处于上升趋势，以最近 10 年为例。1990 年中国对美国出口额为 48.15 亿美元，比上一年增长了 24.50%；1991 年出口额为 61.59 亿美元，增长率为 27.90%；1992 年出口额为 85.94 亿美元，增长率为 39.50%；1993 年出口额为 169.65 亿美元，增长率为 97.40%；1994 年出口额为 214.61 亿美元，增长率为 26.50%；1995 年出口额为 247.11 亿美元，增长率为 15.10%；1996 年出口额为 266.85 亿美元，增长率为 7.90%；1997 年出口额为 326.95 亿美元，增长率为 22.50%；1998 年出口额为 379.76 亿美元，增长率为 16.10%；1999 年出口额为 419.46 亿美元，增长率为 10.50%；2000 年 1 至 8 月份出口额为 143.03 亿美元，比 1999 年同时期增长了 29.00%。从上面的数字可以看出，中国对美国的出口，90 年代前半期增长较快，后半期速度相对放慢，但并不排除出现较大增长的个别年份。中国在美国市场上的占有份额也在不断上升。1990 年不到 1.00%，1991 年不到 1.30%，1992 年为 1.60% 强，1993 年为 2.90% 强，1994 年为 3.20% 强，1995 年为 3.30% 强，1996 年不到 3.40%，1997 年不到 3.80%，1998 年不到 4.20%，1999 年不到 4.10%。[①] 中国出口到美国的商品构成主要是机电产品、玩具及家具、鞋类、纺织品、金属制品、光学仪器和医疗仪器及钟表、皮革及箱包、塑料及橡胶制品、化工产品、车辆等运输设备。这些商品物美价廉，适应了美国人的消

---

① 按照美国官方发布的统计数字，中国出口到美国市场上的产品更多。如美国贸易代表办公室提交给国会的年度报告表明，1999 年美国从中国进口总额为 817.86 亿美元。按照这一数字，中国商品在美国市场上的占有份额为 7.70%。参见 USTR, *The 2000 National Trade Estimate Report on Foreign Trade Barriers*, Washington D. C., March 2000, p.475.

费需要，在美国市场上具有很强的竞争力。如果不存在其他外部条件的影响，这种增长速度在未来将会继续保持下去。然而，中国对美国的出口在 90 年代已经经历了 NAFTA 的冲击，未来又面临着 FTAA 的挑战。

NAFTA 是个北南型的自由贸易协定，对墨西哥来说，与经济发展水平远远高于自己的北方强邻签署这一协定，一个主要目的就是为本国产品更容易进入美国市场创造条件。NAFTA 已经运行快 7 年了，墨西哥基本上实现了这一目的，其产品在美国市场上的份额稳步上升，约占美国整个进口总额的十分之一。NAFTA 对中国向美国出口的冲击主要来自墨西哥的产品。墨西哥与中国的贸易关系尽管有着悠久的历史，90 年代以后也在呈增长之势（个别年份除外），但两国的贸易至今尚未形成规模。1990 年中国与墨西哥贸易总额为 1.26 亿美元，其中从墨西哥进口的进口额 0.66 亿美元，出口额为 0.60 亿美元；1991 年两国贸易总额为 2.35 亿美元，其中中国进口额为 1.49 亿美元，出口 0.86 亿美元；1992 年贸易总额为 2.72 亿美元，其中中国进口额为 1.14 亿美元，出口 1.58 亿美元；1994 年贸易总额为 2.95 亿美元，其中中国进口额为 0.94 亿美元，出口 2.01 亿美元；1995 年贸易总额为 3.90 亿美元，其中中国进口 1.94 亿美元，出口 1.95 亿美元；1996 年贸易总额为 5.18 亿美元，，其中中国进口 2.97 亿美元，出口 2.21 亿美元；1997 年贸易总额为 5.98 亿美元，其中中国进口 1.84 亿美元，出口 4.14 亿美元；1998 年贸易总额为 8.37 亿美元，其中进口 1.47 亿美元，出口 6.89 亿美元；1999 年贸易总额为 9.51 亿美元，其中中国进口 1.59 亿美元，出口 7.91 亿美元。中墨两国贸易走不出"低谷"固然存在着很多因素，但两国出口产品缺乏较强的互补性是其中一个主要原因。如两国都是劳动密集型的纺织品出口大国，相比之下，没有一国纺织品比另一国更具有比较优势。这种现象也程度不同地存在于两国其他出口行业中。虽然缺乏互补性就失去了两国贸易出现较大发展的可能性，但这使两国的出口产品在第三国的市场上形成了竞争。在 NAFTA 签署之前，中墨两国出口品在美国市场上的竞争可以说各具优势。墨西哥有着地理之便，但中国产品在价格上略胜一筹。以纺织品为例，中国纺织品在美国市场上占有的份额长期居于首位。NAFTA 运行后，墨西哥产品进入美国市场获得了取消或减免关税的优惠，在美国市场上自然比其他国家同类产品更具有竞争力。因此，墨西哥的纺织品对美国的出口扶摇直上，终于到了 1998 年取中国而代之，至今依然稳居排行榜首。中国与墨西哥在美国市场上形成竞争的其他产品也或多或少地受到类似冲击。

NAFTA 对中国向美国的出口造成了一定程度的消极作用,但影响还不是太大。一是墨西哥在美国市场上的出口产品构成与中国的还是有所区别。如中国的机电、玩具、家具、鞋类、皮革等出口品并不是墨西哥出口的长项,而墨西哥的汽车零部件、电视、咖啡、食品等产品,中国也很难与之形成竞争。二是就墨西哥而言,NAFTA 使其产品更容易进入美国市场,但与此同时却对区外国家造成了程度不同的"贸易转移"效应。这种效应不光影响到中国,而且对在美国市场上与墨西哥产品形成竞争的所有其他区外国家(包括许多拉美国家)都会有影响。也就是说,在美国市场上,当一种产品的"贸易转移"效应不是由一国而是由多国所承担时,对一国来说,其作用往往不是很大或者很明显。所以,中国对美国的出口继续呈上升态势,即使纺织品依然是美国市场上的大户。美洲自由贸易区对中国向美国出口的冲击可能要比 NAFTA 大得多。拉美国家之所以愿意与美国开始建立自由贸易区的谈判,与墨西哥当初愿意进行 NAFTA 谈判一样,实际上就是希望其产品能够在美国市场上占有一席之地。可以预料,FTAA 建成运行后,美洲国家之间将会在许多产品上实行自由贸易,由于无关税障碍,拉美国家出口到美国市场上的产品比现在更具有竞争力。拉美国家总体上与中国发展水平不相上下,出口到美国市场上的劳动密集型初级产品依然占有相当比例。许多产品会对中国的市场占有构成威胁。纺织品自不待言,化工产品、皮革制品、纸张、灯具、鞋类、玩具等都可能会失去优势。因为如果把三十几个拉美国家看作一个整体,这个整体的工业门类应该说是比较齐全的。也就是说,中国目前任何一种在美国市场上具有优势的产品将会面对着拉美国家同类产品的竞争。当 30 余个国家通过 FTAA 在美国市场上分享"贸易创造"效应时,其他国家,尤其是中国,从"贸易转移"效应中遭受的损失比起 NAFTA 来可能是更大或更明显。

三、FTAA 对中拉贸易的影响

拉美地区 90 年代以来尽管受到了几次金融危机的冲击,但对该地区十几年来奉行的以改革开放为基础的"出口导向战略"没有发生太大的影响。作为世界上主要的新兴地区之一,拉美的市场越来越引起其他国家的关注。据世界贸易组织 2000 年 9 月公布的统计数字,从 1990 年到 1999 年,拉美地区出口年增长率为 8.00%，进口年增长率为 11.00%，1990 年拉美地区的进口额占全球总进口额的 3.70%，到 1999 年这一数字便上升为 5.80%。1999 年拉美地区出口总额为 2970 亿美元，进口总额为 3350 亿美元。[①]美国急于与拉美国家结成以自由贸易为纽带的经济联盟，其中一个重要目的就是看中了这个市场的巨大潜力。

中国是出口大国，1999 年在世界出口榜上排名第九。可以预言，不断扩大在国际市场上的占有份额将在中国经济发展中起着越来越重要的作用。中国看到了拉美市场的巨大潜力，同时认识到发展与拉美地区的经贸关系对中国经济增长的意义。20 世纪 90 年代以后中国与拉美地区的贸易额除 1998 年和 1999 年两年略微下降外，其余年份呈现出较快的增长速度，10 年期间提高了 4.5 倍，不过绝对数字还是相当低的。1990 年中国与拉美国家的贸易总额为 18.46 亿美元，其中中国进口额 11.8 亿美元，出口额 6.63 亿美元；1991 年贸易总额为 23.58 亿美元，其中中国进口额 15.63 亿美元，出口额 7.95 亿美元；1992 年贸易总额为 29.76 亿美元，其中中国进口额 18 亿美元，出口额 10.76 亿美元；1993 年贸易总额为 37.07 亿美元，其中中国进口额 19.31 亿美元，出口额 17.76 亿美元；1994 年贸易总额为 47.02 亿美元，其中中国进口额 22.47 亿美元，出口额 24.55 亿美元；1995 年贸易总额为 61.14 亿美元，其中中国进口额 29.67 亿美元，出口额 31.47 亿美元；1996 年贸易总额为 67.29 亿美元，其中中国进口额 36.08 亿美元，出口额 31.21 亿美元；1997 年贸易总额为 83.76 亿美元，其中中国进口额 37.69 亿美元，出口额 46.06 亿美元；1998 年贸易总额为 83.12 亿美元，其中中国进口额 29.89 亿美元，出口额 53.23 亿美元；1999 年贸易总额为 82.6 亿美元，其中中国进口额 29.91 亿美元，出口额 52.69 亿美元；2000 年 1 至 8 月份贸易总额 81.6 万元，比 1999 年同时期增长了 67.90%，其中中国进口额 35.19 亿美元，出口额 46.42 亿美元。

中国出口品在拉美市场上的占有份额从总体上讲是在上升的。1990 年为 0.60%，1991 年为 0.60%，1992 年为 0.70%，1993 年为 1.00%，1994 年为 1.20%，1995 年为 1.30%，1996 年为 1.20%，1997 年 1.40%，1998 年为 1.60%，1999 年为 1.60%。这种市场占有率对中国来说，远远和其大国地位不相称，对作

---

① 参见 WTO, "International Trade Statistics 2000," p.18, 38. This report is available at http://www.wto.org.

为一个整体的拉美地区来说，在其进口贸易中很难说是有重要的一席之地。即使是这样一种非常低的占有率，在未来也面临着比较严峻的形势。中国向拉美地区主要出口机电、纺织、服装、家电、旅行用具等产品。FTAA 建成运行后，整个美洲地区将在内部形成一个比现在贸易流动更为自由的大环境，美国和加拿大的出口产品将会长驱南下，以比 FTAA 之外国家更有利的条件占领拉美市场。北美国家具有竞争优势产品的进入，一方面对区外国家在拉美市场上占有的份额带来冲击；另一方面拉美地区具有比较优势的产品很快会在竞争中脱颖而出，这些产品将借着自由贸易提供在本地区的优越条件，很快会在拉美国家相互之间的市场上显示出强劲的竞争力。在这样一种情况下，中国出口到这一地区的产品所面临的不利境况将可想而知。

四、FTAA 对中国与西半球贸易带来的挑战

从以上分析来看，美洲自由贸易区的运行将会导致西半球市场发生明显的变动。中国对这一地区的出口也会由此而受到影响。在 FTAA 运行之初，中国出口品将主要在美国市场上遇到拉美同类产品的竞争。2000 年，美国国会通过了授予中国永久最惠国待遇的立法。中国对美国的出口在未来几年内还会呈现出较快增长的趋势。离 FTAA 运行还有 5 年时间，在此期间，中国政府或相关机构应该有目的地对美国市场进行研究。首先搞清楚中国在该市场的产品与其他国家尤其是与拉美国家同类产品相比，究竟有多大程度的竞争力；其次进一步了解拉美国家在美国市场上的产品构成有多少种与中国出口品重合，如果拉美产品享受免税待遇，中国享受最惠国待遇的同类产品能否与之竞争并在竞争中维持或扩大市场占有份额；最后是找出问题，对症下药，如制定切实可行的出口战略，及时调整出口产品构成，加大产品的研究与开发费用的投入，增强产品的技术含量，进一步降低产品的生产成本，在产品的质量、实用、外包装、外形美观上下功夫，等等。此外，要对美国各项贸易法规进行深入研究。美国是一个法律体系比较健全的国家，任何问题的解决都是由法律条款一锤定音。美国经常以"非市场经济国家"等无端理由对中国产品进入美国市场实行贸易保护主义，如扣减配额、对中国产品征收反倾销税。中国如果对美国贸易立法了如指掌，就可将这些随意违法操作的行为诉诸法庭。当然如果中国成为世界贸易组织（WTO）成员，还可向

WTO 有关机构提出申诉。中国如果借助法律使美国不敢轻易在对华贸易上采取保护主义的行为，以此保证中国产品在美国市场上受到公平待遇，这样就会在不改变产品本身的情况下提高产品的竞争力。美国市场对中国经济增长的重要性是不言而喻的，而中国产品在未来又无法避开来自 FTAA 国家的竞争。在这一严重的挑战面前，如何能够做到趋利避害，既要把带来的消极影响或损失降到最低限度，又要在现有的基础上设法扩大在美国市场上的占有率，这是中国理论界亟须研究的一个重要课题，同时也是未来中国对美国出口能够进一步提高的关键因素之一。

1999 年 7 月 15 日，巴西利亚大学国际政治研究所所长瓦米伦·夏贡·德阿布克尔在中国社会科学院拉丁美洲研究所做了一场学术报告，重点阐述了巴西与中国的关系。他认为，2005 年美洲自由贸易区有可能建成，这对中国来说还是存在着机会的。如果中国在 2005 年前扩大对南方共同市场的投资与贸易，中国在南方共同市场获得发展的机会将比较容易。[①]德阿布克尔这番话值得深思。中国与拉美地区的贸易往来尽管不是很理想，在未来又遇到 FTAA 的挑战，但并不是不存在着发展的空间。首先，中国与拉美许多国家都有进一步加强经贸关系的愿望。中国是一个拥有 12 亿人口的大国，多少年来经济一直保持着强劲的增长势头，国内市场潜力非常大。从 1980 年到 1999 年中国的进口总额从 200.2 亿美元上升到 1657.2 亿美元，增长了近 7.3 倍。拉美地区有 30 余个国家，人口近 4.7 亿，从目前情况来看，拉美地区人口虽然比中国少 60.80%，但进口品市场容量却比中国高 2 倍。中国和拉美地区国家都在改革开放的基础上进一步开放市场，也都把扩大在国际市场上的占有率作为未来经济实现快速增长的关键。因此，中国和拉美的市场彼此很有吸引力。近些年来，中国政府高层领导人频频出访拉美地区，许多拉美国家首脑来华进行国事访问，实际上也就是想增进相互的了解，为在经贸等领域的合作奠定基础。

其次，拉美地区地域辽阔，资源丰富。十几年的改革开放使这一地区形成了良好的投资环境。许多拉美国家为了吸引外资，给了外资企业许多优惠的条件。中国的许多企业经济实力雄厚，只要得到政府在资金上的支持，完全有条件从事跨国经营活动。其实，中国一些企业已经这样做了。如中国首都钢铁公司购买了秘鲁生铁公司 580 平方千米矿区 50 年的开采权，中国石油

---

① 参见贺双荣：《巴西学者谈巴西外交战略》，《拉丁美洲研究》，1999 年第 6 期，第 59 页。

天然气总公司分别以 1.18 亿美元和 2.04 亿美元在委内瑞拉购买了两个区块油田的开采权，中国长江集团在墨西哥建立了一个"中国纺织城"。中国企业到拉美地区实施资源性开发投资项目尽管数量还不是很多，但的确是促进中拉双边贸易的一个发展方向。

再次，在发展中国家，拉美地区的关税率相对较低，最高关税已降到20.00% 左右，税率级别已经减少到 4 至 5 种，有的国家已经实行了单一税率。中国成为 WTO 成员指日可待。非歧视原则一直是 GTAA/WTO 的基石。中国一旦加入了 WTO，就可自动在成员之间享受最惠国的待遇。这将意味着，如果拉美国家提供如降低关税的优惠给另外一个缔约方，该国必须自动地和无条件地提供相同的利益给所有其他 WTO 成员，中国当然包括其内。不过，按照《关贸总协定》第二十四条，最惠国待遇不适用于同一区域内组成自由贸易区的国家相互给予的特殊优惠。如从 1985 年到 1997 年，在南方共同市场，平均最惠国关税从 37.20% 下降到 12.30%，而同一时期对成员国的平均关税从 35.20% 下降到 4.20%。[①] 具体到 FTAA 来说，FTAA 国家之间在关税方面的特殊待遇不能给予订立最惠国待遇的区外国家。这种区域性安排尽管与非歧视原则不一致，但同一条款限制了 FTAA 成员国对区外国家随意提高关税，即对区外国家出口到 FTAA 市场上产品征收的关税不得高于该自由贸易区运行之前的关税。这种限制为区外国家的产品进入 FTAA 市场依然具有竞争力提供了一种保证。只要中国产品对路，适合当地市场之所需，至少不会因为被征收高额关税而与当地产品相比失去竞争力。

最后，目前中国出口到拉美市场上的产品，劳动密集型产品居多，这些产品主要以价格低占取优势，但在经济发展水平不相上下的拉美国家，市场容量十分有限，再加上与当地产品形成竞争，有时还要遭受"反倾销"的干扰。如 1999 年 1 月，阿根廷对来自不是 WTO 成员的玩具大幅度地提高了关税。FTAA 运行之后，"贸易转移"效应很容易波及这类产品。因此，中国要想扩大对拉美地区的出口，就必须调整产品出口结构，有目的地开发拉美市场所需要的产品，如技术含量高和附加值高的纺织机械、农业机械、电子电器、化学产品等。目前，中国无论从技术上还是资金上都具备了开发这些产品的能力，而且中国这类产品在档次、水平、价格等方面也比较适合拉美市

---

① 参见 Antoni Estevadeordal, Junichi Goto and Raul Saez, "The New Regionalism in the Americas: The Case of Mercosur," Inter-American Development Bank, Working Paper 5, Buenos Aires, April 2000, p.2.

场的需要。因此,只要中国公司或企业制订正确的经营战略,摸清拉美市场的供求状况,努力使出口产品多样化,拉美市场还是大有潜力可挖的。

FTAA 现在正处于谈判之中,它建成后对中国在西半球的贸易会产生多大程度的影响,尚有待于实践的检验。对中国来说,发展与西半球国家的经贸关系对未来的经济保持稳定增长有着十分重要的意义,但又回避不了FTAA 带来西半球市场的重大变动。因此,在离 FTAA 运行余下的几年时间内,中国应该在一种切实可行的战略指导下采取积极的行动,以充分的准备迎接美洲贸易自由化所带来的严峻挑战。

（原载《现代国际关系》，2001 年第 6 期）

第五编

拉丁美洲不发达的文化根源

天主教伦理与拉丁美洲不发达的文化根源

从大的范围来划分，美洲目前存在着两种不同的文化体系，一种是以新教伦理为核心的文化体系，另一种是以天主教伦理为核心的文化体系。拉美的文化体系属于后者，这是西班牙和葡萄牙在征服美洲和殖民化过程中所留下的遗产。从世界历史发展进程来看，西方文明的扩张给南北美洲带来了相同的命运；所不同的是，西班牙和葡萄牙早于英国一个多世纪在美洲建立了殖民地，随后逐步完成了对格兰德河以南地区的征服。西葡两国把伊比利亚的天主教传统移植到南美洲，英国却把盎格鲁-撒克逊新教传统带到了北美洲（墨西哥和加拿大的某些地区除外）。虽然天主教和新教都属于基督教的范畴，但两者具有不同的伦理观，这一根本区别成为南北美洲以后的经济发展出现巨大差异的主要原因之一。新教伦理占主导地位的美国发展迅速，与天主教伦理占据优势的拉美的落后状况形成鲜明对比。本文通过对这两种伦理观的比较，试图从文化的角度揭示出拉丁美洲长期不发达的深层原因。

一、基督教伦理与资本主义精神的命题

在神职人员看来，基督教伦理是神学的一个重要组成部分，主要涉及教徒在追求终极目标过程中所遵循的基本理念与原则，它来源于基督教经典《圣经》，在规定信徒绝对服从上帝的信仰体系下表现出把非基督教世界从"恶魔"统治下拯救出来的"理想"色彩。其实，基督教伦理还有非常现实的一面，通常指在信仰基督教的国家教徒们在世俗活动中所遵循的一套基本的价值规范，这套规范尽管同样可以在《圣经》中找到本源，但不管是消极的还是积极的，其现实意义都非常明显，主要服务于人们对现实目的的追求，反映了基督教神学在对世俗生活发生潜移默化的影响过程中对现实世界的回应。因

此，无论在历史上还是在当代，基督教与现实社会都有着非常密切的联系。

基督教是一种"入世"的宗教，与世界上一些宗教相比较，基督教的这一特性体现得尤为明显。中国的宗教主要是佛教和道教，佛教或道教强调"出世"，希望善男信女能够摆脱人世间的一切欲望，通过自身的修身养性来求得死后在另一个世界的升华。所以，不管是佛教的寺庙还是道教的道观，都建在远离尘世生活的高山之上或人烟稀少的僻静之处，尽可能地不与世俗生活发生直接联系。基督教注重"入世"，从其产生到发展一直与世俗社会联系在一起，西方社会历史上发生的一些重大变革，往往都与基督教联系在一起。因此，基督教会的教堂总是建立在熙熙攘攘的闹市之中，除了便于与世俗生活发生直接联系外，还在于吸引更多的教徒经常参加教会的活动。任何宗教都是希望信徒越多越好，但佛教或道教并不是主动积极地要求他人成为正式的信徒，反而会设置一些烦琐的礼规来约束生活在寺庙中的信徒的扩大。实际上，千篇一律和清淡寡欲的宗教生活自然使世俗之人望而生畏，人们的价值观念可以受到宗教教义的强烈影响，但要人们成为名副其实的虔诚信徒却很困难。基督教只是教导人们信仰上帝，丝毫不影响人们的世俗活动以及对财富、功名等欲望的追求，就连《圣经》也是以大众化的语言向人们灌输所谓的"真理"。因此，基督教成为西方社会的一个"全民宗教"并非偶然，反映出它不仅不会成为人们追求现实利益的障碍，而且在很大程度上有助于这些利益的实现。这一前提造成了基督教伦理与世俗社会之间存在着密切联系。

基督教伦理对现实生活的影响是在长期的历史演变过程中形成的。在中世纪，天主教在欧洲多数国家的政治和世俗生活中居于主导地位。罗马天主教教皇凌驾于皇权之上，甚至在世俗事务中都享有最高权力。这种在当时唯一合法的意识形态渗透到社会的各个方面，不管贫富贵贱，几乎人人至少在名义上都是教徒。如果有人稍越雷池一步，便被教会视为背离上帝，大逆不道，重者甚至要处以极刑。十字军东征之后，罗马天主教尽管处于衰微状态，但它在很长时期内对人们精神生活的影响形成了根深蒂固的文化积淀，人们的思想观念、行为举止和处世方式等自然会带有这种文化的明显痕迹。英国著名历史学家克里斯托弗·道森将之称为"基督教文化"。[①] 道森所指主要是中世纪前后天主教对西方社会伦理观念的影响。

从文化角度讲，天主教伦理观尽管存在着许多合理成分，但在很大程度

---

① Gerald J. Russello, *Christianity and European Culture: Selections from the Work of Christopher Dawson*, Washington D. C.: The Catholic University of America Press, 1998, pp. ix-x.

上首先具有在"正统"观念下维护传统制度的倾向，蕴含在天主教伦理中的传统性常常表现得非常明显。从总的趋势来看，天主教尽管也在努力适应时代变迁所带来的挑战，但以它为核心的伦理观在根本上有敌视或蔑视新生事物的传统，至少在相当长的历史时期内是这样。当资本主义生产方式在欧洲地平线上冉冉升起时，这种注定给人类社会带来翻天覆地变化的生产方式对传统社会的冲击是巨大的，甚至是革命的。然而，按照天主教的正统观念，这种反传统的新的生产方式的基本精神却是"离经叛道"的。资本主义在西方的兴起以及最终替代封建制度是世界历史发展的大趋势，天主教尽管无法阻止这一趋势，但对传统的维护势必使它从一开始就站在资本主义的对立面。因此，受中世纪封建制度长期潜移默化影响形成的天主教伦理，在许多方面不符合体现一种新的意识形态的资本主义精神。阿明托雷·范范尼长期是意大利基督教民主党的主要领导人之一，曾出任意大利首相。在墨索里尼法西斯政府统治期间，范范尼被流放了近 12 年。在此期间，范范尼完成了一本名为《天主教、新教和资本主义》的书，这本书的出版使他在学术界一举成名。范范尼的基本命题是，天主教不符合资本主义精神。他指出："任何试图准确地理解天主教和资本主义主张的人，不可能不惊奇地发现，两种思想是相互对立的，一种思想的阐释者与另一种思想的阐释者竭力争夺对社会的支配地位。我们这里只是再次强调，天主教的精神气质是反资本主义的，天主教一直反对资本主义的建立。"[①] 1993 年，美国学者迈克尔·诺瓦克有一本名为《天主教伦理与资本主义精神》的专著出版了，第一章的题目就是"反资本主义的天主教徒"。[②] 在西方学术界，探讨天主教伦理与资本主义之间的关系并不是一个新的命题，尽管学者们对天主教伦理的评判褒贬不一，但天主教伦理观与资本主义精神在历史上长期不合拍显然是其中很多人的共识。

　　从基督教发展史来看，新教的出现具有革命性的意义，它突破了罗马天主教在西欧和南欧一统天下的局面，从与传统对立的角度反映出基督教对时代精神的回应。新教是在欧洲封建制度走向没落时出现的，因此新教的反传统本质既有助于促进资本主义生产方式脱颖而出，又不可避免地与这种新的生产方式的发展密切联系在一起，最终在一些新教占主导地位的国家出现了以经济快速增长为主要特征的现代资本主义社会。正如拉美著名学者马里亚

---

① Amintore Fanfani, *Catholicism, Protestantism and Capitalism*, London: Sheed & Ward, 1935, p.159.

② 参见 Michael Novak, *The Catholic Ethic and the Spirit of Capitalism*, New York, The Free Press, 1993, p.17.

特吉指出的：“西方的经验非常具体地表明资本主义与新教思想的一致。在历史上，新教思想是资本主义的精神酵母。新教改革包含着自由国家的实质和萌芽。新教思想和自由主义，分别作为宗教流派和政治倾向，都适应了资本主义经济因素的发展——事实证明这个论断是正确的。”①显然，新教所体现的价值观在一定程度上是早期资产阶级意识形态的一种反映，从本质上讲是为这个脱胎于中世纪的新兴阶级扩大活动范围和最终获得统治地位服务的。当然，资本主义的兴起是世界历史发展到一定阶段各种因素综合的产物，但新教伦理无疑起了积极的促进作用。20 世纪初，德国学者马克斯·韦伯提出，新教伦理与资本主义精神之间存在着密切的联系。此后，围绕这个命题，学术界一直存在着争论，质疑者也大有人在。韦伯的命题是经典的，但韦伯的分析并不是无可挑剔的。学者们可以对韦伯的理论构架提出不同的观点，但很难从根本上完全否定他的这一基本命题，这也就是韦伯至今依然在学术界享有盛誉的主要原因之一。实际上，如果我们把研究的视角转向南北美洲的比较时，基督教中这两种不同的伦理观对经济发展的影响就更加明显。

二、天主教伦理与拉美的文化传统

历史发展到 15 世纪末的时候，整个世界处于一种大变动状态。文艺复兴和宗教改革赋予西方文明新的活力，预示着一种更具外延性的新的社会意识形态将很快来临。民族国家的兴起造成了人们对土地和财富的贪恋，国家之间的激烈竞争导致它们把目光转向海外，试图通过在海外寻找殖民地来延伸民族国家所统辖领土的主权范围，寻找新的财富来源。这样，欧洲之外的地区迟早难逃被西方文明征服或入侵的厄运。从这个意义上讲，位于大西洋彼岸的南北美洲被欧洲国家殖民化具有历史必然性，但被哪一类型的欧洲国家殖民却是偶然的。伊比利亚半岛的西班牙和葡萄牙与英国是两种不同类型的国家，前者天主教居于支配地位，封建制度基础牢固；后者尽管也实行君主制，不赞成更激进的宗教改革，但本质上属于反传统的新教国家，具有一定的自由主义氛围，尤其是商业气氛浓厚，商人力量强大。这两类宗教伦理不同的国家对美洲的殖民前后相差一个多世纪，但植入盎格鲁-撒克逊传统的北

---

① 何塞·卡洛斯·马里亚特吉：《关于秘鲁国情的七篇论文》，白凤森译，商务印书馆 1987 年版，第 135 页。

美洲与伊比利亚传统的拉丁美洲以后的发展道路却出现巨大差异。拉美诺贝尔奖获得者奥克塔维奥·帕斯指出："一个是讲英语的美洲，继承的是奠定现代世界的传统，即宗教改革以及伴随而来的社会和政治后果、民主及资本主义；另一个是讲西班牙语和葡萄牙语的美洲，继承的是普世天主教君主制和反宗教改革。"①他从不同宗教伦理的角度对两个美洲的解释尽管非常具有挑战性，但的确提出了一个令人深思的重大理论问题。

自 1492 年哥伦布远航到美洲后，西班牙就开始了对美洲的殖民过程。刺激欧洲人不畏艰险远航到美洲的原因固然很多，但狂热的宗教情绪在其中扮演了重要角色，这些征服者除了对土地和财富的贪恋之外，还希望把基督教的信仰扩展到欧洲之外的地区，最终实现基督教的一统天下。尽管专司传道的天主教修道士几乎同时与所谓探险的殖民者一道登上美洲大陆，但很难把两者肩负的使命截然分开。所有来到新大陆的西班牙人都是天主教徒，狂热的宗教情绪和对财富的贪恋欲望在他们身上体现得淋漓尽致。《圣经》和枪炮实际成为对美洲征服的两种手段，前者主要是从精神和文化层面上对土著人的征服。随着西班牙对美洲广大地区的征服、殖民和开发，天主教伦理观被包括一大批传教士在内的殖民者几乎原封不动地移植到大西洋的彼岸，作为一种占据绝对优势的意识形态在殖民地政治和公众生活中发挥着重要的作用。天主教会"为形形色色的复杂人口提供了精神生活，是西班牙美洲社会稳定和公共秩序的主要支柱之一。通过与宗教历法有联系的公众庆典，教会在殖民地社会的公共生活中发挥了很大的作用。通过使印第安人和黑人皈依为天主教徒，教会扩展了欧洲文化价值观。教会在教育和公共慈善活动中的作用进而加强了其在不管是富人还是穷人生活中的中心地位"。②臭名昭著的宗教裁判所也被教会原封不动地搬到了美洲，教会试图以高压手段维护天主教信仰的纯洁性，防止新教在殖民地的广泛传播。如果那些已经皈依天主教的当地人不放弃原来的信仰，宗教裁判所有权对这些人予以严惩。葡萄牙对巴西的征服和殖民化与西班牙人的活动类似。总之，在西班牙和葡萄牙长达数世纪的殖民统治中，天主教作为殖民地唯一居支配地位的意识形态左右了人们的物质和精神生活，在这片土地上形成了根深蒂固的文化观念。

---

① Lawrence E. Harrison, *Underdevelopment is a State of Mind: The Latin American Case*, Lanham, Madison Books, 2000, p. xvii.

② Mark A. Burkholder and Lyman L. Johnson, *Colonial Latin America*, second edition, New York, Oxford University Press, 1994, pp.95-96.

　　宗教本来就是文化的一个非常重要的组成部分，许多国家或地区民族文化的形成，根子就在于宗教。只要是宗教，都会在教义中向尘世之人描绘一种虚无缥缈的"理想"境界，而这种境界从来不会在现实世界中出现，人们也无法用自己的经验来证明其存在，因此宗教从本质上讲无一例外都是超经验的。宗教指精神世界的追求，经济活动指现实生存与享乐的需要，两者从表面上看各具独立性，但在实际生活中并没有完全割裂开来。客观上讲，并不是所有的宗教与人们追逐的现实利益之间都有着密切的联系，但基督教的确对人们的世俗活动产生了广泛的影响。当然，宗教伦理对经济发展的影响是一种潜移默化的过程，并不是从一开始就明显表现出来，但随着时间的推移，作为根深蒂固的文化积淀，天主教伦理和新教伦理必然会有意或无意地对人们社会活动的各个方面产生影响，这种影响同样在人们的经济活动中表现出来。正是这种影响的长期作用，在天主教占支配地位的国家和在新教占支配地位的国家，经济发展水平出现明显的差异。美国发展经济学的先驱阿瑟·刘易斯是西方经济学界探讨文化观念对经济发展产生影响的首批经济学家之一。他在1955年出版的《经济增长理论》一书中，把文化影响与对经济增长有重要作用的企业精神以及更广泛的社会政治环境联系起来，认为："经济增长取决于对工作、财富、节俭、抚养子女、发明和冒险等的态度，所有这些态度都是来自人类心灵的深刻动机。"[1]刘易斯进而把宗教看作是对经济发展产生了重要影响的一个因素，不同的宗教教义反映和决定了人们对经济活动所持的不同态度，宗教如果能够促进诚实、积蓄、冒险与合理性，就会产生积极影响，否则就会相反。刘易斯的研究对探讨天主教伦理和新教伦理对经济发展的影响深有启迪。

　　从制度层面上讲，一种新的生产方式之所以出现，一个根本的原因是旧的生产方式对经济发展构成了障碍。新的生产方式的出现具有革命性意义，它带来的结果不仅仅是对旧制度的否定，更重要的是为经济不受或少受阻碍的发展提供了制度上的保证。在哥伦布到达美洲之前，生活在这片大陆上的印第安人尽管已经创造了辉煌的文明，但仍处在原始社会或原始部落制状态。即使比较发达的几个印第安帝国，其制度所能保证的经济发展水平远不能与欧洲国家相提并论。因此，在欧洲殖民者的眼中，这是一片未被开垦的新大陆。从某种意义上说，这块大陆的未来发展主要取决于欧洲国家把什么类型的制度移植到被殖民的土地之上。当时的欧洲正处在新旧生产方式的交替时

①　Arthur W. Lewis, *The Theory of Economic Growth,* Illinois, Richard D. Irwin, Inc., 1955, p.14.

期，新的生产方式已经初露端倪，而旧的生产方式尚未退出历史舞台。一般来讲，在天主教居支配地位的国家，封建制度的基础比较牢固，抵制资本主义生产方式这一新生事物的力量居于统治地位。西班牙和葡萄牙便是这类国家的典型，当它们开始在海外殖民时，自然会把本国的制度移植到美洲。所以，在欧洲日趋衰落的封建制度伴随着伊比利亚殖民者的枪炮声来到了新大陆，殖民者实际上把天主教伦理中与资本主义精神相悖的价值观也带到了这块将要被"重新绘制"发展蓝图的大陆。经过数世纪的殖民化和殖民统治，母国的落后制度在这一地区深深地扎下了根，给拉丁美洲留下了很难磨灭的文化遗产。玻利维亚社会学家阿图罗·乌尔基迪认为，西班牙殖民者把本国的封建制度复制到拉美，使之根深蒂固于拉美文化之中。他的结论是，西班牙的封建主义在拉丁美洲不折不扣地再现，"由于其具有遗传特性，这种再现提供了一种差不多一样的生物类似性，既对人们的心理和精神境界产生了影响，也对制度组织产生了影响"。[1]卡洛斯·兰赫尔是委内瑞拉的著名新闻记者，他写了一本关于西班牙美洲状况的书，题目为《拉丁美洲人：他们与美国爱和恨的关系》。他在与新教美国"成功"的对比中把拉丁美洲的"失败"主要归因于西班牙的天主教文化："被一个国家殖民化是拉丁美洲的命运，这个国家尽管在许多方面是令人钦佩的，但是从一开始就拒绝正在出现的现代化精神，设置了抵制理性主义、经验主义和自由思想的围墙，也就是说，设置了抵制现代工业、自由革命以及资本主义经济发展的基础的围墙。"[2]兰赫尔的观点在拉美知识界很有争议，但也非常具有代表性，表明了拉美一些知识分子从文化上对这一地区落后根源的深刻反思。从天主教伦理抵制资本主义精神的角度讲，伊比利亚殖民者的第一条船远航到新大陆就基本注定了拉美历史的发展命运，从文化上埋下了拉丁美洲经济长期不发达的根源。

在经历宗教改革后的新教国家，相对宽松的环境为资本主义生产方式的出现与发展提供了有利的条件。在这些国家，封建君主制尽管依然存在，但在新的生产方式的冲击下，封建基础已经开始动摇。到英国向北美移民之时，旧的统治秩序已日薄西山，新的制度呼之欲出。在前往北美地区的英国移民中，绝大多数人的思想早已告别了中世纪的封建传统，商业精神在他们身上

[1] Claudio Véliz, *The Centralist Tradition of Latin America*, New Jersey: Princeton University Press, 1980, p.18.

[2] Carlos Rangel, *The Latin Americans: Their Love-Hate Relationship with the United States,* New York and London: Harcourt Brace Jovanovich, 1977, p.182.

体现得非常明显。所以，他们在"绘制"北美大陆的未来发展"蓝图"时，自然会把先进的生产方式注入其中。这就决定了英属北美殖民地从一开始就走上了资本主义商品生产的发展道路。美国历史学家卡尔·德格勒指出，"资本主义随着第一批船只来到了北美"，[①]美国"生来是自由的、富裕的和现代的"。[②]德格勒的这一观点成为研究美国早期史的很多学者的共识之一。北美许多地区的经济长期呈现出一派繁荣的景象，与西属美洲殖民地的发展形成了明显的对比。这种结果固然与母国的殖民政策、北美的资源优势、移民的整体素质等因素有关，但构成以后美国文化"灵魂"的新教伦理或清教徒价值观无疑在促进殖民地经济发展过程中起着十分重要的作用。

从历史发展进程来看，新教伦理给美国带来了资本主义精神，使美国在很短的时间内就实现了工业化和现代化，创造了资本主义发展史上令人观止的"经济奇迹"；而天主教伦理却使拉丁美洲长期走不出封建传统的阴影，在漫长的现代化道路上艰难地跋涉。制度的不同，自然会使经济发展出现巨大的差异。即使采取类似的制度，如果不改变根深蒂固的落后的文化观念，这种差异不仅不会缩小，还会加大。南北美洲不同的发展经历证明了这一事实。墨西哥学者卡洛斯·富恩特斯指出："你们（美国）从零开始，是一个处女般的社会，完全等同于现代，没有任何封建的因素。相反，我们是作为中世纪没落的封建秩序的附庸建立的。"他还断言，自由企业的资本主义并不是说在拉丁美洲缺乏发展的机会，"但（历史）证明它不能消灭封建主义"。[③]从不同的伦理观念产生不同的文化传统这个层面上来讲，富恩特斯这番话的确值得深思。

三、天主教伦理对拉美发展的影响

拉美地区独立后，许多国家的人民在自由派的领导下，与当时对社会进步构成很大障碍的天主教会进行过不屈不挠的斗争。在长期复杂的斗争过程

---

① Carl N. Degle, *Out of Our Past: The Forces that Shaped Modern America*, New York: Harper & Row, 1959, p.1.

② Stuart Bruchey, "Economy and Society in an Earlier America," *The Journal of Economic History*, Vol. XLVII, No.2, June 1987, p.303.

③ Carlos Fuentes, "The Argument of Latin America: Words for the North Americans," in Paul M. Sweezy and Leo Huberman, eds., *Whither Latin America?*, New York, Monthly Review Press, 1963, pp.10-11.

中，西方自由主义的思想在拉美地区得到广泛传播，天主教会逐渐与国家政治相分离，宗教信仰自由也得到了法律上的保证。20 世纪 60 年代末在拉美地区兴起的"解放神学"运动强调对传统的深刻反思，不仅大大促进了天主教会与社会密切联系的开放性，而且也使新教徒的数量在拉美地区猛增。然而，天主教伦理并不等于天主教会，人们可以不去天主教堂做礼拜，也可以不是天主教信徒，还可以改信新教，却难以摆脱早已成为其文化核心的天主教伦理观的影响。因此，作为一种根深蒂固的文化积淀，天主教伦理在拉美社会生活中的支配地位并没有由此得到实质性的改变，这套伦理观依然构成了这一地区文化的主体，对生活在这一地区的人们的思想意识和行为方式产生了深刻的影响。兰赫尔在批评天主教伦理对拉美地区发展的影响时指出，没有任何一种制度像天主教教会那样有助于决定拉丁美洲的发展方向。"西班牙是在基督教和服务于基督教的名义下完成征服的。征服和殖民化就是天主教的征服和殖民化。直到 19 世纪，在这 350 年期间，拉丁美洲的政治和社会结构基本确立。天主教既是拉美社会的思想意识，也是拉美社会的支柱。"[1] 作为一个长期生活在这块土地上的拉美人，兰赫尔的批评尽管有些尖刻，但确是来自对现实的感受和体验。

　　客观上讲，以天主教伦理为核心的拉美文化不乏有益于社会发展的方面，这是这套伦理观能在这一地区绵延下来的主要因素，也是历史上许多拉美知识分子对其情有独钟的原因之一。墨西哥政治家何塞·德巴斯孔塞洛斯（José de Vasconcelos）在其 1925 年出版的《宇宙之种族》一书中认为，拉丁美洲是一个充满希望的大陆，原因在于这个大陆比北美的盎格鲁-撒克逊人有三个决定性的优势：一是拉美的社会基础是"混血种族的融合和团结"，而不是一个种族对其他种族造成不合的统治；二是拉美具有热带气候的优势，"伟大的文明开始于热带的周围地区，最后的文明将回到热带地区"；三是拉美拥有一个富有精神资源的"宇宙种族"，这个种族"将指导和完成发现新的精神地带这一不同寻常的事业"。[2] 德巴斯孔塞洛斯的观点有些极端，但在拉美学界有一定的市场，反映出了一种强烈地抵制美国盎格鲁-撒克逊文化的情绪。在这方面，拉美知识分子的代表人物首推乌拉圭著名文学家和哲学家何塞·恩里

---

　① Rangel, *The Latin Americans: Their Love-Hate Relationship with the United States*, p.141.

　② Stephen Clissold, *Latin America: A Cultural Outline*, London: Hutchinson University Library, 1965, pp.117-119. Quoted in Claudio Véliz, *The New World of the Gothic Fox: Culture and Economy in English and Spanish America*, Berkeley: University of California Press, 1994, p.6.

克·罗多。罗多生活在 19 世纪末和 20 世纪初，他在 1900 年出版了一本名为《埃利厄尔》的书。埃利厄尔是莎士比亚《暴风雨》中的两个主角之一，以潇洒精明著称；另一个主角名叫卡利班，面目丑陋，斤斤计较。前者代表拉美文化，后者代表美国文化。罗多警告拉美人不要"让自己被丑恶而凶残的美国人的物质力量所诱惑"。他认为，美国是半开化的、缺乏精神的和文化低劣的帝国。拉美人应该加强他们的拉丁主义－古希腊主义，致力于诸如艺术、科学、道义、宗教等精神建设。[①]这本书以理想化的语言高扬了处于一种精神境界的拉美文化，旨在与美国人肆无忌惮地追求物质利益的"低劣"文化形成鲜明的对比。罗多的描述充满着对美国文化持强烈批判态度的民族主义情绪，不见得符合美国的实际状况，也不见得有益于拉美的发展与进步，但在当时的拉美知识界很有市场，在社会上产生了广泛的影响。

在罗多生活的时代，美国打着"门罗主义"的旗号对拉美地区事务的干涉达到了历史上的高峰，稍有一点儿民族正义感的拉美知识分子无不对其北方强邻的干涉行径痛心疾首，所以他们对美国新教文化的谴责具有时代的合理性，但显然缺乏对自身传统的深刻反思，一味地批判美国文化只会加大拉美文化与现代性之间的距离。因此，我在读一些拉美学者写的书和文章时，总是感到有点"君子言义不言利"或"重义轻利"的味道。如在拉丁美洲文化界很有影响的智利学者弗朗西斯科·毕尔巴鄂曾对西班牙留给拉美的文化遗产深恶痛绝，认为这是一种黑暗、迷信、封建主义和不思进取的遗产，只有通过一场大的社会和心理革命才能彻底消除。他呼吁西班牙美洲国家进行政治改革，希望以美国作为改革的模式。后来当美国开始宣称兼并得克萨斯时，毕尔巴鄂的观点发生了根本的转变，开始赞赏拉美文化的独特性。他写道："我们地区多少拥有一种古代神圣的好客精神，在我们的胸怀有着对人类热爱的空间。我们并没有失去决定人类命运的精神的传统。我们热爱和相信可以联合起来的一切。我们宁愿个人高于社会，美丽高于财富，正义高于权力，艺术高于商业，诗歌高于工业，哲学高于教科书，纯洁的精神高于精打细算，义务高于私利。我们是信仰艺术的人，对美充满着热情，至于能够产生什么结果全不在乎。"[②]从毕尔巴鄂这番话中可以体会出，在他们那一代社

---

① Feinberg, Richard E., *Summitry in the Americas: A Progress Report*, Washington D. C.: Institute for International Economics, April 1997, p.20.

② César Grana, "Cultural Nationalism: The Dreams of Spanish-American Intellectuals," in Lewis Hanke, *History of Latin American Civilization: Source and Interpretations*, Vol.II, Boston: Little, Brown and Company, 1967, p.309.

会精英中，很多人特别强调精神层面的东西，陶醉于自我满足的欣赏，而对与人们实际生活联系更为密切的物质文化常常表现出不屑一顾的态度。从根本上讲，他们的思想反映出天主教教导人们轻视追求物质享受的伦理观。天主教对人们从事世俗活动设置了种种规定，不能对无所不能的上帝的意志提出任何挑战，试图以满足上帝的要求来压抑人们许多生活需要的本能，在一种宗教炫耀中以精神的安慰来弥补物质上的匮乏。只有这样，人们才能获得拯救，死后才能进入基督徒在尘世梦寐以求的"天堂"。用范范尼的话来说，天主教伦理与资本主义相对立，因为天主教压抑了人们对物质财富追求的冲动，试图把人们的尘世生活引入一个虚无缥缈的世界。[①]作为一个意大利人，范范尼长期生活在天主教伦理居于支配地位的文化氛围之内，他的这番话应该是来自对现实生活的直接体验。

　　天主教伦理中对物质财富追求的蔑视造成了人们不思进取的心理，形成了人们对工作的惰性态度，不注重实用技术的研究，等等。所以，在这样一种文化氛围下，拉丁美洲缺乏"探索或创新，只是被动地适应。它的一切创造，包括它的自我，都是西班牙的折射"。[②]其结果必然是拉美的实用科学技术水平无法与英美世界相提并论，也很难出现像富兰克林、爱迪生、瓦特那样的大发明家。在伊比利亚文化圈内，许多人安于现状，顺从贫穷，把贫穷作为通向天堂的一种奖励，把发财作为下到地狱的惩罚。他们认为在现实生活中受罪是件好事，是未来获得永恒拯救的首要前提。在这样一种思维范式下，人们从事工作只是维持生命的需要，既不积极主动地追求事业上的成功，也很难从工作中得到太多的乐趣或满足感。所以他们"厌恶体力劳动、赚钱、技术技能和非人文主义知识"。[③]拉美学者何塞·奥尔特加-加塞特在谈到拉美人的工作观时指出："所有我们从事的必要工作对我们来说都是痛苦的。它们给生活增加了负担，使生活痛苦不堪，支离破碎。……工作者在工作时总是希望，工作将让他获得解放，某一天，他将停止工作，开始真正的生活。"[④]乔治·福斯特也指出，在拉丁美洲，"不像居支配地位的清教社会的传统态度，劳作不被认为是一种积极的价值观；它被视为是一种必要的邪恶，是人们为

① Fanfani, *Catholicism, Protestantism and Capitalism*, p.206.

② Octavio Paz, *The Labyrinth of Solitude: Life and Thought in Mexico*, New York: Grove Press, 1961, p.104.

③ Henry Wells, *The Modernization of Puerto Rico: A Political Study of Changing Values and Institutions*, Cambridge: Harvard University Press, 1969, p.32.

④ Rangel, *The Latin Americans: Their Love-Hate Relationship with the United States*, p.192.

生计而必须做的一些事情。"①把劳作视为痛苦的"体验"造成了天主教文化圈的人时间观念比较淡薄,对一些事情的处理不愿意当机立断,能拖就拖,有人将之戏称为"明日文化"。1908 年,哈夫洛克·埃利斯在谈到西班牙时写到,让我们"考虑一下一个今天对当地人和来访者都很熟悉的特征,即拖延每件事到明天的倾向。对每一个要求,西班牙人总是回答以快乐的明天"。②这在历史上以"臭名昭著的拖延"而著称。拉美人的时间观念基本上就是西班牙的复制。即使在今天,拉美人在这方面依然残留着明显的历史印痕,表现出与现代社会发展格格不入的时间观。

此外,这样一种不思进取的工作态度也使很多拉美人不大重视教育。即使进入现代社会后,与美国相比,拉丁美洲仍然是世界上文盲率较高的地区之一。据联合国教科文组织的统计,20 世纪 70 年代初,拉美地区的文盲人数为 4300 万,占人口总数的 26.30%。美国人口普查局 1969 年底公布的数字表明,该年度美国文盲人数占总人口的比重为 1.00%,不到 15 万人,而且主要是黑人和其他少数族裔人口。客观上讲,由于经济的发展和社会的进步,全球文盲率一直呈下降趋势,发达国家已经基本上解决了这一问题。但是,拉美地区的形势仍不容乐观,2000 年其文盲人数为 3900 万,占总人口的 11.10%。③拉美地区文盲率相对较高固然存在着多种原因,但历史上延续下来的不重视教育是其中一个很重要的因素。昂内尔·索萨对移居在美国的拉美人进行了调查,列举了一系列拉丁美洲典型的价值观和态度,其中一点就是忽视教育。"女孩并不真正需要教育,她们只要结婚即可。那么男孩呢?他们最好去工作,帮助养活家庭。"④所以即使在入学率非常高的美国,拉美裔中学生的辍学率达 30.00%,大大高于白人和黑人。在拉美地区,儿童辍学打工的比重依然很高。联合国教科文组织的一份文件表明,2000 年,拉美地区的童工数量占 5～14 岁儿童总数的 17.00%。⑤当然,随着社会的进步,这些不利于拉美与现代社会接轨的价值观已逐渐发生了变化,但依然在拉美文化中根深蒂固,反映了天主教伦理对世俗生活的影响,在漫长的历史进程中成

---

① George Foster, *Culture and Conquest: America's Spanish Heritage*, Chicago: Quadrangle Books, 1966, p.4.

② Havelock Ellis, *The Soul of Spain*, Westport: Greenwood Press, 1975, pp.391-392.

③ 参见 http://www.unesco.org;http://www.census.gov.

④ Lionel Sosa, *The Americano Dream: Latinos Can Achieve Success in Business and in Life*, New York: Penguin Group, 1998, p.2.

⑤ UNESCO Institute for Statistics, *Facts and Figures 2000*, p.16, http://www.unesco.org.

为拉美地区迈向现代化时在人们心灵深处难以突破的障碍。

　　与天主教伦理相比，新教的许多伦理观有利于资本主义发展。如天主教的禁欲主义教导信徒通过苦身修行来使灵魂得到拯救，引导人们脱离世俗的生活；新教的禁欲主义恰恰相反，主张信徒必须在尘世生活中恪尽职守，以证明自己是上帝救赎的对象。这样一种宗教意识使信徒们富有进取心，工作主动努力，把在尘世取得事业上的成功看作是被"上帝选择"的证明。这种伦理观使工作—赚钱—拯救这种在罗马天主教中受到谴责或不屑一顾的过程逐渐地合法化。总的来说，新教伦理的确把人们得到拯救的途径从修道院的苦行生活或虚无缥缈的"来生"世界拉回到实实在在的现实生活中来。新教主张教徒对上帝的虔诚应该表现在他们的尘世活动中，以他们所获得的具体成就来判断事情做得正确与否。衡量"上帝选民"的标准不是对宗教教义不折不扣的遵循，而是看人们在现实生活中的表现。北美殖民地时期的清教牧师英里克斯·马瑟在一次布道中宣称，人们能否得到上帝的拯救与勤奋劳动直接相关，"他们（上帝的罪人）应当勤奋，以便最终能得到上帝的召唤。……如果他们不用勤勉、奋斗、劳动去获得恩典和拯救，他们必将毁灭"。[1] 所以，来到北美大陆的新教徒把在尘世的成功看作是上帝对自己的拯救，物质财富是上帝对勤勉者的褒奖，饥饿贫困则是上帝对懒惰者的无情惩罚，个人物质财富的多寡成为判断人们成功和社会地位的标准。正是新教伦理中的务实精神，才使得北美大陆的移民乃至后来的美国人义无反顾地追求物质上的成功，即使是不择手段也在所不惜。

　　商业资本主义在北美殖民地的确立经历了一个漫长的渐进过程，在一定程度上甚至是伴随着清教的外在形式在殖民地的衰落。这一过程尽管给一些信守清教传统的教徒留下无尽的遗憾，但却是不可阻挡的历史潮流。科顿·马瑟曾这样说过："宗教带来繁荣，女儿毁掉了母亲。"[2] 马瑟可以说是目睹和亲身体验了这一过程，因此他的这句话耐人寻味，含义深刻。虽然清教最终没有在殖民地实现复兴，但给这块大陆留下了丰富的文化遗产。清教徒身上所体现出的所谓"资本主义精神"在经济活动中逐渐居于主导地位，致使新英格兰等殖民地经济不断走向繁荣，为以后美国大踏步进入工业社会奠定了一

---

① George McMichael, *Anthology of American Literature*, New York: MacMillan, 1980, p.90. 转引自《美国研究参考资料》，1986 年第 8 期，第 41 页。

② Stephen Innes, *Creating the Commonwealth: The Economic Culture of Puritan New England*, New York: W. W. Norton & Company, 1995, p.26.

定的物质基础。更为重要的是，新教伦理在北美殖民地植入的商业精神成为正在形成的美利坚民族文化的重要组成部分，这一蕴含着丰富内容的历史文化积淀不仅影响了殖民地经济发展的方向，而且成为美国以后在物质上取得巨大成功的有力保证之一。

四、走出文化精神的不发达状态

　　拉丁美洲经济的长期不发达是众所周知的一个历史事实。即使是现在，尽管拉美少数国家进入了中等发达状态，但就整个地区而言，拉美国家在经济发展水平上不仅无法与包括美国在内的西方发达国家相比，而且在发展过程中不断地暴露出许多社会问题，仅每日生活费用在 2 美元以下的贫困人口就高达 1.59 亿。许多学者曾对拉美不发达的原因进行了探讨，提出了一些影响很大的解释理论，如中心-外围论、依附论、边缘化理论、内部殖民化理论等。不可否认，他们所开的"药方"的确在很长时间内影响了拉美国家经济发展战略的制定，有的理论甚至成为拉美国家确定发展战略时的指导依据，在拉美国家现代化进程中起过重要的作用。但这些"药方"最终还是没有从根本上"医治"作为一个整体的拉美地区的不发达"症状"。

　　一个国家或地区是否实现了现代化，人们通常用具体的量化指标来衡量，不过这些指标不是恒定的，而是受多种因素的制约不断地发生着变化。一个社会的文化精神是历史的长期积淀，往往无法转化成可见的具体指标，却是很难改变的。无论在历史上还是在现代社会，文化精神在一个国家或地区发展中都起着非常重要的作用。拉丁美洲长期难以走出不发达的状态，显然并不在于这一地区缺乏如资源、劳动力、资金等物质上的必须保障，而在于从独立以来很长时期没有突破天主教伦理的传统，没能形成一种与现代社会相一致的文化精神。拉美国家可以拥有资本主义社会的所有外在形式，但西班牙留给这块土地上的文化遗产很难产生推动经济快速发展的真正的资本主义精神。马里亚特吉指出，西班牙的文化遗产不会使拉美人"清楚地体会和懂得资本主义和封建制之间的所有差别。资本主义的道德、政治和心理因素似乎没有在这里找到适当的气候。资本家，或者更确切地说土生白人地主，只有利润观念，而没有生产观念。冒险精神、创业的劲头和组织能力，这样一些真正的资本家的特征，几乎都是我们所没有的"。[①]拉美不发达的外在形式表现在经济发展上的落伍，但根本却在"不发达"的文化精神上。阿根廷著名诗人埃斯特万·埃切瓦利亚曾写道："我们是独立的，但我们是不自由的；西班牙的军队不再压迫我们，但她的传统却压得我们喘不过气来。……拉丁美洲的社会解放只有通过放弃西班牙遗留的传统才能实现。"[②]从这个意义上讲，拉美地区走出不发达的状态首先在于走出文化精神上的"不发达"。

诺瓦克在写《天主教伦理与资本主义精神》一书时曾到拉美地区进行实地考察。一些拉美人问他，"如果马克斯·韦伯是对的，那么拉美是由天主教国家构成，我们自然就没有机会"。[③]言下之意，在天主教伦理居支配地位的拉美国家，永远不存在实现现代化的可能性。当然这种说法有些极端，也不符合历史事实，但如果不改变天主教伦理中与时代精神相悖的观念，至少实现整个社会的现代化是非常困难的。诺瓦克对这个问题的回答是，毋庸置疑，如果拉美普遍盛行的工作伦理观依然继续，"如果不改变拉美国家政府、寡头政治以及教会牧师的反商业风气，未来的确看起来相当渺茫"。[④]不过，想要改变拉美文化中与现代社会发展格格不入的价值观，说起来容易，做起来却很难。许多拉美学者早就意识到这一点，他们大声疾呼改变拉美落后于时代的文化观念。如研究中美洲历史的尼加拉瓜著名学者萨尔瓦多·门迭塔于1912 年出版了三卷本的《中美洲的病态》，对中美洲问题的根源进行了文化分析。在第三卷中，他提出要进行文化革命，把重点放到培养孩子的身上，并希望社会科学家阐明在青年人中培养对工作和成就态度的重要性。他认为，为了消除中美洲经济失败的根源，我们应该向孩子们"解释时间与事业之间的必然关系，尤其是在某些需要依靠科学、经验、坚持不懈的态度等工作上；向他们解释万事开头难；一个人干事如果虎头蛇尾，就会浪费时间、精力和经历；正是因为这一点，人们就有必要在研究打算从事的项目上要慎重，不要分心，要留有足够的时间；考虑到我们的喜好和厌恶、我们的才能、我们的需要、我们的激情以及我们打算从事的计划的社会需要"。[⑤]拉美一些知名人士也积极行动起来，致力于向社会提倡进步的文化价值观。如奥克塔维

---

① 何塞·卡洛斯·马里亚特吉：《关于秘鲁国情的七篇论文》，第18页。

② Véliz, *The Centralist Tradition of Latin America*, p.165.

③ Novak, *The Catholic Ethic and the Spirit of Capitalism*, p.232.

④ Novak, *The Catholic Ethic and the Spirit of Capitalism*, p.232.

⑤ Lawrence E. Harrison, *Underdevelopment is a State of Mind: The Latin American Case*, Lanham, Madison Books, 2000, p.46.

奥·马维拉 1990 年在秘鲁首都利马成立了"人力发展研究所",倡导"发展十诫",即秩序、整洁、准时、负责、成就、诚实、尊重他人的劳动权利、遵纪守法、遵守职业道德以及节俭。[①]改变根深蒂固的传统观念需要时日,对儿童从小就灌输进步的价值观不失为一种转变传统文化的有益尝试。然而这样一种尝试并没有在拉美地区大规模展开,至少在目前收效还不是很大。不过只要长此以往,坚持不懈,最终通过整个社会自身的反思来实现对传统的天主教伦理的扬弃,就能使其合理的成分在拉美现代化进程中发挥重要的文化促进作用。事实上,在诸如法国和西班牙等天主教伦理占主导地位的国家,经济出现快速增长就提供了这方面的例子。

在全球化时代,任何国家或地区都很难封闭地发展自身的单一文化体系。天主教伦理对传统的维护决定了它具有一定的封闭性,但在拉美国家改革开放大潮的冲击下,天主教也在不断地变革以适应世界潮流的发展,这一点已在许多拉美人的身上充分体现出来。再加上与外部世界不同文化体系交流的加强,尤其是与美国经济联系的日益密切,拉美国家势必会吸取其他文化体系中有益于自身经济发展的价值观念,结果之一是有可能潜移默化地改变不符合时代精神的文化观念。当然这是一个漫长的进程,好在这一进程已经开始。随着时间的推移,拉美国家必将走出天主教伦理的束缚或者在天主教伦理中注入新的观念。到那个时候,拉美地区实现真正的全面现代化也就为期不远了。

(原载《拉丁美洲研究》,2006 年第 4 期)

---

① Lawrence E. Harrison and Samuel P. Huntington eds., *Culture Matters: How Values Shape Human Progress*, New York, Basic Books, 2000, p.303.

新教伦理与英属北美殖民地商业精神的形成

——兼论文化对经济发展的影响

这是一个十分有争议性的论题，历史学家或经济史学家历来在这一问题上有着尖锐的对立，一方认为新教伦理与资本主义兴起之间存在着必然的联系，另一方则持相反观点，甚至认为起着一种阻碍的作用。在英属北美殖民时期，新教伦理是社会上居于支配地位的一套文化价值观，因此北美殖民时期的经历自然是被双方用来证明各自观点的主要论据。显而易见，不管学者们的观点如何对立，在新教伦理或清教主义对北美殖民地经济发展产生的影响上，他们并无分歧，所争执的焦点只是在于这种影响是积极的还是消极的。新教伦理包含着浓厚的"理想"色彩，从表面上看与最具功利或实用的商业行为多少有些不合拍。然而，在新教伦理占据优势的国家或地区，商业精神都比较浓厚，经济发展也比较快，这就不能不引起人们对两者关系的深思。事实是，当英国在北美大陆建立起殖民地后，一批又一批新教徒迁徙到大西洋的彼岸，一方面在这里实现宗教复兴的梦想；另一方面把殖民地的经济活动与外部世界密切联系在一起，在这片未开垦的处女地上播下了重视商业的精神。因此，新教伦理与殖民地商业精神之间显然存在着有机的联系，对这种精神的形成产生了不可忽视的影响。

一、新教伦理与北美殖民地开拓

新教是在 16 世纪欧洲宗教改革运动中从长期居统治地位的罗马天主教中分离出来的一个新的基督教宗派，英国是个典型的新教国家。英国的宗教改革从 16 世纪开始，改革后的教会称为英国国教或圣公会，属于新教的一支。

英国国教尽管在本质上是反传统的，但实际保留了很多天主教的残余，这样就出现一部分人宣布脱离国教，要求"清洗"国教内保留的天主教旧制和烦琐仪文，提倡过"勤俭清洁"的生活。这批人组成的宗教派别以"清教"而著称。清教与英国国教在许多主张上格格不入，对教会的改革表现出更激进的色彩。他们希望把接受新教的英格兰改造成受世人效仿的楷模。清教领袖威廉·布雷福德声称："在罗马天主教统治的黑暗之后，英格兰是上帝赐予福音之光的第一个国家。"①清教徒原本希望在故土继续推进宗教改革，建立基督教世界的楷模，但是随着英国王室专制统治的日益加剧，英国的特殊地位在清教徒的心目中逐渐消失，当王室开始对威胁其统治基础的清教徒进行迫害时，许多清教徒只好离开故土，在海外寻找他们实现宗教理想的新天地。

从 16 世纪 80 年代中叶起，英国王室开始迫害清教徒，清教运动被迫转入地下。詹姆士一世统治时期，迫害政策不仅毫未缓解，而且不断升级。查理一世继位后，继续推行残酷镇压清教徒的政策。正是在这种背景之下，大批清教徒背井离乡，逃避厄运。据不完全统计，从 1630 年到 1640 年间，逃往国外的清教徒约 6 万人，其中相当一部分人不畏艰险，横渡大洋，来到了在他们眼中仍然是荒凉一片的北美大陆。1620 年，一批主要由清教徒组成的移民队伍在布雷福德的率领下，经荷兰乘坐"五月花号"船抵达北美，在他们称为普利茅斯的地方靠岸登陆。1630 年，在因信仰清教而被褫夺公职的约翰·温斯罗普的率领下，一支由 1500 人组成的大规模移民团体在马萨诸塞湾安营扎寨，建立了严格按照清教戒律衡量人们行为的社会。他们在北美大陆的成功定居刺激和鼓舞了英国国内的清教徒，于是纷纷迁徙北美。从 1631 年开始，大批清教徒开始漂洋过海，形成了在当时算是不小的移民潮。尽管清教徒在移民人数上并不居于绝对多数，但他们受教育程度高，具有宗教凝聚力，因而必然成为早期移民中的强有力集团，他们所遵循的伦理道德自然对殖民地的发展产生了较大的影响。

这些清教徒肩负着一种神圣的使命来到北美大陆，希望在这里建立一个模范的基督教社会。实际上，刚刚到来的移民在一种与欧洲完全不同的陌生环境里遇到了意想不到的困难，有时几乎面临绝望的处境。许多人就是无法适应环境而抱恨终天，葬身异域。早期移民怀抱的"理想"尽管在支撑他们

---

① Francis J. Bremer, *The Puritan Experiment: New England Society from Bradford to Edwards*, New York: St. Martin's Press, 1976, p.34.

的精神世界不至于崩溃上起着非常重要的作用，但并不能使他们真正走出所面临的现实困境。不管是实现上帝所赋予的使命，还是走上发财致富的道路，都需要一种务实的劳作奋斗精神，只有这样，才能使这片未开垦的大陆为其所用。美国著名历史学家丹尼尔·布尔廷斯在谈到正统观念如何使清教徒注重实际时指出，与十八或十九世纪的美国人相比，清教徒无疑笃信神学。有关人类堕落、罪孽、灵魂拯救、宿命、主的选拔、皈依等教义是他们的精神食粮。但当时真正使他们出类拔萃的是，他们并不怎么注重神学本身，而更关心把神学运用于日常生活，特别是运用于社会。从十七世纪的观点来看，他们对神学的兴趣是实用性的。他们不大留意如何完善对教义的阐述，而关注于使他们在美洲的社会体现他们已知的真理。清教新英格兰是应用神学的一项宏伟实验。

因此，为了生存与发展，这些北美移民的始祖必须起早贪黑，辛勤工作。当他们把茫茫的荒野变成肥沃的良田时，也把吃苦耐劳、勤俭奋斗、个人主义、奋勇向前等精神深深根植于在这块大陆形成的文化之中。清教徒在这方面与其他人相比并无任何差异，有时甚至是有过之而无不及。德国社会学家马克斯·韦伯和英国历史学家理查德·亨利·托尼等人以后在研究新教伦理与资本主义兴起的关系时，清教徒的伦理观念在北美殖民地开拓过程中的作用也是作为印证他们所提出观点的一个很有力的范例。

二、新教伦理与经济发展之间的关系

新教是在欧洲封建制度走向没落时出现的，因此，新教的反传统本质既有助于促进资本主义生产方式脱颖而出，又不可避免地与这种新的生产方式的发展密切联系在一起，最终在一些新教占据主导地位的国家出现了以经济快速增长为主要特征的现代资本主义社会。这样一种结果显然是世界历史发展到一定阶段各种因素综合的产物，这引起了一些学者对探讨新教伦理与经济发展之关系的兴趣。

韦伯较早地做出了这方面的尝试。20世纪初叶，韦伯对美国进行了考察，他对美国新教徒展现出的资本主义精神以及这种精神给这块大陆带来的天翻地覆的变化惊讶不已，返回德国后即写出了对后世影响很大的《新教伦理与资本主义精神》一书。韦伯发现，现代资本主义意义上的职业观念与新教伦理有着极为密切的联系。凡是宗教，都存在着不同程度上的禁欲色彩。天主教的禁欲主义表现为"出世"的特征，教导信徒通过苦身修行来使灵魂得到拯救，引导人们脱离开世俗的生活；新教的禁欲主义恰恰相反，体现出"入世"的特征，主张信徒必须在尘世生活中恪尽职守，以证明自己是上帝救赎的对象。正是在这种基础之上："一种特殊的资产阶级的经济伦理形成了。资产阶级商人意识到自己充分受到上帝的恩宠，实实在在受到上帝的祝福。……此外宗教禁欲主义的力量还给他们提供了有节制的，态度认真，工作异常勤勉的劳动者，他们对待自己的工作如同对待上帝赐予的毕生目标一般。"①这样，在韦伯的笔下，虔诚的宗教信仰与资本主义的商业营利意识毫无冲突且十分融洽地结合在一起，形成了所谓的资本主义精神。具体来讲，这种精神在本杰明·富兰克林 1736 年和 1748 年先后写的《致富者须知》和《对青年商人的忠告》两本书中以通俗易懂的格言体现出来。富兰克林的这些格言尽管被一些人指责为赤裸裸地表白了商人的奸诈、唯利是图和贪得无厌，但韦伯却赋予其全新意义的解释，认为它们体现出了商业社会的"一种精神气质"。

　　托尼进一步阐述了韦伯提出的这一富有争议性的命题。他的基本观点之一是，在新大陆确立加尔文宗的社会戒律是保持正在消失的宗教理想对经济生活产生影响的最后努力。培根和莎士比亚的英格兰尽管封建制度仍然居于支配地位，但已开始向商业文明过渡。在美洲殖民地，"社会环境"和"个人品行"的变化比起英格兰来以不同的速度进行，起初可能略慢一些，后来就更为迅速。如果不理解这些变化，就很难说明刺激殖民地工业化的社会凝聚力，而正是这一时期的工业化为 19 世纪美国人取得巨大的经济成就奠定了必要的基础。此外，以自助和节俭为伦理观的个人主义精神，是比加尔文宗的神学更为重要的资本主义发展因素。②显而易见，托尼尽管接受了韦伯的观点，但倾向于以多种因素来解释资本主义的兴起。在美国，一些学者也开始借用韦伯的命题来研究北美殖民地时期的经济发展。如曾出任耶鲁大学校长的惠特尼·格里斯沃尔德就是这方面的较早尝试者之一。他试图表明，清教的某些教义特别适于促进商业。这些教义包括勤奋、节制、节俭以及对物质和世俗成功的关注等价值观。他选择了 3 个具有影响的清教徒作为证明其观

---

　　① 马克斯·韦伯：《新教伦理与资本主义精神》，于晓等译，生活·读书·新知三联书店 1987 年版，第 138-139 页。

　　② 参见 R. H. Tawney, *Religion and the Rise of Capitalism*, New York: Harcourt, Brace & World, Inc, 1926.

点的代表人物，认为这 3 个人身上体现出的伦理观念反映了清教徒在尘世追求财富的合理性。他的结论是："就科顿·马瑟、本杰明·富兰克林和蒂莫西·德怀特所代表的美国清教的各个方面而言，他们形成了信徒们相信上帝希望美国人致富的一种生活准则。"[①]新教伦理在他们的笔下几乎就等于资本主义的商业精神。

质疑韦伯这一命题的也大有人在。如克莱夫·戴得出结论："新英格兰清教徒的经济思想还停留在中世纪，就他们的教会拥有的政治权力而言，与其说教会促进了工商企业，不如说是对之实行了控制。"[②]约翰斯·霍普金斯大学研究美国早期经济思想的著名学者埃德加·约翰逊认为，殖民时期清教领袖的著述几乎不能表明，他们的态度特别倾向于贸易和商业。实际上，他们的经济观点强烈地受到来自中世纪基督教教规的概念的影响，很少有新的东西。[③]哥伦比亚大学美国经济史教授斯图尔特·布鲁切指出，新教伦理"暴露出清教意识形态与经济行为之间不是轻松的和谐，而是冲突"。[④]很有意思的是，与韦伯同时代的德国著名学者维尔纳·桑巴特最初提出了与韦伯命题相反的观点，他在 1913 年出版的《资本主义的精华》一书中把清教说成是资本主义的对立物，不仅与资本主义精神没有关系，而且还抑制了这种精神的发展。后来他在研究犹太教与现代资本主义关系时尽管还可以明显看出他与韦伯观点的相异之处，但他承认进行这一研究是受到了韦伯关于新教与资本主义精神论述的启迪，他发现："在犹太教和清教之间有一种几乎独一无二的一致的认识……在二者中都将发现宗教利益的优势地位、神的回报和惩罚的观念、现实之中的禁欲主义、宗教与商业之间的紧密联系、关于罪恶的算术概念，总之一种生活的理性化。"[⑤]如果把他的著述中的犹太教换成清教的话，桑巴特的结论与韦伯的观点几乎有异曲同工之妙。质疑韦伯命题的从学理上

---

① A. Whitney Griswold, "Three Puritans on Prosperity,"in Gerald D. Nash, ed., *Issues in American Economic History: Selected Readings*, Boston: D. C. Heath and Company, 1964, pp.7-8.

② Nash, ed., *Issues in American Economic History: Selected Readings*, p.3.

③ Edgar A. J. Johnson, "Economic Ideas of John Winthrop," in Nash, ed., *Issues in American Economic History: Selected Readings*, p.11

④ Stuart Bruchey, *Roots of American Economic Growth 1607-1861*, New York: Harper & Row, 1968, p.47.

⑤ Weiner Sombart, *The Jews and Modern Capitalism*, translated by M. Epstein, New York: B. Franklin, 1962, p.235. 转引自菲利普·西格曼："《奢侈与资本主义》英译本导言"，见桑巴特：《奢侈与资本主义》，王燕平、侯小河译，上海人民出版社 2000 年版，第 237 页。

已自成一派，但在如何理解新教伦理观居支配地位的新英格兰地区经济的快速发展以及天主教伦理观居支配地位的西属美洲殖民地经济的相对落后时，却显得有些苍白无力了。

宗教本来就是文化的一个非常重要的组成部分，许多国家或地区民族文化的形成，根本就在于宗教。只要属于宗教，都会在教义中向尘世之人描绘一种虚无缥缈的"理想"境界，这种境界从来不会在现实世界中出现，人们也无法用自己的经验来证明其存在，因此宗教从本质上讲无一例外都是超验的。经济活动是非常现实的，既看得见，又摸得着。前者指精神世界的追求，后者指现实生存与享乐的需要，两者从表面上看各具独立性，但在实际生活中并没有完全割裂开来。当然，并不是所有宗教与人们追逐的现实利益之间都有着密切的联系，但基督教的确对人们的世俗活动产生了广泛的影响。如在天主教居支配地位的国家或地区，人们对工作的态度就有些消极，"劳作不被认为是一种积极的价值观；它被视为是一种必要的邪恶，是人们为生计而必须做的一些事情"。[1]阿根廷学者马里亚诺·格伦多纳指出，按照传统的天主教，拯救自己的办法就是要抵制现实世界上的各种诱惑，以争取到死后的另一个世界中获得拯救。但是对于信奉清教的新教徒来说，在另一个世界得到拯救取决于个人改变现实世界努力的成功。天主教观念的象征是修道士，而新教观念的象征是企业家。[2]所以许多学者认为，新教伦理和天主教伦理是南北美洲经济形成巨大差异的重要原因之一。如拉美作家奥克塔维奥·帕斯指出："讲英语的美洲是奠定宗教改革、伴随这一改革的社会和政治结果而来的民主和资本主义等现代世界的女儿，讲西班牙语和葡萄牙语的美洲却是无所不在的天主教君主制和反宗教改革的女儿。"[3]他从宗教伦理不同的角度对两个美洲之间悬殊的解释尽管非常具有挑战性，但的确提出了一个令人深思的重大理论问题。

---

① George Foster, *Culture and Conquest: America's Spanish Heritage*, Chicago: Quadrangle Books, 1966, p.4.

② Mariano Grondona, "A Cultural Typology of Economic Development," in Lawrence E. Harrison and Samuel P. Huntington, eds., *Culture Matterss: How Values Shape Human Progress*, New York: Basic Books, 2000, p.52.

③ 转引自 Lawrence E. Harrison, *Underdevelopment is a State of Mind: The Latin American Case*, Lanham, Madison Books, 2000, p. xvii.

三、新教伦理与殖民地商业的发展

韦伯提出的这一命题至今在学术界仍然争执不休，但文化对经济发展产生积极或消极的影响已成为学者们的共识。英属北美殖民地从一开始就走上了资本主义商品生产的发展道路，许多地区经济长期呈现出一派繁荣的景象，与其南部的西属美洲殖民地的发展形成了明显的对比。这种结果固然与母国的殖民政策、北美的资源优势、移民的整体素质等因素有关，但构成以后美国文化"灵魂"的新教伦理或清教徒价值观无疑在促进殖民地经济发展过程中起着十分重要的作用。

新教所体现出的价值观在一定程度上是早期资产阶级的意识形态，从本质上讲是为这个脱胎于中世纪的新兴阶级扩大活动范围和最终获得统治地位服务的。拉美著名学者马里亚特吉指出："西方的经验非常具体地表明资本主义与新教思想的一致。在历史上，新教思想是资本主义的精神酵母。新教改革包含着自由国家的实质和萌芽。新教思想和自由主义，分别作为宗教流派和政治倾向，都适应了资本主义经济因素的发展——事实证明这个论断是正确的。"[1]资产阶级的最大特征就是在商品生产活动中赚取最大限度的利润。所以，新教伦理首先使工作—赚钱—拯救这样在罗马天主教中受到谴责或不屑一顾的过程逐渐地合法化。约瑟夫·霍尔牧师（1574—1656）是加尔文宗的信徒，他指出："伊甸园不仅用于培养（亚当）的理性，而且用来训练他的双手。如果幸福在于无所事事，人就不必进行劳作；人的所有乐趣不会使他在懒散的一生中感到幸福。因此，人一旦被造出，他就必须劳作；缺掉双手，既谈不上伟大，也谈不上完美；（亚当）必须劳动，因为他是幸福的……我们在从事生意上越感到高兴，我们就越接近到达天堂。"[2]霍尔的观点在新教徒当中具有广泛的代表性。在这样一种前提下，新教必然与人们的世俗活动，包括赚取利润的商业行为，具有一种密切的关系。因此，在北美殖民时期，新教徒的商人和制造商势必在贸易、金融和工业活动中扮演主要的角色。既

---

① 何塞·卡洛斯·马里亚特吉：《关于秘鲁国情的七篇论文》，白凤森译，商务印书馆 1987 年版，第 135 页。

② 转引自 Charles H. George and Katherine George, *The Protestant Mind of the English Reformation, 1570-1640*, Princeton: Princeton University Press, 1961, pp.132-133.

然人们可以发财致富，那么对财产的拥有自然也就合法化了。这是资本主义形成和发展的一个非常必要的前提条件。这种观念实际上被清教徒带到了北美大陆，在那里找到了适宜种植与结果的土壤。玛格里特·纽厄尔在 1998 年出版的一本专著中认为，清教主义不足以解释殖民地新英格兰经济的发展，因为许多社会都包括勤奋的企业家。但是清教徒的确信奉一种给 17 世纪新英格兰留下深深印记的政治经济思想。早期的移民不仅自身具有对上帝的虔诚，而且充满着勤奋和节俭的精神。他们从旧世界引进了强调多种经营、对新的商业冒险开放以及致力于提高生产率的经济思想。因此，在 17 世纪中期，整个新英格兰的地方政府都大力促进经济多样化和企业的发展。① 纽厄尔显然赞成从不同方面解释殖民时期新英格兰经济的发展，这无疑是正确的，但他并没有忽视新教伦理在其中所起的重要作用。

耶鲁大学历史学教授埃德蒙·摩根认为，清教伦理的价值观、理念和态度是建立在人们熟知的"天职"观上。② 摩根尽管对韦伯得出的关于清教徒把经济成功视为获得拯救的标志的结论存有异议，但他显然回避了致力对社会有用的工作与经济上获得成功之间的有机联系。不管学者们在具体问题上观点如何相异，与天主教和其他宗教相比较，新教伦理的确把人们得到上帝的拯救从修道院的苦行生活或虚无缥缈的"来生"世界拉回到实实在在的现实生活中来。新教主张教徒对上帝的虔诚应该表现在他们在尘世的活动中，以他们所获得的具体成就来判断事情做得正确与否。衡量"上帝选民"的标准不是对宗教教义不折不扣的遵循，而是看人们在现实生活中的表现。北美殖民地时期的清教牧师英里克斯·马瑟在一次布道中讲道，人们能否得到上帝的拯救与勤奋劳动直接相关，"他们（上帝的罪人）应当勤奋，以便最终能得到上帝的召唤。……如果他们不用勤勉、奋斗、劳动去获得恩典和拯救，他们必将毁灭"。③ 人们只有以务实的精神才能实现致富，成为"上帝的选民"。所以，来到北美大陆的清教徒把在尘世的成功看作是上帝对自己的拯救，物质财富是上帝对勤勉者的褒奖，饥饿贫困则是上帝对懒惰者的无情惩罚，个人物质财富的多寡成为判断人们成功和社会地位的标准。正是新教伦理中的

---

① 参见 Margaret Ellen Newell, *From Dependency to Independence: Economic Revolution in Colonial New England*, Ithaca: Cornell University Press, 1998.

② Edmund S. Morgan, "The Puritan Ethic and the American Revolution," *The William and Mary Quarterly*, 3d Series, Vol. XXIV, No.1, January 1967, p.4.

③ 转引自《美国研究参考资料》，1986 年第 8 期，第 41 页。

务实精神，才使得北美大陆的移民们乃至后来的美国人义无反顾地追求物质上的成功，即使是不择手段也在所不惜。

　　新教或清教主义使追求财富合理化的伦理观在英属北美殖民地的实践中得到广泛的承认与发展。当然这是一个渐进的过程。在第一代以清教徒为主的移民中，尽管不乏通过商业冒险来发财致富的人，但很多人是想在这里实现宗教复兴的理想，继续过着一种简朴安宁的生活。温斯罗普是马萨诸塞湾殖民地的宗教领袖，他的思想中包含着与中世纪罗马天主教决裂的许多观念，但作为殖民地宗教与世俗社会的领袖，他在领导早期移民走出所面临的困境时并没有完全摆脱传统的束缚，他并不希望人们过度地追求财富来瓦解他所设想的社会经济共同体。他宣称，如果我们"追求我们世俗的目的，为我们自己和子孙后代谋取大笔财产，那么上帝肯定会出乎意料地报复我们"。[①]温斯罗普等人的说教会在其执行的政策中反映出来，但并没有得到大多数商人的认可，他们尽管是在一种束缚中从事个人经济职业，但并没有与其所信仰的宗教价值观发生根本的冲突。17世纪初期，在殖民地成立的经济实体明显包含着宗教动机和经济动机两者的结合。1628年成立的新英格兰公司便典型地反映了这一点，其目的是要"弘扬耶稣基督的福音"，所有公司成员都致力于纯洁英国教会的运动，但他们同样希望通过正当的商业活动来赚取钱财。在41个为该公司提供资金的人当中，至少有25个是商人，其中包括当时英国商界的一些著名人士，许多人投资于其他清教徒的商业经营。所以，"在新英格兰公司。他们把促进真正宗教和赚取财富的愿望协调起来。他们来到新大陆不仅是寻求天堂，而且是寻求利润"。[②]约翰·怀斯是马萨诸塞湾殖民地的一家教会很有影响的牧师，他极力提倡经济扩张和贸易。在他看来，新英格兰这些港口商业城镇日益增长的贸易和经济繁荣有助于社会稳定和团结，完全符合清教的道德和宗教秩序。商业的成功不会对主要受清教主义价值观影响的新英格兰生活方式构成任何挑战。海尔曼把怀斯称为"一个典型的新英格兰清教徒"。[③]因此，怀斯认为商业与清教主义并不发生冲突的观点在殖民地新教徒中可以说具有一定的代表性。

---

　　① 转引自莱曼等：《韦伯的新教伦理》，阎克文译，辽宁教育出版社2001年版，第360页。

　　② Bernard Bailyn, *The New England Merchants in the Seventeenth Century*, New York: Harper & Raw, Publishers, 1964, p.17

　　③ 参见 Christine Leigh Heyrman, *Commerce and Culture: The Maritime Communities of Colonial Massachusetts, 1690-1750*, New York: W. W. Norton & Company, 1984, p.1.

正是受到新教"致富获救"伦理观的激励，商人在殖民地的力量日渐壮大。温斯罗普于 1660 年在一份详细描写新英格兰商业繁荣的文件中指出："通过上帝对这里人民劳作的伟大赐福，为生计所需要的各种粮食和供应品相当充足，不仅满足自己（目前的居民），而且也满足许多其他人；所以现在不是像我们开始的那样，当时我们必须自己携带应付很长时期的足够供应品，但是现在这一地区的确可以生产许许多多的花卉、豌豆、牛肉、猪肉、黄油和其他物品，除了为他们城镇的许多船只和捕鱼船提供给养外，还运送出来以满足巴巴多斯、纽芬兰和其他地区的需要。"[1] 不过商业的繁荣引起了一些宗教领袖的担忧。如殖民地领导人约翰·希金斯在 1661 年提醒人们永远不要忘记："新英格兰本来就是一个宗教殖民地，而不是贸易殖民地。让不断增加财富的商人记住这一点，新英格兰人的目标和设计不是世俗所得，而是宗教。"[2] 他的告诫之语只是说明了新英格兰成为商业殖民地已是大势所趋，就连希金斯也无法与这一大势相悖，他的女儿嫁到了富商世家，两个儿子也成了富商大贾。1650 年，新英格兰教会的牧师以奉天之命解释了殖民地出乎预料的繁荣。许多教士把新英格兰繁荣的经济、物质的舒适以及日益增长的贸易看作是"最高的上帝对这些他新建立的教会的极好的保佑，这样的事情以前从来没有听说过"。[3] 到了此时，新英格兰商人的财富急剧膨胀，对统治阶层的影响不断上升，新教伦理对经济发展的作用日益明显。用弗吉尼亚大学历史学教授斯蒂芬·英尼斯的话来说："在马萨诸塞、康涅狄克、纽黑文等正统的清教殖民地，新英格兰城镇富有活力的市民文化对这些冲动给予了制度的表达。在财产、贸易和工作等问题上，清教主义有助于使属于公认的资本主义的经济思想和做法合法化（尽管不会使之产生）。自由企业制度的推动力——扩大资本的驱动力——自然来源于新教的改进概念。"[4] 作为研究清教文化的专家，英尼斯无疑是以北美殖民地清教主义对经济发展影响的实例进一步阐释了韦伯的命题。

---

[1] 转引自 Percy Wells Bidwell and John I. Falconer, *History of Agriculture in the Northern United States, 1620-1860*, Washington D. C.: The Carnegie Institution of WAshington, 1925, p.43.

[2] 转引自 Stanley Coben and Forest G. Hill, eds., *American Economic History: Essays in Interpretation*, Philadephia: J. B. Lippincott Company, 1966, pp.54-55.

[3] Virginia D. Anderson, *New England's Generation: The Great Migration and the Formation of Society and Culture in the Seventeenth Century*, Cambridge University Press, 1991, p.203.

[4] Stephen Innes, *Creating the Commonwealth: The Economic Culture of Puritan New England*, New York: W. W. Norton & Company, 1995, pp.12-13.

四、商业资本主义在北美殖民地的确立

商业资本主义在北美殖民地的确立经历了一个漫长的渐进过程，在一定程度上甚至是伴随着清教的外在形式在殖民地的衰落。这一过程尽管给一些信守清教传统的教徒留下了无尽的遗憾，却也是不可阻挡的历史潮流。科顿·马瑟曾这样说过："宗教带来繁荣，女儿毁掉了母亲。"[1]马瑟可以说是目睹和亲身体验了这一过程，因此他的这句话的确耐人寻味，含义深刻。清教最终没有在殖民地实现复兴，但给这块大陆留下了丰富的文化遗产。清教徒以及其他人身上所体现出的所谓"资本主义精神"在经济活动中逐渐居于主导地位，使新英格兰等殖民地经济不断走向繁荣，为以后的美国大踏步地进入工业社会奠定了一定的物质基础。正如马里兰大学历史学教授詹姆斯·亨利塔指出的那样："恰当地说，这种成熟的韦伯式资本主义制度的出现，在一定程度上是由17世纪清教徒商人最早创造的财富提供的资金。"[2]更为重要的是，新教伦理在北美殖民地植入的商业精神成为正在形成的美利坚民族文化的重要组成部分，这一蕴含丰富内容的历史文化积淀不仅影响了殖民地经济发展的方向，而且成为美国以后在物质上取得巨大成功的有力保证。

冷战结束后，联合国教科文组织资助了一批国际知名专家撰写有关世界各地区文化的报告，其中不少地方涉及美国文化的基本特征，一个重要的观点是："欧洲殖民者在加拿大和美国创造的'年轻的'文化把理性主义的进化逻辑置于一种实用主义的环境中。北美洲不像拉丁美洲和旧世界的某些地方，从来没有过超验的空想：重点始终放在这个世界上；加尔文派教会和其他新教教会带来了一种一神论观点和一种通过工作及社会良心拯救灵魂的信念。北美文化包含着伦理主义、对人类意志力的信念、对财产权和享受劳动果实权的高度评价；在17世纪的英国，约翰·洛克为此创造了'占有欲的个人主义'这个术语。新教的伦理与历来被认为是科学的'自然规律'以及作为追

---

[1] 转引自 Innes, *Creating the Commonwealth: The Economic Culture of Puritan New England*, p.26.

[2] 詹姆斯·亨利塔：《新教伦理与美洲殖民地的资本主义现实》，载莱曼等：《韦伯的新教伦理》，第376页。

求幸福的思想基础的道德范畴和公民自由概念是协调一致的。"[①] 这段话可以说是对美国文化精髓的高度总结,而其中所包含的内容主要来源于北美殖民时期已经在发挥作用的新教伦理。实际上,由早期清教徒从欧洲带来的新教伦理在这块新开发的土地上逐渐得到完善,其所体现出的基本价值观也在实践中不断得到修正以更加适应美国社会经济发展的需要。新教伦理促进了殖民时期商业精神的形成,而这种精神反过来又对这块大陆的发展产生了较大的影响。

（原载《社会科学战线》, 2003 年第 6 期）

[①] 欧文·拉兹洛:《多种文化的星球:联合国教科文组织国际专家小组的报告》,戴侃、辛未译,社会科学文献出版社 2001 年版,第 217 页。

关于拉美历史上"考迪罗"统治形式的文化思考

"考迪罗"（Caudillo）在西班牙语中意为"领袖、首领、头目"。从语义学上讲，"考迪罗"丝毫没有任何褒贬含义，只是一个非常普通的名词而已。然而，这一名词在拉美历史上却变成了一个具有强烈地域色彩的政治术语，专指那些依靠武力获取国家或地方政权的大大小小的军事首领。这一术语反映了拉美历史上一定时期出现的一种特有的政治现象。"考迪罗"是拉美独立战争的产物，战争结束之后就开始登上政治舞台，并在其后半个多世纪在拉美大多数国家扮演了主要政治角色，形成了对该地区政治和经济发展影响很大的一种统治方式。从世界范围内讲，"考迪罗"的统治形式并不具有普遍性，很大程度上只是拉美历史上的一种独特的现象。为什么这种现象在拉美历史上一度如此普遍？它是否适应了这一地区的文化气候？拉美国家长期在民主化道路上艰难地跋涉，它体现出的文化价值观究竟起到什么样的作用？从文化角度研究"考迪罗"的统治形式对诸如此类问题的回答也许能提供一种新的思路。

一、"考迪罗"统治形式的文化起源

1992 年，伦敦大学研究拉美史的著名学者约翰·林奇出版了一本书名为《1800 年至 1850 年西班牙美洲的考迪罗》的著作。作者在这本书中主要是根据当时拉美地区盛行的社会、经济和政治环境，对考迪罗统治形式的产生和运行提出了很有见地的解释。这本书资料丰富，对拉美地区四种类型的国家考迪罗进行了分析，对我们研究这一论题深有启迪。不过，这本书明显忽视了考迪罗产生的文化根源。当然，作者并非没有意识到这一点，而是认为考迪罗与西班牙文化传统或价值观没有多大的联系，"代表殖民征服的思想以及流行于 16 世纪的观念并不能对 300 年之后发生的事件做出现实的解释".[①]这部专著是作者多年潜心研究考迪罗统治形式的一大成果，在学界影响很大，但其"文化无关论"并没有得到该研究领域的许多学者的认同。一些学者在对这本书做出很高学术评价时也指出这是一个明显的欠缺之处。[②]考迪罗的统治形式尽管是拉美地区摆脱西班牙殖民统治之后出现的一种新现象，其产生自然与当时的社会环境有着密切和必然的联系。然而，拉美地区的独立并非意味着与过去的文化彻底一刀两断，西班牙殖民者遗留在这块大陆上的传统价值观依然深深地影响着走出殖民统治的拉美人的思维方式和行为选择。考迪罗的统治形式作为一种历史现象，其出现不可能不与这些根深蒂固的价值观毫无关联。其实，当我们把研究视角转向西班牙数百年的殖民统治在这块大陆上形成的文化时，我们就会发现，考迪罗的统治形式并不是反映了一种新的文化现象，而是与过去的文化存在着非常密切的联系。这种联系不仅仅成为考迪罗的统治形式形成与发展的重要因素之一，而且对考迪罗统治时期结束之后拉美政治的发展产生了很大的影响。

拉丁美洲文化的基础是天主教伦理观。[③]自从 1492 年哥伦布远航到美洲后，西班牙就开始了对美洲的殖民过程。刺激欧洲人不畏艰险远航到美洲的原因固然很多，但狂热的宗教情绪在其中扮演了重要的角色，这些征服者除了对土地和财富的贪恋之外，还希望把基督教的信仰扩展到欧洲之外的地区，最终实现基督教的一统天下。尽管专司传道的天主教修道士几乎同时与所谓探险的殖民者一道登上美洲大陆，但很难把两者肩负的使命截然分开。所有来到新大陆的西班牙人都是天主教徒，狂热的宗教情绪和对财富的贪恋欲望在他们身上体现得淋漓尽致。《圣经》和枪炮实际成为对美洲征服的两种手段，前者主要是从精神和文化层面上对土著人的征服。随着西班牙对美洲广大地区的征服、殖民和开发，天主教伦理观被包括一大批传教士在内的殖民者几

---

① John Lynch, *Caudillo in Spanish America, 1800-1850*, Oxford: Clarendon Press, 1992, p.402.

② 参见 Donald Fithian Stevens, "Review on Caudillo in Spanish America, 1800-1850," *The Historian*, Vol.56, No.2, Winter 1994, p.431-432.

③ 美国学者乔治·福斯特 1951 年写道："尽管在新世界有大量的印第安人口，尽管在非印第安文化中印第安人的影响很大，但当代拉丁美洲的文化不能被描述为是印第安人的文化，只能被描述为是西班牙文化。它是一种独具特色的新文化，尽管根深蒂固于两种独立的文化传统，却具有自己的独特有效的精神气质。" Dwight B. Heath and Richard N. Adams, eds., *Contemporary Cultures and Societies of Latin America: A Reader in the Social Anthropology of Middle and South America and the Caribbean*, New York: Random House, 1965, p.504.

乎原封不动地移植到大西洋的彼岸，作为一种占据绝对优势的意识形态在殖民地政治和公众生活中发挥着重要的作用，左右了人们的物质和精神生活，形成了根深蒂固的文化观念。

　　天主教在根性上是极端保守的，从一开始就不允许普通信徒直接通过学习《圣经》来感受上帝的恩惠。在 12 世纪之前，普通人甚至没有受教育的权利，断文识字者几乎全是神职人员。他们无法释读《圣经》，只有靠着神职人员实施"圣事"，才能聆听到上帝的声音，他们最终能够进入一生向往的天堂需要靠着这些神职人员的"引导"。结果，教徒被置于神职人员的严格控制之下，在教会内部形成等级分明的阶层，那些有权释读《圣经》的教会"精英"自然就成为普通信徒不可超越的权威。所以对权威的绝对崇拜或服从是天主教伦理的一个非常重要的特征。天主教在欧洲的衰微丝毫不意味着传入新大陆的教义有了本质的改变。其实对权威的强调从一开始就体现在对异教徒的精神征服上。教皇亚历山大六世在一份训令中宣称："上帝授予彼得及其继任者统治地球万民的全部权力，致使所有人都必须服从彼得的继任者。现在，这些教皇之一把在美洲新发现的岛屿与国家及其包含的一切作为礼品送给西班牙国王，靠着这一礼品，陛下现在就是这些岛屿和这块大陆的国王和君主。因此，你们要承认神圣教会作为整个世界的主人和统治者，向作为你们领主的西班牙国王效忠。否则，我们将在上帝的帮助下，以暴力对付你们，迫使你们处在教会和国王的控制之下，把你们视为应受惩罚的反叛奴隶。我们将剥夺你们的财产，把你们的妇女和儿童变成奴隶。"[①]这样一种思想实际上一直贯穿于数个世纪的殖民统治时期，几乎很少受到不同阶层的严重挑战。用宗教学家保罗·约翰逊的话来说："在这个巨大的大陆，异教徒被迅速消灭，大城市、大学和亚文化很快建立或形成。基督教是统一的和垄断的，受到国家的精心保护，丝毫不允许异教、分裂和竞争的存在。牧师不计其数，他们富有和享有特权。所以在 4 个多世纪期间，这块大陆实质上没有对基督教启示和见识做出任何独特的贡献。拉丁美洲表现出一种长期服从的沉默。"[②]约翰逊尽管是从基督教发展的角度说这番话的，但也道出了天主教伦理对这一地区形成威权主义的传统所产生的巨大影响。

　　受这种观念潜移默化的熏陶，一方面造成权势者对权力的无止境追求，

---

① Geoff Simons, *Cuba from Conquistador to Castro*, New York: St. Martin's Press, 1996, pp.74-75.

② Paul Johnson, *A History of Christianity*, London: Weidenfeld & Nicolson, 1976, p.407.

另一方面导致普通民众对权威的沉默或服从。因此,在伊比利亚美洲殖民地,尽管王室对属地的控制往往有些鞭长莫及,但在殖民地内部,权力相对比较集中,形成了与英属美洲殖民地相比较明显的中央集权专制的政治特征。在英属北美殖民地,新教伦理在意识形态上居于主导地位。新教是在 16 世纪欧洲宗教改革运动中从长期居统治地位的罗马天主教中分离出来的一个新的基督教宗派。从基督教发展史上来看,新教的出现具有革命性的意义,它突破了罗马天主教在欧洲一统天下的局面,从与传统对立的角度反映出基督教对时代精神的回应。新教的一个非常重要的特征就是,它打破了罗马教皇传统的权威性,用个人直接对上帝负责取而代之。人人都能"因信称义",这样一方面剥夺了神职人员的宗教特权,更重要的是,它突破了思想一致性的限制,鼓励个人独立思考,甚至允许个人公开表明异议,因此,"新教促进了人的合理性观念。人们不再依靠牧师来为他们解释宗教真理:他们能够自己直接探讨宗教真理。换言之,在与上帝的关系上,他们能够与'中间人'一刀两断"。[①]英属北美殖民地独立后形成典型的西方民主制与人们对新教的信仰显然有着很重要的联系。美国迈阿密大学法学教授基思·罗森对不同的法律体系进行了大量的比较研究,在涉及南北美政治制度时指出,英国允许其殖民地在自治上拥有相当大的自由,而在拉丁美洲,西班牙和葡萄牙这两个国家暴虐的中央集权体制几乎不允许其殖民地拥有丝毫的自由来管理自己的事务。"除了魁北克之外,美国和加拿大是新教、洛克的社会契约论和英国人的自然权利等结合起来殖民化的产物。北美洲对神学和政治理论的继承更容易在结构上把权力分散在许多地区中心,而拉美国家对罗马天主教和波旁专制主义王朝权力集中的等级组织的继承远远不能做到这一点。因此,在所有拉美国家,权力比起在加拿大和美国都更为集中,对此我们不应该感到丝毫的惊奇。"[②]美国图兰大学拉美问题专家罗兰·埃贝尔等人指出:"在天主教或考迪罗文化中,居于主导地位的价值观是权力,就像在新教或资本主义文化中,居于主

---

① Peter J. Buckley and Mark Casson, "The Moral Basis of Global Capitalism: Beyond the Eclectic Theory," *International Journal of the Economics of Business*, Vol.8, No.2, 2001, p.307.

② Keith Rosenn, "Federalism in the Americas in Comparative Perspective," *Inter-American Law Review*, Vol.26, No.1, Fall, 1994, p.4. 参见 Lawrence E. Harrison, *The Pan-American Dream: Do Latin America's Cultural Values Discourse True Partnership with the United States and Canada?* Boulder: Westview Press, 1997, p.23.

导地位的价值观是财富一样。"①权力过度的集中势必意味着吏治的腐败。在西属美洲殖民地后期，贪污横行，世风日下，滥用权力者比比皆是，殖民地总督和其他高官显贵在任命官员上任人唯亲，通过建立委托制导致裙带关系风行一时。就是大庄园主对他们的奴隶、自由雇工、债役雇农、佃农以及居住在庄园内的人同样拥有绝对的权力。有权者利用权力谋一己私利，无权者总是试图在寻求权力者的庇护。凡此种种无不显示出伊比利亚的专制主义传统在殖民时期就已经有着广泛的基础。美国学者查尔斯·吉布森指出："在殖民时期，一个人不需要有远见来找到对政治的和其他类型的权威的表述。独裁制的普遍氛围——沉迷于个人权力和独断专行，忽视个体的'权利'——从一开始就存在。"②

在数百年的殖民统治时期，伊比利亚殖民者把等级制、威权主义、世袭制、职团主义、政治一元化以及与之相冲突的政治反叛和对权威的抵制等文化特征带到了美洲，并在这块大陆上深深地扎下了根。这些文化特征在不同的历史时期和不同的社会经济环境下呈现不同的形式，拉美独立运动尽管摆脱了西班牙数百年的殖民专制统治，但并没有从根本上动摇伊比利亚殖民者留在这块大陆上的文化遗产，这些文化特征在拉美社会显示出异常的生命力，考迪罗的统治便是其在政治领域的一种表现形式。

二、"考迪罗"统治形式的社会文化基础

美国学者亨利·韦尔斯认为，西班牙文化的基础包括四方面内容：一个是宿命论，即"人生是由人类无法控制的力量所掌握"；二是等级制，即"社会从本质上讲是分成等级的，一个人的地位取决于他的出生"；三是尊贵性，即"个人具有内在的价值或完善"，但这与权利、创造性、事业或机会平等毫

---

① Roland H. Ebel and Raymond Taras, "Cultural Style and International Policy-Making: The Latin American Tradition," in Jongsuk Chay, ed., *Culture and International Relations*, New York: Praege, 1990, p.198.

② Charles Gibson, *Spain in America*, New York: Harper & Row, Publishers, 1996, p.211. 克劳迪奥·贝利斯持类似观点，认为"强烈的重要集权制和威权主义概念无疑等同于殖民地传统，拒绝赞成体现当代自由和激进信条中的有效的政治和经济权力的分散"。Claudio Veliz, *The Centralist Tradition of Latin America*, Princeton: Princeton University Press, 1980, p.11.

无关系；四是男性优越，专制主义、家长作风和大丈夫主义都是来源于此。[①]
韦尔斯阐释西班牙文化的基础旨在研究一种文化对现代化道路的影响，但他
的确意识到了等级制、尊贵性和男性优越等文化价值观之间的有机联系可以
解释在西班牙文化语境中，人们"对强硬领导人的迷恋和对专制主义统治的
接受"。[②]韦尔斯的研究并不是专论考迪罗的，但给我们的启示是，考迪罗统
治形式在拉美地区的产生不仅有着深刻的文化根源，而且具有广泛的社会文
化基础。换言之，这一现象的出现很大程度上适应了当时拉美地区的社会文
化环境。

　　考迪罗最初出现时具有浓厚的地方色彩，在拉美独立战争期间，考迪罗
一般是维护地方特权者利益的私人军队首领，其中许多人本身就是大庄园主。
他们通常善于打仗，富有个人魅力，由于他们在动乱中维持了当地的秩序，
所以一般能够赢得那些享有特权的大庄园主、中小地主、商人甚至广大民众
的支持和拥戴。从中央政府的角度讲，地方考迪罗往往被视为反叛的将军，
原因在于他们面对中央政府统一国家的压力极力地维护着地方的自治。"解放
者"西蒙·玻利瓦尔一生致力于西属美洲独立后的统一和联合，但实际并未
取得明显成效。他在去世前根据 20 年处在统帅地位的经验得出了一些非常沮
丧的结论，如"拉丁美洲是难以统治的"；在西属美洲，"谁致力于革命都是
徒劳无效的"；大哥伦比亚"必然会落入一伙放荡不羁的暴徒手中，随后就再
次落到那些不同肤色和种族而且出身低微的暴君的统治之下"；拉丁美洲的最
终命运"将是返回到一种原始的混乱"等。[③]玻利瓦尔对他终生奋斗的事业失
去信心很大程度上是对这些地方上的考迪罗"无可奈何"。无限地追逐权力是
考迪罗政治的一个很大特征。"在通常情况下，这些骑在马背上的人满足于成
为领地贵族，但他们对权力的追求往往扩大到包括整个国家。"[④]所以，这些
考迪罗很少能满足于居于一隅的局面，他们不仅相互之间争夺权力，抢占地
盘，而且那些击败竞争者的考迪罗随着实力的增加，问鼎中央政府的野心也
在不断膨胀，最终在相互厮杀中夺取了全国政权，形成了拉美历史上一个特

　　① Henry Wells, *The Modernization of Puerto Rico: A Political Study of Changing Values and Institutions*,
Cambridge: Harvard university Press, 1969, pp.23-24.

　　② Wells, *The Modernization of Puerto Rico*, p.28.

　　③ 参见 Carlos Rangel, *The Latin Americans：Their Tove-Hate Relationship with the United States*, New
York and London: Harcourt, Brace Jovanovich, 1977, p.6.

　　④ John J. Johnson, *A Hemisphere Apart: The Foundation of United States Policy toward Latin America*,
Baltimore and London: the Johns Hopkins University Press, 1990, p.3.

定时期的"考迪罗时代"。

考迪罗的身上无疑具有共同的特征，但在治理国家上并非表现出完全的相同。约翰·林奇把国家考迪罗分成四种类型：第一类的代表人物是阿根廷的胡安·曼努埃尔·德罗萨斯，其特征是"恐怖主义"；第二类的代表人物是委内瑞拉的何塞·安东尼奥·派斯，其特征是"寻求一致"；第三类的代表人物是墨西哥的安东尼奥·洛佩斯·德圣安纳，其特征是"一个难解的谜"；第四类的代表人物是危地马拉的拉菲尔·卡雷拉，其特征是"民粹主义"。[①] 林奇对考迪罗的分类主要出于研究的方便，并不见得所有考迪罗都能"对号入座"。拉美地区这一时期的国家考迪罗其实就是"军人执政"，国家的治理往往以个人的意志为转移，带有很大的随意性。"不管有无政府机构，考迪罗都能进行统治；不管有无宪法，考迪罗都能履行权力；考迪罗的权威与合法性是个人的，不依赖于正式的制度。西属美洲人看到考迪罗时就会承认他，他们认为，考迪罗的行为是其独特的类型，不仅仅是那些具有总统或将军头衔者的行为。"[②] 对拉美普通民众来说，考迪罗的统治时期尽管是"一个充满暴力的时代，是一个独裁和革命交替的时代"，[③] 但考迪罗与绝对专制的独裁者还是有所区别的。很多考迪罗在表面上对共和制表现了某种尊重，把自己打扮成现代化的积极推动者。有些考迪罗借助自己的权威的确在国家发展上做了一些实事，如铺设铁路、修建社会公共设施、兴办教育、发展民族经济等。当然，这些行为首先是出于维护他们自己和其所代表的阶层的既得利益，在很大程度上是出于炫耀国家已经现代化的目的，但对社会的发展毕竟产生了一定的积极作用，这种作用在那些所谓"平民"考迪罗身上体现得尤为突出。

在维持现存的社会秩序上，考迪罗表现出了"双重性"。他们既是社会秩序的维护者，同时又是破坏者，而且破坏程度要远远大于维护。考迪罗是拉美独立战争的产儿，那些大大小小的地方考迪罗是这一地区摆脱西班牙殖民统治后社会依然动荡不宁的主要原因，然而正是社会的动荡才为一些考迪罗的发展扩充了空间，为他们夺取国家权力提供了良机。他们行使权力完全依靠着军队，用高压手段带来人民期盼的社会秩序。这种秩序不能受到具有一套程序的制度所保证，因此在稳定中潜伏着很大的危机，随着时间的推移，

---

① 参见 Lynch, *Caudillo in Spanish America, 1800-1850*, pp.214-401.

② Lynch, *Caudillo in Spanish America, 1800-1850*, pp.3-4.

③ Benjamin Keen and Keith Haynes, *A History of Latin America*, Vol.1, Boston: Houghton Mifflin, 2000, p.182.

现存的社会秩序又会被另一个势力强大的考迪罗所打破。所以从长远看，考迪罗的统治不会带来社会的长期稳定。1835 年，委内瑞拉一伙反叛的军官谴责前总统派斯从来没有给国家带来真正的稳定，"只要派斯将军待在委内瑞拉，这个国家从来不可能享有和平。因为如果他掌权，他就能把国家变成自己的玩物，如果他不掌权，他就使政府成为他的工具，常常密谋策划重返政坛。结果是，一种稳定和安全的制度根本不可能出现"。^①考迪罗靠着暴力手段维持现行的社会秩序只能导致一种"恶性的循环"，使得国家陷于战争动荡所带来的无尽灾难之中。美国著名拉美史专家理查德·莫尔斯认为国家考迪罗的基本特征是"决心靠着军队保证财富，在政治角逐中使用暴力，在获得权力上缺乏制度化的手段，不能实现职位的持久占有"。^②因此，在考迪罗时代，所谓的"革命"频繁发生，执掌权力者像走马灯一样地更换。据统计，乌拉圭独立后的 75 年中，一直处在混乱和考迪罗的骚乱状态中。玻利维亚在 74 年中共发生过 60 次革命。委内瑞拉在 70 年中有 50 次起义。哥伦比亚在 70 年中爆发过 27 起内战。厄瓜多尔在 1831 至 1845 年间更换过 13 个政府。最为典型的墨西哥在 1821 至 1850 年的 30 年间更换过 50 个政府，而且几乎全是以政变方式实现更迭的，仅 1824 至 1844 年间就发生过 250 次政变和叛乱。^③政治和社会动荡成为考迪罗统治时代的一个明显特征。

　　考迪罗的统治给拉美地区带来的多是不幸，自由派尽管不断发出改革呼声，但很难奏效，反对这种统治的起义一律遭到血腥镇压。即使武力镇压获得成功，也只是意味着一个考迪罗对另一个考迪罗的取代。考迪罗的统治之所以能维持半个世纪之久显然有着深刻的社会文化基础。在拉丁美洲，家庭是社会结构中的最小单位，两代人之间通常体现出权威与庇护的关系，父母对子女来说就是绝对权威，下辈已习惯对上辈的服从与依赖。西属美洲的"教父制"很大程度上就是家庭结构在社会活动中的延伸或扩大。教父通常有权有势，具有很高的社会地位，履行着平民百姓"庇护者"的社会功能，两者的关系类似于家庭父子间的关系。^④这种状况在拉美摆脱西班牙殖民统治之

---

① Lynch, *Caudillo in Spanish America, 1800-1850*, p.3.

② Richard M. Morse, *New World Soundings: Culture and Ideology in the Americas*, Baltimore: The Johns Hopkins University Press, 1989, p.115.

③ 参见金计初、陆国俊等：《拉丁美洲现代化》，四川人民出版社 1992 年版，第 85 页。

④ 参见 Lawrence E. Harrison, *Underdevelopment is a State of Mind: the Latin American Case*, Lanharn: Madison Books, 2000, p.143.

后并没有改变，庇护和依附的关系在社会经济结构中无处不在，最明显的就是体现在庄园主与庄园雇工的关系上。一个大庄园实际就是一个家庭的扩大，同时又是社会的一个缩影。庄园主在庄园内享有绝对的个人权威，所有人的言行举止都必须符合庄园主的意志。庄园主有责任对雇工提供基本的生活所需和安全保护，作为回报，后者要对前者忠心耿耿，别无二心，无论是在庄园里干活，还是参与家庭纷争甚至外出打仗，都须唯庄园主之命是从。庄园主与其雇工的关系又延伸到一个地区势力强大的军事首领与许多庄园主的关系上。这种庇护与依附的关系反映到国家政治结构上时就成为考迪罗的统治形式风行一时的社会基础。显而易见，国家考迪罗的统治模式很大程度上是家庭结构最大化的延伸，"这一原始的政治结构建立在个人权力基础之上，靠对个人的忠诚树立起来，由庇护者的权威和雇工的依赖性加以巩固，最后建成国家并且成为考迪罗制度的模式"。[①]

考迪罗不可能是广大民众利益的代言人和维护者，但他们的行为举止体现出的价值观却具有普遍性，"下至最卑微的皮匠，上至考迪罗总统，考迪罗的心理或'精神'渗透在拉丁美洲人的身上。……简言之，拉丁美洲男性必然是从事社会活动的人，尽管只有很少人成为政治考迪罗"。[②]因此，考迪罗的统治形式适应了当时拉美地区的文化氛围。"在人们的眼里，考迪罗灌输了当地、本地区及本国的价值观，即传统的价值观，而大多数人对这种价值观感到容易接受。考迪罗是大多数人的自然的有领袖魅力的领导，这些人把他看作是他们的顾问、向导、保护人以及他们可将其利益托付于他的家长。他们将权力让与考迪罗；而考迪罗则成为权威的化身"。[③]人民也许会因为考迪罗的残暴统治揭竿而起，但很难从根本上破坏产生考迪罗统治形式的社会文化基础。从这个意义上讲，考迪罗的统治形式与这一地区特定时期的文化环境是相一致的，其产生具有历史的必然性。委内瑞拉著名学者阿图罗·乌斯拉尔·彼得里对拉美历史上的考迪罗政权进行了大量的个案研究后得出结论，大考迪罗的形成是对现存环境的自然反应，"德罗萨斯、派斯、波菲里奥·迪亚斯、胡安·比森特·戈梅斯是这块土地的产物，是传统的产物，具有历史的必然性。……历史上的考迪罗是对权力真空的消极反应。拉丁美洲经历了

①　莱斯利·贝瑟尔：《剑桥拉丁美洲史》第 3 卷，徐守源等译，社会科学文献出版社 1994 年版，第 649 页。

②　Glen Caudill Dealy, *The Latin Americans: Spirit and Ethos*, Boulder: Westview Press, 1992, pp.58-59.

③　E. 布拉德福德·伯恩斯：《简明拉丁美洲史》，王宁坤译，湖南教育出版社 1989 年版，第 158 页。

一种社会组织形式的出现，它与欧洲已形成的共和思想格格不入，但完全适应了美洲的经济和社会结构。……像唐·波菲里奥和德罗萨斯等人的出现是因为他们反映了大多数人的思想、倾向和深刻的情绪；从最完整的意义上来说，他们是民众代言人，是民众的代表，是那个时代居于优势的共同感情的象征"。[①]彼得里把考迪罗与民众的呼声完全等同起来的观点不见得符合历史事实，但他认为考迪罗与这块土地上的文化传统相一致却是很有道理的。

三、"考迪罗"统治形式与民主体制

拉美独立运动是一场反对西班牙殖民专制统治的斗争，这场运动的结果一方面要摆脱西班牙的殖民统治，更重要的是要像法国和美国一样建立民主共和制。这种带有"理想化"的设想在诸如玻利瓦尔、米兰达等许多早期革命领袖的身上体现得较为明显。他们中的许多人受到欧洲启蒙思想的影响，目睹了美国革命的成功及其确立的政治体制给国家带来的巨大活力，有些人亲自到美国考察，对民主制在社会上的良好运行有了直接的感受。在他们的领导下，西属美洲成功地赢得了独立，也确立了共和制。他们完成了这场运动的直接目的，但他们在新独立国家实现真正民主自由的理想却很快化为烟云。他们那一代人的自由主义思想尽管没有退出拉美政治舞台，但在积淀数百年抵制变革的保守文化面前显得那么软弱无力。独立后的拉丁美洲并没有像其北部邻邦美国那样进入社会正常发展时期，而是陷入了秩序不能受程序化制度保证的混乱状态。[②]独立战争催生的考迪罗乘乱而起，争权夺利，那些具有个人威望和实力的考迪罗在打杀中成为统治一国的首脑。考迪罗的统治形式并没有任何理论为其作注脚，只是作为一种政治统治方式风靡一时。考迪罗的统治没有完全抛弃共和的外衣，然而在本质上却是对民主制的一种反

---

① Ranel, *The Latin Americans: Their Love-Hate Relationship with the United States*, pp.220-221.

② 加里·怀尼亚认为，拉美独立运动的领袖们希望建立类似美国的立宪政府形式，然而，"独立斗争也许使我们摆脱了西班牙王室，但并没有使我们完全从伊比利亚的价值观和传统制度中解放出来。……由于切断了我们与王室的联系，我们希望为建立基于民众同意基础上的政府打开了大门。然而，我们实现的不是民主政府的建立，而只是把民主的表面加在传统的专制政治体制之上，按照这种政体，我们领导人的权威更多地来自他们的社会经济地位和军事力量，而不是来自民众的意愿"。Gary W. Wynia, *The Politics of Latin American Development*, London and New York: Cambridge University Press, 1978, p.12.

动。许多学者将之称为"独裁时代",理由的确是很充足的。[①] 其实,民主制只是一种政体形式,其产生、发展与发挥作用必然与一个社会根深蒂固的文化传统与精神保持一致,否则只能是徒有民主的虚名。古巴著名的民族主义者何塞·马蒂指出:"政体必须在本国土壤上产生与发展,一种政体的精神必须基于该国的真正本质之上。"[②] 在独立战争之后,拉美的文化并不具备产生真正民主体制的土壤,那些曾对民主共和制充满热情的革命先驱们,面对他们无法突破的文化传统,理想逐渐破灭,带着无尽的遗憾离开了政坛或人世。独立后的拉美各国从形式上确立了共和制,然而受文化传统的制约,这种政体并未自上而下得到有效运行,大考迪罗的崛起实际上填补了国家权力的真空,形成了拉美历史上独裁制的一种特定模式。

民主思想在西方文化中由来已久,民主制的实践在古希腊城邦时期就已经存在。现代意义上的民主观念是针对中世纪的封建神授君权而言的,诸如约翰·洛克、卢梭等17、18世纪的欧洲启蒙思想家以其犀利的笔锋向封建神权提出挑战,系统完整的资产阶级民主学说才在这场运动中脱颖而出,成为衡量一种政体是否为民主制的基本原则。伊比利亚文化属于西方文化,但体现了该文化中最保守和最传统的部分,顽强地抵制着欧洲迈向现代世界的一系列巨大变革。马萨诸塞大学政治学教授霍华德·瓦尔达一针见血地指出,诸如宗教改革、工业革命、启蒙运动和民主革命等产生现代西方文化的重大变革很大程度上绕过了伊比利亚世界。[③] 伊比利亚文化失去了播种民主种子的机会,相反却把与现代性相对立的中世纪文化沿袭下来,继续在美洲殖民地发扬光大。在受伊比利亚文化影响的拉美文化中,民主的成分长期难以具有重要的一席之地。因此,建立在这种文化传统之上的共和制显然缺乏有效运行的社会基础,共和制在拉美历史上长期表现为徒有其表,成为一种把独

① 詹姆斯·弗雷德·里庇在其1932年出版的专著中将考迪罗时期分两章论述,称其为"独裁者的时代"。James Fred Rippy, *Historical Evolution of Hispanic America*, New York: F. S. Crofts and Co., 1932, pp.182, 214.

② John D. Martz and Laws Schoultz, eds., *Latin America, the United States and the Inter-American System*, Boulder: Westview Press, 1980, p.154.

③ Howard Wiarda, ed., *Politics and Social Change in Latin America: The Distinct Tradition*, Amherst: University of Massachusetts Press, 1974, p.6.

裁权力通过制度合法化的现代装饰。^①这大概也是国家考迪罗从来没有完全抛弃共和外衣的主要因素之一。

　　美国的开国者作为置身于拉美文化之外的旁观者,他们也许在与美国的比较中对拉美文化中与民主不合拍的因素看得更清楚一些。拉美独立战争一爆发,他们就认为,拉丁美洲不会像美国一样得到自由,他们把天主教的迷信、西班牙专制的遗产和种族融合的人口说成是实现进步自由的严重障碍。如杰斐逊曾直言不讳地宣称,西班牙美洲"处在极其黑暗的愚昧之中,深受偏执和迷信的影响",因此,"就像孩子一样不能自治"。他只是希望"军事独裁"取代现行的西班牙统治。^②约翰·昆西·亚当斯同样认为:"我衷心祝愿他们的事业,但是我过去看不到,现在还丝毫看不到他们将建立自由政府制度的前景。……他们没有良好或自由政府的基本要素。军队和牧师的专横权力铭刻在他们的教育、他们的习惯以及他们的制度之上。在他们所有尚处于萌芽状态的原则中充满着内部的纷争。"^③不可否认,他们的观点无疑有着明显的盎格鲁-撒克逊白人种族优越的倾向,但他们的观察并非完全是无稽之谈。独立后的拉丁美洲各国并没有走上民主自由的道路,新的独裁主义在共和的外衣下取代了殖民时期的专制统治,除了保留了一纸空文的宪法之外,在政治结构上与殖民时期无太大的区别。拉美独立运动播下的民主共和的种子在拉美文化的土壤里没有扎下根,更不用说开花与结果了,倒是在这种文化中滋生出来的考迪罗有了大展宏图的空间。

　　考迪罗的统治背离了西方民主制的基本原则,它却是拉美社会文化大环境的产物。这里丝毫不是为考迪罗的统治做辩护,而是把考迪罗的统治形式置于一种特定的历史时空来考察。我们可以对考迪罗的残暴统治大张挞伐,但决不能由此得出结论,拉美独立后在政治结构上应该建立卓有成效的民主

---

　　① 奥克塔维奥·帕斯指出:"在西班牙美洲,自由民主的宪法只是用作延续殖民制度的现代装饰。这种自由的民主意识形态,远远没有表达出我们具体的历史状况,只是把它伪装起来,政治欺骗几乎是按照宪法确立起来的。它造成的道义的破坏是无法计算的。"Octavio Pax, *The Labyrinth of Solitude: Life and Thought in Mexico*, New York: Grove Press, 1961, p.122. 转引自 Harrison, *Underdevelopment is a State of Mind*, p.147.

　　② Michael H. Hunt, *Ideology and U.S. Foreign Policy*, New Haven: Yale University Press, 1987, pp.100-101.

　　③ Peter H. Smith, *Talons of the Eagle: Dynamics of U.S.-Latin American Relations*, New York: Oxford University Press, 1996, p.47.

制，而不是其他。历史是不能假设的，也决不能以今人的标准来衡量历史，否则历史就失去了本来的面目。从历史和现实来看，民主制更能张扬人的个性，提供一种平等竞争的环境，促进社会的进步和发展，而独裁制则相反。在人类历史发展长河中，对独裁专制而言，民主制的确是国家政治结构在本质上的巨大飞跃，两者不可同日而语。然而，民主制并不是对每个社会来说作用和效率都是相同的。如果一个民族的气质和精神不具备民主制运行的条件，即使是发生了一场激进的社会革命或变革也不会给国家带来真正的民主。欧洲启蒙运动的先驱已经注意到了这一点，他们非常强调民主的"渐进性"，既要注意实行民主的必要条件，还要考虑居民的接受能力和"消化能力"，不能超前强制推行民主。他们比喻说，民主自由是一种可口的但难以消化的食品。虚弱的公民如果不具备消化能力，民主自由如果突如其来而且过分，也会致人死命。[①]这些思想大师尽管还是站在西方的角度来看待其他民族对西方民主制的适应能力，却对研究拉美独立后为什么出现考迪罗的统治形式而不会实行真正的民主深有启迪。墨西哥独裁者波菲里奥·迪亚斯 1908 年 3 月在接受美国记者詹姆斯·克里尔曼采访时说："我认为民主制是一种真正的公正政体原则，虽然实际上它可能仅为高度发达的民族所享有。……在墨西哥，我们具有不同的环境。现在人民四分五裂，并不打算采取极端民主政体原则之际从一支胜利的军队手中接过了这个政府，立即把政府的全部责任强加给广大群众，这将可能会造成怀疑自由政体事业的局势。"[②]迪亚斯这番话显然是为他在墨西哥实行专制统治进行辩解，但从另一个角度反映出这一时期墨西哥甚或整个拉美地区并不存在实行西方民主制的文化环境。迪亚斯是否划入考迪罗之列，学术界存在不同的看法，但他的统治方式与在其之前的考迪罗的统治方式并无实质上的区别。到了迪亚斯时期，拉美文化依然对该地区民主化进程产生巨大的消极作用，而考迪罗或类似迪亚斯这样的铁腕人物却反映了对这一地区文化的适应与时代的现实。

---

① 参见《非洲"民主化浪潮"纵横谈之二：没有发展就没有民主》，《光明日报》，1994 年 10 月 3 日。

② James Creelman, "President Diaz: Hero of the Americas", in Lewis Hanke, ed., *History of Latin American Civilization: Sources and Interpretation*, Vol.2, Boston: Litter, Brown and Company, 1973, pp.295-296.

四、结　语

关于国家考迪罗的统治在拉美地区持续的时间,学术界存在不同的看法,一般把时间段划在 19 世纪期间,更具体地说是从拉美独立之后到 1870 年左右,之后就进入了现代国家的形成时期。作为独裁制的一种形式,考迪罗的统治形式在拉美地区风靡一时也就是半个世纪或更长一点时间。考迪罗统治的出现尽管适应这一地区的文化环境,但人们不可能长期认同这种"马背上治天下"的统治方式,一方面它不会带来社会的长期稳定和经济的快速发展,更重要的是,除了极少数的特权阶层外,包括中等阶级在内的广大民众从考迪罗的统治中遭受的苦难远远大于得到的利益。这些因素决定了随着时间的推移,考迪罗的统治逐渐会失去其赖以存在的社会基础。从拉丁美洲历史发展进程来看,考迪罗的统治实际开了拉美军人执政或干预政治的先河。这种统治方式尽管在 1870 年之后就逐渐地退出了拉美的政治舞台,但并不意味着产生它的文化土壤已经发生大的变化或消失。[①]威权主义式的独裁制在历史上很长时期伴随着拉美起伏跌宕的民主化进程,即使民主化潮流成为拉美政治体制的大势所趋时,考迪罗统治形式的传统仍未完全消散,人们依然可以在拉美政治中看到其留下的难以消散的阴影。秘鲁学者马里奥·巴尔加斯·略萨认为,他们今天生活和工作在其内的"拉美文化既不是自由的,也不是完全民主的。我们有民主政府,但我们的制度、我们的习惯性思维和行动方式以及我们的思想都与民主相距甚远。它们依然是民粹主义和寡头的,或者是专制主义和集体主义的,或者是教条主义的,有着社会和种族的缺陷,对政治对手极不容忍,致力于对一切最恶劣的垄断"。[②]作为一个长期生活在拉美文化氛围内的学者,他的这番话应该是来自对现实生活的直接体验。

文化和政治制度之间存在着一种非常密切的联系,"文化为制度之母"是

---

① 本杰明·基恩等人在解释考迪罗概念时指出:"因为产生考迪罗的半封建条件仍然残存于拉美地区,所以我们可以说,考迪罗与专制主义依然存在。"Keen and Haynes, *A History of Latin America*, Vol.1, p.185.

② Claudio Veliz, *The New World of the Gothic Fox: Culture and Economy in English and Spanish America*, Berkeley: University of California Press, 1994, pp.190-191.

非洲著名学者丹尼尔·埃通加-曼格尔的一个经典说法。[①]独裁和民主是两个绝对难以相容的概念，独裁制很难真正促进社会进步是众所周知的常识。所以从拉美独立战争开始，追求一种名副其实的民主体制不仅是那些主张激进改革的自由主义者的呼声，而且也是深受独裁制之苦的广大民众的强烈要求。然而，在拉美历史上，民主化进程显得十分艰难曲折，而各种形式的独裁制总是合法地履行着国家的职能。危地马拉社会学家贝尔纳多·阿雷瓦多佐指出："我们拥有民主的硬件，但我们也有专制主义的软件。"[②]综观拉美国家政体的历史与现状，这一比喻包含着深刻的哲理。许多拉美国家在政体形式上长期表现为民主其外专制其内，出现这种不和谐状态的因素固然很多，但文化显然起着非常重要的作用。国家可以改朝换代，甚至可以采取完全的民主政体形式，但如果其赖以存在的文化基础没有发生大的变化，民主制由于受与之相悖的文化传统的制约，不仅很难在社会运行中发挥高效率的作用，而且在现实生活中往往受到扭曲而畸形发展。在历史上，许多拉美国家在共和外衣下交替出现各种形式的独裁统治足以证明这一点。

　　文化的变迁是非常缓慢的，但绝不是静止不动的。导致文化变迁的因素很多，如对外来先进文化有益成分的吸取、国内经济发展带来人的观念的变革等。其实，任何一种文化都在不断地通过调整自身来适应世界发展大趋势。就民主制而言，新教文化固然提供了其充分发挥效率的基础，但并不意味着其他文化形态就注定与民主制无缘或不合拍。在 20 世纪五六十年代，欧洲学术界曾就天主教文化圈是否适合建立西方民主制发生过一场争论。一种观点认为，伊比利亚半岛的天主教国家不具备实现民主的能力，它们不可能建立"现代民主国家"。历史证明，这种观点没有经得起实践的检验。如西班牙在强权人物佛朗哥下台之后，就进入了民主制快速发展的时期，成为在天主教伦理占主导地位的国家发展西方民主制非常成功的范例之一。瓦尔达在关于西班牙的一份报告中认为，西班牙是现代化获得较大成功的国家之一，"那些在 1970 年前熟悉这个国家的人发现如今它已完全改观。西班牙在各个方面发生了彻底的转变，从第三世界迈入了第一世界。西班牙的政治制度已经民主

---

　　① Daniel Etounga-Manguelle, "Does Africa Need a Cultural Adjustment Program ?" in Lawrence E. Harrison and Samuel P. Huntington eds., *Culture Matters: How Values Shape Human Progress*, New York: Basic Books, 2000, p.75.

　　② Lawrence E. Harrison and Samuel P. Huntington eds., *Culture Matters: How Values Shape Human Progress*, p. xxx.

化，其政治文化已经发生转变，其社会体系已经现代化"。①许多拉美国家目前正在经历着西班牙曾经走过的进程。经济全球化带来与其他文化交流的频繁，与美国等西方发达国家经济联系的日益密切，也会改变拉美人身上根深蒂固的传统保守文化观念，拉美国家市场的进一步开放与经济改革的深入更是需要相应的民主制度来提供保证。这一切都使拉美文化在吸取外来文化有益成分的同时不断地扬弃自身的不足，逐渐与民主制的有效运行形成相互促进的关系。拉美地区的民主化进程尽管还在不时地受到挑战，但丝毫不会影响人们对拉美民主化未来的信心。拉丁美洲人正在改变着其文化中与民主相悖的传统。这是一个长期的过程，但却使民主制在拉美地区的确立具有充满希望的前景。

（原载《政治学研究》，2004 年第 3 期）

---

① Howard J. Wiarda, *Spain 2007: A Normal Country*, Released by the European Studies Program at the Center for Strategic and International Studies, June 30, 1999, pp.1-2, http://www.csis.org/europe/pubs/Spain 2007.pdf.

第六编

国内学界拉丁美洲史研究

中国拉丁美洲史研究回顾

拉丁美洲史作为一个独立的学科，在中国史学中是很年轻的。中华人民共和国成立以前几乎无专人研究。清代时期，中国尽管以"天朝大国"自居，视他国为"蛮夷"之地，对外国历史不屑一顾，但有一些有识之士已开始注意到外部世界的变化，编撰了不少有关外国史地的著述，其中也包括不少拉美史的内容。20世纪前半期的中国，国无宁日，战乱不已，人文社会科学中尽管有的学科有所发展，但总的来说未能得到应有的重视，拉美史研究基本上没有开展起来。中华人民共和国成立以后，中国的拉美史研究才算真正起步，但有时也受到政治气候变化的影响。"文化大革命"10年，拉美史研究的嫩芽遭受摧残，老一代学者刚刚开创和经营的局面几乎毁于一旦。改革开放后，拉美史研究再获新生，从此走上了健康正常的发展道路，而且不断向着更高的层次迈进。回顾过去，总结经验，展望未来，必然有助于我国拉丁美洲史研究"更上一层楼"，这是我们撰写这篇文章的初衷，也是中国广大拉美史研究者的要求。

一、1949 年之前的中国拉美史研究

拉丁美洲与中国远隔重洋，彼此信息不通，互不了解。只是到了明朝万历年间，通过菲律宾的转运贸易，中国与处在西班牙殖民统治初期的拉丁美洲的往来才始见于史籍记载，此时很难谈得上对拉美地区历史的研究。在我国浩如烟海的文献中，有关拉美史的记述较早见于明季刻印的《职方外纪》，该书成于 1623 年，是意大利来华传教士艾儒略用中文所著。《高厚蒙求》是中国学者自己编撰的一部最早记述有拉美史内容的著作，系清朝人氏徐朝俊撰写，1807 年刻印问世。全书四集，第二集《海域大观》中的《五大洲记》

一节记载了哥伦布发现新大陆的经过及美洲名称的来历，西班牙人入侵之前古代秘鲁和墨西哥人的社会状况，西班牙殖民者征服拉丁美洲的过程。林则徐撰写的《四洲志》中也记载了智利的阿拉干人对西班牙殖民者坚持数十年的英勇斗争。

19 世纪中叶以后，关闭多年的中国门户突然在西方列强的隆隆枪炮声中被打开，一向故步自封的天朝大国竟然被"蛮夷"之师打得一败涂地，在丧权辱国的条约上签字画押。这种"不可思议"的结果必然引起有识之士的深思，他们迫切地希望了解外部的世界，更希望通过介绍外国的历史与现状来消除政府夜郎自大的昏聩意识，促使国人在蒙昧中醒悟。因此在鸦片战争之后，有关外国史地的编著大量问世，其中不乏有关拉美史的记载。魏源编辑的《海国图志》最初刻印于 1842 年，初为五十卷，后经多次补订，终成一百卷本，在许多卷中收集了有关拉美史的资料。[①]《小方壶斋舆地丛钞》是清末王锡祺穷毕生精力编辑的一部宏著巨制，包括了 19 世纪末以前我国有关拉丁美洲记载的大部分史地著作，成为当时中国拉美史资料最集中的一部丛书。这部丛书初刊于 1891 年，后又多次补编，由上海著易堂刊印出版，其中有关拉美各国记载的著述多达 50 余种。[②]张士瀛的《地球韵言》写于 1897 年，凡四卷，其中第四卷中对拉丁美洲各殖民地进行了较详细的描述，篇幅虽不大，却是我国第一部阐述拉美史的启蒙教科书。[③]《西国近事汇编》是采用编年体编译的一部巨著，记述了从同治十二年（1873 年）到光绪二十五年（1899年）世界各国发生的重大历史事件，共分 108 册，由上海机器制造局刊印出版。这一时期拉美历史上的重大问题，书中都有记述，如各国的政治经济概况、美国在拉美的扩张、一些国家的革命运动、各国相互间的战争等，书中特别记载了华侨同古巴人民一起共同反抗西班牙殖民统治的历史事件，这一资料尤为珍贵。《埏纮外乘》成书于 1901 年，系严良勋和美国传教士林乐知等编译，上海制造局刊印，其中卷十六《丕鲁志略》、卷十九《墨西哥志略》、卷二十《巴西志略》分别简述了秘鲁、墨西哥和巴西三国的历史。除了上述

---

① 魏源：《海国图志》，第五十九卷、第六十四卷、第六十六卷、第六十七卷、第六十八卷、第六十九卷、第七十卷。

② 参见该丛书的第一帙、第十一帙、第十二帙、补编和再补编，其中比较重要的著述有《亚墨理驾诸国记》《墨西哥记》《墨洲杂记》《古巴杂记》《秘鲁形势考》《古巴节略》《中亚美利加五国政要》《委内瑞拉政要》《科仑比亚政要》《玻利非亚政要》《帕来删政要》《乌拉乖政要》《阿根廷政要》《智利政要》《海带政要》《巴西地理兵要》《巴西政治考》《古巴述略》等。

③ 张士瀛：《地球韵言》，卷四，第 40—49 节。

专门的史地著作之外，在《清史稿》《清季外交史料》《筹办夷务始末》等书中保存了很多有关拉美历史的资料，甚至在清代出使拉美各国的使节的日记和家书中也能发现不少有关拉丁美洲的记载与描述。

清朝期间我国史地著作中有关拉丁美洲史的资料虽称不上丰富，但零零碎碎也不算少，记载拉美史的书籍到了清朝灭亡时已不下百余部，其中绝大多数成书于19世纪中期以后，这显然与中国急欲了解世界息息相关。这些著述尽管多为资料汇编，泛泛而谈，而且译名也杂乱无章，但中国人正是通过这些著述，对拉美历史有了初步的了解。从这个意义上讲，它们在中国拉美史研究发展过程中功不可没，对中国人认识拉丁美洲起到了启蒙的重要作用。

民国时期中国社会尽管动荡不宁，中国与拉美国家的交往却呈现出扩大之势。清朝与中国建交的拉美国家仅为5个，到1939年增加到9个。第二次世界大战爆发后，中国作为反法西斯联盟的一个重要国家，与联盟内国家的关系不断增进，这自然加强了中国与拉美国家的友好往来。当中国作为联合国五大常任理事国之一出现在国际政治舞台上时，这种地位势必有利于外交关系的扩展。因此，到大战结束时，与中国建交的拉美国家增加到13个，拉美主要国家都与中国建立了外交关系。外交关系的拓展推动了中国和拉美国家在各个领域联系的加强，促进了中国人民对拉丁美洲历史与现实的了解。在民国时期数以千计的报刊中，有关拉丁美洲国家的记载也算得上俯拾即是，特别对拉美国家发生的重大事件给予详细的报道和评述。墨西哥资产阶级民主革命（1910—1917年）与中国辛亥革命发生在同一时期，是反映这一时期不发达地区日益觉醒的一次重要革命，故易引起中国资产阶级知识分子的共鸣。为了满足读者的需要，许多杂志对墨西哥革命进行了重点介绍，如这一时期的《东方杂志》给予详细报道，从第8卷第1号（1911年3月15日）到第23卷第10号（1926年5月25日）共发表23篇文章，比较详细地介绍了墨西哥革命爆发的原因、过程及其影响。颇有意思的是，最初的文章视墨西哥革命为"内乱"，不久才有文章称之为"革命"。① 这也反映出辛亥革命后人们观念上的巨大变化，表明帝制的倾覆解除了束缚人们的精神枷锁，使他们对墨西哥革命的认识更加符合实际。墨西哥革命的进程并非一帆风顺，也是几经反复，致使国内政局动荡不已。美国为了维护其在墨西哥的利益，在

---

① 如《纪墨西哥之乱》，《东方杂志》，1911年3月第8卷第1号；伧父：《墨西哥乱事记》，《东方杂志》，1911年5月第8卷第3号；《墨西哥革命成功之伟人》，《东方杂志》，1912年4月第8卷第10号；钱智修：《纪墨西哥之革命》，《东方杂志》，1912年8月第9卷第2号等。

此期间对墨内政进行了肆无忌惮的干涉。中国学者发表了许多有关这方面的文章，尽管文章多是情况的客观介绍，但由于他们许多人对大国干涉小国事务深恶痛绝，所以在文章的字里行间不乏流露出谴责美国沙文主义的情绪。[①]据统计，民国时期《东方杂志》刊登有关拉丁美洲国家的文章 110 余篇，其他如《国闻周报》《青年杂志》《新青年》《学生杂志》《正谊》《中华杂志》《中华实业界》《雅言》《国民》《海军杂志》《说报》《庸言》《生计》等也不乏有关拉美方面的文章；尤其是 30 年代出版的《世界知识》，介绍与论述拉美的文章更多。这些杂志刊登的文章涉及内容广泛，几乎囊括了这一时期拉丁美洲地区所发生的具有一定影响的事件，如巴拿马运河问题、拉美国家的民族民主运动、拉美国家间的纠纷与冲突、西方列强与拉美国家之间的外交关系、泛美会议、美英等国在拉美地区的争夺等。客观上讲，这些文章多是对所发生事件的直观描述，尽管作者也具有一定的倾向性，但很难谈得上是"研究"。不过它们反映了这一时期中国学界对拉美问题的"探讨"，进一步促进了中国人对拉丁美洲历史与现状的了解。从这个意义上说，这些今天看起来很少有"参考价值"但也有若干资料意义的文章，在中国拉丁美洲史研究发展过程中具有特定的历史地位。

这一时期，中国学术界发表的有关拉美的文章主要集中在"当代"问题，但历史和现实是很难截然分开的，因此许多文章在论述现实问题时自然也少不了对历史背景的介绍。有些学者也开始对拉美地区历史上的重大问题进行探讨。印第安人是拉美地区的最早居民，他们在西方殖民者到来之前就创造出了丰富多彩的文化成就。梁抚在《美洲最古的土人及其文化》一文中详细阐述了古代印第安文化的伟大之处，认为印第安文化在某些方面与欧洲古代文化一样伟大，甚至超过后者。[②]陈之佛的《古代墨西哥及秘鲁艺术》一文不仅介绍了整个美洲印第安人历史文化发展概貌，而且对阿兹特克、玛雅和印加人所取得的杰出文化成就进行分析比较。[③]有些文章探讨了哥伦布发现美洲这一在人类文明发展史上具有伟大意义的事件。[④]此外，门罗主义是美国制

---

①　参见许家庆：《墨西哥之内乱与美墨之交涉》，《东方杂志》，1914 年 1 月第 10 卷第 7 号；《纪美墨战争与威尔逊》，《蜀风报》，1914 年 4 月第 9 期；《美墨战端与日本之关系》，《军事月报》，1914 年 5 月第 7 期等。

②　《东方杂志》，1931 年 1 月第 28 卷第 2 号。

③　《东方杂志》，1931 年 6 月第 28 卷第 12 号。

④　东序：《哥伦布是一四九二年发现美洲的吗？》，《东方杂志》，1931 年 8 月第 28 卷第 16 号。

定拉美政策的基础，对美洲国家之间的关系发生了重要的影响。王造时从国际法的角度对门罗主义与国联盟约的关系进行了分析比较；丘瑾璋对门罗主义的形成及发展进行了历史考察，并做出了很有见地的"展望"。[①] 除了报刊上载有有关拉美历史的文章外，大量的著译作品中也包含着拉美地区历史的详细内容。如《世界文化史》（西村真次著，金溟若译，世界书局 1933 年版）专章介绍了拉丁美洲的古代文化。《现代文明史》（薛纽伯著，王慧琴译，亚东图书馆 1933 年版）对美洲新大陆的文化进行了较为详细的论述。《种族与历史》（上下册）（撒塔尔著，董希白译，商务印书馆 1940 年版）介绍了美洲印第安种族的起源与发展。《印第安人兴衰史》（马克劳德著，吴泽霖等译，商务印书馆 1947 年版）叙述了美洲土著民族遭受西方殖民者奴役和剥削的历史。据《民国时期总书目》等资料统计，民国时期有关拉美史的著译作品多达 40 余种，其中有我国翻译出版的第一部拉丁美洲通史著作，[②] 有我国第一部系统论证"中国人发现美洲"的专著，[③]"中国人发现美洲"是由法国汉学家歧尼 1752 年提出的，这也长期成为国际学术界关注的一个"世界之谜"。早在民国初年，章太炎在国内首次提出了"法显发现西半球说"，但论证不足。朱谦之根据文献学、民俗学和考古学的史料，从证人、证地和证事三方面撰著《扶桑国考证》一书，分析了这一说法，结论是公元 5 世纪中国僧人发现美洲"绝无可疑"。当时韩振华则撰写《扶桑国新考证》予以否定。这是国内对此问题的第一次讨论。

　　总的来看，民国时期中国对拉丁美洲历史的了解和认识无疑取得了进展，这充分反映出中国与拉美地区关系日益加强的现实。然而，我们也不得不承认，中国与拉丁美洲经济发展落后，均处于国际主流社会的边缘，再加上中国内忧外患，中国与拉丁美洲之间的交往依然是障碍重重，从而也制约着中国学术界对拉美历史的了解走向深入的研究阶段。因此，与晚清相比，民国时期尽管对拉美历史的认识更趋丰富，范围更加广泛，对个别问题也进行了深入的探讨，但就整体而言，拉美史的研究，既缺乏专业人才，更无专门的机构和学术园地，所取得的进展自然就十分有限，而这一切想要得到彻底的改变只能等待着新时代的到来。

---

① 丘瑾璋：《门罗主义的回顾与前瞻》，《东方杂志》，1941 年 2 月第 38 卷第 4 号。
② 朝日胤一：《拉丁美洲利加史》，葛绥成译，商务印书馆 1933 年版。
③ 朱谦之：《扶桑国考证》，商务印书馆 1941 年版。

二、从新中国成立到改革开放之前的拉美史研究

拉丁美洲史研究作为一门独立的分支学科，是中华人民共和国立后才逐步确立起来的。从 20 世纪 50 年代中期到 1966 年，是中国拉美史研究的开创和初步发展时期。50 年代初，高等学校院系调整结束后，一些综合性大学和师范院校历史系相继开设了世界史专业课，结合国内政治形势的需要，亚、非、拉民族解放运动史是其中讲授的重要内容；但由于缺乏拉美史研究的专门人才，这门学科的研究工作无法深入进行，报刊上发表的文章只限于介绍拉美国家的概况和拉美人民反对帝国主义、争取民族解放与民族权利斗争的报道。1959 年古巴革命的胜利对拉美各国民族民主运动的发展和国际政治关系的变化产生了重要的影响，引起了中国理论界和学术界的高度关注，人们似乎在拉丁美洲发现了"革命"的"新大陆"，对拉美历史和现状的了解与研究开始受到重视。60 年代初，北京大学、中国人民大学、北京师范大学和复旦大学等校历史系先后开设了拉丁美洲史的课程，1961 年 7 月，中国科学院哲学社会科学部拉丁美洲研究所正式成立，中国的拉美史研究逐渐步入正轨。1964 年，在毛泽东主席关于加强国际问题研究的指示的推动下，中国建立了研究拉美史的专门科研机构，如南开大学拉丁美洲史研究室、复旦大学拉丁美洲研究室、武汉师范学院巴西史研究室。北京大学和复旦大学还招收了中国第一批拉美史的研究生。上述研究机构的学者如李春辉、程博洪、罗荣渠、梁卓生、黄邦和等先生，成为新中国最早从事拉美史教学和研究的开拓者和带头人。

在中国拉美史研究初创时期，学术界共发表了 60 余篇拉美史的论文，有了一些著译作品出版，并对有关问题展开了学术讨论。

"中国人发现美洲"之说自提出后历来众说纷纭，莫衷一是。60 年代初中国学术界对这一命题重新展开讨论，参加者甚多且广。朱谦之坚持其在《扶桑国考证》一书中的看法，并做出了进一步的论证。①邓拓在《北京晚报》对此问题也有论述。囿于爱国主义情愫，对他们的观点"和"者多而"异"者寡。罗荣渠通过对扶桑国地理位置的考察、物产的对比、社会形态的分析以

---

① 朱谦之：《哥伦布前一千年中国僧人发现美洲考》，《北京大学学报（人文科学）》，1962 年第 4 期。

及佛教传播的探讨，根据考古学与人类学的研究成果，认为扶桑即墨西哥的说法难以成立，持肯定者赖以为据的《梁书·诸夷传》中有关扶桑国的史料根本不足为信。[①]其实在古代中国人即使到达过美洲，也无法与哥伦布航行美洲相提并论。哥伦布所处的时代造就了他的远航注定引起世界范围内的大变革。一些学者对哥伦布的出身、远航的历史背景及其作用进行了分析，如朱寰认为，美洲的发现"对世界市场的形成创造了重要条件，对西欧诸国资本主义原始积累和工商业的发展起了推动作用"。[②]

　　拉丁美洲独立运动是 19 世纪初期一场反对西班牙和葡萄牙殖民统治的声势浩大的斗争。当民族解放运动成为二战后国际政治发展的主流之一时，拉美独立运动自然就成为学者们研究的一个重点。李春辉对海地革命进行了比较深入的探讨，认为海地革命的成功使这个国家的发展进入了新的历史阶段，并揭开了整个拉丁美洲独立战争的序幕。[③]乔明顺、王春良对墨西哥独立的历史背景、过程及其意义进行了分析。前者指出："伴随着墨西哥经济的发展，西班牙殖民统治愈益成为墨西哥社会发展的障碍，从而导致了 1810 年矛盾的总爆发。"[④]后者认为，在墨西哥独立战争中，"印第安农民是革命斗争的主力"，但领导权掌握在土生白人地主手中，"斗争的结果仅仅是推倒了西班牙的殖民统治，没有动摇旧的社会经济基础"。[⑤]除了这些论文外，有关这一问题的著译作品有南开大学历史系编写的《拉丁美洲民族解放大事简记》（天津人民出版社，1959 年版）；金重远所著的《西班牙美洲殖民地独立战争》（商务印书馆，1964 年版，后于 1974 年再版，更名为《拉丁美洲独立战争》）；苏联学者米罗夫斯基著的《美洲西班牙殖民地的解放运动——从被征服到独立战争前为止（1492—1810）》（金乃学译，生活·读书·新知三联书店，1960年版）。

　　第二次世界大战后，美国凭借其强大的政治、经济和军事力量，一跃成为世界的霸主，拉丁美洲成为美国与苏联抗衡时名副其实的"后院"。在美国

---

　　① 罗荣渠：《论所谓中国人发现美洲的问题》，《北京大学学报（人文科学）》，1962 年第 4 期。

　　② 朱寰：《哥伦布的生平及其远航》，《历史教学》，1958 年第 3 期；另见郑如霖：《新航路发现的背景及其后果》，《历史教学》，1961 年第 10 期。

　　③ 李春辉：《海地革命（1790—1804）——拉丁美洲第一个黑人国家的成立》，《历史教学》，1965 年第 7 期。

　　④ 乔明顺：《墨西哥独立战争前社会矛盾关系发展初探》，《河北大学学报（哲学社会科学版）》，1964年第 1 期。

　　⑤ 王春良：《墨西哥的独立战争》，《历史教学》，1965 年第 3 期。

与中国处于对峙状态的年代，揭露美国对拉美政策的侵略本质自然就成为中国拉美史研究者"义不容辞"的责任。门罗主义是美国对拉美政策的理论基石，不少学者发表文章，比以前更深入地探讨了门罗主义的起源、性质、作用和本质。① 罗荣渠的《门罗主义的起源和实质——美国早期扩张主义思想的发展》一文分析了门罗主义出台的复杂背景，认为门罗主义的提出"为美国争夺西半球的霸权的斗争提供了最初的完整的理论准备"，它所包含的诸原则"不仅反映了美国资本主义发展的强烈向外扩张的特征，而且集中反映了成长中的美国资产阶级的特别自私自利，投机、狡诈、虚伪的阶级本质"。② 这篇论文观点之新颖、资料之丰富、论证之缜密、结论之令人信服，的确让人有"耳目一新"之感，在当时是一篇不可多得的佳作。罗荣渠在其他文章中也揭示出了美国对拉美地区政策的帝国主义本质。③ 在早期美拉关系史上，美国国务卿亨利·克莱是一个举足轻重的人物，曾赢得过"拉丁美洲英雄"的声誉，美国学者更是对其在拉美地区推行的"自由与进步"政策赞颂不已。冯纪宪系统地考察了克莱时期美国的拉美政策，认为所谓的"自由与进步"实质仍然是基于美国统治集团的利益。④

为适应政治斗争的需要，学者们通过研究，以具体的历史事实揭露了美国在拉丁美洲地区的侵略扩张，如邓超的《美国侵略下的拉丁美洲》（世界知识出版社，1957 年版）和刘光华的《美国侵略拉丁美洲简史》（世界知识出版社，1957 年版）。南开大学历史系世界史教研组在《美国帝国主义对拉丁美洲的侵略》一文中对美国的侵略政策和行径进行了宏观考察。徐祖徕则在《美国吞并得克萨斯和 1846—1848 年对墨西哥的侵略战争》一文中具体分析了 19 世纪中期美国对墨西哥的侵略。⑤ 有近 10 篇文章揭露美国历史上对古巴的侵略，其中丁则民先后发表了 5 篇，对美西战争以后至 20 世纪上半期美国

　　① 见丁则民：《门罗主义与美帝侵略政策》，《历史教学》，1951 年第 6 期；郭力达、袁继成、曾子鑫：《早期门罗主义的性质和作用问题》，《江汉学报》，1962 年第 10 期；姜德昌：《美国侵略拉丁美洲的门罗主义》，《历史教学》，1961 年第 10 期；帷谷：《门罗宣言的性质和作用》，《学术月刊》，1963 年第 3 期。

　　② 罗荣渠：《门罗主义的起源和实质——美国早期扩张主义思想的发展》，《历史研究》，1963 年第 6 期。

　　③ 罗荣渠：《一百五十年来美国对古巴的野心和侵略》，《人民日报》，1962 年 11 月 1 日；《19 世纪初美国政府对拉美独立运动的态度》，《光明日报》，1963 年 11 月 20 日。

　　④ 冯纪宪：《论〔美〕亨利·克莱对拉丁美洲政策》，《华东师大学报（人文社会科学版）》，1964 年第 2 期。

　　⑤ 分别见《历史教学》，1958 年第 9 期，1966 年第 3 期。

对古巴的侵略政策进行了系统的分析。① 关于罗斯福执政时期对拉美地区的
"睦邻政策"，陆国俊认为，"它不过是罗斯福继前几届政府侵略政策的一种伪
装手段"，是"美国在特定时间内为其垄断资产阶级保持和巩固在拉丁美洲利
益的政策"。② 此外，还有不少文章涉及对何塞·马蒂的评价、对 1910—1917
年墨西哥资产阶级革命的分析、对 1926—1933 年尼加拉瓜反美斗争和古巴革
命的研究等。③

　　中国拉丁美洲史研究在初创时期取得很大进展，不乏一些具有相当价值
的文章，但从总体上来看还受到诸多不利因素的限制。一是中华人民共和国
成立后，在学术研究上以苏联为楷模，基本上是按照苏联的解释模式形成比
较完整的世界史体系。这种体系过分简单化了人类历史的发展进程，学者的
视野完全被局限在该体系所提供的固定框架内，很难在研究思路和方法上有
所创新和突破。作为世界史的重要组成部分，拉美史的研究自然难以走出这
种体系的藩篱。二是自 50 年代中期以来，"左"倾思潮泛滥，人文社会科学
的研究概以"革命"为主题。拉美史的研究同样充满着这种倾向，扎扎实实
的科学研究不足，许多研究成果高腔大调，缺乏客观性。三是拉美多数国家
追随美国敌视中国的政策，加入了国际上反华"大合唱"，这样中国与拉美国
家关系的发展出现了历史性的倒退。这种局面必然给中国的拉美史研究带来
消极影响。四是从事拉美史教学和研究的人员较少，队伍不稳定，他们主要
处于积累文献资料阶段，研究范围受到很大限制，研究工作也没有很好地开
展起来。尽管这样，老一代拉美史研究者辛勤工作，筚路蓝缕，在非常艰难
的条件下使中国的拉美史教学与研究走上正轨。

　　1966 年"文化大革命"爆发后，学术研究几乎完全停止，刚刚起步的拉
美史研究与其他学科一样自然也在劫难逃，遭受了巨大的挫折。70 年代初，

　　① 丁则民：《1899—1902 年美帝国主义对古巴的第一次军事占领》，《文史哲》，1963 年第 6 期；《美帝国主义对古巴的第二次军事占领 1906—1909 年》，《历史教学》，1963 年第 5 期；《一八九一——九二三年美帝国主义对古巴的侵略政策》，《吉林师大学报》，1964 年第 4 期；等等。

　　② 陆国俊：《论罗斯福的'睦邻'政策》，《历史教学》，1963 年第 9 期。

　　③ 叶君健：《何塞·马蒂》，《光明日报》，1953 年 9 月 7 日；罗荣渠（署名夏里巴）：《何塞·马蒂和美国——纪念古巴民族英雄何塞·马蒂诞生一百一十周年》，《人民日报》，1963 年 1 月 23 日；吴机鹏：《古巴民族英雄何塞·马蒂》，《历史教学》，1963 年第 3 期；张友伦：《1910—1917 年墨西哥资产阶级革命》，《历史教学》，1963 年第`12 期；王春良：《1926—1933 年尼加拉瓜人民抗击美帝国主义侵略的斗争》，《历史教学》，1964 年第 8 期；罗荣渠：《古巴革命胜利的道路》，《人民日报》，1962 年 1 月 3 日；李运华：《古巴人民武装革命的胜利（1953-1959）》，《历史教学》，1964 年第 21 期；等等。

国际政治形势发生了很大的变化,特别是中国与美国关系出现了重要的转折,趋向改善,同时中国也恢复了在联合国的合法地位。在这种国际大环境下,拉美国家竞相与中国建立外交关系。这种局面推动了国内拉美史的研究,近30 部有关拉美通史、国别史和专门史的著作翻译出版,如李春辉所著的《拉丁美洲国家史稿》正式出版(商务印书馆,1973 年版)。这是由中国学者撰写的第一部拉美通史著作,全书分为两篇,上篇共 10 章,叙述了拉丁美洲从古代印第安人文明至第二次世界大战后的历史发展进程;下篇共 21 章,分别论述了拉美各国自独立以来的历史发展,揭示了拉美各国历史的具体进程和特点。这本书的时间下限到 1956 年。尽管上述著译作品属国内发行,但影响深远,在特定的历史时期促进了中国拉美史研究从浩劫中逐渐恢复。

三、中国拉丁美洲史研究会的成立与举行的学术会议

　　10 年"文化大革命"使中国学术研究蒙受了难以估量的损失,这一浩劫的结束拉开了拨乱反正的序幕。1978 年十一届三中全会的召开,确定了改革开放的政策,人们迎来了中国科学发展的春天。中国的拉丁美洲史研究与其他学科一样,步入了迅速恢复和发展时期。北京大学、复旦大学、南开大学等 10 余所高校恢复或增设了拉美史的课程,原来的研究机构也以新的面貌开始了正常运转。中国老一代拉美史研究的开拓者为了加强全国各地拉美史工作者的联系,促进拉美史的研究走向深入,积极筹备成立一个全国性的学术团体。1979 年 11 月,全国世界史学术讨论会在武汉举行,来自全国高校和科研机构的 30 余名拉美史工作者借这次盛会成立了"中国拉丁美洲史研究会",确定本会的宗旨是"学习和研究拉丁美洲史,开展学术讨论,互通科研情报资料,促进中国人民与拉丁美洲人民之间的相互了解与友谊,为实现我国的社会主义现代化服务"。李春辉当选为研究会的理事长,程博洪、沙丁、罗荣渠为副理事长,黄邦和担任秘书长(后又当选为副理事长),会址设在武汉师范学院(后更名为湖北大学)。中国拉丁美洲史研究会的成立大大推动了这一领域的学术研究,开创了我国拉美史研究有史以来从未出现过的大好局面。

　　截至 1994 年,中国拉丁美洲史研究会成功地举办了 10 次全国性学术讨论会。第一次学术讨论会(暨研究会成立大会)于 1979 年 11 月在武汉举行,

与会者围绕着拉丁美洲独立战争和民族解放运动等问题展开了认真而热烈的讨论；第二次学术讨论会于 1982 年 9 月在济南举行，讨论的中心议题是拉美独立战争的性质和拉美国家的社会性质；第三次学术讨论会于 1983 年 6 月在北戴河举行，与会者对拉美独立运动的著名领袖西蒙·玻利瓦尔的大陆联合思想，民主、共和思想及其评价进行了热烈的讨论；第四次学术讨论会于 1984 年 5 月在烟台举行，讨论的中心议题是当前拉美民族民主革命的任务及其发展；第五次学术讨论会于 1986 年 5 月在湖北宜昌举行，拉美各国资本主义的发展以及拉美国家与美国关系的演变是讨论的主要内容；第六次学术讨论会于 1988 年 5 月在桂林举行，与会者对哥伦布远航美洲问题进行了讨论，这次讨论会拉开了中国学术界纪念"哥伦布航行美洲 500 周年"的序幕；第七次学术讨论会于 1990 年 6 月在北京举行，这次会议与中国世界民族研究会和中国拉丁美洲学会联合举办，拉美民族理论是讨论的中心议题；第八次学术讨论会于 1991 年 9 月在大连举行，进一步深化了对哥伦布远航美洲及其带来世界范围内的变革的认识，这次讨论会也是与国内其他几个学会联合举办的；第九次是一次规模盛大的国际学术讨论会，于 1992 年 10 月在北京举行，把中国纪念哥伦布航行美洲 500 周年的活动推向了高潮；第十次学术讨论会于 1994 年 9 月在武汉举行，主题是拉丁美洲现代化和对外关系。在上述讨论会上，学者们济济一堂，畅所欲言，本着解放思想、实事求是的精神，对拉美历史上的重大问题进行了讨论，不断地把我国的拉美史研究推向深入。中国拉丁美洲史研究会举办的 10 次全国性学术讨论会反映出十一届三中全会以来我国拉美史研究的基本轨迹。此外，1984 年成立的以研究拉美当代问题为主的中国拉丁美洲学会，对推动我国的拉美史研究也做出了非常重要的贡献。

中国拉丁美洲史研究会自成立之日起，就定期编印会刊《拉丁美洲史研究通讯》，至今已出版了 34 期，每期 10 余万字，内容主要包括论文、资料和信息。《拉丁美洲史研究通讯》虽系内部发行，但所刊论文富有新意，史料价值很大，已成为中国广大拉美史研究者学术交流和了解最新学术动态的园地，在近 20 年中起到了名副其实的"桥梁"作用。研究会还发动会员有组织地翻译了数百万字的拉美史原始资料。此外研究会组织编写了 4 卷本的《全国馆藏拉丁美洲中外文目录》，将各地的有关拉美图书尽收其中，《全国馆藏拉丁美洲中外文目录》虽属自编自印，仅限于会员中间发行，但得到会员的欢迎和好评，至今对拉美史专题研究依然具有很重要的参考价值。研究会主持编

撰了《中国大百科全书·外国历史》(中国大百科全书出版社，1990 年版)
卷中的拉美史部分，共近千条辞目，30 余万字。为了及时地反映国内拉美史
研究成果，研究会组织编写了《拉丁美洲史论文集》(东方出版社，1986 年
版)和《通向现代世界的五百年——哥伦布以来东西两半球汇合的世界影响》
(北京大学出版社，1994 年版)。中国拉丁美洲史研究会已走过了近 20 个春
秋，路途尽管曲折不平，但在老一辈拉美史学工作者的努力下在促进拉美史
研究繁荣中发挥了不可缺少的重要作用，其功可彰。以后的路程更为艰难，
唯愿这个"凝聚"中国拉美史研究者的学术团体能够"一如既往"地继续走
下去。

四、改革开放最初十年的拉美史研究

20 世纪 70 年代末到 80 年代末，是中国拉丁美洲史研究迅速发展的时期。
在这 10 年期间，国内的拉美史研究日趋活跃，几乎每年都举行有关重大问题
的全国性或地区性的学术讨论会，因此在许多专题研究上取得了很大进展。
从公开发表的成果来看，拉美史研究的确进入了一个新的阶段。

这一时期中国的拉美史研究在选题上十分广泛，内容几乎涉及拉美历史
的各个重要方面。在古代印第安文明的研究方面，出版了数本知识性读物，
发表了数篇颇有见地的论文。[1]这一阶段对哥伦布的研究进一步深入，并出现
了两种截然不同的观点。严中平从印第安人的立场出发，对哥伦布全盘否定，
认为哥伦布开启了西方殖民主义的先河。[2]多数学者提出应该对哥伦布的活
动进行全面的客观历史分析。朱寰指出，在哥伦布的身上体现出了新航路的
开辟者和殖民主义者的两重身份，只看到其中之一是错误的。[3]洪国起认为在

---

① 任雪芳：《印第安人史话》，商务印书馆 1981 年版；刘明翰、张志宏：《美洲印第安人史略》，生活·读书·新知三联书店 1982 年版；景振国：《古代美洲的玛雅文化》，商务印书馆 1983 年版；刘文龙：《古代南美洲的印加文化》，商务印书馆 1983 年版；虞琦：《阿兹特克文化》，商务印书馆 1986 年版；孔令平：《公元前六千年墨西哥盆地的定居农耕文化》，《吉林大学社会科学学报》，1980 年第 5 期；胡春洞：《谈玛雅文明的起源》，《历史研究》，1983 年第 1 期。

② 严中平：《殖民主义海盗哥伦布》，《历史研究》，1977 年第 1 期；《关于哥伦布其人答朱寰同志》，《世界历史》，1979 年第 4 期。

③ 朱寰：《应当怎样评价哥伦布》，《世界历史》，1979 年第 2 期；《再论哥伦布的评价问题》，《东北师大学报》，1981 年第 2 期。

评价哥伦布杀戮印第安人的问题上，不能限于感情上的悲伤和义愤，应充分认识到"道德上的恶"在历史上所起的杠杆作用。对哥伦布的评价应体现全方位、多层次的价值判断目标，体现生产力标准的价值尺度，从而充分肯定哥伦布"发现"美洲的历史意义。[①]西属美洲殖民地史的研究涉及统治制度、社会结构、奴隶起义和资本主义萌芽等问题。关于殖民地委托监护制，乔明顺对该制度的形成和内容进行了比较深入的探讨，指出委托监护制是西班牙王室为了维护其在拉美殖民地的长期利益而推行的一种制度。[②]张铠对秘鲁历史上的"米达制"进行了深入探讨，分析了这种制度发生、发展、演变、转化和消亡的全过程。[③]张镇强探讨了巴西的大种植园制，认为大种植园是使用奴隶劳动的封建庄园同资本主义商品生产的一种综合体，既为葡萄牙和巴西积累了原始资本，也为巴西的资本主义发展准备了条件。[④]关于拉美资本主义萌芽问题，林被甸的文章具有代表性，他通过对殖民地末期手工业、商业和农业几个方面的考察，认为资本主义萌芽已经出现，并在某些地区得到了初步的发展。[⑤]一些文章对殖民地时期的社会结构和奴隶起义进行了分析。[⑥]

对拉美独立运动的探讨是 80 年代拉美研究中的一个热点，除了一些普及性的小册子和译著外，学者们发表了大量的相关论文。陆国俊从海地革命的领导阶级以及颁布的宪法来看，认为这次革命是一次种植园奴隶领导的具有资产阶级性质的革命。[⑦]秦海波指出墨西哥独立运动虽然属于全球性资产阶级革命的范围，但本身除 1810—1815 年人民大起义外均不具有资产阶级革命的性质。[⑧]冯秀文考察了卡洛斯三世的改革，认为这次改革为墨西哥独立运动

---

① 洪国起：《哥伦布"发现"美洲价值判断体系初探》，《拉丁美洲研究》，1988 年第 5 期。

② 乔明顺：《从委托监护制的推行看西属拉美殖民者和宗主国矛盾的发展》，《河北大学学报（哲学社会科学版）》，1987 年第 3 期。这方面的研究还有韩琦：《委托监护制不是授予土地的制度》，《山东师大学报（社会科学版）》，1987 年第 5 期。

③ 张铠：《秘鲁历史上的米达制》，《世界历史》，1982 年第 6 期。

④ 张镇强：《巴西种植园度的形成和特点》，《世界历史》，1987 年第 3 期。

⑤ 林被甸：《独立战争前夕西属美洲资本主义因素问题考察》，载《拉丁美洲史论文集》，东方出版社 1986 年版。

⑥ 郝名玮：《西班牙美洲殖民地土生白人地主阶级的特征》，《世界历史》，1985 年第 12 期；张铠：《图帕克·阿马鲁起义的历史贡献》，《世界历史》，1980 年第 4 期；段居华：《巴西历史上的帕尔马雷斯共和国》，《拉丁美洲丛刊》，1982 年第 1 期。

⑦ 陆国俊：《论海地革命的特点和性质》，《世界历史》，1979 年第 4 期；这方面的论文还有金重远：《海地革命》，《复旦学报（社会科学版）》，1980 年第 4 期。

⑧ 秦海波：《试论墨西哥独立运动的特点和性质》，载《拉丁美洲史论文集》。

创造了条件。①喻继如探讨了拉普拉塔地区独立战争的性质，提出它具有实现民族独立和建立资产阶级政权的双重任务，然而由于没有完成自己的历史使命，因而只是一场没有全部完成资产阶级革命任务的资产阶级革命。②黄邦和分三个阶段对巴西独立运动进行了比较全面的分析。方迥澜认为巴西独立是经过广大人民群众多次武装起义流血牺牲和长期坚持武装斗争的结果，同西属美洲的独立道路并无本质上的区别。陈海燕不同意此说，认为巴西独立主要采取了非武装斗争的形式。③ 学者们在评判拉美独立运动的性质上观点不尽一致。张森根等主张西属美洲独立运动是一次民族解放战争，而郑昌法却提出它属于一次资产阶级性质的革命，蔡树立则认为是一场具有资产阶级性质的民族解放运动。④ 研究拉美独立运动必然涉及对领袖人物的评价。1983年是玻利瓦尔诞辰200周年，我国拉美史学界举行了纪念活动，发表了一批较高质量的学术论文。黄邦和把玻利瓦尔废奴思想的形成分成三个阶段，指出了他对待奴隶制的态度是决定解放事业成败的关键。洪国起对玻利瓦尔的联合反殖思想的形成、发展及其在近代外交史上的地位做了比较系统的阐发。罗荣渠对玻利瓦尔进行了全面评价，称他为扎根在美洲土地上的世界巨人。边际介绍了玻利瓦尔的联合反殖思想及其勋业在中国不断得到传播和颂扬的情况。张虎生和肖枫对玻利瓦尔的拉美联合反殖思想做了比较全面的深刻论述。⑤

　　拉丁美洲国际关系史的研究取得了可喜的成绩，研究范围开始大大拓展，不再单纯地局限于美拉关系。美洲国家组织在拉美国际关系史上影响巨大。沙丁等人通过分析这一组织的历史演变过程，论述这一区域性国际组织的性质和作用。⑥徐世澄认为，战后拉美对外关系趋向多元化，随着自身经济实力的增强和民族主义的发展，在国际事务中发挥了越来越重要的作用。王红雨

---

① 冯秀文：《卡洛斯三世改革与墨西哥独立战争》，《世界历史》，1989年第5期。

② 喻继如：《十九世纪初拉普拉塔地区的独立战争》，《拉丁美洲丛刊》，1984年第1期；另见工春良：《简论阿根廷的独立战争》，《历史教学问题》，1988年第1期。

③ 黄邦和：《巴西宣布独立》，《世界历史》，1984年第5期；方迥澜：《巴西是怎样赢得独立的》，《历史研究》，1980年第3期；陈海燕：《巴西独立的特殊道路》，载《拉丁美洲史论文集》。

④ 张森根、徐宝华：《试析十九世纪初拉美独立战争的性质》，《拉丁美洲丛刊》，1983年第5期；郑昌法：《从世界历史全局看西属拉美独立运动的性质和特点》，《武汉大学学报（社会科学版）》，1987年第2期；蔡树立：《拉丁美洲独立运动的性质与类型》，《历史教学》，1989年第1期。

⑤ 上述学者的文章和其他学者的文章见"纪念西蒙·玻利瓦尔诞生二百周年专辑"，《拉丁美洲丛刊》，1983年第3期；《世界历史》，1983年第3期，第5期。

⑥ 沙丁等：《美洲国家组织的历史演变及其作用》，《历史研究》，1980年第2期。

等人把拉美国家的对外政策分为屈从美国、自主的对外政策开始产生、独立的外交政策形成和逐步调整与完善独立自主外交政策几大时期。[①] 徐峰从拉美的角度研究了 20 世纪初期拉美国家外交的转变,指出它们自独立后在外交上一直与美国进行干涉和反干涉的斗争。[②] 梁卓生探讨了 20 世纪 70、80 年代美墨经济关系的演变。[③] 一些文章研究了拉美与其他国家或地区的关系。[④] 中拉关系史研究也是硕果累累,除了有关论文[⑤]之外,还有两本著作面世,即杨典求等人撰写的《中国和拉丁美洲关系简史》(河南人民出版社,1986 年版)和罗荣渠的《中国人发现美洲之谜——中国与美洲历史联系论集》(重庆出版社,1988 年版),前者系统地考察了中国与拉丁美洲关系的发展过程,后者收录作者论述中国和拉丁美洲历史联系的 5 篇论文。

拉美经济史是这一时期研究的热点之一,论文集中在拉美历史上资本主义的发展和战后拉美经济等问题上。陈作彬概括了 19 世纪中叶以来巴西资本主义发展进程,苏振兴分析了阿根廷农业资本主义发展的普鲁士式道路,张森根全面论述了拉美农业资本主义发展的进程和特点,冯秀文分析了外国资本对拉美资本主义发展的影响,洪承嗣研究了拉美独立后经济发展缓慢的原因。[⑥] 关于战后拉美地区经济发展,有的文章探讨了拉美工业化进程中的若干问题,有的文章分析了战后拉美经济一体化兴起的原因。[⑦] 许多文章对拉美主

---

① 徐世澄:《战后拉美国家对外关系发展的特点》,《拉丁美洲丛刊》,1984 年第 2 期。另见王红雨等:《战后拉美国家对外政策的演变和特点》;安建国:《1826—1848 年拉美国际关系之我见》;《战后墨西哥对外政策与国际关系》,分别载于《拉丁美洲研究》,1987 年第 1 期,1987 年第 2 期,1988 年第 2 期,等等。

② 徐峰:《二十世纪初拉美国家外交政策的转变》,《世界历史》,1987 年第 5 期。

③ 梁卓生:《美国霸权的衰落和美墨经济关系的变化》,《拉丁美洲研究》,1989 年第 2 期.

④ 徐壮飞:《战后加拿大对拉美政策的变化》,《拉丁美洲研究》,1987 年第 4 期;李严、徐世澄等:《西欧国家和拉丁美洲关系的发展》,《拉丁美洲研究》,1987 年第 1 期;徐世澄《苏拉关系的变化和苏联对拉美政策的调整》,《拉丁美洲研究》,1988 年第 6 期;等等。

⑤ 罗荣渠的有关论文见《中国人发现美洲之谜:中国与美洲历史联系论集》一书,其他作者的论文主要有张铠:《明清时代中国的丝绸在拉丁美洲的传播》,《世界历史》,1981 年第 6 期;沙丁、杨典求:《中国与墨西哥的首次立约建交及其影响》,《历史研究》,1981 年第 6 期;《清季巴西遣使来华谈判立约始末——1881 年巴西同我国第一次建交史探》,《拉丁美洲丛刊》,1981 年第 3 期;《清季我国和一些拉丁美洲国家的首次建交及其影响》,载《拉丁美洲史论文集》;等等。

⑥ 陈作彬:《巴西资本主义的发展进程》,《拉丁美洲丛刊》,1981 年第 4 期;苏振兴:《阿根廷农业资本主义的发展》,《拉丁美洲丛刊》,1980 年第 1 期;张森根:《小农制和拉美农业资本主义发展》,《拉丁美洲研究》,1988 年第 1 期;洪承嗣:《拉美独立后至二十世纪初经济发展缓慢的原因》,《湖南师院学报(哲学社会科学版)》,1984 年第 6 期。

⑦ 见苏振兴:《拉美国家工业化的战略选择》,《拉丁美洲研究》,1989 年第 3 期;李国新、李家鼎:《拉丁美洲经济一体化的历程》,《国际问题研究》,1982 年第 4 期;等等。

要国家的经济发展进程进行了探讨。有关这方面的专著或编著也有多部,如徐文渊等人的《阿根廷经济》(人民出版社 1983 年版)、苏振兴等人的《巴西经济》(人民出版社 1983 年版)、张文阁等人的《墨西哥经济》(社会科学文献出版社 1987 年版)、徐世澄等人的《秘鲁经济》(社会科学文献出版社 1987 年版)、石瑞元等人的《委内瑞拉经济》(社会科学文献出版社 1987 年版)、毛相麟等人的《中美洲加勒比国家经济》(社会科学文献出版社 1987 年版)、复旦大学拉丁美洲研究室编写的《拉丁美洲经济》(上海人民出版社 1986 年版)、张森根等人的《拉丁美洲经济》(人民出版社 1986 年版)、苏振兴等人的《拉丁美洲国家经济发展战略研究》(北京大学出版社 1987 年版)。此外,这一时期的拉美史研究还涉及拉美历史上人民的反殖反帝的斗争、马克思主义在拉美地区的传播、拉美历史上的重要改革、拉美民主化进程等,特别是在拉美民族民主运动及其思潮的研究上取得了很大进展,出版了多部专著和译著,如关达等编著的《第二次世界大战后的拉丁美洲政治》(中国社会科学出版社 1987 年版)和肖楠等编著的《当代拉丁美洲政治思潮》(东方出版社 1988 年版)。陈作彬等人编著的《拉丁美洲国家的教育》(人民教育出版社 1985 年版)是中国第一部介绍和研究拉美教育历史和现状的著作。尤其应该提到的是,李春辉对其《拉丁美洲史稿》做了修订,由商务印书馆分上下两册于 1983 年出版,这本书影响甚广,成为中国拉美史教学与研究的重要参考书。

从上述所列的成果来看,我国拉美史研究在这 10 年期间不仅从"文化大革命"的破坏中迅速恢复过来,而且取得了前所未有的重大进展。应该说这是与我国改革开放的大环境分不开的,也是拉美史学工作者辛勤探索的结果。尽管这 10 年间的拉美史研究范围还待进一步拓展,但一些具有重要意义的成果已经出现,学者们或进军新的研究课题,或继续深化原先的研究,这无疑为 90 年代拉美史研究的发展奠定了良好的基础。

五、20 世纪 90 年代以来的拉美史研究

进入 90 年代以后,国际政治格局发生了翻天覆地的变化,国际共产主义运动尽管遭受了巨大的挫折,但中国的改革开放却迎来了新的发展时期。在学术界,冷静和务实是这一时期社会科学研究的明显特征,也正是这种精神的张扬才使学术研究在 80 年代思想解放的基础上呈现出春华秋实的局面。就

拉丁美洲史而言，在学者们的辛勤耕耘下，这一领域在已往研究的基础上迈上了一个新的台阶。与 80 年代相比，90 年代的拉美史研究取得了比较均衡的进展，不仅在过去注重的政治史和外交史等方面成绩瞩目，而且在经济史、文化史、现代化进程等新的研究课题上成果不断问世。据初步统计，截至 1999 年，拉美史研究共出版专著 20 余部，编著约 15 部，译著约 10 部（册），发表学术论文共计约 400 篇。

李春辉所著的《拉丁美洲史稿》（商务印书馆 1983 年版）影响很大，但时间下限止于 1956 年，经过中国社会科学院拉丁美洲研究所的努力，第三卷（李春辉、苏振兴、徐世澄主编，商务印书馆 1993 年版）如期完成出版，弥补了前两册的不足，使我国有了一部比较完整的拉丁美洲通史著作。《剑桥拉丁美洲史》是世界上著名拉美史专家集体编撰而成，是国际拉美史研究领域最具权威性的著作之一。在中国社会科学院拉丁美洲研究所的主持下，这部多卷本的鸿著已被陆续翻译成中文出版或即将出版，这的确是中国拉美史学界值得庆贺的盛事，无疑对这一领域的教学和研究起了较大的推动作用。此外拉美研究所还主持编写了我国第一部拉美史专业词典——《拉丁美洲历史词典》（上海辞书出版社 1993 年版）。

这一时期学术界对古代印第安文明的研究趋向进一步深化，出版了数部专著，如朱伦等的《印第安世界》（广西人民出版社 1992 年版）、蒋祖棣的《玛雅与古代中国》（中国社会科学出版社 1993 年版）、胡春洞的《玛雅文化》（复旦大学出版社 1997 年版）等。这些著作多不再限于简单的描述，而着重用新的研究方法进行分析。蒋祖棣根据考古学、年代学理论，在对玛雅文化陶器发展序列研究的基础上，对玛雅文化进行了比较科学的分期，并概括出玛雅文化的主要内涵和基本特征，进而在陶器、工具和武器、装饰品以及建筑和聚落等四个方面对比分析了玛雅文化和古代中国文化各自的基本特征和异同。作者着重论证了玛雅文化在世界古代文明中独特的发展道路，从而得出结论，玛雅文化与古代中国文化各有源头，彼此独立地完成了从农业产生到文化繁盛的发展过程，两文化之间所谓传播论是没有根据的。胡春洞主要依据语言文化等方面的材料进行比较分析，得出玛雅文化与古代中国文化同源的结论。还有不少论文从不同角度研究了古代印第安文明。①

---

① 见方迴澜：《古代巴西印第安人历史新探》，《历史研究》，1990 年第 1 期；龚缨晏：《从村落到国家：墨西哥瓦哈卡谷地研究》，《世界历史》，1992 年第 3 期；万秀兰：《印加帝国雅纳科纳阶层刍议》，《世界历史》，1993 年第 3 期。

90 年代正值哥伦布航行美洲 500 周年之际，中国学术界对哥伦布及其航行美洲的研究达到了高潮，发表了 20 余篇论文，出版物有专著、论文集、编译和译著。① 从发表的成果来看，学术界已逐步从对哥伦布个人的微观分析和评价转向对哥伦布所处的时代的宏观考察，尤其是强调哥伦布远航美洲带来东西两半球汇合的世界性变革。罗荣渠比较了郑和下西洋和哥伦布航行美洲的意义，认为前者不能对中国社会的发展起到任何作用，而后者却改变了西方人的世界观，使之从狭小的欧洲放大到整个世界。② 洪国起考察了哥伦布横渡大西洋的动机、动因和条件，指出哥伦布适应了时代的要求，并凭借历史提供的舞台，充分发挥了自己的胆略和才智，从而在世界史上写下 4 次成功远航美洲这一划时代的篇章。陈勇根据整体世界史观，从历史横向发展角度高度评价了哥伦布。朱寰等人认为科学技术的进步和思想观念的更新是"地理大发现"的两个重要条件。孙光圻通过对哥伦布航海技术的考察，着重分析了他在人类航海技术文明史上的地位。曾昭耀介绍了围绕哥伦布 500 周年纪念而在拉美一些国家引发的激烈论战，提出了发人深省的忧虑和思考。③ 裴培等人从宗教方面分析了哥伦布远航的一个重要目的。④ 郝名玮提出哥伦布西航的目的地不仅仅包括印度和中国，还包括埃塞俄比亚及其毗邻地区，还有今日的美洲。⑤ 其他学者也从不同角度对哥伦布及其远航美洲中所存在的重大问题进行了探讨。⑥

在殖民地史研究方面，90 年代取得了新的进展。韩琦的《拉丁美洲经济制度史论》（中国社会科学出版社 1996 年版）是研究殖民地时期经济制度的新作。作者在书中对拉美殖民地时期的分配制、印第安人奴隶制、委托监护制、劳役分配制、债役农制、种植园奴隶制、大地产制等经济制度进行了比

---

① 连云山：《谁先到达美洲》，中国社会科学出版社 1992 年版；论文集为黄邦和等：《通向现代世界的 500 年：哥伦布以来东西两半球汇合的世界影响》，北京大学出版社 1994 年版；张至善：《哥伦布首航美洲——历史文献与现代研究》，商务印书馆 1994 年版；等等。

② 罗荣渠：《15 世纪中西航海发展取向的对比与思考》，《历史研究》，1992 年第 1 期。有关哥伦布航行美洲对中国影响的论文见张至善：《哥伦布与中国》，《世界历史》，1990 年第 3 期；萨那：《新航路开辟与中西经济文化交流》等，载《通向现代世界的 500 年：哥伦布以来东西两半球汇合的世界影响》。

③ 以上作者的论文均载于《通向现代世界的 500 年：哥伦布以来东西两半球汇合的世界影响》。

④ 裴培、李在芹：《新大陆发现的宗教因素》，《世界历史》，1990 第 2 期；另见林璧属：《哥伦布西航思想的形成》，《拉丁美洲研究》，1991 年第 3 期。

⑤ 郝名玮：《哥伦布研究中几种观点质疑》，《世界历史》，1992 年第 4 期。

⑥ 参见冯秀文：《新中国成立以来我国学者对哥伦布的研究》，载《通向现代世界的 500 年：哥伦布以来东西两半球汇合的世界影响》。

较深入的探讨。从发表的论文来看，有的学者分析了殖民地的早期发展以及对宗主国的影响，[①]有的学者探讨了殖民地时期资本主义萌芽与最初发展。[②]对殖民地时期宗教的研究也有所进展，孙家堃的《印第安人的保护者拉斯·卡萨斯》（商务印书馆1994年版）小册子对这位西班牙传教士保护印第安人的功绩及其局限性进行了分析。刘承军对卡萨斯的宗教思想进行了述评。[③]黄星群研究了殖民时期殖民者对土著人的精神征服，分析了天主教在其中扮演的重要角色。[④]

　　对拉美独立运动的研究在90年代虽然相对沉寂下来，但出现了具有标志性的研究成果。陆国俊等人主编的《新世界的震荡——拉丁美洲独立运动》（上海社会科学出版社1991年版），对独立运动的历史背景、各个地区的独立进程、运动的领导权、性质和成就以及运动期间的国际关系等重大问题进行了比较深入的分析。王春良的论文集《拉丁美洲民族民主运动史论》（中国地图出版社1992年版）论述了一系列与拉美民族民主运动相关的重大事件和重要人物。在思潮研究方面，冯秀文分析了1910年墨西哥革命的思想基础，认为它是资产阶级平等的财产观、资产阶级的民主思想，以及维护国家主权、争取独立发展的民族意识。刘承军阐述了实证主义理论及其对拉美的影响。袁兴昌对影响拉美发展的依附理论做了比较详细的论述。向文化分析了拉美托洛斯基主义的兴衰。[⑤]陆国俊研究了在拉美历史上具有重大影响的考迪罗和考迪罗主义。[⑥]关于拉美的土地改革，冯秀文考察了墨西哥长达半个多世纪的土改进程，分析了土改对墨西哥发展产生的积极影响及其局限性。吴洪英阐述了20世纪拉美国家进行土改的根本原因，对这一涉及拉美社会的重大变

---

　　① 参见周世秀：《巴西的发现与开拓对欧洲的影响》，《历史研究》，1992年第1期；金计初：《新大陆的发现与巴西早期的发展》，《世界历史》，1993年第1期；张宝宇：《16世纪中叶至17世纪末巴西蔗糖周期的历史地位》，《拉丁美洲研究》，1993年第6期；等等。

　　② 冯秀文：《也谈殖民地时期墨西哥资本主义萌芽问题》，《世界历史》，1992年第2期；金计初：《拉美早期资本主义的探索》，《世界历史》，1996年第1期；陆国俊：《论独立运动前夕拉丁美洲资本主义因素及其特点》，《世界历史》，1997年第2期；郝名玮：《西班牙、葡萄牙美洲殖民地资本主义的产生、发展及其特征——一种研究方法的提议与试用》，《史学理论研究》，1994年第1期。

　　③ 刘承军：《拉斯卡萨斯的基督教人道主义思想》，《拉丁美洲研究》，1997年第4期。

　　④ 黄星群：《殖民征服时期的天主教与新大陆》，《拉丁美洲研究》，1993年第6期。

　　⑤ 冯秀文：《1910年墨西哥革命的思想基础》，《世界历史》，1990年第5期；刘承军：《实证主义思潮在拉丁美洲》，《拉丁美洲研究》，1990年第2期；袁兴昌：《对依附理论的再认识——依附理论的起源》，《拉丁美洲研究》，1990年第4期；向文化：《拉美托洛茨基主义思潮兴衰原因初探》《拉丁美洲研究》，1994年第3期；等等。

　　⑥ 陆国俊：《略论考迪罗和考迪罗主义》，《世界历史》，1996年第1期。

革给予高度的评价。^① 拉美政治民主化也是学者们探讨的一个重要方面。^②

在文化史和教育史的研究上成果令人瞩目。刘文龙的《墨西哥：文化碰撞的悲喜剧》（浙江人民出版社 1990 年版）论述了欧洲文化和印第安文化在墨西哥土地上的碰撞与融合的情况，揭示出墨西哥文化的特色及其形成的渊源。这本书后在中国台湾出版。1996 年他又出版了《拉丁美洲文化概论》（复旦大学出版社 1996 年版），从宏观上考察了整个拉美地区文化的演变及其特征。曾昭耀等主编的《战后拉丁美洲教育研究》（江西教育出版社 1994 年版）系统地介绍了拉美教育发展与改革的曲折进程，强调教育在现代化过程中所起到的重要作用，提出"教育不能同经济一样实行市场经济"的省人见解。这本书对我国教育体制的改革具有借鉴的意义。

拉美经济史方面的研究成果比较突出。韩琦通过对南北美洲发展的多项比较分析，揭示了拉美地区经济发展落后的根源。^③ 周子勤探讨了拉丁美洲外债的历史发展，把拉美的外债最早追溯到殖民地时期。^④ 钱明德以智利发展为例剖析了 19 世纪拉美国家资本主义发展缓慢的原因。^⑤ 许多文章对拉美一些国家早期经济发展的问题进行了探讨。^⑥ 二战后拉美地区经济发展是经济史研究的重点。陈舜英等的《经济发展与通货膨胀——拉丁美洲的理论和实践》（中国财政经济出版社 1990 年版）通过对战后拉美地区通货膨胀发展的分析，揭示出通货膨胀对经济发展的巨大消极影响，并从理论和实践的结合上对两者的关系进行了探讨。陈芝芸等的《拉丁美洲对外经济关系》（世界知识出版社 1991 年版）探讨了战后拉美国家对外经济关系的理论与实践，重点研究了拉美国家利用外资和外债、发展外贸、开发自由贸易区和出口加工区、开展国际经济合作和地区一体化等方面的经验教训、面临的问题和发展前景。江时学的《拉美发展模式研究》（经济管理出版社 1996 年版）分为上下两篇，

---

① 冯秀文：《墨西哥的土地改革》，《历史研究》，1990 年第 5 期；吴洪英：《20 世纪拉美上地改革的原因及影响》，《世界历史》，1993 年第 1 期。

② 见夏立安：《当代拉美军人政治撤退的原因》；杨斌：《拉丁美洲的政党政治》；刘新民：《从 90 年代初的政治发展看拉美民主化问题》；曾昭耀：《论拉美发展模式的转换和政治民主化》，分别载于《拉丁美洲研究》，1993 年第 4 期，1993 年第 3 期，1994 年第 2 期，1996 年第 2 期，等等。

③ 韩琦：《试探拉美经济发展落后于北美的根源》，《世界历史》，1997 年第 3 期。

④ 周子勤：《拉丁美洲外债史初探》，《拉丁美洲研究》，1991 年第 4 期。

⑤ 钱明德：《十九世纪智利经济发展探索》，《世界历史》，1990 年第 3 期。

⑥ 如马小平：《浅谈海地资本主义迟发展的原因》；金计初："外因在巴西近代资本主义发展中的作用"，分别刊于《拉丁美洲研究》，1993 年第 6 期，1994 年第 3 期。

上篇论述了拉美发展模式的历史演变，并与东亚发展模式进行了比较；下篇论述了拉美发展模式中经济发展与稳定化、工业化进程与农业发展、经济增长与收入分配、国家干预与市场调节的四大关系。张宝宇等的《拉丁美洲外债简论》（社会科学文献出版社 1993 年版）考察了拉美地区外债的历史，对战后拉美国家负债发展经济的利弊进行了国际比较，揭示出 80 年代拉美国家爆发债务危机的根源、表现及其影响。徐宝华等的《拉美地区一体化进程——拉美国家进行一体化的理论与实践》（社会科学文献出版社 1996 年版）回顾了拉美一体化的发展过程，侧重分析了 90 年代拉美一体化的新进展。陆国俊等主编的《拉丁美洲资本主义发展》（人民出版社 1997 年版）论述了拉美资本主义发展的道路、模式、规律和特点等。江时学主编的《拉美国家的经济改革》（经济管理出版社 1998 年版）全面分析了 80 年代后期以来拉美各国的经济改革。对战后拉美经济发展中出现的重大问题，学者们都从不同角度给予探讨，发表了大量的论文，这些研究对于中国的经济发展无疑具有可资借鉴的现实意义。

拉丁美洲现代化的研究在 90 年代成果斐然。已故的拉丁美洲史研究会理事长罗荣渠教授是中国世界现代化史学的奠基人，他的一系列开拓性的论著有力地推动了对拉美现代化进程的研究。金计初、陆国俊等所著的《拉丁美洲现代化》（四川人民出版社 1992 年版）对拉美现代化做出了比较全面的评价，展现出拉美现代化的曲折历程。曾昭耀的《政治稳定与现代化》（东方出版社 1996 年版）对墨西哥现代化进程的政治模式进行了历史的考察，阐述了政治稳定与现代化之间的关系。夏立安也探讨了墨西哥持续稳定的基本原因，认为 20 世纪初墨西哥资产阶级革命后，革命政府通过实行土地改革、引导工人联合、建立"多阶级合作性质"的政党体制以及实行军人"非政治化"等措施，逐步取得了举世公认的社会稳定。[1]关于墨西哥从考迪罗到现代议会制度的转变，曾昭耀、冯秀文分别进行了专题研究，但观点不同。[2]林被甸分析了拉美国家从追求"欧化"到探索具有民族特色的自主性的现代化的曲折道路。巫永平以巴西为例说明，不能因为军人权威主义政权带来经济的高速增

---

[1] 夏立安：《现代墨西哥社会持久稳定的原因》，《历史研究》，1993 年第 6 期。

[2] 曾昭耀：《论墨西哥的政治现代化道路——墨西哥如何从考迪罗主义走向现代宪政制度》，《拉丁美洲研究》，1993 年第 1 期；冯秀文：《关于墨西哥政治现代化道路研究中的几个问题——兼与曾昭耀同志商榷》，《世界历史》，1994 年第 6 期。

长而把它理想化，不要误以为这就能够医治发展中国家的弊端。① 周世秀指出，巴西二战后在现代化道路上快速发展，但未能处理好地区发展不平衡，因而带来严重的政治后果。江时学阐述了初级产品出口型发展模式在拉美现代化进程中的积极作用。② 袁东振与徐文渊合著《经济发展与社会公正——拉丁美洲的理论、实践、经验与教训》（经济管理出版社 1997 年版），专门探讨了经济发展与社会公正之间的关系。

拉丁美洲国际关系史的研究趋向深入，先后有 3 部专著问世。洪国起等的《冲突与合作：美国与拉丁美洲关系的历史考察》（山西高校联合出版社 1994 年版）全面论述了美拉关系的历史演变。作者以"冲突与合作"为主线把美国政府不同时期对拉美政策连贯起来，从中揭示出美国政府对拉美政策万变不离其宗的实质所在，以把握美拉关系发展的基本趋势。徐世澄主编的《美国和拉丁美洲关系史》（社会科学文献出版社 1995 年版）系统地阐述了从 18 世纪末至 1993 年底美国与拉美关系的演变，作者在书中通过对各个历史时期美拉关系重大事件的分析，探讨了美拉关系的变化、特点和规律。洪育沂主编的《拉美国际关系史纲》（外语教学与研究出版社 1996 年版）系统地勾勒出拉美国际关系史发展的基本轮廓。除上述专著外，还有许多论文对拉美国际关系史上的重大问题进行了深入的探讨。

90 年代的拉美史研究还涉及拉美社会发展、拉美妇女史、拉美民族史、拉美史学理论等，学者们发表了不少颇有见地的论文。

中国台湾也有专人从事拉丁美洲史研究，出版和发表了不少成果，如卫聚贤教授 80 年代初出版的《中国人发现美洲史考》就很有影响。本文限于材料，对台湾拉美史研究的状况了解很不全面，因此未做介绍，这一缺憾只能有待来者或来日弥补。

---

① 林被甸：《拉丁美洲国家对自主性的发展道路的探索》，巫永平：《现代军人政权与工业化——巴西的实例研究》，载罗荣渠主编：《各国现代化比较研究》，陕西人民出版社 1993 年版。

② 周世秀：《巴西现代化进程中的地区经济差距和南方分立运动》，《世界历史》，1994 年第 2 期；江时学：《拉美现代化进程中的初级产品出口型发展模式》，《拉丁美洲研究》，1995 年第 5 期；金计初：《现代化理论与拉美的现实》，《史学理论研究》，1995 年第 3 期。

六、促进拉美史研究进一步深化的思考

中国的拉丁美洲史研究尽管走过了风风雨雨的百年历程，但还属于一个比较年轻的学科，只是在中华人民共和国成立后才开始有所发展。经过几代人的艰辛努力，到现在这门学科确实已经茁壮成长起来，而且日趋成熟，正在满载着丰硕的成果跨入 21 世纪。

中国的拉丁美洲史研究能够发展到今日与下述几个方面密切相关。第一，学术上的繁荣可以说是与国家的兴旺息息相关。改革开放给中国社会带来了勃勃生机，同时也给学术研究创造了良好的条件。拉美史研究同其他任何学科一样，其兴盛得益于国家的改革开放政策，其未来的发展更是离不开这种政策提供的大环境。第二，十一届三中全会以后，我国高级研究人才的培养开始与世界接轨，硕士和博士学位制先后成为国内培养人才的主要形式。拉美史学科在这方面也没有完全落伍，国家先后批准中国社会科学院和北京大学、复旦大学、南开大学、湖北大学、山东师范大学等高校招收攻读拉美史方向的硕士生。这些学位点先后培养了百余名研究生，他们中的许多人成为活跃在国内拉美史学界的一支有生力量。从 90 年代中期开始，中国社会科学院、北京大学和南开大学开始招收拉美史方向的博士生，他们年轻有为，毕业后将会大大加强国内的拉美史研究。第三，自中国实行改革开放以来，任何一个与研究外国有关的学科都加强了国际交流，拉美史学界同样如此。国内许多研究拉美史的学者被派到所研究的国家或地区考察、进修或合作研究，参加国际学术讨论会的机会也大大增多，而国外研究拉美史的一些著名学者则被邀请来华讲学。这种"走出去，请进来"的方式开阔了国内研究者的眼界或思路，产生的结果必然是推动我国的拉美史研究不断迈上新的台阶。第四，在老一代学者的辛勤培养下，一批中青年学者已在拉美史学界脱颖而出。他们不囿于陈见，大胆创新，不仅开辟新的研究课题，而且在研究中使用新的研究方法，这就使高质量的拉美史著述不断问世。第五，自 1978 年之后，随着中国改革开放的深化，中国与拉丁美洲的关系也进入了一个崭新的发展阶段，两地之间的政治、经济、文化往来日渐频繁，中国高层领导人接连访问拉美国家就说明了这一地区对我国的重要性。在这种情况下，中国必然会要求更多地了解拉美，而拉美国家同样要求更多地了解中国。因此加强对拉美地区历史与现状的研究自然就成为摆在拉美史研究者面前的一项重要任务,这样势必会促进中国拉美史研究向纵深发展。我们无法准确地预言未来;但我们相信,只要国家奉行改革开放的政策,只要中国与拉美国家关系不断加强,只要拉美史研究者不断努力,中国的拉美史研究就会有一个光辉灿烂的前景。

与此同时,我们也应该清醒地看到中国拉美史研究目前面临的"困境"。一是拉美史研究尚未受到足够的重视,单就每年下达的国家哲学社会科学研究规划而言,纯拉美史的课题近些年几乎没有。如果拿不到课题,在研究过程中就缺乏必要的资金保证。事实上这已经成为摆在众多拉美史研究者面前的一个的严峻现实。二是随着老一辈学者的退休,拉美史的科研队伍出现了青黄不接的现象。许多高校拉美史的教学与科研完全"断代",现在很少有高校在本科生中开设拉美史的课程,有些高校研究生的招收也因为没有导师而停止。更令人忧虑的是,曾对国内拉美史研究做出很大贡献的高校拉美史研究机构,有的因无人而被迫取消,有的"名存实亡",还在发挥作用的也面临着后继无人的危机。在 80 年代的时候,许多高校的学报还不时刊登有关拉美史的论文,但到了 90 年代以后,拉美史的论文主要局限在北京几个专业杂志上,这也说明了在这些高校已经乏人继续从事拉美史的教学与研究。就全国而言形势更不容乐观,中国拉丁美洲史研究会创立时,会员为 100 余人,80 年代基本上呈上升趋势,到 90 年代初统计时为 326 人。现在会员究竟有多少人,登记在册的会员是否与实际相符,都不得而知。不过可以肯定地说,自 90 年代以来,全国从事拉美史教学与科研的人员不是在增加,而是在急剧减少。三是中国拉丁美洲史研究会是协调和组织全国拉美史研究的一个组织,自创立以来就一直发挥着举足轻重的作用。可以这样说,在这个组织发展过程中凝聚着老一代开创者的心血和新一代后继者的希望。然而,这个民间学术团体现在也面临着艰难的选择,几乎到了难以为继的地步。原来研究会每年可以靠着上级主管部门拨给的数千元人民币维持基本开销,从 1997 年起这种正常拨款完全停止,研究会处于一种"自谋出路"的尴尬境况。现任研究会的领导已经尽了最大努力保住研究会的全国一级学会的地位,但每年运转资金从何而来,至今未能解决。如果中国拉丁美洲史研究会因资金短缺而不复存在,那将是国内拉美史研究的莫大损失,也是学术研究的一个"悲哀"。

现在中国拉美史研究与过去相比无论从广度上还是深度上都取得了前所未有的发展,但是我们在总结成绩时尤其要看到不足。正是受上述不利因素的制约，中国的拉美史研究依然严重落后于形势的发展和中国改革开放的需要，远远不能同中国的大国地位相适应。拉美史研究如何走出目前所面临的"困境"关系到这门学科的未来发展。我们呼吁国家有关主管部门能对包括拉美史研究在内的基础学科给以切实的重视和扶持。这将是现代化进程中的中国学术发展的长远之计。

（原载《历史研究》，2000 年第 5 期，与雷泳仁合作）

对国内拉美史研究现状的几点想法

　　我曾应《历史研究》之约与雷泳仁合写过一篇关于 20 世纪中国拉美史研究回顾的文章，大致理出了这 100 年中国拉美史研究的基本线索，尤其展现了自改革开放以来中国学术界在拉美史研究上取得的重大进展，并在此基础上得出结论：中国的拉丁美洲史研究尽管走过了风风雨雨的百年历程，但还属于一个比较年轻的学科，只是在中华人民共和国成立后才开始有所发展。经过几代人的艰辛努力，到现在这门学科确实已经茁壮成长起来，而且日趋成熟，正在满载着丰硕的成果跨入 21 世纪。从现状来看，中国拉美史学科在过去取得的瞩目成就属于事实，但我们对未来前景的预测显得有些乐观。实际上，这一在 1949 年之后老一代学者开创并辛勤经营的学科，本应在已取得可喜成果的基础上在 21 世纪能够进一步发展，但现在却面临着前所未有的严峻挑战，出现了十分堪忧的局面。因此，我们这一代承上启下的研究者实际上肩负着如何使我国拉美史学科走出困境的重任。

　　一门研究学科的振兴与发展，具有高素质的人才是首要基础。中国的拉美史研究人员主要靠国内培养。十一届三中全会以后，我国高级研究人才的培养开始与世界接轨,硕士和博士学位制先后成为国内培养人才的主要形式。拉美史学科在这方面并未落伍，国务院学位委员会办公室先后批准中国社会科学院研究生院和北京大学、复旦大学、南开大学、湖北大学以及山东师范大学等高校招收攻读拉美史方向的硕士生。这些学位点先后培养了百余名研究生，他们中的很多人成为活跃在国内拉美史学界的一支有生力量。从 20 世纪 90 年代中期开始，中国社会科学院、北京大学和南开大学开始招收拉美史方向的博士生，培养了一批这一研究领域的年轻专门人才。不过，在获得博士学位的毕业生中，从事拉美史研究的人不多。据不完全统计，中国社会科学院毕业的博士只有一人从事与拉美史相关的研究工作，北京大学培养的博士有两人在做拉美史的研究,南开大学培养的博士除了留在本校工作者外,其余均不再从事拉美史的研究。在我的印象中，20世纪80年代和90年代初是国内拉美史研究比较兴盛的时期。国内的几个拉美史研究重镇呈现出人丁兴旺的局面。复旦大学拉丁美洲研究室80年代初拥有研究人员10余名之多，湖北大学拉丁美洲研究室有7位研究人员，中国社会科学院世界历史研究所设拉丁美洲史研究室，有10余名人员专门从事拉美史研究，中国社会科学院拉丁美洲研究所一度把相当力量投到了拉美史的研究上，出版了一批很有影响的成果，北京大学、山东师范大学、河北大学和南开大学也有一批学者从事拉美史的研究，当时活跃于这一学科的教学与科研人员可以说在全国分布很广，但这种局面在90年代以后就逐渐不存在了。1979年中国拉丁美洲史研究会创立时，会员为100余人，80年代基本上呈上升趋势，最高时达到300余人。受各种因素的影响，90年代后会员数开始下降，至今尚未出现复兴的迹象。

在这里，我们可以与美国相同领域做个比较。美国的拉丁美洲研究协会（The Latin American Studies Association）目前会员超过5500人，除去其中30.00%的外籍人士，美国至少有近4000人在从事与拉美问题有关的研究。美国拉丁美洲历史联合会（The Conference on Latin American History）是主要由从事拉美史研究与教学人员组成的专业性学术团体，据该联合会秘书处联系人德尔菲娜近日发邮件告知，目前在册的交费会员为785人。对我们来说，这只是个参照系数。美国的拉美史研究起步早，具有很长时期的积累，中国的拉美史研究从20世纪60年代才真正开始，中间还经历了10年"文化大革命"的几乎毁灭性的破坏，因此研究队伍不可能也没有必要庞大到像美国那样的地步。这里只是想表明中国的拉美史学科目前的状况与中国的大国地位不大相符，也想说明这一学科还存在着很大的发展潜力。

全国从事拉美史教学与研究的人员的短缺与世界史学科地位的下降有很大关系。20世纪90年代中期以后，国务院学位委员会办公室进行了学科调整，世界史学科由3个学位点合并为一，成为历史学的8个二级学科之一。这种调整直接导致了世界史学科的萎缩，作为世界史学科的一个分支，拉美史自然受到很大的影响，科研人员逐渐减少。曾对国内拉美史研究做出很大贡献的科研机构程度不同地面临着后继无人的危机。北京大学、复旦大学、湖北大学、山东师范大学以及中国社会科学院世界历史研究所在职人员中仅各余一人顽强地坚守着这块学术阵地。南开大学的情况略微特殊，90年代初借原国家教委重视国际问题研究之机成立了拉丁美洲研究中心，在学校的大力支持下，该中心发展还算比较顺利，目前编制属于历史学院。加上本校外围人员，该中心共有 7 人在从事拉美史的教学与研究，成为国内这一研究领域的重镇之一。从全国范围来看，拉美史教学与研究人员的严重短缺导致了十分堪忧的后果，许多高校拉美史的教学与科研完全停止，现在很少有高校在本科生中开设拉美通史以及相关课程，有些高校研究生的招收也因为没有导师而停止。拉美史人才的培养实际上陷入了一种非良性循环的境地。我先后在美国堪萨斯大学和哈佛大学做过访问学者。哈佛大学为美国最好的学校，历史系共有 58 名教师，其中有 3 名教授从事拉美史的教学与研究。他们在 2005—2006 学年共开设了"拉美经济史""拉美历史上的主要问题""1825 年之前的拉美史""1914 年以来的拉美史"等 10 门课程。堪萨斯大学在美国大学排名居中上，历史系共有 38 名教师，其中 3 名从事拉美史的教学与科研，2005—2006 学年共开设了"拉美历史上的暴力与冲突""现代拉丁美洲文化史""20 世纪的南美洲""19 世纪的拉丁美洲"以及"拉美经济史"等 12 门课。在上述所列课程中，绝大多数可以为本科生所选。我们很难达到美国大学拉美史这样的教学水平，但现在连最基本的要求都很难达到。很多考上拉美史研究方向的硕士生甚或博士生在本科阶段根本就没有机会选上拉美史的课程，专业知识少得可怜，需要补课后才可进入下一阶段的培养。在每次召开的中国拉丁美洲史研究会的年会或换届大会上，很多老前辈都大声疾呼加强高校拉美史的教学，否则拉美史的人才培养将失去本源。这无疑是具有长远战略眼光的主张，但真正实现又谈何容易。国内拉美史教学与科研人员的短缺是造成这一学科目前困境的主要"瓶颈"。

在过去的几十年中，尤其是改革开放以来，我们在拉美政治史、外交史、经济史、文化史和现代化进程的研究上取得了重大进展，在印第安文明、拉美社会发展、拉美妇女史、拉美民族史以及拉美史学理论等领域也有一些重要成果问世。然而，由于研究人员的缺乏，国内拉美史的研究与美国史、欧洲史和东亚史相比，成果的数量和研究的深度都显得不足。对国内几个重要史学刊物 2001 年至 2005 年 5 年期间发表的有关世界史文章的统计便有力地说明了这一点。《历史研究》是中国史学研究的顶级刊物，一般而言，其所刊登的论文代表了相关研究领域的最高水平。这一期间《历史研究》总共刊登世界史的论文 56 篇，其中美国史 14 篇、英国史 9 篇、俄罗斯史 4 篇、日本史 4 篇、法国史 3 篇、德国史 2 篇，其余为古代中世纪和近现代史，而拉美史的论文一篇没有。《世界历史》是中国世界史研究的唯一专业性刊物，这一时期共刊登拉美史的论文 7 篇，而美国史 57 篇、英国史 35 篇、俄罗斯史 15 篇、日本史 13 篇、德国史 11 篇、法国史 10 篇。《史学月刊》是国内一家很有影响力的专业性历史刊物，这一时期共刊登拉美史论文 4 篇，美国史 44 篇，英国史 15 篇，法国史 5 篇，俄罗斯史 3 篇，德国史 4 篇，日本史 4 篇。论文的数量和质量最能表明一个学科的发展水平。以上统计可能不十分完整，但可以看出拉美史在中国世界史学科中的研究现状并不乐观。当然这只是整体上的比较，并不排除拉美史研究中有一批很有力度的论文和专著。很多前辈几年前就希望能够组织国内力量编撰一套多卷本的《拉丁美洲通史》，但这一工程至今尚未启动，主要的担忧还是在于很多人感到研究基础不够厚实，如果匆匆上马，质量很难得到保证。

毋庸置疑，中国的拉美史研究与过去相比已经取得了很大的进展，研究内容也逐渐很少"大而化之"，但与国内世界史的其他学科相比还存在很大的差距，要是与国际拉美史研究做个比较的话，我们的差距就更为突出了。这里还是以美国为例，因为目前很少有国家在拉美史的研究上能超过美国。美国很多综合性大学设有拉美研究中心，还有区域性的研究联盟，如美国东部几所著名大学组建了新英格兰拉美研究联盟，北卡罗来纳大学和杜克大学共建了拉美和加勒比研究联盟。在这些研究中心或联盟中，很多成员从事历史或与历史相关的研究，逐步形成了各自的研究重点与特色。他们开展的有关拉美史研究课题已经非常细化，涉及拉美历史的方方面面，这一领域每年都有大量的研究成果问世。美国拉丁美洲历史联合会编辑出版的《西班牙美洲历史评论》每期都介绍 40 本左右反映国际学术界对拉美史研究的图书，其中多数为美国学者所撰写，从中可以看出美国学界对拉美史研究的基本状况，也能够了解到国际拉美史学界最新的研究动态。从总体上看，国内绝大多数拉美史学者从事的研究很难说能够与国际学术界开展对话，更不用说能在国际学术界具有"一席之地"。当然，这里并不是说中国的研究水平高低非得以外国的标准来衡量，毕竟中国学者在选择课题上首先要考虑诸如资料等客观条件的限制，更何况他们的立场、立论、观点和取材等方面都会与国外学者有所不同。不过也毋庸讳言，中国的拉美史研究在许多"硬件"上还存在着严重的不足。现在学术界常常提倡学术研究应该与国际接轨，所谓"接轨"就是在国际学术界应该有中国学者的声音，说到底就是要让国际学术界承认中国学者的研究成果。这本来是国内拉美史研究者的一个努力方向，其实，如果各种"硬件"条件具备，做到这一点并不是完全不可能。然而，按照国内目前拉美史学科的状况，我们显然缺乏必要的"硬件"，更令人担忧的是，"软件"指标也在急剧下滑。长此以往，对国内拉美史学科来说，能够延存下来就算万幸了，与国际"接轨"恐怕只能是一个难以实现的遥远目标。

一个纯粹基础学科的发展单靠自身的努力是很难壮大起来的，更不用说要走出国门，在国际学术界产生影响了。因此，诸如国家重视、投资力度甚至政治气候与经济发展状况等外部环境都显得非常重要。国内拉美史学科的发展足以证明这一点。如复旦大学拉丁美洲研究室、武汉师范学院（现湖北大学）巴西史研究室以及南开大学拉丁美洲史研究室等中国高校最早的一批拉美史研究机构，就是 20 世纪 60 年代响应毛泽东主席关于加强国际问题研究的指示而建立起来的；80 年代拉美史学科出现较大的发展显然首先得益于国家的改革开放政策与宽松的学术氛围。在外部环境中，能否获得资金大概是最为重要的因素。一个像历史学这样的基础学科如果得不到国家或公共资源的扶植和资助，其结果必然会出现萎缩或陷入困境。美国有大量的私人和公共基金会，它们每年投放数额很大的资金来资助基础研究，美国学者开展的对拉美史研究的课题往往都可找到资助来源，而且所获得的资助额度足以保证研究者具备完成课题的基本条件，如参加与课题相关的国内或国际会议，甚至到所研究的对象国开展调查或搜集资料等，美国学术界每年能有可观的拉美史研究成果问世显然与资金的充足有着直接的关系。中国私人基金会本来就很少，能够支持基础学科的基金会更几乎没有。基础学科的发展全靠着国家控制的几大公共基金，缺乏充足的资金来源严重限制了该学科的发展。近些年这种状况有所改观，项目获得资助的渠道大大增多，这应该是一个非常令人振奋的趋势。然而，具体到作为世界史学科很重要组成部分的拉美史分支而言，缺乏资金来源的状况并未得到明显改善。从 2001 年至 2005 年，世界史研究课题共 80 项得到国家社会科学基金资助，拉美史的课题未取得相关资助。从 2001 年至 2004 年的社科基金"世界历史"的课题指南中，与拉美史相关的课题一个都没有，2005 年课题指南中列了"拉丁美洲发展道路"的题目，据我所知有研究拉美史的学者进行了申报，但最终还是未能立项。①教育部人文社会科学规划项目和博士点项目查不到最近几年的具体统计数字，但可以断言，与拉美史有关的项目即使有的话，也是寥寥无几。如果研

---

① 据有关人士告知，2006 年国家社科基金课题评审近期刚结束，拉美史有一项课题入选，这的确是一个令人振奋的好消息。

究项目缺乏必要的资金作保证，研究工作就难以开展，也就很难完成高质量的研究成果。事实上这已经成为摆在拉美史研究者面前的一个严峻现实。此外，这样一种现状还会导致更为严重的后果。在很多高等院校，能否拿到国家或教育部课题成为教师考核和晋升的一个量化指标，从事拉美史教学与科研的教师如果长期申请不到课题，这一学科实际就失去了向前发展的推动力，而与其他学科的同事相比他们更是无竞争力可言，致使很多教师不愿意继续从事拉美史的教学与科研，逐渐把重点转向世界史的其他学科。

在中国的对外战略中，拉丁美洲占据着举足轻重的地位，这是中国政府领导人频频出访这一地区的原因。拉美国家 19 世纪独立以后在发展过程中的确积累了很多可供我们借鉴的经验教训，对拉美历史的了解和研究可以为认识拉美国家目前的现实提供基础。如果只重视现状而忽视历史，结果只能导致对现实问题的研究多少有些"无本之木"，常常会流于对现象的描述，很难从发展的过程中揭示其本质所在。中国拉美学界一些研究现实问题的大家往往对历史有着很深的造诣。因此，研究历史与认识现实是密切联系在一起的，不重视历史研究只能说是"目光短浅"。当然，现在中国拉美史研究与过去相比无论从广度上还是深度上都取得了前所未有的发展，一批年轻的博士开始成为这一学科的主力军，对外交流的机会与过去相比也大大增多，但是我们在总结成绩时尤其要看到不足以及存在的危机。不管是与国内世界史的其他学科比较，还是与国外的相同学科比较，中国的拉美史研究的确严重落后于形势的发展和中国改革开放的需要，远远不能同中国的大国地位相适应。拉美史研究如何走出目前面临的"困境"关系到这门学科的未来发展，这是我们这一代学人肩负的重大责任。我们呼吁国家有关主管部门能对包括拉美史研究在内的基础学科给以切实的重视和扶持，这将是现代化进程中的中国学术发展的长远之计。

（原载《史学月刊》，2007 年第 1 期）

南开大学拉丁美洲史学科发展的回顾与展望

  南开大学世界史学科目前为国内高校仅设立的两个"双一流"建设学科之一，世界史学科能够取得如此佳绩，其基础是世界地区国别史。世界地区国别史长期以来是南开大学世界史学科的明显特色，1981 年被国务院学位委员会批准为博士授予点，成为国内高校世界史学科最早的博士点之一。在1987 年国家教委首批设立的国家重点学科中，南开大学世界地区国别史名列其中。以后南开大学世界史学科几乎囊括了教育部在高校设置的各类资助名头，包括教育部人文社会科学重点研究基地和"985 工程"哲学社科创新基地等，世界地区国别史在其中发挥了举足轻重的作用。世界地区国别史涵盖的范围很广，任何一所高校都不可能穷尽所有，只能是对某些地区和国别进行深入研究，形成自身的研究特色或品牌。美国史、日本史和拉美史是南开大学世界地区国别史的特色，有 50 余年的学术积淀，尤其是美国史和日本史，为国内世界史学界公认的一流学科，在学术研究和人才培养等方面做出了令人瞩目的业绩。拉美史本应与美国史和日本史齐头并进，但由于历史的原因，"文化大革命"后期未能及时恢复建制，导致了研究人员的流失，造成了近20 年的空档期。然而，拉美史学科在南开大学具有厚实的研究基础，一旦抓住时机，便很快异军突起，不仅与美国史和日本史一样重现南开大学世界史学科的优势，而且很快成为国内拉美史研究的重镇。

一、南开大学拉美史学科建制的演变

  世界史作为一门独立的学科，在中国历史上是很年轻的，拉丁美洲史作为世界史的重要组成部分，很长时间并无专门研究人员，更谈不上拥有专业的研究机构了。在民国时期，有的综合性大学的历史系开设了拉丁美洲史选修课。福建协和大学是一所地方性的教会学校，根据1927年历史系开设的课程表，"南美洲诸国史"课为半年讲授。南开大学历史系同一时期是否开设拉丁美洲史课，尚未找到翔实的证据，但至少有学者在讲授某些课程时会涉及拉丁美洲历史。据南开大学1923年历史系课程安排，世界史课程主要有"西洋通史""一百五十年之欧洲""英吉利通史""美利坚合众国通史""近世欧洲经济史""欧洲列强扩充他洲史""欧洲文艺复兴及宗教改革史"等。显而易见，"欧洲列强扩充他洲史"的课程必会把欧洲大国在美洲的殖民扩张作为重要组成部分。南开大学历史系世界史课程的安排间接地表明，拉美史的教学与科研在民国时期并未得到重视。

在1949年之前，国内学界对拉美史的某些问题虽有涉猎，但多为介绍性的，缺乏深入研究之作。作为世界史一门独立的分支学科，拉丁美洲史的教学与研究是在中华人民共和国成立之后才逐步确立起来的。20世纪50年代初，中国高等学校院系进行调整，一些综合性大学和师范院校历史系随后相继开设了世界史专业课，结合国内政治形势以及反对美国霸权主义的需要，亚、非、拉民族解放运动史是其中讲授的重要内容。然而，由于缺乏拉美史研究的专门人才，这门世界史分支学科的研究工作基本上没有开展起来，只限于在讲授世界史时涉猎而已。1959年古巴革命的胜利对拉美各国民族民主运动的发展和国际政治关系的变化产生了重要的影响，引起了中国理论界和学术界的高度关注，国家决策部门似乎在拉丁美洲发现了"革命"的"新大陆"。这种认识使得对拉美历史和现状的了解与研究开始受到重视。20世纪60年代初，北京大学、中国人民大学、北京师范大学和复旦大学等历史系先后开设了拉丁美洲史的课程。应国家对拉丁美洲深入了解之所需，设置专门的拉丁美洲研究机构提上日程。1961年7月，中国科学院哲学社会科学部拉丁美洲研究所率先成立，1964年，隶属于该学部的世界历史研究所正式组建，设立了拉丁美洲史研究室，成为国内学界最早研究拉美史的建制单位。教育部为落实中共中央加强国际问题研究的精神，相继在高等院校成立了几个专门研究拉美历史的机构，南开大学拉丁美洲史研究室便是在这种大背景下成立的，标志着南开大学拉美史学科进入了开创阶段。

南开大学拉美史研究室成立之初，梁卓生先生被任命为研究室主任。梁先生早年就读于西南联合大学政治学系，曾担任过北京大学政治学系助教，后赴美国留学，获得硕士学位。中华人民共和国成立之后，梁先生从美国返回中国，怀着一颗赤子之心报效祖国。梁先生回国之后最初在高等教育部高等教育司工作，1955 年调到南开大学历史系任教，成为拉美史研究室的创始人之一。成立之初的拉美史研究室可谓是兵强马壮，有 6 位研究人员。除了梁卓生先生之外，还有周基堃、洪国起、黄若迟、丁朝弼和梁吉生诸先生。据洪国起先生回忆，他毕业之后留在历史系任教，拉美史研究室组建时便奉命调入，随后被派到上海外语学院（现上海外国语大学）进修西班牙语。可以设想，要是没有"文化大革命"的话，南开大学拉美史研究室很快会发展成为国内研究拉美史的一个学术重镇。"文化大革命"爆发之后，拉美史研究室停止一切活动。非常遗憾的是，"文化大革命"后期，美国史研究室和日本史研究室先后恢复了建制，而拉美史研究室却未能续上前缘，原来的研究人员多数逐渐脱离拉美史的教学与科研，被调到其他研究室任教或调往他校。1978 年，中国实行改革开放战略，为南开大学拉美史研究恢复建制提供了一个良好的机遇。但不知何故，梁卓生先生没有及时向学校提出恢复拉美史研究室的建议，此事自然就被搁置下来。1982 年梁卓生先生调离南开大学，到外交部主管的外交学院任教，直至 1994 年退休。梁卓生先生担任南开大学拉美史研究室主任虽只有两年半时间，但以一个历史学家的眼光制定了拉美史研究的长远规划，强调西班牙语在拉美史研究中的重要性，他不仅身体力行学习西班牙语，还送年轻教师到外语院校进修，把学校下拨的有限外汇全部用于购买外文资料，很大程度上奠定了南开大学拉美史研究的基础。南开大学拉美史学科以后能够重新崛起，梁卓生先生可谓首功。

南开大学拉美史研究室虽没有恢复建制，但梁卓生先生在调离南开大学之前一直在历史系开设与拉美史相关的课程，培养硕士研究生。梁先生调离南开大学之后，很长时间只余洪国起先生独自坚持拉美史的教学与科研，培养拉美史方向的硕士生。此时，与拉美史研究室同时创建的美国史研究室和日本史研究室呈现出蓬勃向上的发展势头，国内外的影响力日益上升，而拉美史教学与科研只有洪国起先生孤军奋战。从后来的历史发展来看，洪先生坚持在南开大学进行拉美史的教学与科研，实际上在做着延续拉美史学科于不断的工作，的确是功莫大焉。洪先生实际上一直在寻求重振南开大学拉美史学科昔日辉煌的机会。这个机会尽管姗姗来迟，但最终还是等来了。要是洪先生没有让南开大学拉美史学科的根脉延存下来，即使有机会，恐怕也非南开大学所能获得。

这个机会就是 20 世纪 90 年代初国家教委加强了高校国际问题研究，由滕藤副主任挂帅，在具有基础的教委直属高校布设地区与国别研究中心。1991

年 8 月底，国家教委在暨南大学召开了拉美问题研究科研工作会议。洪国起先生应邀出席，在会上做了主旨发言，引起与会的国家教委领导高度重视。洪先生从广州返回南开大学不久，便把几位对拉丁美洲研究有热情的年轻教师召集到他的办公室，传达了广州会议精神，我也有幸参加这次通报会。洪先生深知这是恢复南开大学拉美史学科建制的一个千载难逢之机遇，表情显得很激动，按照笔记本的记录详细地给我们通报了会议的情况。这次会议产生的最重要结果是，国家教委决定成立全国高等院校拉丁美洲重点课题研究协调小组，由南开大学牵头，北京大学协助，洪国起先生出任组长。协调小组的主要任务是制定拉丁美洲重点课题研究规划，组织评审向国家教委申报拉美研究课题，协调全国高校的拉美研究工作，结合重点研究课题向国外派遣访问学者和开展学术交流等。为了能够让协调小组更为有效地发挥作用，同年 12 月，南开大学第十九次校长办公会议做出决定，组建实体性的拉丁美洲研究中心。那时我还在南开大学攻读博士学位，受洪国起先生之邀，参与了拉丁美洲研究中心的筹建工作。我于 1993 年 6 月留校工作之后，编制在拉美研究中心，但此时中心尚未正式挂牌成立，不过已经有了办公场所，地点在四宿舍汉语教学楼内的一层。办公室只有一间房，面积约 40 平方米，为原来的教室改造而成。筹备期间，洪国起先生把他培养的拉美史方向的研究生王萍与杨清分别从南开大学国际学术交流处和历史系调到拉美研究中心做专职研究人员。她们调到拉美研究中心之后，不久便被派到北京外国语大学西语系进修西班牙语。

拉美研究中心从筹备到正式挂牌成立，历经两年时间。拉美研究中心创始人洪国起先生非常重视挂牌成立仪式，因为这是他倾一生之心血所付诸努力的结果，决不能草率行事，一定要在全校乃至全国造成声势，待到时机成熟后方可正式挂牌成立。这种考虑也是拉美研究中心筹备两年之后才挂牌的主要原因。1993 年 11 月下旬，南开大学拉丁美洲研究中心成立大会正式举行，会议规模不是很大，国家教委社科司科研处阚延河处长与会。参加会议的学校领导有南开大学原校长滕维藻教授、主管文科的副校长朱光华教授以及党委副书记王荫庭教授，杨生茂先生作为中心顾问也拨冗出席。在挂牌成立大会上，洪国起先生做了主旨发言，从 1964 年 3 月南开大学成立拉丁美洲史研究室谈起，满怀深情地回顾了南开大学拉美史学科走过的崎岖历程，强调了拉美研究在国家对外开放中的重要性，详细地向与会人员汇报了拉美研究中心筹建过程，对国家教委重视国际问题研究给予很高的评价。朱光华副校长代表学校发言，表示学校将会对拉美研究中心提供大力支持，力争把该中心建设成为能够在全国起到表率作用的研究机构，使之名副其实地协调全国高校的拉美历史与现状研究。阚延河处长在会上代表社科司表态，希望拉美研究中心能够帮助社科司对高校拉美研究课题做出规划，以便社科司在每年的规划项目指南中发布。滕维藻教授和杨生茂教授在发言中对拉美研究中心未来如何发展提出一些非常中肯的建议。这次会议不只是恢复了南开大学拉美史学科的建制，更重要的是翻开了拉美史学科新的一页，在南开大学拉美史学科发展历程中具有标志性的意义。

按照学校的相关文件精神，拉美研究中心属于独立建制单位，文件没有明确规定编制。2000 年下半年，南开大学大力推行学院实体化改革，按照一级学科归类，拉美研究中心合并到新成立的历史学院，成为学院内部的一个研究单位。拉美研究中心成立之初为 4 人，洪国起先生由校党委书记兼任中心主任，余者皆为专职研究人员，分别为王萍、杨清和我。董国辉 1995 年获得历史学硕士学位之后留在拉美研究中心任专职研究人员，中心研究人员达到 5 位。杨清 1998 年调离南开大学；韩琦教授 2002 年由山东经济学院引进到南开大学历史学院拉美研究中心；2004 年 6 月，李巨轸留在拉美研究中心任教，兼任教育部人文社科重点研究基地世界近现代史研究中心秘书，中心研究人员达到历史最多；我与李巨轸 2006 年调离南开大学；潘芳 2007 年获得博士学位之后留在历史学院拉美研究中心任教；洪国起先生 2007 年荣退。洪国起先生为中心首任主任，在中心的发展过程中起到了决定性的作用，为中心发展做出长远规划，目标就是要把中心建成一个能够引领全国拉美问题之先的研究机构；第二任主任为我本人；第三任主任为王萍教授；现任主任为董国辉教授，成员有韩琦教授、王萍教授和潘芳副教授。谭融教授和王翠文副教授任教于南开大学周恩来政府管理学院，她们分别获得了拉美史方向的硕士和博士学位，研究成果和研究课题涉及拉美史。从大的范围讲，她们两人属于南开大学拉美史学科的重要成员，现在为拉美研究中心的兼职研究人员。

二、拉美史研究的重点与取得的成果

在 20 世纪 80 年代梁卓生先生调离南开大学之后，南开大学拉美史研究只是洪国起先生独自所为。洪先生先后发表了《论西蒙·玻利瓦尔》《玻利瓦尔坚持大陆团结联合反殖的对外政策》《略论墨西哥〈1917 年宪法〉的特点和意义》《哥伦布"发现"美洲价值判断体系初探》《墨西哥〈1917 年宪法〉和〈中华民国临时约法〉的比较研究与思考》《中美洲政局和美国的政策》等论文，主要刊登在《世界历史》《拉丁美洲研究》《南开史学》等杂志上。这些论文多是为参加中国拉丁美洲史研究会所举行的学术会议而撰写的，虽只是就学界关注的某些问题提出自己的思考，却具有向国内学术界彰显南开大学拉美史学科尚未完全中断的重要意义。拉美研究中心在并入历史学院之前不承担本科生的教学工作，科研是中心的主要任务。拉美地区有 30 余个国家，中心研究人员不多，不可能面面俱到。如何能够在科研上做出标志性的研究成果，是中心领导经常思考的一个问题。洪国起先生担任中心主任期间，经常召集中心成员开会讨论这个问题，确定了中心科研工作的近期规划和长远规划，不能四面出击，集中力量研究一些对拉美国家来说具有共同特性的重大问题，历史与现实相结合，以个案来展示整体之特性，力争能够撰写出在学术界产生影响的研究成果，形成拉美研究中心的主要研究特色。拉美研究中心从正式成立起至今已走过了 26 年的历程，中心研究人员秉承当年洪国起先生所确定的科研宗旨，力图在美国与拉丁美洲关系史、拉美地区一体化与拉丁美洲现代化等问题上有所见解，出版和发表了一系列相关研究成果，推进了国内学术界对这些问题研究的进一步深入。

自拉丁美洲摆脱西班牙和葡萄牙殖民统治以来，美国成为影响拉美国家政治、经济、文化等方面发展的重要因素，美国的"影子"在拉美地区发展过程中随处可见。美国也把同处于一个大陆的这个地区视为"后院"，把"美洲是美国人的美洲"贯穿于其制定的相关外交政策之中，很长时期内不允许美洲之外的欧洲大国对拉美地区事务染指。洪国起先生长期给拉美史方向的硕士生开设"美拉关系史"课程，对美拉关系的历史与现状有着深刻的思考。我本人撰写的硕士论文是关于美拉关系史的，攻读博士期间在杨生茂先生的指导下对美国外交的演变有了宏观上的整体认识。在拉美研究中心成立之初的科研工作例会上，中心把研究美拉关系史作为中心研究人员努力完成的一个近期目标，由洪国起先生挂帅，我具体负责设计提纲与撰写工作，最后由洪国起先生审定，力争在原有研究的基础上能够对美拉关系史研究有所深入。

实际上，洪国起先生与我对美拉关系史的研究在拉美研究中心尚未正式成立时便开始了。1992 年下半年，洪国起先生领衔申报的国家教委人文社科课题"使命观与美国对拉美政策"获得批准立项，随后这一课题经国家教委社科司认定转为教委"八五"规划重点项目。对美拉关系史的研究当时在国内学术界算是一个"热点"，学者们发表了大量相关论文，但尚无一本系统研究的著作。这个课题是研究美国对拉美地区政策的形成以及演变的历史，美国对拉美地区的政策具有延续性，这样就赋予了美国与拉美国家的关系具有一种万变不离其宗的特性。我们在阅读资料的过程中，试图寻求贯穿于美拉关系史上的一根主线，实际上也就是研究这个课题的一种视角。经过很长时间的思考，我多次与洪国起先生讨论，我们认为"冲突与合作"是研究美拉关系史的一条主线。从拉美国家爆发独立战争到现在，美国和拉美国家就建立了一种不平等的关系，始终处于冲突的状态之下，但他们的冲突始终没有突破一种至少在表面上进行合作的外壳，即泛美体系。冲突与合作浑然交织，不可分割。这不仅是过去美拉关系史上的一个重要特征，而且必将在未来二者关系中继续表现出来。从这种研究视角俯瞰美拉关系的发展，才能更为深刻地认识美拉关系的演变及其未来走向，并从中把握美国外交战略多变的原因及其一以贯之的强权外交实质。因此，拉美国家从整体利益上讲，既是与美国合作的一方——合作解决西半球面临的共同问题是美拉关系发展的大势所趋，又是与美国冲突的一方——利益的根本不同使双方不可避免地产生矛盾乃至对抗。这样，冲突与合作这对矛盾将继续交织在一起，在未来的美拉关系中充分表现出来。从这个研究思路出发，我们设计好撰写提纲，最终完成了《冲突与合作：美国与拉丁美洲关系的历史考察》专著，34 万字，由山西高校联合出版社 1994 年 10 月出版，成为拉美研究中心成立之后出版的首本专著。

这部专著出版后反响还不错。北京大学林被甸先生在 1995 年 2 月中旬召开的世界史学科研究会上对这部专著予以高度评价，认为是我国学者"第一部全面论述这个问题的著作，而且以冲突与合作为主线，把美国政府各个时期的拉美政策连贯起来，从中把握美拉关系发展的基本趋势，不能不说具有很大的学术意义和现实意义"。杨生茂先生挥笔撰写了一篇书评，题目为《一本富有启迪效益和卓异见地的好书——〈冲突与合作：美国与拉丁美洲关系的考察〉读后感》，对该书评价甚高。这篇书评刊登在《拉丁美洲研究》1995年第 5 期。本书 1996 年获得天津市人文社会科学优秀成果三等奖。中心研究人员对美拉关系史的探讨并未到此停止，在此基础上把研究视野进一步拓宽，继续进行研究，撰写了一系列相关论文，主要有《关于冷战后美国与拉丁美洲关系的思考》《文化的困扰：克林顿政府亚太政策的一个误区》《试论美国向拉美"输出民主"的实质》《关于美国向拉美"输出民主"的历史思考》《试论冷战后美国对外"输出民主"战略》《美国对外关系的文化探源》等，分别发表在《历史研究》《世界经济与政治》《美国研究》《拉丁美洲研究》《现代国际关系》《南开学报》《国际经贸研究》等杂志上。相关的研究成果还有《美国文化与外交》（王晓德著，世界知识出版社 2000 年版）以及《人权、主权、霸权——美国人权外交研究》（洪国起、董国辉著，世界知识出版社 2003 年版）。《美国文化与外交》获得了第三届中国高校人文社会科学研究优秀成果二等奖。

　　拉丁美洲区域一体化和美洲贸易自由化是 20 世纪 90 年代中后期国内外学术界关注的研究"热点"之一，这与当时国际社会所昭示的世界经济发展特性有着密切的联系。区域经济一体化在世界经济格局中越来越引人注目，在某种程度上成为与经济全球化并行不悖的两大趋势。世界经济区域化显然已经成为当代国际社会一股不可逆转的潮流。拉丁美洲区域经济一体化起步较早，走在世界其他地区发展中国家的前面。然而，拉美地区业已存在的一体化组织 80 年代一度停止活动，只是到了 90 年代之后随着世界经济区域化的高涨，这些组织才焕发出新的活力，新组成的地区贸易集团获得了快速发展。它们表现出的强劲增长势头标志着拉美地区经济一体化已经进入了一个新的发展阶段。拉美地区几乎每个国家都以某种形式加入一个或多个区域性组织，形成了相互交叉、多层次、多形式的经济一体化格局。拉美地区最终形成一个经济共同体显然是一个漫长的过程，但在拉美国家的共同努力之下，这种设想正在逐步向现实转化。90 年代拉美地区经济一体化之所以出现前所未有的高涨，除了受外部环境的影响之外，显然是与拉美国家的经济改革、调整与开放密切相关。尽管地区经济一体化本身就属于经济改革的重要组成部分，但它对改革的反作用比任何其他领域都显得要大或更为直接。一体化首先涉及国家之间在经济制度建设上相互接轨的问题，所以就必然会促使介入一体化进程的国家大刀阔斧地革故鼎新，在一些情况下甚至相互让渡出制定经济政策的部分主权，以便求同存异，在奉行基本一致的经济政策中实现共同发展。地区经济一体化的这一特征必然促使多数拉美国家的改革不断走向深入。20 世纪 90 年代以来拉美地区经济发展既取得了引人瞩目的成就，又留下了深刻的教训，而研究在"开放的地区主义"指导下的拉美区域经济一体化可以为认识拉美国家的改革提供一个"聚焦点"。有鉴于此，拉美研究中心把拉美区域一体化作为研究重点之一。经过多年的努力，中心人员在这个重要问题的研究上取得了一些进展。

　　王萍教授《走向开放的地区主义——拉丁美洲一体化研究》（人民出版社2005年7月版）专著是这方面研究的代表作。王萍教授研究拉美一体化已有多年积累，她的博士论文便是探讨这一问题的。这本书虽然是研究拉美地区的一个重要现实问题，但作者使用了历史学的基本研究方法，把对拉美一体化的认识建立在对大量资料解读的基础上，这样便使作者对相关问题的论述和得出的结论更具有客观性。作者考察了拉美一体化思想的历史渊源、理论基础、基本内涵和实践过程，把笔墨重点放到了拉美经济改革带来地区一体化的高潮，总结了进入21世纪之后拉美一体化所呈现出的特点。作者的主要观点是，拉美一体化思想和理论在一定程度上受西方一体化理论的启发和影响，但其历史渊源、理论基础和发展动力都具有自身的独特性。正是这种独特性赋予拉美一体化鲜明的民族主义色彩，把追求地区的发展作为一体化的首要目标。作者通过大量的史实分析揭示出这个命题的本质特征与时代意义。这本书出版后得到学术界的好评，中国社会科学院拉丁美洲研究所陈芝芸研究员在《拉丁美洲研究》2006年第2期上发表书评，称这本书是"拉美一体化研究的创新成果"。在对拉美一体化问题研究的过程中，王萍教授还先后发表了《南方共同市场的形成及其对中国的影响》《南方共同市场的发展、作用及面临的挑战》《结构主义与拉美的发展》《美洲自由贸易区与拉丁美洲一体化》《拉美"开放的地区主义"与中国》《普雷维什的地区合作思想及其现实意义》《南方共同市场与欧盟合作的战略关系分析》等学术论文，这些论文主要刊登在《拉丁美洲研究》与《现代国际关系》等杂志上。

　　研究拉美一体化，美国因素不容忽略。20世纪90年代初美国直接介入美洲一体化进程，试图联合拉美国家建立美洲自由贸易区。我本人从1997年上半年开始这一课题的研究，出版了专著《挑战与机遇：美洲贸易自由化研究》（中国社会科学出版社2001年6月版）。全书近35万字，追溯了美洲贸易自由化的历史根源，分析了美国启动美洲贸易自由化的原因，从经济全球化和区域化的国际大背景下探讨了美洲贸易自由化的历史发展进程以及面临的问题与挑战。南北美洲历史上延续下来的合作形式是美洲贸易自由化的基础，90年代初布什政府提出的"美洲事业倡议"启动了这一进程，北美自由贸易协定是美洲贸易自由化的前奏，拉美经济一体化的蓬勃发展有力地推动了美洲贸易自由化进程。本书还指出了美洲贸易自由化给西半球各国带来的利弊得失，分析了"开放的地区主义"与拉美经济一体化、美国对美洲贸易自由化进程的巨大作用、美国国会立法程序对美洲自由贸易区谈判的影响、美洲贸易自由化与世界贸易组织（WTO）的关系、美洲贸易自由化对中国发展与西半球国家经贸关系的影响等。本书的结论是，美洲贸易自由化是一个涉及几乎所有西半球国家的变革，南北美洲国家不管愿意与否，都已经无法置身事外。尽管美洲贸易自由化是一个长期艰难的谈判过程，但这场变革不会中途夭折，正在美洲国家的积极努力下向着既定的目标前进。这本书是国内首本从历史发展的角度系统阐述美洲贸易自由化进程的专著，出版后得到一些研究拉美问题专家的肯定，2002 年获得了天津市人文社会科学优秀成果二等奖。在研究美洲贸易自由化这个课题期间，我本人发表的相关论文有《美洲贸易自由化与拉美国家的战略选择》《拉美经济一体化的发展及其前景》《美国与拉美经贸关系的发展及其趋向》《"开放的地区主义"与拉美经济一体化》《美国市场对拉美地区经济的意义》《美洲贸易自由化对中国出口贸易的影响》《美洲贸易自由化对中国出口的"贸易转移"效应及中国的应对措施》《试析美洲自由贸易区的贸易创造效应》《对北美自由贸易区批评的评析》《自由贸易与墨西哥经济的发展》《美洲贸易自由化对提高拉美企业国际竞争力的影响》与《贸易自由化与拉美国家的经济发展》等。这些论文刊登在《拉丁美洲研究》《世界经济与政治》《现代国际关系》《国际问题研究》等杂志上。

　　现代化是审视世界历史发展的一个新视角，美国学术界研究世界现代化进程起步比较早，出版了大量的相关研究成果。美国学者明显是站在服务于本国全球利益的角度提出衡量发展中国家"现代化"的标准。他们阐述的现代化理论有着很明显的意识形态取向，旨在让发展中国家按照他们设计好的道路实现所谓"现代化"，用美国的形象重塑发展中的世界，旨在为打赢与苏联的冷战争得新的盟友。美国学者通过确立的现代化标准来为发展中国家发展开"药方"实不足取，但现代化的确是很多发展中国家摆脱殖民统治之后所开启的艰难进程，在这方面拉美国家比较具有代表性。国内较早开展现代化研究的学者为北京大学罗荣渠先生，他所著的《现代化新论》出版之后在国内学界掀起了以"现代化"为视角研究发展中国家现代化历程的"热潮"，这种"热"至今方兴未艾，成为解释很多发展中国家摆脱殖民统治建立民族国家之后开始与世界主流大潮融合的一种理论。在第三世界中，拉美地区国家获得独立比较早，摆脱西班牙殖民统治之后不久便走上了现代化的道路。从 19 世纪 70 年代开始，该地区先后奉行了古典自由主义、发展主义和新自由主义三种现代化战略，呈现出初级产品出口、进口替代工业化和新型出口导向三种经济发展模式，经历了寡头威权主义、民众威权主义、官僚威权主义、现代代议制民主等政治模式的演变。对拉美地区现代化历程的探讨既可以更为清晰地展现出拉美国家在发展过程中的共有特性，又能够对认识拉美国家发展进程中产生的重大问题有一种新的解释。拉美研究中心研究人员认识到从现代化视角对理解拉美国家自独立以来发展的重要性，遂将此确定为中心主攻的一个研究方向。在他们多年辛勤努力之下，一系列相关研究成果先后出版，成为中心在科研上的一个重要特色。

韩琦教授在拉美现代化研究上成果颇丰。他是学历史出身，曾在山东经济学院主讲过世界经济。历史学的训练让他能够用更深邃的视角来看待影响拉美历史发展的一些重大问题。韩琦教授 1996 年出版了专著《拉丁美洲经济制度史论》，从制度层面上揭示了拉美国家经济发展步履维艰的深层原因。作者在这部著作中虽未明确涉及拉美现代化问题，但实际上却为以后他致力于拉美现代化研究埋下了伏笔。韩琦教授 2002 年调到南开大学拉美研究中心之后开始把研究重点转向拉美现代化研究。墨西哥现代化在拉美国家中颇具代表性，他把墨西哥作为个案研究，重点放到跨国公司在墨西哥现代化进程中所发挥的积极和消极作用之上，2011 年出版了专著《跨国公司与墨西哥的经济发展（20 世纪 40 年代至 80 年代初）》。在这本书中，韩琦教授通过对这一时期跨国公司在墨西哥经济发展进程中所扮演之角色的研究，得出了以下三点结论：一是跨国公司对墨西哥经济发展做出了一定的贡献，同时也带来不少问题；二是在经济发展进程中，墨西哥政府与跨国公司之间的关系可以被看作一种博弈关系；三是在经济发展进程中，跨国公司作用的性质一方面取决于跨国公司本身追求利益最大化的本性和它的全球经营战略，另一方面取决于东道国国家的谈判能力、经济政策和发展战略。在此研究的基础上，韩琦教授 2013 年和 2014 年分别申报的国家社会科学基金项目"墨西哥 20 世纪前半期的文化革新运动与现代化研究"和教育部人文社会科学重点研究基地重大项目"拉丁美洲的民族主义与现代化"获得批准，近些年他一直致力于这两个课题的研究。据悉两个课题已完成，分别提交国家社会科学规划办公室和教育部社科司结项。韩琦教授还承担了教育部重点研究基地项目"拉美主要国家现代化道路研究"，最终成果为 1 部译著和 3 本关于巴西、阿根廷和智利现代化的专著。他目前正在致力于国家社科基金重大项目子课题"20 世纪拉丁美洲的城市化转型"研究。韩琦教授近些年发表了《拉丁美洲的现代化模式》《试析秘鲁民众主义发展的"悖论"》《墨西哥革命中的反教权主义运动及其评价》《智利现代化道路的独特性及其历史根源》《拉美发展史上的"哥德巴赫猜想"——智利的现代化经验及借鉴意义》《乌拉圭巴特列-奥多涅斯的改革及其原因探析》等论文，这些论文刊登在《光明日报》《史学集刊》《四川大学学报（哲学社会科学版）》《世界历史》等报刊上。这些成果表明韩琦教授对拉美现代化的研究已从墨西哥一国扩展到多个国家，试图以这些国家的发展来证明他提出的拉丁美洲现代化模式与实际发展相吻合。此外，韩琦教授还主编了《世界现代化历程·拉美卷》（江苏人民出版社 2010 年版），这是钱乘旦教授主编的 10 卷本"世界现代化历程丛书"其中的一卷，拉美研究中心人员参加了这部著作的撰写，从"一致性和多样性"的视角展现了巴西、墨西哥、秘鲁、阿根廷、智利、中美洲、古巴和委内瑞拉的现代化进程及其特征。作为钱乘旦教授领衔完成的集体成果，这套"世界史现代化历程丛书"2012 年获得教育部中国高校人文社会科学研究优秀成果二等奖。

董国辉教授在拉美现代化的研究上取得了进展。劳尔·普雷维什是拉美本土产生的著名经济学家，他提出的"贸易发展恶化论"和"中心—外围论"等使他成为拉美发展主义理论的主要代表。普雷维什的理论对拉美国家开启二战后现代化进程产生了重要影响。研究战后拉美国家现代化进程，很难绕开普雷维什的经济发展思想。董国辉教授经过多年潜心研究，出版了《劳尔·普雷维什经济思想研究》（南开大学出版社 2003 年版）一书。在这本书中，作者对普雷维什的经济思想进行了全面考察，通过发掘原始资料，系统阐述了普雷维什发展理论的历史渊源和基本内容，论述了其在拉美国家经济发展过程中曾经起到了不可替代的重要作用。这种理论在当今经济全球化日益加剧的趋势下是否已经过时，学术界存在着很大的争论。作者通过缜密的分析，证明了在当前全球经济格局之下普雷维什提出的发展理论依然具有一定的生命力，其具有的时效性不容忽视。这本书出版之后学界给予好评。中国社会科学院拉丁美洲研究所张森根研究员认为，这是"迄今为止我在国内见到的对普雷维什经济思想进行系统研究的最为完整详尽"的著述。韩琦教授在《拉丁美洲研究》2003 年第 5 期发表书评，对该书给予高度评价。普雷维什为阿根廷人氏，阿根廷的现代化进程跌宕起伏，董国辉教授完成了对普雷维什经济思想的研究之后开始致力于阿根廷的现代化研究，出版了《阿根廷现代化道路研究》（世界图书出版公司 2013 年版），这本书着重研究阿根廷从独立到 20 世纪 40 年代初期的历史进程，主要运用历史学的研究方法，从经济、政治、思想文化等层面剖析阿根廷早期现代化进程中的成败得失，以期客观地解释阿根廷短时期内从兴盛到衰败的深层原因。董国辉教授近些年发表了《"罗加—朗西曼条约"的签署及其评价》《阿根廷高乔人形象与初级产品出口模式》《发展权概念的经济理论渊源》《1880—1914 年阿根廷经济增长的要素分析》《阿根廷进口替代工业化战略确立的历史进程》《初级产品出口与阿根廷的早期现代化——拉美独立运动爆发 200 周年的反思》《拉丁美洲民主政治的文化分析》《论拉美结构主义兴起的历史根源》等论文，这些论文主要刊登在《世界历史》《拉丁美洲研究》《南开学报（哲学科学版）》《史学集刊》和《历史教学》等杂志上。

　　20 世纪初叶以来，民众主义成为拉美地区的一个重要政治现象，直接影响了拉美现代化的进程。阿根廷的民众主义则是拉美地区民众主义的缩影，研究民众主义能够从本土的视角对阿根廷现代化进程有一个更为深刻的理解。潘芳副教授多年来从事阿根廷民众主义的研究，出版了专著《阿根廷早期民众主义研究》（天津人民出版社 2019 年版）。在这本书中，作者在占有翔实材料的基础上考察了阿根廷早期民众主义的起源，分析了这种思潮对阿根廷选择发展道路时所产生的巨大影响，她认为早期的民众主义造就了阿根廷初期现代化的特征，与此同时由于现代化的不成熟，再加上社会的分裂，导致早期民众主义在阿根廷走到了历史的尽头。然而，早期民众主义的精髓却依然在阿根廷现代化进程中发挥着重要的作用，庇隆时期的"经典民众主义"以及当前的"新民众主义"都是在阿根廷现代化进程的不同时期对早期民众主义的扬弃。学术界对拉美民众主义的内涵及其影响尚存在着争论，这本书的出版对从本土文化视角认识拉美民众主义提供了一种新的解释。潘芳副教授在研究这一问题期间发表了相关论文，主要有《对阿根廷考迪罗的文化解析——以曼努阿尔·德·罗萨斯为例》《阿根廷早期民众主义的文化诠释》《探析阿根廷早期民众主义理论》《阿根廷现代化进程中民众主义兴起的内因》《拉丁美洲疫病影响初探——对西属殖民地早期的考察》等，这些论文刊登在《世界历史》《拉丁美洲研究》和《南开学报（哲学科学版）》等杂志上。

　　除了上述几个研究重点之外，中心研究人员还对古巴等国社会主义发展模式进行了研究，合作出版了《越南、古巴社会主义现状与前景》（周新成主编，安徽人民出版社 2000 年版）著作。王萍教授主持了国家社科基金项目"拉丁美洲大地产制及其对社会经济结构的影响研究"和教育部重点研究基地项目"拉丁美洲农业与农村社会的变迁"，董国辉教授主持了国家社科基金项目

"马克思主义在拉丁美洲的传播及其影响研究"以及国家社科基金重大项目子课题"中国与其他发展中国家人权发展道路比较研究",这些项目已经结项,期待着研究成果能够早日问世,以促进国内学术界对上述问题研究的深化。

三、南开大学拉美史学科在国内学界的地位

南开大学拉美史研究室成立于 1964 年,与此前后在国内高校成立的拉美史研究机构,还有复旦大学拉丁美洲研究室和武汉师范学院的巴西史研究室。当时南开大学拉美史研究室有 6 位研究人员,学校也很重视拉美史研究的开展,拨付专款购买外文资料。要不是"文化大革命"10 年浩劫,南开大学拉美史学科势必会发展为国内学界的知名研究重镇,不仅会成为南开大学的一个研究品牌,而且会在国内高校处于引领拉美史研究的重要地位。拉美史研究室在"文化大革命"结束之后未能恢复建制给创建者和开拓者留下了无尽的遗憾,很长时期里,南开大学拉美史学科只余洪国起先生顽强地坚守着这块阵地,与其他高校拉美史学科蓬勃发展的势头形成了鲜明的对比。20 世纪80 年代是国内拉美史研究前所未有的兴盛时期,国内的几个研究拉美史的重镇呈现出人丁兴旺的局面。正是在一大批老一辈学者的努力之下,国内的拉美史研究呈现出了兴盛的趋势。当时担任中国拉丁美洲史研究会副理事长兼秘书长的黄邦和先生曾说 80 年代登记在册的会员最高时有 500 余名。这个数目是否精确,难以断定,但在科研机构和高校从事拉美史教学与科研的人数之多,与进入 21 世纪之后相比,的确不可同日而语。中国社会科学院世界历史研究所当时为拉美史研究的中心,研究人员最多时有 10 余人,如萨那、陆国俊、郝名玮、金计初、冯秀文、钱明德以及秦海波等先生;中国社会科学院拉丁美洲研究所设拉丁美洲史研究室,有诸如曾昭耀先生和张森根先生等五六个人从事拉美史的研究;北京大学历史系有罗荣渠先生和林被甸先生;复旦大学以程博洪先生为带头人,有一批人在从事拉美史的研究,如方幼封、陈才兴以及刘文龙等先生,拉美研究室兴盛时有 20 余位人员;中国人民大学有李春辉先生和叶维钧先生;山东师范大学有王春良先生;河北大学有乔明顺先生;湖北大学有黄邦和先生与方迥澜先生。上述所列学者基本上为国内高校拉美史研究的领军人物与中坚力量。正是在他们的率领下,80 年代国内高校的拉美史研究进入了前所未有的"黄金时期"。复旦大学、北京大学、湖

北大学、山东师范大学与河北大学等高校有一批中青年学者从事拉美史研究。
80年代中期我在湖北大学攻读拉美史方向的硕士生，从事拉美史研究的学者
除了黄邦和先生与方迥澜先生之外，还有张镇强、陈海燕、周世秀、蔡树立、
尹宣、詹重淼以及李季武等诸位老师，后来还把获得硕士学位的吴洪英、马
莉和雷泳仁留在拉美史研究室任教，研究人员在80年代后半期有10余人之
多。湖北大学为一所省级地方高校，拉美史研究搞得"风生水起"，彰显了这
一时期国内这一研究领域的繁荣图景。南开大学虽然位于这些高校之列，洪
国起先生亦为国内拉美史研究的中坚，但因缺乏研究团队，南开大学拉美史
学科很难说在国内学界占据着重要地位，更谈不上发挥引领学界拉美史研究
的作用了。

　　20世纪80年代国内学界拉美史研究的兴盛并未持续太长时间，到了90
年代便开始滑坡，乃至进入21世纪之后在各个方面呈现出急剧衰落的状态。
究其主要原因，一方面90年代初国内滚滚而来的商业大潮对学术研究产生了
不利影响；另一方面与90年代中期以后国务院学位委员会办公室进行的学科
调整密切相关。这次学科调整把世界史学科由3个学位点合并为一，成为历
史学的8个二级学科之一，直接影响是世界史学科大规模萎缩。作为世界史
学科的一个重要分支，拉美史研究自然受到很大的冲击，科研人员逐渐减少，
随着老一辈学者的退休，曾对国内拉美史研究做出很大贡献的科研机构程度
不同地面临着后继无人的危机。到了21世纪前半期，北京大学、复旦大学、
湖北大学、山东师范大学以及中国社会科学院世界历史研究所在职人员中仅
各余1人顽强地坚守着这块学术阵地。从全国范围来看，拉美史教学与研究
人员的严重短缺导致了十分堪忧的后果，许多高校拉美史的教学与科研完全
停止，很少有高校在本科生中开设拉美通史以及相关选修课，有些高校拉美
史方向的研究生也因为没有导师而被迫停招。拉美史人才的培养实际上陷入
了一种非良性循环的境地。当国内拉美史学科开始呈现出衰落之迹象时，南
开大学拉丁美洲研究中心宣告成立，研究人员虽不是很多，却居于国内高校
拉美史研究机构之首，很快呈现出良好的发展势头，给国内不景气的拉美史
学科带来振兴之希望。

　　南开大学拉丁美洲研究中心之所以成立，按照国家教育委员会最初的设
想是能够更好地承担全国高等院校拉丁美洲重点课题研究协调小组的职责。
对这种职责的履行实际上决定了拉美研究中心从一开始就在国内高校拉美研
究领域具有一种特殊的地位。洪国起先生是协调小组组长，副组长为北京大

学历史系的林被甸先生，成员有中国人民大学经济系的黄卫平教授（后换成了樊素杰教授）、复旦大学拉美研究室的方劬封教授，以及北京外国语大学西语系的赵士钰教授，我充当了秘书的角色。按照国家教委社科司的要求，协调小组起草了国家教委"九五"拉美研究课题的规划项目。1994 年 11 月 6 日，洪国起先生在南开大学主持召开了第二次全国高校拉美科研工作会议，与会者主要是协调小组成员，还有一些高校研究拉美问题的学者，国家教委社科司马樟根副司长与会。在这次会议上，洪先生汇报了协调小组近期开展的主要工作，就如何促进高校的拉美研究展开讨论。这次会议之后，社科司给拉美研究中心拨款 3 万元，主要用于协调小组日常工作的开支。1995 年 11 月底，协调小组在北京大学图书馆召开会议，成员尽数到会，社科司科研处阚延河处长与会。会议由副组长林被甸先生主持，洪国起先生做了重点发言，汇报了起草高校人文社会科学"九五"规划拉美研究课题的一些想法。阚延河处长即席讲话，表示社科司科研处会对协调小组工作提供大力支持。这次会议之后，协调小组再未召集过工作会议。协调小组在南开大学拉美史学科发展史上功不可没，很大程度上扩大了拉美研究中心成立之初在国内学界的影响。

中国拉丁美洲史研究会为民间社团学术组织，1979 年 12 月在武汉市洪山宾馆举行的中国世界史学术讨论会上宣告成立，成立之初的 20 年间，研究会秘书处设在湖北大学（前身为武汉师范学院）。秘书处所在的高校至少应该满足两个基本条件，其一是有一位国内世界史学界认可的拉美史研究领军人物，带领着一批人从事相关研究；其二是有一个拉美史研究机构。湖北大学具备了这两个条件，秘书处设于其内为众望所归。中国拉丁美洲史研究会是全国研究拉美史学者的共同组织，发挥着促进国内拉美史研究的重要作用。倘若没有这个全国性的研究组织，国内拉美史研究人员就会处于一种"各自为战"的散漫状态。中国拉丁美洲史研究会可以把全国研究拉美史的学者凝聚在一个组织之内，秘书处所在研究机构自然被他们视为全国研究拉美史的中心或至少为中心之一。秘书处设在湖北大学期间，秘书长黄邦和先生投入很大的精力，在经费并不十分宽裕的情况下，黄先生让这个全国一级学会运行良好，在国内世界史学界引人瞩目。他率领一班人马组织全国性学术讨论会，定期编辑出版《拉美史研究通讯》，组织全国拉美史研究人员将各个图书馆馆藏的有关拉美史的外文图书汇总，油印了 4 大本国内各大图书馆藏拉美史的西文书目，开展会员之间的校级互访。20 世纪 80 年代国内拉美史研

究的兴盛，中国拉丁美洲史研究会在其中发挥了至关重要的作用，设在湖北
大学的秘书处同样是劳苦功高。湖北大学拉丁美洲史研究室之所以研究人员
达到 10 余人，与研究会秘书处设在该校同样有很大的关系。湖北大学拉美史
学科为国内拉美史研究做出的巨大贡献，至今依然为国内拉美史学界同仁所
存念。

　　黄邦和先生退休之后，湖北大学拉美史学科失去了主心骨，衰落之快，
让人猝不及防，到了 2004 年之前竟无一人，好像连这个在全国很有影响的研
究室也不复存在。一个学科创建起来需要几代人的共同努力，但衰落起来非
常快，常常是转瞬即逝。其实，到了 20 世纪 90 年代末，湖北大学拉美史学
科便已显现出难以遏制的衰落势头，再加上研究人员或退休或调离，开始失
去了作为全国拉美史研究中心的地位。有鉴于此，中国拉丁美洲史研究会秘
书处自然也不适宜继续设在湖北大学。此时，南开大学拉美史学科正好满足
了秘书处设在该校的基本条件，洪国起先生作为学界公认的拉美史领军人物
之一，在罗荣渠先生突然去世之后出任了研究会代理理事长，南开大学拉美
研究中心在国内拉美史研究呈现不景气状况时保持了良好的发展态势，已成
为国内高校拉美史研究的重镇。经过中国拉丁美洲史研究会诸位理事长开会
讨论，决定将研究会秘书处从湖北大学迁到南开大学。1999 年 11 月 2 日，
中国拉丁美洲史研究会第五届会员代表大会在北京国防大学召开。这次会议
的一个重要议题是进行理事会改选，经过与会会员投票选举，洪国起先生当
选为理事长，林被甸先生当选为常务副理事长，我当选为副理事长兼秘书长，
秘书处正式由湖北大学迁到南开大学。自此以后，作为秘书处的所在单位，
南开大学拉美研究中心承担起中国拉丁美洲史研究会运行的职责。

　　中国拉美史研究出现不景气之状，主要表现为后继乏人。因此，如何加
快培养青年科研人员是当时国内拉美史学科建设面临的主要问题之一，要是
能为年轻学者提供学术交流平台，势必会有利于他们的学术发展。很多年轻
研究人员早就发出呼声，希望秘书处能够加强国内研究拉美问题的年轻学者
之间的联系。我担任秘书长之初，与中国拉丁美洲学会秘书长江时学研究员
协商，以两个学会的名义举办中国拉美研究青年论坛，将国内研究拉美问题
的青年学者召集在一起，集中讨论一些重大问题，亦可请一些学界前辈讲治
学之道，青年学者之间可通报各自的研究课题，起到互相促进之效。我们随
后向两个学会的领导苏振兴先生和洪国起先生汇报了此事，得到他们的大力
支持。首届拉美研究青年论坛于 2000 年 4 月 21 日至 22 日在南开大学拉美研

究中心会议室举行，会议主题为"进入新世纪的拉丁美洲"。青年人思想活跃，不大受条条框框的限制，发言踊跃，讨论热烈，甚至在一些问题上出现争论。在这次会议上，我们商谈把拉美研究青年论坛常态化，每隔两年举办一次。拉美研究青年论坛最初几年并未严格执行两年举办一次的规定，但总算坚持下来了，如今已成为这两个研究会的一个品牌，为国内研究拉美的年轻学者提供了一个学术交流的平台。拉美研究青年论坛能够持续至今，中国拉丁美洲史研究会秘书处工作人员付出了很大的努力，与此同时扩大了拉美研究中心在国内学界的影响力。

拉美研究中心的成员全部投入到研究会的工作之中，洪国起先生为研究会理事长，我本人为秘书长，韩琦教授为副秘书长，王萍教授和董国辉教授在研究会也承担了具体工作。2007 年 10 月 20 日，中国拉丁美洲史研究会在山东师范大学召开了第七届会员代表大会，我当选为理事长，韩琦教授为常务副理事长，王萍教授为秘书长，董国辉教授为副秘书长。2012 年 10 月 20 日，中国拉丁美洲史研究会第八届会员代表大会在武夷山举行，王萍教授当选为副理事长，董国辉教授担任秘书长。2017 年 11 月 25 日，中国拉丁美洲史研究会在南开大学举行了第九届会员代表大会，韩琦教授当选为理事长，董国辉教授当选为副理事长兼秘书长，王萍教授连任副理事长，潘芳副教授为秘书。从洪国起先生担任中国拉丁美洲史研究会理事长之日起，南开大学拉美研究中心与研究会难以分开彼此，差不多就是"一套人马两块牌子"。研究会经费长期处于短缺状态，每次研究会召开年会和会员代表大会，拉美研究中心通常会多方筹措资金，研究人员尽数投入到会议筹备工作之中。研究会每次举办的学术会议深得与会者称赞，拉美研究中心成员为此付出了很大辛劳。正是在拉美研究中心在职研究人员与兼职研究人员的共同努力之下，中国拉丁美洲史研究会解决了长期悬而未决的 10 万元注册资金问题，并设立了"中国拉丁美洲史研究会青年论著奖"基金。南开大学拉美史学科能够在这一研究领域居于重要地位，显然与研究会秘书处设在南开大学以及拉丁美洲研究中心成员为研究会所做的工作是密不可分的。

一个学科，在国内学术界具有不容忽视的地位，做出很有影响力的科研成果固然很重要，但人才培养同样不可或缺。中国的拉美史研究人员主要是靠国内培养，人才培养的多寡与质量高低自然成为衡量培养单位在学界地位的重要指标。十一届三中全会以后，中国高级研究人才的培养开始与世界接轨，硕士和博士学位制先后成为国内培养人才的主要形式。南开大学历史系是国内最早培养拉美史硕士研究生的单位之一,梁卓生先生 1979 年开始招收硕士研究生,梁先生调离南开大学之后,洪国起先生从 1987 年开始招收拉美史方向的硕士生。不过,南开大学拉美史学科在培养硕士生上很长时间未能形成团队效应。值得注意的是,80 年代湖北大学和山东师范大学两所地方院校的拉美史学科处于向上发展的势头,为国内学界培养了一批拉美史研究的硕士生,他们至今依然活跃于学界,成为国内拉美史学科的领军人物。这两所学校拉美史学科一旦失去团队效应,势必很难在培养人才上有所作为了。

南开大学拉丁美洲研究中心成立之后在培养拉美史专业人才上开始具备团队效应,为国内学术界培养了大批的硕士和博士,可谓是公认的拉美研究人才培养基地之一。经过多年的不断修订,拉美研究中心在拉美史课程设置上形成了比较完善的本科、硕士和博士培养体系。洪国起先生 1996 年评为博士生导师,拉美研究中心培养专业人才上了一个新台阶;我本人 1998 年评为博士生导师;韩琦教授 2007 年评为博士生导师;王萍教授 2008 年评为博士生导师;董国辉教授 2016 年评为博士生导师。迄今为止南开大学拉美史学科培养了近 50 名博士生,80 余名硕士生。目前在历史学院拉美研究中心任教的 4 位人员皆为中心培养的博士生,其他人获得博士学位之后主要在国内高校或研究机构从事专业研究,他们中的很多人已成为国内拉美研究领域的中坚力量。

南开大学拉美史学科已走过了 55 年的历程,其在国内拉美学界影响力的上升与具有一个活力向上的研究团队有很大的关系,这种团队效应在科学研究、公共服务以及培养拉美史研究人才上充分体现出来。南开大学拉美史学科走过的这半个多世纪的历程表明,一个学科被国内同行公认为在学界占据着重要地位,研究团队是基础,科研成果是关键,培养人才是指标,公共服务是必要。南开大学拉美史学科基本上满足了这几个衡量标准,因此在国内拉美研究领域具有重要的一席之地便是"水到渠成"之事了。

四、对南开大学拉美史学科发展的思考

南开大学拉美史学科起步很早,发展过程中并非一帆风顺,在曲折的道路上能够走到如今实属不易。诸如梁卓生和洪国起等先生筚路蓝缕,艰难开拓,为拉美史学科能够在国内学界具有重要的一席之地奠定了坚实基础。我

曾经是拉美研究中心的一员,经历了拉美史学科在南开大学重振的艰辛过程,因此特别珍惜这个来之不易的局面。我虽然离开南开大学已经 10 余年之久,但从来没有隔断与拉美研究中心的密切联系。我非常关注南开大学拉美史学科的发展动向,对中心成员所取得的科研成果感到由衷的喜悦,对中心存在的问题也是尽我之力帮助予以解决或缓解。南开大学拉美史学科所取得的成绩有目共睹,近些年又遇到了前所未有的发展良机。从外部大环境上讲,2011年国务院学位委员会办公室对学科进行了调整,在全国世界史同人的不懈努力之下,世界史由原来只属于历史学 8 个二级学科之一调整为一级学科,在理论上讲可与中国史学科并驾齐驱。世界史成为一级学科必会给这个学科的发展带来强大的推动力,拉美史作为世界史学科的一个重要分支自然呈现出前景可观的未来。从内部小环境来讲,南开大学世界史为国家"双一流"建设学科,校院领导必会重视世界史学科的建设,拉美史作为学院世界史学科的"品牌"之一由此能够获得发展的资源。当然,良好的客观条件固然有利于拉美史学科再创新高,但关键因素还是取决于拉美研究中心能否充分利用这些外部条件,使拉美史学科在已有的基础上再迈上一个新的台阶,为推动国内拉美史研究不断深入做出贡献。

　　一个学科能否有发展潜力,具有一支人数适当的研究队伍非常重要。拉美研究中心在职人员最高时为 6 位,但未能持续太久,4 位研究人员的规模为常态,从拉美研究中心运行开始一直维持至今。与国内其他高校拉美史机构人员相比,南开大学拉美史学科研究人员的数量长期居于榜首,至今鲜有高校相同学科超过。如果与世界史其他分支学科相比,拉美史学科人员就显得不足。南开大学世界地区国别史主要由美国史、日本史和拉美史所构成,美国史研究室人员长期保持在八九位,目前有 8 人从事美国史研究;日本史研究人员一直居多,如今至少有 10 人从事日本史研究。拉丁美洲不是一个国家,而是由 30 余个国家组成的地区。要是研究人员过少,对很多重大的历史问题难以展开研究,更不要说在国别研究上能够有所作为了,很多国别历史的研究几近空白。南开大学拉美史学科应该瞄准几个研究方向引进相关研究人员,人员数量至少应该比目前在职人员数翻一番。客观上讲,国内现在培养拉美史高级研究人才的单位不是很多,随着国内学界"拉美热"的持续上升,拉美问题研究人才处于供不应求的短缺状态。南开大学拉美研究中心近些年培养了不少博士生,但几乎无人能够达到留校任教的标准,其他高校毕业的优秀博士生不见得愿意到天津工作。这大概是中心很多年未能有新入职研究人员的主要原因。拉美研究中心可把引进人才的视野转向国外，引进在美国或拉美国家获得博士学位的中国留学生，为他们回国工作创造良好的工作与生活条件，或者学习上海大学历史系拉美史学科发展的模式，面向全球招聘研究人员，引进以西班牙语为母语的拉美国家籍相关中青年学者。不过，引进人才决不能操之过急，欲速则不达，短缺高级人才的引进甚至是可遇而不可求之事，但一定要有一个长远的引进人才规划，只要不懈地朝着这个方向努力，所确定的目标迟早会实现的。

如果说二三十年前拉美问题研究在国内学术界还处于"边缘"地位的话，那么近些年来国内学界出现了前所未有的"拉美热"。这与国家对拉美地区越来越重视有很大的关系。国内高校拉美研究机构不断涌现，据不完全统计全国共有 60 余家，遍及中国大地，其中北京、上海和广东相对集中，有 30 余家。全国高校约有 16 家拉美研究机构成为教育部备案基地，数量之多在国内国际问题研究领域罕有。南开大学拉美研究中心亦为教育部备案基地之一。当前国内学界对拉美历史与现状的研究，机构数量多固然是好事，但质量显然与数量没有成正比例发展，学术研究精品甚少，对拉美国家历史与文化具有博大精深研究的论著付之阙如。拉美研究中心成立之初，首任主任洪国起先生就确立了中心研究的基本方向，即通过对带有共性的拉美历史问题研究，来为认识拉美地区政治、经济和社会现状提供历史借鉴。这是一个富有战略性的广阔视野。如果只重视现状而忽视历史，结果只能导致对现实问题的研究多少有些"无本之木"，通常会流于对表面现象的一般性描述，很难从发展过程中揭示其本质所在。因此，研究历史与认识现实是密切联系在一起的，不重视历史研究只能说是"目光短浅"，难以对现实问题有着更为深入的认识。拉美研究中心的研究人员在美拉关系史、拉美现代化进程和拉美地区一体化研究上取得了一些进展，但总的来说还是缺乏大量使用原始档案对某些重大历史问题的解读，国别史的研究还有待于加强。南开大学拉美史学科所取得的研究成果在国内高校中算是居于前茅，但与美国史、欧洲史和东亚史等区域与国别史相比，研究差距还是十分明显。国内拉美史学者已经有很多年未能在《历史研究》这样级别的刊物上发表学术论文了，在《世界历史》上发表的论文明显少于其他地区与国别史。很多重要的国别已经出版了由中国学者撰写的多卷本通史著作，如多卷本《非洲通史》早已问世。作为国内高校实力最强的拉美史研究群体以及中国拉丁美洲史研究会秘书处所在地，南开大学拉美研究中心应该发挥国内拉美史研究"领头羊"的作用，组织国内拉美史专家集体攻关，编撰一套多卷本的《拉丁美洲通史》等。在国内高校拉美史研究者的眼中，南开大学拉美研究中心很大程度上是国内高校拉美史研究的中心，这是拉美研究中心走过的二三十年历程和积累的研究资源所确立的一种地位。这里只是希望拉美研究中心不仅在研究上能够"百尺竿头更进一步"，撰写出精品力作，而且能够更为主动地承担起协调全国高校拉美史研究发展的重责，在促进国内拉美史研究不断深入过程中发挥重要的作用。

　　南开大学拉美研究中心在专业研究人才的培养上应该说是走在国内其他高校和科研单位前列，很大程度上为国内拉美史研究的未来振兴积蓄了人才。然而，如何能够培养出更能适应现在国内拉美史研究所需要的复合型人才，这既是国内拉美学界所面临的一个亟待解决的问题，也是南开大学拉美研究中心具有博士生指导资格的教授所需要思考的问题。南开大学拉美研究中心被国内学界同人视为拉美高级研究人才培养基地，从这里毕业的博士生分散在全国高校拉美研究机构，他们正在成为国内拉美研究的主力军，但很少有人能够达到更高层次的人才标准。国家早就出台了多种人才奖励计划，如教育部的"长江学者特聘教授"和"青年长江学者"，中组部等多家部委选拔的"万人计划"领军人才和青年拔尖人才，世界史学科获得这些人才称号的学者主要分布在美国史、欧洲史、东亚史、非洲史、古代中世纪史和近现代史，拉美史或拉美现状研究的中青年学者几乎无人与这些国家人才计划有缘，甚至获得的省级人才支持计划的学者也很少见。追根溯源，主要原因在于研究拉美史或拉美问题的中青年学者没有特别过硬的研究成果。南开大学拉美研究中心承担着培养拉美史研究人才的重任，硕、博士阶段的培养对未来学术发展非常重要，但培养出优质硕、博士绝非易事。首先，导师要有一套适应每个学生的培养方式，不能让学生放任自流，在论文选题上严格把关，鼓励他们选能够在学术界产生影响的课题进行研究；其次，学生有什么学术上的疑难之处，随时给予答疑解惑，把对他们的培养作为自己的一项重要工作来抓；最后，通过与拉美国家大学签署合作协议，相互交换学生，尤其让每个博士生在学期间能够到拉美国家大学访学进修，一方面可以查找到撰写论文的相关原始资料，另一方面可以提高西班牙语交流的能力。国内世界史学科领军人物多在硕、博士阶段受到良好的训练，博士论文在学术界常常是"一炮打响"，奠定了未来成为某个学科带头人的基础。拉美研究中心的几位博士生导师肯定积累了培养学生的经验，这里提出的上述几点他们可能早就付诸实践。要是拉美研究中心在未来能够培养出在学术研究上具有很大发展潜力的学者，那么对中国的拉美史学科来说功莫大焉。

老一辈学者的优良传统一直是我在各种场合呼吁继承的宝贵财富。在很大程度上讲，中国的拉美史学科能够发展到今天，与老一辈学者的不懈努力是分不开的。他们在学术环境和研究资料都不能与现在同日而语的条件之下，牢牢地坚守着拉美史研究的这块阵地，为这一在世界史学科中很重要的区域研究奠定了坚实的基础。他们现在虽已经退休，但很多人依然笔耕不已，还在为中国的拉美史研究能够走向兴盛做着贡献。他们曾经是中国拉丁美洲史研究会的理事长或副理事长，研究会虽位于全国一级学会之列，但规模属于中等。我作为研究会秘书长，在他们的领导下做事多年，对他们的严谨学风和团结精神感触良深。研究会每遇大事，他们必会相互通气或坐在一起商量解决办法。他们提出不同的看法可谓正常，但从来都是从研究会的工作出发，为研究会的发展而考虑。研究会呈现出蓬勃向上的活力与他们之间的团结协作是密不可分的。我从他们的身上学到了很多终身受益的东西，同时也深深地感到，在一个受共同规则约束的集体组织内，主要领导之间的团结协作至关重要，倘若他们不团结，相互抵牾，那么这个集体势必会如一盘散沙，工作不仅难以开展，而且会导致内部问题丛生。这样的例子在学界不乏鲜见。拉美研究中心研究人员不多，但未来中心的人员肯定不止目前规模。拉美研究中心欲要在现有的基础上更进一步发展，中心领导一定要有意识地培养成员之间的团结协作精神，只有大家齐心合力，中心才会有奋发向上的活力，也才会有效地推动各项工作的开展。在中心工作开展中出现不同意见甚至争执为正常现象，关键是大家坐在一起，心平气和地商谈，寻找最佳解决方案。"家和万事兴"用在一个集体中会产生同样的效果。我曾经与中心主要成员探讨过这个问题，大家在"和则兴，裂则衰"上达成了共识。洪国起先生有一次与我们几人讨论拉美研究中心的发展前景时，特别强调了"团结协作"的重要性。洪先生言之切切，意味深长，让在场者无不感受到洪先生对南开大学拉美史学科的深深情怀以及对后辈的殷切期望。南开大学拉美史学科能够在过去几十年期间取得一些成绩，显然与中心具有的团结传统是分不开的，拉美研究中心要在未来有较大发展，团结协作更为重要。在这方面，老一辈学者为我们树立了学习的榜样。

南开大学拉美史学科走过的这 50 余年历程尽管不是一帆风顺，甚至是坎坎坷坷，但这个学科还是顽强地坚持下来，在危机与挑战中谋求发展，不断地推出在国内外具有影响的研究成果。南开大学拉美史学科过去几十年不敢说是非常辉煌，但的确是成绩斐然。我个人希望目前承载着拉美史学科"更上一层楼"的拉美研究中心在未来的岁月中，团结奋进，协同创新，承担起历史赋予的重大责任，在推进国内拉美史研究上发挥名副其实的"中心"作用，创造出比现在更为引世人瞩目的辉煌。这是南开大学拉美史学科老一辈学者的真切期待，也是我们这一代学者努力奋斗的动力，更是下一代学者能够将之变为现实的目标。

（原载《历史教学》，2019 年第 10 期）

中国拉丁美洲研究的回顾与思考

　　中国与拉丁美洲远隔重洋，地理空间遥远，文化差异很大，历史上很长时期中国人对拉美地区并没有深入的了解，只是对诸如墨西哥、巴西、古巴、阿根廷和智利等与中国交往多的国家的历史与现状有所涉猎，远不足以能够满足国家与拉美地区发展对外关系的需要。对拉美地区很多国家的研究长期得不到政府和学界的重视，对这些国家历史与现状的了解基本上是浮光掠影，更谈不上深入了。拉丁美洲与中国的交往有着很长的历史，中华人民共和国成立之后，很多拉美国家与中国恢复和建立了外交关系。拉美国家与中国都属于发展中国家，在国际社会有着共同的切身利益，存在着广泛合作的空间。尤其是中国实行改革开放政策以来，拉美地区在中国对外战略中显得越来越重要，发展与拉美国家的友好关系成为历届中国政府的不二选择。学术研究总是很难脱离现实的需要，政府要制定切实可行的外交政策，显然离不开对交往对象国历史与文化的深入了解，与拉美国家友好往来的持续显然需要双方的相互认同，消除产生误读的根源。实现这一点无疑是要建立在学术研究达到一定程度的基础上。中国的拉丁美洲研究自改革开放以来获得了很大的进展，特别是近年来国内学界出现了方兴未艾的"拉美热"。不过毋庸讳言，中国的拉美研究现状与中国作为一个大国还不是很适应，远远跟不上形势发展的需要，学术研究依然只是关注拉美地区的一些大国，很多拉美国家在学术研究中尚属涉猎很少的"空白"。2020 年为中国与智利建交 50 周年，智利是第一个与中华人民共和国建立外交关系的南美国家，在中国融入国际社会过程中智利提供了力所能及的支持。在拉美国家中，智利是第一个支持中国加入世界贸易组织的国家，也是第一个承认中国为市场经济的国家，还是第一个与中国签署自由贸易协定的国家。智利与中国的关系无疑是非常密切的，但中国学术界对智利的研究多是局限于现状，对智利整体上的历史与文化涉及很少，即使有，也很难谈得上深入，远不足以满足国人对智利全面了解的需求。对智利的研究折射出中国拉丁美洲研究的现状。回顾过去，总结得失，认识不足，展望未来，必然有助于中国拉丁美洲研究"更上一层楼"。此外，中国拉美研究尽管存在着很大的提升空间，但所取得的成绩还是有目共睹的，受篇幅限制不可能逐一列举，这里只能是择其要者，把重点放到改革开放之后的研究成果，以期能够展现百余年来中国拉美研究走过的曲折历程。

一、改革开放之前的中国拉美研究

中国与拉丁美洲在很长时期内都受地理位置相距遥远的限制，信息不通，互不了解。只是到了明朝万历年间，通过菲律宾的转运贸易，中国与处在西班牙殖民统治初期的拉丁美洲的往来才始见于史籍记载。在我国浩如烟海的文献中，有关拉美国家的记述较早见于明季刻印的《职方外纪》，该书成于1623 年，是意大利来华传教士艾儒略用中文所著。《高厚蒙求》是中国学者自己编撰的一部最早有拉丁美洲内容的著作，系清朝徐朝俊撰写，1807 年刻印问世。全书四集，第二集《海域大观》中的《五大洲记》一节记载了哥伦布"发现"新大陆的经过及美洲名称的来历，西班牙人入侵之前古代秘鲁和墨西哥人的社会状况，以及西班牙殖民者征服拉丁美洲的过程。林则徐撰写的《四洲志》中也记载了智利的阿拉干人对西班牙殖民者坚持数十年英勇斗争的历史。19 世纪中叶以后，关闭多年的中国门户突然在西方列强的隆隆枪炮声中被打开，一向故步自封的天朝大国竟然被"蛮夷"之师打得一败涂地，在丧权辱国的条约上签字画押。这种出乎意料的结果必然引起有识之士的深刻反思，他们迫切希望了解外部的世界，更希望通过介绍外国的历史与现状来消除夜郎自大的昏聩意识，促使国人在蒙昧中幡然醒悟。因此，在鸦片战争之后，有关外国史地的编著大量问世，其中不乏有关拉美地区的记载。魏源编辑的《海国图志》最初刻印于 1842 年，初为 50 卷，后经多次补订，终成 100 卷本，在许多卷中收集了有关拉美历史与现状的资料。《小方壶斋舆地丛钞》是清末王锡祺穷毕生精力编辑的一部鸿篇巨制，包括了 19 世纪末以前中国有关拉丁美洲的大部分史地著作，成为当时拉美资料最为集中的一部丛书。这部丛书初刊于 1891 年，后又多次补编，由上海著易堂刊印出版，其中有关拉美各国记载的著述多达 50 余种。《西国近事汇编》是采用编年体编译的一部巨著，记述了从同治十二年到光绪二十五年(1872—1899 年)世界各国发生的重大历史事件，共分 108 册，由上海机器制造局刊印发行。关于这一时期拉美历史上的重大问题，书中都有记述，如各国的政治经济概况、美国在拉美地区的扩张、一些国家的革命运动、各国相互间的战争等，书中特别记载了华侨同古巴人民一起反抗西班牙殖民统治的历史事件，这一资料尤为珍贵。《埏纮外乘》成于 1901 年，系严良勋和美国传教士林乐知等编译，上海制造局刊印，其中卷十六《丕鲁志略》、卷十九《墨西哥志略》、卷二十《巴西志略》分别简述了秘鲁、墨西哥和巴西三国的历史与现状。除了上述专门的史地著作之外，在《清史稿》《清季外交史料》《筹办夷务始末》等书中保存了很多拉美历史与现状的资料，甚至在清代出使拉美各国的使节的日记和家书中，也能发现不少有关拉丁美洲的记载与描述。清朝期间中国史地著述中有关拉丁美洲历史与现状的资料虽称不上丰富，但零零碎碎也不算少，记载拉美国家的书籍到清朝灭亡时已不下百余部，其中绝大多数成书于 19 世纪中期以后，这显然与中国急欲了解世界息息相关。这些著述尽管多为资料汇编，泛泛而谈，译名也是杂乱无章，但中国人正是通过这些著述，对拉美地区的历史与现状有了初步的了解。从这个意义上讲，它们在中国拉丁美洲研究发展过程中功不可没，对中国人初步认识拉丁美洲起到了启蒙的重要作用。

民国时期中国社会尽管动荡不宁，但与拉美国家的交往却呈现出扩大之势。清朝与拉美国家建交的仅为 5 个，到 1939 年增加到 9 个。第二次世界大战爆发后，中国作为反法西斯阵营的一个重要国家，与阵营内国家的关系不断增进，这自然加强了中国与拉美国家的外交关系。当中国作为联合国五大常任理事国之一出现在国际社会时，这种地位势必有利于与拉美国家外交关系的扩展。到了二战结束之时，与中国建交的拉美国家增加到 13 个，拉美主要国家基本上与中国建立了外交关系。外交关系的拓展推动了中国和拉美国家在各个领域联系的加强，从而促进了中国人对拉丁美洲历史与现状的了解。在民国时期数以千计的报刊中，有关拉丁美洲国家的记载也算得上俯拾即是，特别对拉美国家发生的重大事件给予详细的报道和评述。墨西哥资产阶级民主革命（1910—1917 年）与中国的辛亥革命发生在同一时期，也是这一时期不发达地区日益觉醒的重要革命，故易引起中国知识分子的共鸣。为了满足读者的需要，许多报刊对墨西哥革命进行了重点介绍。如这一时期的《东方杂志》给予详细报道，从第 8 卷第 1 号（1911 年 3 月 15 日）到第 23 卷第 10 号（1926 年 5 月 25 日）共发表 23 篇文章，比较详细地介绍了墨西哥革命爆发的原因、过程及其影响。颇有意思的是，最初的文章视墨西哥革命为"内乱"，不久才有文章称之为"革命"。称谓的变化反映出辛亥革命之后人们观念上的巨大转变，表明帝制的倾覆解除了束缚人们的精神枷锁，使他们对墨西哥革命的认识更加符合实际。据统计，民国时期《东方杂志》刊登有关拉丁美洲国家的文章 110 余篇，其他如《国闻周报》《青年杂志》《新青年》《学生杂志》《正谊杂志》《中华杂志》《中华实业界》《雅言》《国民月刊》《海军杂志》等也不乏有关拉美问题的文章，尤其是 20 世纪 30 年代出版的《世界知识》介绍拉美的文章更多。这些杂志刊登的文章涉及内容广泛，几乎囊括了这一时期拉丁美洲地区所发生的具有一定影响的事件，如巴拿马运河问题、拉美国家的民族民主运动、拉美国家间的纠纷与冲突、西方列强与拉美国家之间的外交关系、泛美会议、美英等国在拉美地区的争夺等。这些文章多是对所发生事件的直观描述，尽管作者也具有一定的倾向性，但很难谈得上是"研究"。不过它们反映了这一时期中国学界对拉美问题的"探讨"，进一步促进了中国人对拉丁美洲历史与现状的了解。从这个意义上说，这些今天看起来很少有"参考价值"但也有若干资料意义的文章，在中国拉丁美洲研究发展过程中具有特定的历史地位。

　　在 1949 年之前，中国学术界发表的有关拉美的文章主要关注其现状，但历史和现实是很难截然分开的，因此许多文章在论述现实问题时自然少不了对历史背景的介绍。有些学者也开始对拉美地区历史上的一些重大问题进行探讨。比较有代表性的是关于"中国人发现美洲"的讨论。"中国人发现美洲"

是由法国汉学家歧尼 1752 年提出的，成为国际学术界关注的一个"世界之谜"。早在民国初年，章太炎在国内首次提出了"法显发现西半球说"，但论证不足。朱谦之根据文献学、民俗学和考古学的史料，从证人、证地和证事三方面撰写了《扶桑国考证》一书，对这一说法进行了详细的考证，结论是公元 5 世纪中国僧人发现美洲"决无可疑"。[①]当时韩振华则撰写《扶桑国新考证》予以否定。这是国内对此问题的首次讨论。总的来看，民国时期中国对拉丁美洲的了解和认识无疑取得了进展，这充分反映出中国与拉美地区关系日益加强的现实。然而，中国与拉丁美洲经济发展落后，均处于国际主流社会的边缘，再加上中国内忧外患，与拉丁美洲的交往依然是障碍重重，从而也制约着中国学术界对拉美地区的了解走向深入。因此，与晚清相比，民国时期尽管对拉美地区的认识更趋丰富，范围更加广泛，对个别问题也进行了深入探讨，但就整体而言，国内拉美问题的研究既缺乏专业人才，更无专门的研究机构和学术园地，取得的进展自然就十分有限，而这一切要想得到彻底的改变只能等待时代的变革。

　　拉丁美洲研究是在中华人民共和国成立之后才逐步发展起来的。1959 年古巴革命的胜利，对拉美各国民族民主运动的发展和国际政治关系的变化产生了重要的影响，引起了中国学术界的高度关注，人们似乎在拉丁美洲发现了"革命"的"新大陆"，对拉美历史和现状的了解与研究开始受到重视。20世纪 60 年代初，北京大学、中国人民大学、北京师范大学和复旦大学等高校历史系先后开设了拉丁美洲史的课程，1961 年 7 月，中国科学院哲学社会科学部拉丁美洲研究所正式成立，中国的拉美研究开始步入正轨，数年之后拉丁美洲研究所划归中共中央联络部。1964 年，在毛泽东主席关于加强国际问题研究的指示推动下，中国高校开始成立研究拉美的专门机构，如南开大学拉丁美洲史研究室、复旦大学拉丁美洲研究室、武汉师范学院巴西史研究室等。北京大学和复旦大学还招收了中国第一批拉美史的研究生。这是中国拉美研究机构的初创时期，学界对拉美问题的研究主要集中在历史与现状结合的问题上，出版和发表了相关论著。代表性的论文有罗荣渠的《门罗主义的

---

① 朱谦之：《扶桑国考证》，商务印书馆 1941 年版。

起源和实质——美国早期扩张主义思想的发展》①、乔明顺的《墨西哥独立战争前社会矛盾关系发展初探》②、冯纪宪的《论〔美〕亨利·克莱对拉丁美洲的政策》③、郭力达的《早期门罗主义的性质和作用问题》④等。著述有南开大学历史系编的《拉丁美洲民族解放大事记》⑤、金重远所著的《西班牙美洲殖民地独立战争》（后于 1974 年再版，更名为《拉丁美洲独立战争》）⑥、邓超的《美国侵略下的拉丁美洲》（世界知识出版社 1957 年版）⑦、刘光华的《美国侵略拉丁美洲简史》（世界知识出版社 1957 年版）⑧等。这些研究成果或译著主要是出于政治斗争的需要，多是以具体的历史事实揭露美国在拉丁美洲地区的侵略扩张。

　　中国拉丁美洲史研究在初创时期取得了一定进展，不乏一些具有价值的论著，但从总体上来看还受到诸多不利因素的限制，主要体现在以下四个方面。一是中华人民共和国成立之后，在学术研究上以苏联为标准，基本上是按照苏联的解释模式形成比较完整的世界认知体系。这种体系简单化了人类历史的发展进程，学者们的视野完全被局限在该体系所提供的固定框架内，很难在研究思路和方法上有所创新和突破。作为世界史和国际问题研究的重要组成部分，对拉美历史与现状的研究自然难以走出这种体系所设置的藩篱。二是自 20 世纪 50 年代中期以来，中国的政治气候极不正常，极左思潮泛滥，人文社会科学的研究概以"革命"为主题。拉美问题的研究同样充满着这种倾向，扎扎实实的研究不足，许多研究成果高腔大调，缺乏客观性。三是拉美多数国家追随美国敌视中国的政策，加入了国际上的反华"大合唱"，这样中国与拉美国家关系的发展出现了历史性的倒退。这种局面势必给中国的拉

　　① 罗荣渠：《门罗主义的起源和实质——美国早期扩张主义思想的发展》，《历史研究》，1963 年第 6 期。

　　② 乔明顺：《墨西哥独立战争前社会矛盾初探》，《河北大学学报（哲学社会科学版）》，1964 年第 5 期。

　　③ 冯纪宪：《论〔美〕亨利·克莱对拉丁美洲的政策》，《华东师大学报（人文社会科学版）》，1964 年第 2 期。

　　④ 郭力达等：《早期门罗主义的性质和作用问题》，《江汉学报》，1960 年第 10 期。

　　⑤ 南开大学历史系：《拉丁美洲民族解放大事记》，天津人民出版社 1959 年版。

　　⑥ 金重远：《西班牙美洲殖民地独立战争》，商务印书馆 1964 年版。

　　⑦ 邓超：《美国侵略下的拉丁美洲》，世界知识出版社 1957 年版。

　　⑧ 刘光华：《美国侵略拉丁美洲简史》，世界知识出版社 1957 年版。

美研究带来消极影响。四是从事拉美教学和研究的人员较少，队伍不稳定，他们主要处于积累文献资料阶段，研究范围受到很大限制，研究工作也没有很好地开展起来。尽管这样，老一代拉美研究者辛勤工作，筚路蓝缕，在非常艰难的条件下开启了中国的拉美教学与研究工作。

　　1966 年"文化大革命"爆发后，学术研究几乎完全停止，刚刚起步的拉丁美洲研究与其他研究领域一样自然也在劫难逃，遭受了巨大的挫折。70 年代初，国际政治形势发生了很大的变化，特别是中国与美国关系出现了重要的转折，趋向改善，同时中国也恢复了在联合国的合法地位。在这种国际大环境下，拉美国家竞相与中国建立外交关系。这种利好的局面推动了国内学界对拉美地区的关注，近 30 部有关拉美通史、国别史和专门史的著作翻译出版。李春辉所著的《拉丁美洲国家史稿》①正式出版，这是由中国学者撰写的第一部拉美通史著作，时间下限到 1956 年。尽管上述著译作品属内部发行，但影响深远，在特定的历史时期促进了中国拉美研究从浩劫中逐渐地走向恢复。

二、进入 21 世纪之前的中国拉美研究

　　10 年"文化大革命"使中国学术研究蒙受了难以估量的损失，浩劫的结束拉开了拨乱反正的序幕。1978 年十一届三中全会的召开，确定了改革开放的政策，研究人员迎来了中国科学发展的春天。中国的拉丁美洲研究与其他研究领域一样，步入了迅速恢复和发展时期，主要体现在以下四个方面。首先，中共中央联络部的拉丁美洲研究所在 1976 年 4 月全面恢复工作，改革开放给研究所的科研人员带来活力，1979 年由该所主编的《拉丁美洲丛刊》创刊，标志着中国拉美研究有了专门的学术刊物。1981 年拉丁美洲研究所划归中国社会科学院，成为一个纯粹的学术研究机构，拉丁美洲研究所开始步入了迅速发展时期。《拉丁美洲丛刊》1986 年更名为《拉丁美洲研究》，刊登的文章学术性更强。其次，为了协调全国的拉美研究和加强全国各地拉美研究

---

① 李春辉：《拉丁美洲国家史稿》，商务印书馆 1973 年版。

学者的联系，为他们提供相互交流的平台，中国老一代拉美研究的开拓者先后成立了两个全国性的研究会。1979 年 11 月，全国世界史学术讨论会在武汉举行，来自全国高校和科研机构的 30 余名拉美史工作者借这次盛会成立了中国拉丁美洲史研究会，该会的宗旨是"学习和研究拉丁美洲史，开展学术讨论，互通科研情报资料，促进中国人民与拉丁美洲人民之间的相互了解与友谊，为实现我国的社会主义现代化服务"。1984 年 5 月，中国拉丁美洲学会宣告成立，宗旨是"团结全国各地从事拉丁美洲研究、教学和开展对拉美地区工作的人士，促进我国对拉丁美洲政治、经济、国际关系、社会、文化、民族问题等方面的研究，增进中国人民和拉丁美洲各国人民之间的相互了解和友谊，为实现我国社会主义现代化服务"。这两个全国性研究会基本上每年都举行学术讨论会，为国内拉美研究者提供相互交流研究成果的平台，对促进国内拉美研究不断走向深化做出了很大的贡献。再次，一门研究学科的振兴与发展，高素质的人才是首要基础。中国的拉美研究人员主要由国内培养。十一届三中全会以后，中国高级研究人才的培养开始与国际接轨，硕士和博士学位先后成为国内培养人才的主要形式。拉美学科在这方面并未落伍，国务院学位办公室先后批准中国社会科学院研究生院和北京大学、复旦大学、南开大学、湖北大学以及山东师范大学等高校招收攻读拉美研究方向的硕士生。这些学位点先后培养了百余名研究生，他们中的很多人成为国内拉美学界的有生力量。从 90 年代后期开始，中国社会科学院、北京大学和南开大学开始招收拉美研究方向的博士生，培养了一批这一研究领域的年轻专门人才。最后，国内拉美研究机构呈现出蓬勃发展的势头，中国社会科学院拉丁美洲研究所进入了发展史上的黄金时期，中国社会科学院世界历史研究所设立拉丁美洲史研究室，在 80 年代有 10 余位人员从事拉美史研究。高校的拉美研究主要集中在北京大学、复旦大学、南开大学、山东师大、湖北大学、河北大学以及中国人民大学等，复旦大学拉美研究室 80 年代初拥有研究人员 10 余名，湖北大学拉丁美洲研究室有 10 余名研究人员。高校占据了国内拉美研究的半壁江山，为了充分发挥高校拉美研究的优势，1991 年 8 月底，国家教委在暨南大学召开拉美问题研究科研工作会议，这次会议产生的最重要结果是决定成立全国高等院校拉丁美洲重点课题研究协调小组。协调小组的主要任务是，制定拉丁美洲重点课题研究规划，组织评审向国家教委申报的拉美研究课题，协调全国高校的拉美研究工作，结合重点研究课题向国外派遣访问学者和开展学术交流等。国家教委把协调全国高校拉美研究重点课题小组设帐于南开大学，为了能够让协调小组更为有效地发挥作用，南开大学组建了实体性研究机构——拉丁美洲研究中心。受各种因素的影响，八九十年代国内高校的拉美研究机构兴衰程度不同，但无疑都经历了这个时代的研究者值得怀念和留恋的一个"黄金"时期。

20 世纪 80 年代可谓是中国拉美研究的兴盛时期，从事拉美研究的学者之多至今尚未超过，中国拉丁美洲史研究会创立时，会员为 100 余人，80 年代呈上升趋势，最高时达到 300 余人。中国拉丁美洲学会与中国拉丁美洲史研究会会员有所交叉，但 80 年代无疑也是会员最多的时期，这种状况从两个学会召开的全国性学术讨论会与会者之多便可看出，1984 年拉美学会成立时与会者多达百人，每次会议七八十人与会乃为正常，这种盛景到了 90 年代中期以后再也没有复现。截至 1999 年，中国拉丁美洲史研究会举办了 11 次全国性学术讨论会，讨论主题分别是拉丁美洲独立战争和民族解放运动，拉美独立战争的性质和拉美国家的社会性质，西蒙·玻利瓦尔的大陆联合思想、民主、共和思想及其评价，当前拉美民族民主革命的任务及其发展，拉美各国资本主义的发展以及拉美国家与美国关系的演变，哥伦布远航美洲，拉美民族理论，哥伦布远航美洲及其带来世界范围内的变革，纪念哥伦布航行美洲 500 周年，拉丁美洲现代化和对外关系以及 20 世纪拉美的重大改革与发展。中国拉美学会成立之后每年举行一次全国性的学术讨论会，讨论主题分别是拉美的民族民主运动、拉美的对外开放政策、战后拉美政治进程和中拉关系、拉美经济调整和发展、跨入 90 年代的拉美、尼加拉瓜革命和中美洲形势、美国与拉美的关系、世界新格局与拉美、拉美国家当前形势与政策动向、拉美的投资环境与市场、中拉关系、当前的拉美发展模式、拉美国家的经济改革、拉美经济区域化一体化、世纪之交的拉美与中拉关系以及当前拉美形势和国有企业改革问题。在上述学术会议上，学者们济济一堂，畅所欲言，本着解放思想、实事求是的精神，对拉美地区重大问题进行讨论，不断把中国的拉美研究推向深入。中国拉丁美洲史研究会和中国拉美学会举办的上述全国性学术讨论会，反映出十一届三中全会以来中国拉美研究的基本轨迹，对推动中国的拉美研究做出了重要的贡献。

从 1979 年到 1999 年，国内学者关于拉丁美洲历史与现状的学术论文主要刊登在《拉丁美洲研究》《世界经济与政治》《世界经济》《国际问题研究》《现代国际关系》《历史研究》《世界历史》等专业刊物以及高校主办的人文社会科学学报上。《拉丁美洲研究》由中国社会科学院拉丁美洲研究所主办，1979 年创刊时为季刊，1982 年改为双月刊，是国内唯一刊登研究拉美问题的综合性专业刊物。据粗略统计，在这 20 年期间，《拉丁美洲研究》共刊登论文约 1200 篇，涉及整个拉美地区政治现状和改革、经济发展与改革、对外政治与经济关系、社会、宗教、民族问题、科学技术、教育以及毒品等方面的论文约 409 篇，与中美洲地区相关的论文约 19 篇，与加勒比地区相关的论文 10 篇，与南美洲相关的论文 3 篇，研究拉丁美洲经济一体化的论文约 32 篇，涉及拉美地区历史上重大问题的论文约 87 篇，美国与拉丁美洲关系的论文约 66 篇，中国与拉美地区关系的论文约 36 篇，欧洲国家与拉美关系的论文约 11 篇，日本与拉丁美洲关系的论文 8 篇，加拿大与拉美关系的论文 3 篇，苏联（俄罗斯）与拉美关系的论文 4 篇，拉美文学与文化 8 篇，研究国别政治、经济以及社会等方面的论文占据了相当部分，其中研究巴西的论文 124 篇，墨西哥 115 篇，智利 51 篇，阿根廷 40 篇，古巴 35 篇，秘鲁 28 篇，委内瑞拉 23 篇，哥伦比亚 18 篇，海地 9 篇，尼加拉瓜 8 篇，圭亚那 7 篇，玻利维亚 5 篇，厄瓜多尔 5 篇，危地马拉 3 篇，萨尔瓦多 3 篇，巴拿马 3 篇，巴拉圭 3 篇，乌拉圭、哥斯达黎加、乌拉圭、苏里南各 1 篇。《拉丁美洲研究》杂志刊发的论文，基本上反映出这个时期中国拉美研究的基本轨迹和状况。

这一时期国内学者研究拉美的成果还刊登在国内其他有影响的杂志上，《世界经济与政治》杂志 1987 年创刊，为月刊，由中国社会科学院世界经济与政治研究所主办。从创刊到 1999 年，该刊共刊登与拉美地区相关的论文 32 篇，其中关于拉美地区政治、经济、区域一体化、毒品问题以及拉美发展模式等方面的论文 10 篇，美国与拉美外交关系的论文 3 篇，西班牙与拉美关系的论文 1 篇，与墨西哥相关的论文 8 篇，与古巴相关的论文 6 篇，与巴西相关的论文 3 篇，与智利相关的论文 1 篇。《世界经济》杂志由中国社会科学院世界经济与政治研究所主办，1978 年创刊，为月刊，主要刊登国内学者撰写的与世界经济相关的论文。据粗略统计，从创刊到 1999 年，《世界经济》杂志共刊登与拉美地区和国家经济密切相关的论文 64 篇，其中综合性的论文 40 篇，所论主题为经济思潮、经济发展、经济改革、债务危机、经济危机、经济调整、经济一体化，投资、工业化进程、美洲自由贸易区、北美自由贸易区、收入分配、金融改革、外资管理、经济模式、国际资本流动、经济美元化以及对外经济关系等，与巴西经济相关的论文 10 篇，与墨西哥经济相关的论文 9 篇，与古巴经济相关的论文 2 篇，与阿根廷、哥伦比亚和智利经济相关的论文各 1 篇。《国际问题研究》杂志由中国国际问题研究所（院）主办，该杂志 1959 年创刊，"文化大革命"期间停办，1981 年复刊，为季刊，主要刊登与国际问题研究相关的文章，复刊之后到 1999 年，共刊登研究拉美地区的论文 15 篇，综合性论文 9 篇，主题为经济一体化、经济发展现状、北美自由贸易区以及美拉经济关系，其余 6 篇论文分别涉及中美洲局势、加勒比地区、萨尔瓦多、巴西以及巴拿马等。《现代国际关系》杂志 1981 年创刊，主办单位是中国现代国际关系研究所，创刊之初每年出 1 期，1983 年之后所出期数有所增加，但不固定，1986 年正式定为季刊，1992 年改为双月刊，1993 年改为月刊。自创刊到 1999 年，《现代国际关系》总共刊登研究拉美的论文 54 篇，综合性论文 26 篇，内容涉及拉美与国际秩序变革、债务危机、经济开放政策、战后经济发展、通货膨胀及其治理、中美洲和平进程、促进南南合作、经济回顾与展望、北美自由贸易区、对外经贸关系、经济一体化、发展模式、冷战后局势、社会问题、美国与拉美关系以及中国与拉美关系等，国别研究主要是墨西哥 11 篇，阿根廷、巴西和委内瑞拉各 3 篇，古巴 2 篇，智利、萨尔瓦多、哥伦比亚、秘鲁、乌拉圭和厄瓜多尔各 1 篇。上述杂志刊登的论文以研究拉美现状为主，从论文涉猎的主题也可以窥探出这 20 年期间中国学术界研究拉美现状的重点所在。

对拉美地区历史的研究一直是这一时期学者们关注的重点，在高校担任教职的老师主要从事拉美史的研究，中国社会科学院世界历史研究所与拉丁美洲研究所也有一批人员从事拉美史的研究。这 20 年是中国拉美史研究的黄金时期，研究人员之多，为迄今之最。如前统计，《拉丁美洲研究》杂志这一时期刊发了纯粹为拉美史的论文 87 篇，要是加上与历史相关的论文，这一数字应该更大。高校人文社会科学学报刊登的研究拉美的论文多是历史，这里难以对这一时期高校发表的拉美史论文进行统计，只举出 1987 年与 1988 年两年的数据便可见一斑。据不完全统计，1987 年高校社科学报刊登拉美史论文为 5 篇，分别刊登在《武汉大学学报》《河北大学学报》《山东师大学报》《安徽师大学报》《复旦学报》，1988 年为 5 篇，分别刊登在《湖北大学学报》和《江西教育学院学报》。如果按照每年年均 5 篇计算，高校学报这一时期发表拉美史论文应在百篇左右。《历史研究》杂志为中国社会科学院主办，是中国史学研究的顶级刊物，刊登国内学者撰写的中国史与世界史方面的学术论文。一般而言，其所刊登的论文代表了相关研究领域的最高水平。从 1979 年至 1999 年，《历史研究》刊登的拉美史论文共 12 篇，研究内容为美洲国家组织、巴西独立、中国与墨西哥关系、玛雅文明、美洲的发现、美英在拉美地区的竞争、中拉早期经贸关系。印第安人历史、墨西哥大庄园制、墨西哥土地改革、巴西的发现与开拓以及墨西哥社会稳定等。《世界历史》杂志是中国世界史研究的唯一专业性刊物，由中国社会科学院世界历史研究所主办。该杂志初创时为双月刊，1985 年改为月刊，1987 年恢复为双月刊。从 1979 年至 1999 年，《世界历史》刊登的拉美史论文共 52 篇，内容涉及广泛，人物及其思想研究的论文包括对哥伦布的评价、玻利瓦尔大陆联合思想、庇隆主义、迪亚斯改革、对伊达尔戈评价、卡德纳斯改革、胡亚雷斯改革、瓦加斯及其贡献以及何塞·马蒂思想等；殖民时期的论文包括新大陆发现及其影响、西班牙美洲殖民统治、美洲的移民活动、美洲种植园、巴西种植园制、巴西的早期发展、殖民时期的墨西哥以及墨西哥村社等；拉美国家独立及其发展的论文包括墨西哥独立战争、海地革命、拉美早期资本主义、考迪罗主义以及拉美经济落后的根源；与现代史相关的论文包括墨西哥革命、墨西哥外资政策、墨西哥政治现代化、现代巴西发展、外资与巴西发展、巴西与二战以及拉美经济增长等；对外关系研究有拉美国家外交政策、美国与拉美关系、英国的拉美政策、古巴导弹危机以及巴西与美国关系等。国内诸如《史学月刊》《史学集刊》《历史教学》等杂志也刊登有关拉美史的论文。拉美史是国内拉美研究的重要组成部分，属于基础性研究，这一时期国内拉美研究处于兴盛状态与从事拉美史研究人员之多有着密切的联系。

　　这一时期中国拉丁美洲研究取得很大进展，一个明显的标志是出版了一批关于拉美历史、经济、政治、文化以及对外关系的著述。对古代印第安文明的研究趋向深化，出版了多部专著和编著。[①]尤其是 90 年代出版的关于印第安人的著作多不再限于简单的描述，而着重用新的研究方法进行分析。关于哥伦布远航美洲出版了 3 部著述和编著。[②]其他方面的著述出版了多种，韩琦对拉美殖民地时期的分配制、印第安人奴隶制、委托监护制、劳役分配制、债役农制、种植园奴隶制以及大地产制等经济制度进行了比较深入的探讨，从制度层面上揭示了拉美国家经济发展步履维艰的深层原因。[③]张家哲考察了拉丁美洲从古印第安文明到 20 世纪 90 年代的历史发展。[④]关于拉美独立运动出版了 2 本著述，陆国俊等人对独立运动爆发的历史背景、各个地区的独立进程、运动的领导权、性质和成就以及运动期间的国际关系等重大问题进行了比较深入的分析；王春良在其论文集中论述了一系列与拉美民族民主运动相关的重大事件和重要人物。[⑤]李春辉所著的《拉丁美洲史稿》影响很大，但时间下限止于 1956 年，经过中国社会科学院拉丁美洲研究所几位学者的共同努力，第三卷如期出版，弥补了前两册的不足，使我国有了一部比较完整的拉丁美洲通史著作。[⑥]《剑桥拉丁美洲史》由世界上著名拉美史专家集体编撰而成，是国际拉美史研究领域最具权威性的著作之一。在中国社会科学院拉丁美洲研究所张森根的主持下，这部九卷本的宏著被陆续翻译成中文出版，这项工程的确是中国拉美史学界值得庆贺的盛事，无疑对这一领域的教学和研究起了较大的推动作用。此外拉丁美洲研究所还主持编写了中国第一部拉美史专业词典。[⑦]

　　拉丁美洲国际关系史的研究取得了很大的进展，中拉关系史研究有 2 本

　　① 任雪芳：《印第安人史话》，商务印书馆 1981 年版；刘明翰、张志宏：《美洲印第安人史略》，生活•读书•新知三联书店 1982 年版；景振国：《古代美洲的玛雅文化》，商务印书馆 1983 年版；刘文龙：《古代南美洲的印加文化》，商务印书馆 1983 年版；虞琦：《阿兹特克文化》，商务印书馆 1986 年版；朱伦、马莉：《印第安世界》，广西人民出版社 1992 年版；夏丽仙：《拉丁美洲的印第安民族》，中国社会科学出版社 1997 年出版；蒋祖棣：《玛雅与古代中国》，中国社会科学出版社 1993 年版；胡春洞：《玛雅文化》，复旦大学出版社 1997 年版。

　　② 连云山：《谁先到达美洲》，中国社会科学出版社 1992 年版；张至善：《哥伦布首航美洲——历史文献与现代研究》，商务印书馆 1994 年版；黄邦和等：《通向现代世界的 500 年：哥伦布以来东西两半球汇合的世界影响》，北京大学出版社 1994 年版。

　　③ 韩琦：《拉丁美洲经济制度史论》，中国社会科学出版社 1996 年版。

　　④ 张家哲：《拉丁美洲：从印第安文明到现代化》，中国青年出版社 1999 年版。

　　⑤ 陆国俊、黄名玮：《新世界的震荡——拉丁美洲独立运动》，上海社会科学院出版社 1991 年版；王春良：《拉丁美洲民族民主运动史论》，中国地图出版社 1992 年版。

　　⑥ 李春辉、苏振兴、徐世澄：《拉丁美洲史稿》，商务印书馆 1993 年版。

　　⑦ 中国社会科学院拉丁美洲研究所：《拉丁美洲历史词典》，上海辞书出版社 1993 年版。

著作面世，分别是沙丁和杨典求等人撰写的《中国和拉丁美洲关系简史》和罗荣渠的《中国人发现美洲之谜——中国与美洲历史联系论集》，前者系统地考察了中国与拉丁美洲关系的发展进程，后者收录了作者论述中国和拉丁美洲历史联系的5篇论文。①美拉关系史有2本著作出版，分别是洪国起与王晓德的《冲突与合作：美国与拉丁美洲关系的历史考察》和徐世澄主编的《美国和拉丁美洲关系史》。前者全面论述了美拉关系的历史演变，作者以"冲突与合作"为主线把美国政府不同时期对拉美的政策连贯起来，从中揭示出美国政府对拉美的政策万变不离其宗的实质；后者系统地阐述了从18世纪末至1993年底美国与拉美关系的演变，作者在书中通过对各个历史时期美拉关系重大事件的分析，探讨了美拉关系的变化、特点和规律。②洪育沂主编的《拉美国际关系史纲》比较全面地勾勒出拉美国际关系史发展的基本轮廓。③

　　拉美地区经济发展是学者们关注的一个重点，从80年代开始不断有新作问世。80年代出版的相关著述包括徐文渊等人的《阿根廷经济》、苏振兴等人的《巴西经济》、张文阁等人的《墨西哥经济》、徐世澄等人的《秘鲁经济》、石瑞元等人的《委内瑞拉经济》、毛相麟等人的《中美洲加勒比国家经济》、复旦大学拉丁美洲研究室编写的《拉丁美洲经济》、张森根等人的《拉丁美洲经济》、苏振兴等人的《拉丁美洲国家经济发展战略研究》。④90年代出版的拉美经济著述进一步深化。陈舜英等人从理论和实践的结合上，对拉美经济发展和通货膨胀的关系进行了探讨。⑤陈芝芸等人重点研究了拉美国家利用外资和外债、发展外贸、开发自由贸易区和出口加工区、开展国际经济合作和

---

　　① 沙丁、杨典求、焦震衡、孙桂荣：《中国和拉丁美洲关系简史》，河南人民出版社1986年版；罗荣渠：《中国人发现美洲之谜——中国与美洲历史联系论集》，重庆出版社1988年版。

　　② 洪国起、王晓德：《冲突与合作：美国与拉丁美洲关系的历史考察》，山西高校联合出版社1994年版；徐世澄：《美国和拉丁美洲关系史》，社会科学文献出版社1995年版。

　　③ 洪育沂：《拉美国际关系史纲》，外语教学与研究出版社1996年版。

　　④ 徐文渊、陈舜英、刘德：《阿根廷经济》，人民出版社1983年版；苏振兴、陈作彬、张宝宇：《巴西经济》，人民出版社1983年版；张文阁、陈芝芸等：《墨西哥经济》，社会科学文献出版社1987年版；徐世澄、白凤森：《秘鲁经济》，社会科学文献出版社1987年版；石瑞元等：《委内瑞拉经济》，社会科学文献出版社1987年版；毛相麟、邱醒国、宋晓平：《中美洲加勒比国家经济》，社会科学文献出版社1987年版；复旦大学拉丁美洲研究室：《拉丁美洲经济》，上海人民出版社1986年版；张森根、高铦：《拉丁美洲经济》，人民出版社1986年版；苏振兴、徐文渊：《拉丁美洲国家经济发展战略研究》，北京大学出版社1987年版。

　　⑤ 陈舜英、吴国平、袁兴昌：《经济发展与通货膨胀——拉丁美洲的理论和实践》，中国财政经济出版社1990年版。

地区一体化等方面的经验教训、面临的问题和发展前景。①江时学的专著分为
上下两篇,上篇论述拉美发展模式的历史演变,并与东亚发展模式进行了比
较;下篇论述拉美发展模式中经济发展与稳定化、工业化进程与农业发展、
经济增长与收入分配以及国家干预与市场调节的四大关系。②张宝宇等人的著
述揭示出 80 年代拉美国家爆发债务危机的根源、表现及其影响。③徐宝华和
石瑞元回顾了拉美一体化的发展过程,侧重分析了 90 年代拉美一体化的新进
展。④陆国俊与金计初主编的著述论述了拉美资本主义发展的道路、模式、规
律和特点等。⑤徐文渊与袁东振从理论与实践的角度论述了经济发展与社会公
正之间的关系。⑥郝名玮、冯秀文和钱明德以墨西哥、巴西和阿根廷 3 个国家
为中心,对拉美地区利用外资实现经济发展进行了历史考察。⑦江时学主编的
著述比较全面地分析了 80 年代后期以来拉美各国的经济改革。⑧

　　关于拉美现代化的研究取得了初步的进展,金计初与陆国俊等人对拉美
现代化做出了比较全面的评价,展现出拉美现代化的曲折历程。曾昭耀对墨
西哥现代化进程的政治模式进行了历史的考察,阐述了政治稳定与现代化之
间的关系。⑨拉美民族民主运动及其思潮的研究出版了 2 部编著。⑩关于教育
方面的著述出版了 2 部,陈作彬与石瑞元等人的编著为中国第一部介绍和研
究拉美地区教育历史和现状的著作,具有开创性的意义。曾昭耀、石瑞元与
焦震衡主编的著述强调教育在拉美现代化进程中所起到的重要作用。⑪研究

　　① 陈芝芸等:《拉丁美洲对外经济关系》,世界知识出版社 1991 年版。
　　② 江时学:《拉美发展模式研究》,经济管理出版社 1996 年版。
　　③ 张宝宇、周子勤、吕银春:《拉丁美洲外债简论》,社会科学文献出版社 1993 年版。
　　④ 徐宝华、石瑞元:《拉美地区一体化进程——拉美国家进行一体化的理论与实践》,社会科学文献
出版社 1996 年版。
　　⑤ 陆国俊、金计初:《拉丁美洲资本主义发展》,人民出版社 1997 年版。
　　⑥ 徐文渊、袁东振:《经济发展与社会公正——拉丁美洲的理论、实践、经验与教训》,经济管理出
版社 1997 年版。
　　⑦ 郝名玮等:《外国资本与拉丁美洲国家的发展》,东方出版社 1998 年版。
　　⑧ 江时学:《拉美国家的经济改革》,经济管理出版社 1998 年版。
　　⑨ 金计初、陆国俊等:《拉丁美洲现代化》,四川人民出版社 1992 年版;曾昭耀:《政治稳定与现代
化》,东方出版社 1996 年版。
　　⑩ 关达等:《第二次世界大战后的拉丁美洲政治》,中国社会科学出版社 1987 年版;肖楠等:《当代
拉丁美洲政治思潮》,东方出版社 1988 年版。
　　⑪ 陈作彬、石瑞元等:《拉丁美洲国家的教育》,人民教育出版社 1985 年版;曾昭耀、石瑞元、焦震
衡:《战后拉丁美洲教育研究》,江西教育出版社 1994 年版。

拉美文化方面有几本重要的专著问世。刘文龙出版了 2 部，一部是关于墨西哥在文化融合进程中所出现的得失，揭示出墨西哥文化的特色及其形成的渊源；另一部是关于整个拉美文化的形成与发展的，从宏观上考察了整个拉美地区文化的演变及其特征。[①]索飒从文化与观念的角度对拉美地区进行了比较全面的描述，涉及拉美殖民化、拉美思想的繁荣、文化与艺术的代表人物以及走向解放的神学等内容。[②]

本文对这一时期拉美研究论文的统计与著述的介绍并不是很全面，但折射出改革开放之后中国拉美研究所取得的成果非此前任何时期所能比拟。毋庸置疑，改革开放为中国人文社会科学的研究注入了巨大的活力，中国的拉美研究与其他任何研究领域一样获得很快发展，可谓是沿着正常的发展道路跨入了 21 世纪。

三、进入 21 世纪之后的中国拉美研究

中国的拉美研究在 20 世纪八九十年代取得了瞩目的研究成果，进入 21 世纪之后本应乘着改革开放不断深化的强劲东风向着更高的目标迈进，但出现了喜忧参半的局面，尤其是占据国内拉美研究半壁江山的拉美史研究后继乏人，高校的很多研究机构因研究人员缺乏而或被迫取消或有名无实，而对拉美地区现状的研究从 2000 年到 2010 年基本维持了现状，此后便进入了一个快速发展时期，学界出现的"拉美热"便是主要标志。尽管至今中国的拉美研究还存在着很多不尽如人意之处，拉美地区很多国家在研究中基本上还属于空白，与拉美相关的重大问题尚未深入展开，但只要中国与拉美地区的交往保持良好发展状况，中国的拉美研究必然会在不断克服困难或解决问题的过程中走上全方位发展之路。

从 2000 年至 2019 年这 20 年期间，有利于中国拉美研究不断深化的因素主要体现在以下四个方面。首先，在日益多极化的国际格局中，拉美地区的影响力不断提升，作为第三世界的重要组成部分，拉美地区在维护地区与世界和平、参与缔造新的国际新秩序方面，做出了众多具有开创性意义的工作，

---

① 刘文龙：《墨西哥：文化碰撞的悲喜剧》，浙江人民出版社 1990 年版；刘文龙：《拉丁美洲文化概论》，复旦大学出版社 1996 年版。

② 索飒：《丰饶的苦难——拉丁美洲笔记》，云南人民出版社 1998 年版。

成为国际舞台上的活跃力量。因此,拉美地区一向受到中国政府的高度重视,这一时期历届中国政府领导人多次到拉美地区访问,很多拉美国家成为中国战略伙伴的对象,与拉美地区的交往越来越密切,贸易往来处于上升状态。中国已经成为拉美地区第二大贸易伙伴国,拉美是中国海外投资的第二大目的地。当前,中国和拉美地区之间的人流、物流、资金流以及信息流等不断扩容加速,规模日趋扩大,形成国家之间关系的主流。中国与拉美地区交往迅速上升,是中国拉美研究能够走向兴盛的基础和推动力。其次,一个研究领域的振兴,高素质的研究队伍不可或缺。从 20 世纪 90 年代末开始,国内诸如北京大学、南开大学和中国社会科学院研究生院开始招收拉美研究方向的博士生,他们获得博士学位多是在进入 21 世纪之后,以后复旦大学和山东师范大学等高校也开始招收拉美史方向的博士生。据不完全统计,截至 2019年,有 50 余名以拉美问题为论文选题的学生获得博士学位,他们撰写的论文多为拉美史研究方向,毕业之后绝大多数人到国内相关研究机构作专职研究人员或到高校相关院系任教。这些从事拉美研究的青年才俊多到过研究对象国进行学术访问或进修交流,其中一些人能够用英文和西班牙文或葡萄牙文进行相关研究。还有少量人从国外大学获得博士学位之后回到国内高校任教。他们在科研上经过严格的博士阶段训练,不囿陈见,思想活跃,敢于在前人研究的基础上提出新的看法,很多具有影响的研究成果出自他们之手。他们不断地补充到国内拉美研究的队伍,为这一研究领域增添了不可或缺的活力。再次,研究获得资助的渠道日益增多。在 20 世纪八九十年代,研究人员从事的课题能够得到国家社科基金或教育部人文社科规划项目的资助凤毛麟角,进入 21 世纪之后,这种状况逐渐改观,尤其是 2010 年之后,研究人员从事的研究课题获得基金资助差不多成为常态,即使未能获得国家社科基金资助,也能通过各种渠道得到研究经费。有充足的资金作为保证,研究工作开展起来就会更顺利一些,这自然成为撰写出高质量研究成果的一个很重要的因素。最后,随着中国与拉美地区交往越来越频繁,近 10 年来,国内学术界掀起了一股至今方兴未艾的"拉美热",国内高校先后成立的拉美研究机构多达四五十家,遍及全国,其中北京、上海与广东相对集中,全国约有 16 家拉美研究机构成为教育部备案基地,数量之多,在国内国际问题研究领域罕有。2019年 5 月,中国国际问题研究院成立了拉丁美洲与加勒比研究所。这些新成立的拉美研究机构在研究队伍和研究成果上尽管还有很长的路要走,但随着时间的推移,经过"大浪淘沙"的考验,会逐步发展为成熟的国内拉美研究重镇，它们可谓是国内拉美研究能够在全国开展的希望所在。

从 2000 年至 2019 年，中国拉丁美洲史研究会和中国拉丁美洲学会继续为国内拉美研究者提供学术交流的平台，引领国内拉美研究的方向。在此期间，中国拉丁美洲史研究会共举办了 11 次全国性的学术讨论会，会议主题为全球视野下的拉丁美洲发展、20 世纪拉丁美洲变革与发展（与中国拉美学会合办）、发展中国家现代化模式、拉丁美洲现代化进程研究、中拉关系 60 年：回顾与思考（与中国拉丁美洲学会合办）、纪念拉美独立运动 200 周年、拉丁美洲文化与现代化、拉丁美洲与外部世界、全球史视野下的拉丁美洲文明、20 世纪拉丁美洲革命与改革以及拉美历史上的民族与国家，其中两次会议与中国拉丁美洲学会联合举办。从中国拉丁美洲史研究会举办全国性会议的主题来看，这一时期所讨论的学术问题现实性更强，多从服务于国家对拉美地区外交战略的角度考虑，特别是对拉美地区现代化与发展问题的讨论为中国改革开放提供了借鉴。中国拉丁美洲学会举行了 12 次全国性学术讨论会，除了与中国拉丁美洲史研究会合办的两次会议之外，余下的会议主题分别是中国入世后的中拉关系、拉美国家经济社会协调发展的经验教训、从战略高度认识拉美：中拉关系的回顾与展望、社会和谐：拉美国家的经验教训、拉丁美洲现代化进程及其启示、国际变局中的拉美：形势与对策、展望中拉合作新阶段、结构性转型与中拉关系的前景以及地区与全球大变局下的中拉关系展望等。中国拉丁美洲学会举办的学术讨论会，主题与现实需要结合得更为密切，诸如外交部、中央对外联络部和外经贸部等国家部委的相关人员与会，目的是通过同行之间的交流深化对一些重大问题的认识，为国家决策提供参照资源。中国拉丁美洲史研究会和中国拉美学会为了加快青年科研人员的培养，在 1999 年 11 月两会合办的学术讨论会上，决定以两个学会的名义定期举办中国拉美研究青年论坛，将国内研究拉美问题的青年学者召集在一起，集中讨论一些重大问题，请一些学界前辈讲治学之道，青年学者之间还可通报各自的研究课题，起到互相促进之效。首届拉美研究青年论坛于 2000 年 4 月下旬在南开大学拉丁美洲研究中心会议室举行，会议主题为"进入新世纪的拉丁美洲"。拉美研究青年论坛打算每隔两年举办一次，最初几年并未严格遵守两年举办一次的规定，不过总算是坚持下来了。如今论坛已成为这两个研究会的一个品牌，为国内研究拉美的年轻学者提供了一个学术交流的平台。除了两个研究会举办的这些学术会议之外，近些年讨论拉美问题的国内或国际会议比较多，常态的国际学术会议有中拉学术高层论坛，每年举办一次，已经连续举行了八届。江苏省人民政府外事办公室与中国社会科学院拉美所牵头举办的"中拉文明对话",已经举办了三届。一些高校拉美研究所（中心）或国家部委相关科研机构也不时地举办与拉美地区论题相关的学术讨论会。国内拉美学界近 10 年来举办的学术会议非常频繁,讨论主题基本上与现状相关,这一方面反映了拉美地区越来越得到国内学界的重视,另一方面促进了对一些重大问题研究的深化。

在这 20 年期间,中国的拉美研究继续向着纵深发展,尤其对拉美现状的研究,无论是深度还是广度都达到了一个新的高度。在此期间国内从事拉美研究的学者刊发的学术论文究竟有多少篇,本文没有进行过精确统计,只能通过对一些代表性刊物的分析,看出国内学者关注哪些重大问题的研究。《拉丁美洲研究》依然是国内拉美学界唯一专业性刊物,从 2000 年到 2019 年共刊发学术论文 1200 余篇,其中综合性论文约 383 篇,总体方面的内容主要包括改革的经验与教训、发展模式、现代化进程、伊拉克战争的影响、新自由主义与拉美、对外开放、结构性改革以及腐败与反腐等;经济方面的内容主要包括经济现状、亚洲金融危机与拉美、国有企业改革、农业投资、经济展望、经济增长、金融体系改革、美元化、拉美化、私有化、能源问题、农业政策、非正规经济、外贸体制、经济衰退、外国投资、新工业化道路、收入再分配、金融自由化、跨国公司与拉美、反倾销政策、国有企业改革、中等收入陷阱以及生态经济等;政治方面的内容主要包括政治现状与展望、政治制度、政治发展特点、政治民主化、国家治理、政府干预、拉美左派、左翼执政以及社会主义思潮等;社会方面的内容主要包括社会问题、社会形势、就业与失业、劳工权利、社会保障、贫困问题、毒品与禁毒、环境保护、恐怖主义、移民问题、民族关系以及公民社会等;其他方面的内容包括地区安全、科教文化、城市化、非政府组织、国际安全合作以及研究综述等。纯粹拉美史的论文约 40 篇,内容涉及农业资本主义发展道路、加强国内拉美史研究、庇隆主义、军人参政、发展的一致性与差异性、工业化进程、普雷维什命题、南北美洲发展道路比较、独立运动、城市化进程、拉美不发达的根源、拉美边疆史、土地改革以及历史上的重大问题等。专题论文约 382 篇,其中关于印第安文化和印第安人运动的论文约 17 篇;美洲贸易自由化和拉美一体化的论文约 46 篇;拉美地区对外关系的论文约 33 篇;中国与拉美关系的论文（包括讲演和综述）约 221 篇;美国与拉美关系的论文 35 篇;俄国（包括苏联）与拉美关系的论文 11 篇;欧盟以及欧洲国家与拉美关系的论文 10 篇;

东亚与拉美关系的论文 8 篇，加拿大与拉美的论文为 1 篇。地区与国家的专题论文约 455 篇，其中与中美洲相关的论文 3 篇，加勒比地区的论文 8 篇，南美洲的论文 5 篇，与巴西相关的论文 138 篇，墨西哥的论文 68 篇，阿根廷的论文 65 篇，智利的论文 48 篇，古巴的论文 46 篇，委内瑞拉的论文 25 篇，秘鲁的论文 11 篇，哥伦比亚的论文 9 篇，玻利维亚的论文 9 篇，厄瓜多尔的论文 6 篇，哥斯达黎加的论文 4 篇，乌拉圭的论文 3 篇，圭亚那的论文 2 篇，尼加拉瓜、巴巴多斯与苏里南的论文各 1 篇。在这些刊登的论文中，主要是拉美国家学者撰写的论文约 54 篇。此外，该杂志还刊登了书评近 50 篇。《拉丁美洲研究》所刊登的论文基本上反映出国内学界研究拉美问题的重点与趋势。

　　除了《拉丁美洲研究》之外，国内一些与国际问题研究相关的综合类杂志也刊发研究拉美问题的论文。《世界经济》杂志从 2000 年至 2019 年刊登的拉美论文很少，只有 9 篇，其中 8 篇出自同一作者之手，8 篇中有 5 篇是对每年拉美经济形势的回顾。自 2006 年至 2019 年，该杂志再也没有刊登过与拉美问题相关的论文。《世界经济与政治》杂志在同一时期共发表与拉美相关的论文 8 篇，内容涉及拉美与东亚发展模式比较、拉美发展模式、投资政策、政党政治、拉美的反美主义、人民币国际化与拉美、美国对拉美一体化战略以及政治制度变迁等。《现代国际关系》杂志这一时期刊发了 23 篇研究拉美的论文，内容主要涉及拉美经济的"美元化"、欧盟与拉美自由贸易区、美洲贸易自由化、外资管理、拉美对外关系、经济形势总结与展望、美国与拉美关系、中国与拉美关系、拉美一体化、发展与挑战、反美主义、社会治理与人民币国际化与拉美。涉及国别的论文只有 4 篇，分别是墨西哥毒品问题、厄瓜多尔的"美好生活社会主义"、中国与巴西关系以及古巴修宪。《国际问题研究》杂志这一时期共刊发 14 篇研究拉美的论文，其中 12 篇为地区专题论文，2 篇为国别论文，内容涉及开放地区主义、美国与古巴关系、美国市场与拉美经济发展、经济局势分析、左翼执政、左派重振、当前局势、发展的内外因素、区域一体化、社会问题、区域合作、外国投资以及中国与拉美关系等。以上刊物所刊发的论文以研究拉美现状为主。

　　国内没有专门的拉美史研究杂志，除了《拉丁美洲研究》杂志之外，研究拉美史的论文主要刊登在史学刊物与高校文科学报。《历史研究》杂志在这 20 年期间刊登的与拉美史相关的论文十分有限，仅为 4 篇，严格意义上只有 2 篇属于学术专论，自 2006 年以后再没有刊登过一篇与拉美史相关的论文。

《世界历史》在此期间刊登了 27 篇与拉美史相关的论文以及国内拉美史研究综述 2 篇。综合性论文 10 篇，内容主要为现代化进程中的民众主义、威权主义与拉美、城市化的历史反思、结构主义研究、200 年发展难题、西属美洲独立运动以及史学的新文化转向等，国别史论文 17 篇，其中与墨西哥相关的论文 5 篇，内容主要是墨西哥革命、1994 年墨西哥金融危机、殖民时期墨西哥大庄园以及迪亚斯时期的对外政策；与阿根廷相关的论文 3 篇，内容主要是早期民众主义、早期现代化以及考迪罗文化；与秘鲁相关的论文 2 篇，内容涉及早期现代化与大秘鲁的"白银经济圈"；与智利相关的论文 3 篇，内容涉及早期现代化、智利道路的独特性以及美国对智利的干涉；与古巴相关的论文 1 篇，内容为土地改革；与巴西相关的论文 1 篇，内容为西部开发；与哥伦比亚相关的论文 1 篇，内容为咖啡经济与早期工业化；与巴拿马相关的论文 1 篇，内容为美国与巴拿马运河。诸如《史学月刊》《史学集刊》《历史教学》《历史教学问题》等专门的史学杂志也刊登与拉美史相关的论文，但数量很少。这里没有对高校文科学报刊登拉美史研究的论文进行具体的统计，估计不是很多。

从 2000 年到 2019 年，国内学界出版的与拉美地区相关的专著或编著远远多于此前的 20 年，研究范围更为广泛，研究深度也是改革开放之后前 20 年所无法比拟的，这种状况从一个侧面反映出中国的拉美研究在此期间开始向纵深发展。对拉美整体研究涉及不同方面，通史有 3 部。林被甸与董经胜突破了以前撰写通史的方式以及内容，以"一元多线的历史发展观"为指导阐释拉美地区曲折复杂的历史发展进程。张家唐提纲挈领地展现了拉丁美洲从印第安古代文明到当代的历史发展线索。张家唐在另外一部著述中把拉美发展置于全球化进程之中，展示了拉美地区曲折前行的历史进程。[①]研究拉美农业问题的代表作有 2 部，冯秀文总结了拉美历史上农业发展的经验与教训，提出土地改革是发展中国家农业现代化的必由之路。何百根与梁文宇主编的著述评析了拉丁美洲农业发展的自然和社会经济条件、农业发展的特点、存在的问题及其前景。[②]拉美与西方互动的著述有 2 部。张宇燕与高程从国际经济学的角度探求了美洲金银流入欧洲市场之后对西方世界兴起所产生的巨大

---

① 林被甸、董经胜：《拉丁美洲史》，人民出版社 2010 年版；张家唐：《拉丁美洲简史》，人民出版社 2009 年版；张家唐：《全球化视野下的拉丁美洲历史研究》，人民出版社 2016 年版。

② 冯秀文：《拉丁美洲农业的发展》，社会科学文献出版社 2002 年版；何百根、梁文宇：《拉丁美洲农业地理》，商务印书馆 2003 年版。

推动作用；卫建林在全球化的背景之下考察了拉丁美洲的经济发展概貌，展现出拉美在现代化过程中所出现的各种问题。①关于拉美发展问题的著述有 2 部。曾昭耀对拉美陷入发展困境进行了详细考察，分析了拉美独立之后难以崛起为发达国家的深层原因。江时学等人探讨了拉美政治、经济、社会发展和对外关系的发展前景，对拉美地区主要国家的发展前景进行了预测。②其他主题的著述出版了多部。吴德明考察了拉美地区主要民族的缘起、发展与现状，论述了拉美多民族社会的形成及其对拉美政治经济文化发展的影响。③郑秉文主编了 2 部关于拉美城市化的著述，一部展现了拉美城市化的进程，总结了城市化进程中留下的经验与教训；另一部系统地梳理了拉丁美洲各国住房政策的发展历史、现状、存在的问题以及留下的经验教训。④苏振兴主编的著述收录了 30 篇国内学者撰写的拉美研究论文，从国际格局变动的视角考察了拉美经济、政治、文化、外交以及中拉关系等。⑤吴白乙主编的著述以宏观和微观相结合的方法，深入分析了拉美各国司法改革以及社会治理等方面的问题。⑥郭存海等人系统探讨了"一带一路"延伸到拉美后如何同既有的中拉合作机制衔接，以充分利用由此创造的新机遇。⑦此外，中国社会科学院拉美研究所编辑的拉美黄皮书《拉丁美洲和加勒比发展报告》自 2005 年之后每年出版一本，全面展示过去一年拉美地区整体经济增长、政治生态、社会环境和国际关系形势的变化。

　　对拉美经济的研究是这一时期中国拉美学界的热点，得到很多学者的关注。苏振兴主编的著述介绍了拉美地区最主要的经济理论和流派，对拉美地区从殖民时期到当代数百年经济发展进程进行了全面考察，对其中几种经济发展模式予以总结和评述。吴国平主编的著述以拉美 5 个国家为例，通过个案研究总结出进入 21 世纪之后拉美经济发展的大趋势。董国辉研究了拉美发

---

①　张宇燕、高程：《美洲金银和西方世界的兴起》，中信出版社 2004 年版；卫建林：《西方全球化中的拉丁美洲：一个调查报告》，红旗出版社 2004 年版。

②　曾昭耀：《拉丁美洲发展问题论纲》，当代世界出版社 2011 年版；江时学等：《拉美发展前景预测》，中国社会科学出版社 2011 年版。

③　吴德明：《拉丁美洲民族问题研究》，世界知识出版社 2004 年版。

④　郑秉文：《拉丁美洲城市化：经验与教训》，当代世界出版社 2011 年版；郑秉文：《住房政策：拉丁美洲城市化的教训》，经济管理出版社 2014 年版。

⑤　苏振兴：《国际变局中的拉美：形势与对策》，知识产权出版社 2014 年版。

⑥　吴白乙：《拉美国家的能力建设与社会治理》，中国社会科学出版社 2015 年版。

⑦　郭存海等：《"一带一路"和拉丁美洲：新机遇与新挑战》，朝华出版社 2018 年版。

展主义理论创始人普雷维什的经济思想，系统阐述了其发展理论的历史渊源和基本内容。卢国正等人回顾了拉美地区经济贸易政策演变和发展的历程，对墨西哥、巴西、阿根廷、智利及中美洲国家的贸易政策体系进行了分析。苏振兴与徐文渊主编著述通过对拉美主要国家经济发展战略的研究揭示出拉美国家经济发展战略的目标、措施、成效以及经验教训等。陈平以拉美经济改革为依托剖析了新自由主义的兴衰及其实质。赵雪梅的编著考察了19世纪末以来拉美经济的发展。郑秉文主编的著述通过对拉美的个案研究，为发展中国家突破"中等收入陷阱"提供了理论阐释。赵雪梅主编的著述分为5篇，介绍了拉美概况以及从事贸易与投资的经济大环境。①拉美政治方面的著述集中在政治制度和政党执政等方面。张凡以民主化进程的启动、进展、挫折和困境分析为主线，探讨了20世纪70年代以来拉美政治生活中影响最为突出的若干问题。康学同主编的著述系统地梳理了拉美各国主要政党兴衰沉浮的历史，对它们的经验与教训进行了总结。袁东振与杨建民等人分析、归纳和总结拉美国家执政党的经验与教训，对诸如墨西哥、巴西、智利、阿根廷、古巴以及委内瑞拉等国的执政党进行了重点介绍。②

　　拉美区域一体化进入21世纪之后呈现出方兴未艾的势头，自然引起学者们的关注，这方面的著述主要有6部。方幼封与曹珺从经济全球化的视角对拉美一体化的历史与发展进行了全面考察，总结出拉美一体化的特点、所取得的成绩以及存在的问题。宋晓平等人以南北合作和南南合作为主线展现出西半球国家走向区域合作的趋势，把西半球区域经济一体化视为经济全球化和区域集团化的重要组成部分。王晓德从经济全球化和区域化的国际大背景下探讨了美洲贸易自由化的发展进程以及面临的问题与挑战。王萍考察了拉美一体化思想的历史渊源、理论基础、基本内涵和实践过程，把笔墨重点放

---

　　① 苏振兴：《拉丁美洲的经济发展》，经济管理出版社2000年版；吴国平：《21世纪拉丁美洲经济发展大趋势》，世界知识出版社2002年版；董国辉：《劳尔·普雷维什经济思想研究》，南开大学出版社2003年版；卢国正、熊业田、王红霞：《拉丁美洲国家贸易政策体系》，中国商务出版社2006年版；苏振兴、徐文渊：《拉丁美洲国家经济发展战略研究》，经济管理出版社2007年版；陈平：《新自由主义的兴起与衰落：拉丁美洲经济结构改革（1973—2003）》，世界知识出版社2008年版；赵雪梅：《拉丁美洲经济概论》，对外经济贸易大学出版社2010年版；郑秉文：《中等收入陷阱：来自拉丁美洲的案例研究》，当代世界出版社2012年版；赵雪梅：《区域国别商务环境研究系列丛书·拉丁美洲卷》，对外经济贸易大学出版社2012年版。

　　② 张凡：《当代拉丁美洲政治研究》，当代世界出版社2009年版；康学同：《当代拉美政党简史》，当代世界出版社2011版；袁东振等：《拉美国家政党执政的经验与教训研究》，中国社会科学出版社2016年版。

到拉美经济改革带来地区一体化的高潮，总结了进入 21 世纪之后拉美一体化
所呈现出的特点。徐宝华的论文集从不同的层面展现出拉美经济一体化发展
的历史与现状，重点对哥伦比亚的经济发展进行了详细考察。王飞探讨了拉
美区域化组织南方共同市场产生与发展的历史进程，论述了南方共同市场的
成就、困境与未来。①

　　拉美发展模式利弊得失，至今依然是学者们探讨的题目，这方面的著述
主要有 6 部：江时学等人从发展模式的角度出发，总结比较了拉美和东亚在
发展道路上的成败得失及经验教训。苏振兴与袁东振把拉美发展模式与社会
问题结合在一起进行全面透视，试图揭示拉美社会严重不公正的根本原因。
刘文龙与朱鸿博通过对拉美地区与美国发展道路的比较，旨在揭示西半球的
裂变是数百年来拉美和美国不同历史发展进程的必然结果。赵丽红以初级产
品出口型发展模式作为研究的切入点，总结拉美国家在发展过程中遭受的种
种"资源诅咒"问题。张勇探讨了在进口替代工业化与产业转移、外向型发
展模式与产业转移等背景下拉美地区劳动力流动与就业问题。徐世澄考察了
20 世纪初以来墨西哥的现代化进程，重点解析了 60 年代以来墨西哥政治经
济改革和模式的转换。②

　　拉美现代化的研究取得了很大的进展，代表性的著述主要有 2 部。苏振
兴主编的著述比较系统地分析了拉美现代化的指导思想、现代化的进程和特
点以及现代化的经验教训等，以期揭示拉美国家现代化走过的百余年艰难曲
折的进程。韩琦主编的著述从"一致性和多样性"的视角展现了巴西、墨西
哥、秘鲁、阿根廷、智利、中美洲、古巴和委内瑞拉的现代化进程及其特征。③
此外，还有 2 部论文集与现代化研究相关。李明德和江时学主编的著述为国

　　① 方幼封、曹珺：《漫漫探索路：拉美一体化的尝试》，学林出版社 2000 年版；宋晓平等：《西半球
区域经济一体化研究》，世界知识出版社 2001 年版；王晓德：《挑战与机遇：美洲贸易自由化研究》，中
国社会科学出版社 2001 年版；王萍：《走向开放的地区主义——拉丁美洲一体化研究》，人民出版社 2005
年版；徐宝华：《拉美经济与地区经济一体化发展》，中国社会科学出版社 2016 年版；王飞：《南方共同
市场》，社会科学文献出版社 2019 年版。

　　② 江时学等：《拉美与东亚发展模式比较研究》，世界知识出版社 2001 年版；苏振兴、袁东振：《发
展模式与社会冲突：拉美国家社会问题透视》，当代世界出版社 2001 年版；刘文龙、朱鸿博：《西半球的
裂变——近代拉美与美国发展模式比较研究》，上海辞书出版社 2005 年版；赵丽红：《资源诅咒与拉美国
家初级产品出口型发展模式》，当代世界出版社 2010 年版；张勇：《拉美劳动力流动与就业研究》，当代
世界出版社 2010 年版；徐世澄：《墨西哥政治经济改革及模式转换》，世界知识出版社 2004 年版。

　　③ 苏振兴：《拉美国家现代化进程研究》，社会科学文献出版社 2006 年版；韩琦：《世界现代化历程·拉
美卷》，江苏人民出版社 2010 年版。

际学术讨论会论文集，把拉美与东亚两种发展模式的特点以及各自在发展过程中所起的巨大作用展现出来。韩琦主编的著述是中国拉丁美洲史研究会会议论文集，从不同角度对拉美文化与现代化问题进行了较为深入的探讨。①

拉美外交关系以及美国对拉美的政策依然受到学界的重视。拉美对外关系方面出版了 3 部著述。曾昭耀主编的著述以 7 个拉美国家为个案，研究了国家战略选择与国家关系对现代化发展的巨大影响。朱鸿博等人主编的著述收录了 27 篇论文，探讨了拉美国家之间、拉美与中国以及拉美与美国之间的关系。孙若彦对独立以来拉美外交思想的起源及其影响进行了全面分析，以期对拉美国家外交有更为深刻的认识。②美国与拉美地区关系的著述有 3 部。徐世澄主编的著述考察了从门罗主义到克林顿政府时期美国对拉美地区干涉的历史以及 10 种干涉的形式。朱鸿博以理想主义和现实主义的视角对冷战后美国的拉丁美洲政策的演变进行了系统梳理。杜娟利用美国政府的解密文件并借鉴相关的科研成果，考察冷战前期美国对拉美政策的几次重大调整。③

中国与拉美关系在这一时期得到了长足的发展，对中拉关系的研究自然越来越受到学界的重视，出版了很多部编著和专著。编著主要有 7 部，苏振兴主编的上下两卷著述分为综合篇、经济篇、政治篇、国别篇、文化科技篇以及历史感怀篇，回顾了中国自改革开放以来与拉美地区关系的发展。吴白乙等人从不同的视角展现出中国与拉美国家具有广泛合作基础的前景，提出了未来中拉关系的"金字塔"构造。苏振兴主编的著述通过对主要拉美国家资源禀赋、产业结构以及经贸合作等多角度的案例分析，深入探讨了今后 10 年中拉经贸合作的前景和实现途径。贺双荣主编著述把中拉关系发展的历程分为 7 个阶段，对各个阶段的特征状况进行了深入研究。中国社会科学院拉美研究所编的著述通过座谈、访谈、实地考察和学术研究，对中拉整体合作、产能合作、基础设施合作、中国主要省份与拉美经贸关系等问题有了更深刻的认识和理解。郭存海等人从不同领域或不同国别视角探讨"一带一路"国

---

① 李明德、江时学：《现代化：拉美和东亚的发展模式》，社会科学文献出版社 2000 年版；韩琦：《拉丁美洲文化与现代化》，社会科学文献出版社 2013 年版。

② 曾昭耀：《现代化战略选择与国际关系：拉美经验研究》，社会科学文献出版社 2000 出版；朱鸿博等：《国际新格局下的拉美研究》，复旦大学出版社 2007 年版；孙若彦：《独立以来拉美外交思想史》，人民出版社 2015 年版。

③ 徐世澄：《帝国霸权与拉丁美洲——战后美国对拉美的干涉》，世界知识出版社 2002 年版；朱鸿博：《冷战后美国的拉丁美洲政策》，上海辞书出版社 2007 年版；杜娟：《冷战前期美国对拉美政策研究》，中国社会科学出版社 2016 年版。

际合作倡议如何进一步促进和深化中拉整体合作。郭存海主编的著述通过过去 70 年间 15 位中拉人文交流各个阶段具有代表性人物的口述展现出中国与拉美文化交流的历史及其发展趋势。隋广军主编的《2018 年拉丁美洲蓝皮书》收录了中国与拉美学者撰写的论文，从多个角度展示了中拉合作的现状及其前景。①相关专著有 6 部。楼项飞从中国和拉美国家政治相互依赖模式与经济相互依赖模式两个研究视角进行了相关论述和总结。郭洁围绕中拉农业贸易关系、中国在拉美的农业投资、中拉农业科技合作等三个领域的现状及存在的问题进行了分析和探讨。陈太荣与刘正勤通过大量的历史资料与实地考察，展现了 19 世纪第一批到达巴西的中国侨民们的奋斗历程。康秋洁以墨西哥《改革报》涉华报告为例归纳了拉美媒体看中国的特点和趋势。林华等人从"交流互鉴""合作共赢"和"一带一路"三个领域对近年来中国与阿根廷两国的合作关系进行了全面梳理。岳云霞等人以具体的统计数字分析了中国与拉美 2019 年经贸合作的进展。高伟浓探讨了委内瑞拉与荷属加勒比地区的华侨如何在原乡与他乡之间实现物质发展与精神文化的均衡交融。②

　　拉丁美洲地区多种制度并行，社会主义古巴可谓是一枝独秀，"左翼"上台执政司空见惯。对古巴社会主义制度的研究有 4 部著述，周新城主编的著述设专章介绍了古巴社会主义发展模式。毛相麟系统地梳理了古巴社会主义的历史和现状以及理论与实践，该书在 2019 年出版修订版，增加了"后卡斯特罗时代"的内容。王承就考察了古巴共产党的发展历程，阐明了古巴共产党对马克思主义党建理论的诠释和创新。毛相麟对古巴选择社会主义道路进

---

① 苏振兴：《中拉关系 60 年：回顾与思考》，当代世界出版社 2010 年版；吴白乙等：《转型中的机遇：中拉合作前景的多视角分析》，经济管理出版社 2013 年版；苏振兴：《中国与拉丁美洲：未来 10 年的经贸合作》，中国社会科学出版社 2014 年版；中国社会科学院拉丁美洲研究所：《"一带一路"合作空间拓展：中拉整体合作新视角》，中国社会科学出版社 2017 年版；郭存海：《"一带一路"和拉丁美洲：新机遇与新挑战》，朝华出版社 2018 年版；郭存海：《我们的记忆：中拉人文交流口述史》，朝华出版社 2019 年版；隋广军：《2018 年拉丁美洲蓝皮书：拉美发展与中拉合作关系》，经济管理出版社 2019 版。

② 楼项飞：《中国与拉美国家相互依赖模式研究》，时事出版社 2016 年版；郭洁：《中国与拉丁美洲的农业合作》，中国社会科学出版社 2017 年版；陈太荣、刘正勤：《19 世纪中国人移民巴西史》，中国华侨出版社 2017 年版；康秋洁：《拉美媒体看中国：墨西哥〈改革报〉中国报道研究》，中国广播影视出版社 2018 年版；林华、史维、马豪恩：《中国与阿根廷：迈向命运共同体》，四川大学出版社 2018 年版；岳云霞、洪朝伟、郭凌威：《中国—拉丁美洲与加勒比地区经贸合作进展报告（2019）》，中国社会科学出版社 2019 年版；高伟浓：《在海之隅：委内瑞拉与荷属加勒比地区的华侨（全二册）》，暨南大学出版社 2019 年版。

行了考察，研究了古巴社会主义的理论与实践。①拉美"左翼"与社会主义思想有着千丝万缕的联系。徐世澄的论文集探讨了古巴社会主义发展模式的"更新"，对拉美左派的崛起以及思想与实践进行了研究。崔桂田与蒋锐系统地考察了拉美地区社会主义以及左翼社会运动产生的根源以及对拉美政治制度发展产生的巨大影响，研究了拉美新左翼执政党的现行政策及执政实践。徐世澄主编的著述系统地研究近二三十年在拉美出现的左翼和社会主义思潮及对拉美政治、经济和国际关系等方面的影响。杨志敏主编的相关著述以拉美地区具有代表性的几个左翼国家为案例，梳理了左翼政党的执政理念和政策措施。②拉美地区的社会主义运动有着长久的历史，不断面临着新的挑战。祝文驰等人阐述了百余年来拉美地区共产主义运动的发展过程。靳呈伟探讨了拉美共产党如何把马克思主义普遍原理与本国实际相结合的经验与教训。③代表性人物方面的著述出版了 2 部，徐世澄以生动的文笔再现了古巴人民领袖卡斯特罗的传奇生平以及思想。徐世澄对当代委内瑞拉风云人物查韦斯的一生进行细致入微的描述。④

　　拉美思想史与宗教方面的著述出版了多种。索萨从文明发展的角度系统梳理了从古代印第安人直到当代拉美主要思想的发展及其趋势，对一些代表人物的思想进行了详细介绍。徐世澄主编的著述考察了拉美自 19 世纪末以来出现的政治思潮、经济思潮、社会思潮、文化思潮以及外交思潮，分析了这些思潮对拉美地区发展的影响。刘文龙与朱鸿博从全球化与民族主义角度展示了拉丁美洲出现的几大文化思潮及其对拉美发展的影响。⑤宗教方面的著

---

　　① 周新城：《越南、古巴社会主义现状与前景》，安徽大学出版社 2000 年版；毛相麟：《古巴社会主义研究》，社会科学文献出版社 2005 年版；王承就：《古巴共产党建设研究》，人民出版社 2011 年版；毛相麟：《古巴：本土的可行的社会主义》，社会科学文献出版社 2012 年版。

　　② 徐世澄：《古巴模式的"更新"与拉美左派的崛起》，中国社会科学出版社 2013 年版；崔桂田、蒋锐等：《拉丁美洲社会主义及左翼社会运动》，山东人民出版社 2013 年版；徐世澄等：《拉美左翼和社会主义理论思潮研究》，中国社会科学出版社 2017 年版；杨志敏：《回望拉丁美洲左翼思潮的理论与实践》，中国社会科学出版社 2018 年版；

　　③ 祝文驰：《拉丁美洲的共产主义运动》，当代世界出版社 2002 年版；靳呈伟：《多重困难中的艰难抉择：拉美共产党的社会主义理论》，中央编译出版社 2016 年版。

　　④ 徐世澄：《卡斯特罗评传》，人民出版社 2008 年版；徐世澄：《查韦斯传》，人民出版社出版 2011 年版。

　　⑤ 索萨：《拉丁美洲思想史述略》，云南人民出版社 2003 年版；徐世澄：《拉丁美洲现代思潮》，当代世界出版社 2010 年版；刘文龙、朱鸿博：《全球化、民族主义与拉丁美洲思想文化》，上海辞书出版社 2013 年版。

述集中在对解放神学的研究上。叶建辉系统探讨了解放神学的产生、发展及其影响。杨煌阐述了解放神学与马克思主义结合的背景及其作为基督教社会主义思潮的现代意义。①

　　教科与文化方面的著述出版了多种。李明德等人介绍了拉丁美洲科学技术发展的历史、现状以及拉美主要国家的科技现状与特点。薄云以拉美地区几个大国为个案，展示了政府对私立高等教育无不经历了从"排斥"到"不得已接受"再到"完全接受"的演变过程。郝名玮与徐世澄考察了拉美古代文明的辉煌以及近代文明的形成与发展。董经胜与林被甸阐述了拉美文明的形成、发展、特点及其对人类社会发展的贡献。江时学以随笔的形式介绍了拉丁美洲的政治、经济、外交、社会、文化以及历史等方面。徐世澄以通俗生动的语言和图文并茂的形式展现出丰富多彩的现代拉美文化。②文学和艺术等方面出版了数本著述。李建群重点介绍了拉丁美洲现代艺术的起源与发展。朱景冬与孙成敖考察了拉丁美洲小说的发展。赵振江等人对拉丁美洲文学进行了全方位的描述。付晓红从不同角度研究了拉美电影的孤独气质和迷宫叙事。王雪的专著从历史与文化发展的角度考察了拉丁美洲音乐的起源及其文化特征，对一些重要音乐家的生平与作品进行了详细的介绍。陈自明的编著考察了拉丁美洲音乐的历史渊源、音乐风格的特征及其多样性等。③

　　国别史集中在对拉美几个主要国家的研究上。巴西一直是国内学者关注的重要国家之一，关于巴西现代化方面的著述有 3 部。吴洪英从历史发展的角度对巴西的西化运动、巴西化运动、经济奇迹、经济危机以及现代化战略等问题进行了探究。张宝宇对巴西现代化进程中的政治、经济、社会、文化与教育等方面进行了全面考察。周世秀主编的著述收集了国内学者撰写的与

---

　　① 叶建辉：《托邦：拉丁美洲解放神学研究初步》，中央编译出版社 2015 年版；杨煌：《解放神学：当代拉美基督教社会主义思潮》，中国社会科学出版社 2006 年版。

　　② 李明德、宋霞、高静：《拉丁美洲的科学技术》，世界知识出版社 2006 年版；薄云：《拉美私立高等教育发展研究：以巴西、墨西哥、阿根廷和智利为个案》，厦门大学出版社 2017 年版；郝名玮、徐世澄：《拉丁美洲文明》，福建教育出版社 2008 年版；董经胜、林被甸：《冲突与融合：拉丁美洲文明之路》，人民出版社 2011 年版；江时学：《感受拉丁美洲》，中国社会科学出版社 2013 年版；徐世澄：《绚丽多彩的现代拉丁美洲文化》，云南大学出版社 2017 年版。

　　③ 李建群：《20 世纪拉丁美洲美术》，湖南美术出版社 2002 年版；朱景冬、孙成敖：《拉丁美洲小说史》，百花文艺出版社 2003 年版；赵振江、滕威、胡续冬：《拉丁美洲文学大花园》，湖北教育出版社 2007 年版；付晓红：《孤独迷宫——拉丁美洲电影的空间研究》，中国传媒大学出版社 2018 年版；王雪：《拉丁美洲音乐文化》，人民音乐出版社 2009 年版；陈自明：《拉丁美洲音乐》，西南师范大学出版社 2019 版。

巴西现代化相关的论文。①关于巴西经济方面的著述有 3 部。吕银春以巴西为例深入考察了经济发展与社会公正之间的关系。叶桂平探讨了卡多佐总统当政 8 年期间巴西的政治经济发展状况及其经济改革的成效。王飞以巴西为例对通货膨胀目标制的理论与实践进行了分析，展示出巴西对通货膨胀控制的过程。②其他方面的著述有 2 部。刘文龙与万瑜考察了从前殖民地时期至罗塞夫政府时期巴西历史的发展。赵恒志较为翔实地记录了巴西 6 支球队从组建到"世界杯"参赛的过程。③程晶主编的《巴西黄皮书》是目前国内唯一一部拉美国别皮书，由中国学者和巴西学者共同撰写，比较全面地展示出巴西发展以及中国与巴西关系发展现状。④

墨西哥也是中国拉美学界所关注的主要国家之一，关于墨西哥历史及其重大问题的研究有 4 部专著出版。刘文龙撰写的通史为了解从古代到当代的墨西哥历史发展进程提供了一条非常清晰的线索。董经胜较为系统地介绍了墨西哥恰帕斯印第安农民起义的原因及其所产生的影响。韩琦通过对 20 世纪 40 年代至 80 年代跨国公司在墨西哥经济发展进程中所扮演角色的研究，总结了跨国公司对墨西哥经济影响的利弊得失。董经胜从一个新的角度对墨西哥独立以来的农业发展、农村社会变革和农民动员进行了系统考察。⑤关于墨西哥政治制度与政治稳定出版了 3 部专著。徐世澄全面分析了墨西哥革命制度党的兴衰，大大有助于对墨西哥政党政治的演进与未来发展有比较深入的了解。高波系统地研究了墨西哥现代村社制度与政治稳定之间的关系。张庆通过历史的解析展现了墨西哥在不同时期中央政府与地方政府关系变化的轨迹。⑥其他方面的研究有 2 部。谢文泽分析了 20 世纪 90 年代以来的农业

① 吴洪英：《巴西现代化进程透视：历史与现实》，时事出版社 2001 年版；张宝宇：《巴西现代化研究》，世界知识出版社 2002 年版；周世秀：《巴西历史与现代化研究》，河北人民出版社 2001 年版。

② 吕银春：《经济发展与社会公正：巴西实例研究报告》，世界知识出版社 2003 年版；叶桂平：《卡多佐总统当政时期巴西经济改革研究》，经济管理出版社 2017 年版；王飞：《巴西通货膨胀目标制：理论与实践》，中国社会科学出版社 2018 年版。

③ 刘文龙、万瑜：《巴西通史》，上海社会科学院出版社 2016 年版；赵恒志：《桑巴无影脚之王者之师：巴西足球历史》，电子工业出版社 2018 年版。

④ 程晶：《巴西发展报告》，社会科学文献出版社 2018 年版，2019 年版。

⑤ 刘文龙：《墨西哥通史》，上海社会科学院出版社 2007 年版；董经胜：《玛雅人的后裔》，北京大学 2009 年版；韩琦：《跨国公司与墨西哥的经济发展》，人民出版社 2011 年版；董经胜：《土地与自由：墨西哥现代化进程中农民动员研究》，北京大学出版社 2019 年版。

⑥ 徐世澄：《墨西哥革命制度党的兴衰》，世界知识出版社 2009 年版；高波：《农民、土地与政治稳定：墨西哥现代村社制度研究》，中国社会科学出版社 2016 年版；张庆：《墨西哥中央—地方权力关系研究：发展路径与动因机制》，时事出版社 2017 年版。

改革开放对墨西哥"三农"问题的影响。啸声将访问墨西哥的见闻与感想撰写成书，学术性与可读性融入全书之中。①

对阿根廷的研究也取得了新的进展。历史方面的专著有 2 部，董国辉着重研究阿根廷从独立到 20 世纪 40 年代初期的现代化发展进程，以期客观地解释阿根廷为什么短时期内从兴盛到衰败的深层原因。潘芳考察了阿根廷早期民众主义的起源，分析了这种思潮对阿根廷选择发展道路所产生的巨大影响，为从本土文化视角认识拉美民众主义提供了一种新的解释。②经济方面的专著有 2 部。沈安以翔实的材料展现了 2001—2002 年阿根廷金融危机发生的过程及其对阿根廷政治经济产生的影响。姜涵从新经济史视角探究了阿根廷钟摆式发展悖论，揭示出"衰落"的根源在于产权得不到政治制度保障。③其他方面的著述 2 部。郭存海主编的著述为理解中国与阿根廷关系提供了不同的视角。钟晓宁对阿根廷税法的注解为相关人员提供了了解阿根廷税法规定的文本及其解释。④

研究智利的著述集中在现代化道路和社会保障制度上，贺喜探讨了阿连德"社会主义道路"思想对拉美政治发展的影响。曹龙兴借鉴经典现代化理论中的结构功能主义研究了智利早期现代化的进程。李曜与史丹丹的编著全面介绍了智利 20 世纪 80 年代以来的社会保障制度改革的内容、步骤、现状以及主要成就和不足。房连泉考察了 1981 年以来智利两次养老金制度改革的历程以及养老基金投资管理体制和投资政策的发展演变。⑤关于秘鲁的著述主要集中在古代文明与文化现状上，徐振亚的旅行笔记图文并茂地讲述了秘鲁这个南美洲神秘国度的悠久历史和一些秘闻轶事。王世申详细介绍了印加文明及其留下的文化遗产，展现出当代文化艺术以及政府文化政策的概况。

---

① 谢文泽：《墨西哥农业改革开放研究》，中国社会科学出版社 2015 年版；啸声：《西游谈艺录·墨西哥寻梦：附古、秘、哥、委四国行》，河南人民出版社 2003 年版。

② 董国辉：《阿根廷现代化道路研究》，世界图书出版公司 2013 年版；潘芳：《阿根廷早期民众主义研究》，天津人民出版社 2019 年版。

③ 沈安：《阿根廷危机的回顾与思考》，世界知识出版社 2009 年版；姜涵：《制度选择与钟摆式发展：新经济史视角下的阿根廷发展悖论》，中国社会科学出版社 2018 年版。

④ 郭存海：《中国和阿根廷的故事》，五洲传播出版社 2018 年版；钟晓宁：《阿根廷所得税法注解（2018版）》，经济日报出版社 2019 年版。

⑤ 贺喜：《智利现代化道路研究》，世界图书出版公司 2013 年版；曹龙兴：《智利早期现代化研究：1879—1932 年》，天津人民出版社 2009 年版；李曜、史丹丹：《智利社会保障制度》，上海人民出版社 2009 年版；房连泉：《智利养老金制度研究》，中国社会科学出版社 2015 年版。

吕章申主编的著述呈现了古代秘鲁所取得的文化艺术成就。①

从上述发表的论文和出版的著述来看，这一时期中国的拉丁美洲研究主要体现出以下六个特点。第一，对拉美问题的研究，无论是选题范围还是研究深度无不达到了历史上一个新的高度，很多此前未涉猎的问题得到学者们的关注，发表和出版了相关论著。对于老问题的探讨，学者们开始将之提高到理论高度，以便总结出拉美发展的经验与教训，使研究的深度有了明显的提升。第二，对拉美的研究更加关注国家对外战略的需要，试图为国家发展与拉美地区友好关系以及更加深入了解拉美的历史与现状提供文本资源。正是出于这种考虑，中国拉丁美洲史研究会召开的学术讨论会尽量把历史与现实结合在一起，中国拉美学会以及高校研究单位或部委研究机构举办的相关会议也以讨论拉美现状为主。第三，由于拉美地区在中国对外关系中变得越来越重要，中拉交往日益频繁。在这种大趋势下，与中拉关系相关的研究成为中国拉美研究的"重中之重"，发表的论文和出版的著述之多，远远超过了此前任何时期，涉及的研究范围之广同样是此前任何时期所无法比拟的。第四，研究依然只关注拉美地区的大国，成果尤其集中在巴西、墨西哥、阿根廷、智利和古巴等国，很多国家尚未涉猎，即使偶有论文和著述，通常属于一般性介绍。对拉美国家研究的不平衡严重制约着学界对拉美地区发展的整体认识。第五，与此前任何时期相比，这一时期国内拉美学者撰写的论文在深度上有了较大的提升，但深入挖掘的空间显然比较大，与世界其他地区和国别的研究论文相比，还缺乏在理论分析的基础上高屋建瓴的大论文，这也是除了《拉丁美洲研究》杂志之外，国内其他国际经济和国际政治的杂志很少刊登拉美研究论文的主要原因。第六，对拉美历史研究的论文呈现出急剧下滑的趋势，国内著名的历史类杂志刊登的与拉美历史相关的论文很少。这种状况反映出两个问题：一是关于拉美历史论文的质量达不到这些杂志的要求；二是研究拉美历史的专业人员严重不足。总体而言，从上述所列的研究成果来看，这一时期中国的拉美研究所取得的成绩是有目共睹的，充分反映了在广大拉美研究者的不懈努力之下拉美研究取得的较大进展。

---

① 徐振亚：《秘鲁旅行笔记》，江西美术出版社 2009 年版；王世申：《秘鲁文化》，文化艺术出版社 2010 年版；吕章申：《印加人的祖先：公元一至七世纪的古代秘鲁》，中国社会科学出版社 2011 年版。

四、对中国拉美研究的思考与展望

　　从中国拉丁美洲研究走过的百余年历程来看，这一研究领域一直是在艰难曲折的道路上不断向前迈进的。本文划分的三个时期不见得很科学，只是出于给读者提供一条研究发展清晰线索的考虑，避免使他们产生杂乱无章之感，粗线条地展现出自清朝后期以来中国拉美研究所走过的进程。从这条基本线索来看，这个研究领域是在中华人民共和国成立之后逐渐发展起来的，不是一帆风顺，而是改革开放之后才走上了研究的正轨。在广大研究人员的不懈努力之下，这 40 余年取得的研究成果显然是令人瞩目的。如果把中国的拉美研究作为一门学科的话，那么经过几代人的艰辛努力，到现在这门学科的确已经茁壮成长起来，而且日趋成熟，正在满载着丰硕的研究成果稳步向前推进。这是中国拉丁美洲研究的基本发展趋势，必然会随着拉美地区在中国对外战略中的重要性不断提升而日益得到加强。学术研究的进展需要有一个良好的大环境作为最基本的保障，只要国家保持稳定发展的局面，这一过程就不会中断，而会一直持续下去。20 年过后如果回过头来再看这一研究领域的研究情况，那么肯定会发现一些新的特征。这也正是这一研究领域具有广阔发展前景的希望所在。从改革开放到现在，中国的拉美研究无论在广度上还是深度上都取得了前所未有的进展，但也存在着不容忽视的隐忧与问题。国家对人文社会科学研究的重视为拉美研究提供了良好的大环境，这是学术研究能够获得突破性进展的重要条件。然而，不能说有了充足的资金、高档的设施以及大量的资料，就一定能够做出在学界产生重大影响的一流研究成果，做到这一点的真正保证首先在于研究者本身。如果研究者缺乏学术创新必备的基本素质，任何优越的外部条件都不会产生太大的作用。因此，研究者对学术研究敬畏的品质以及持之以恒的不懈追求对能够做出一流研究成果起着决定性的作用。我下面简单地谈一下关于如何提高中国拉美研究水平的几点思考。

　　首先，一个学科是否具有发展潜力，研究队伍的人数是否适当非常重要。20 世纪 80 年代国内拉美研究之所以兴盛，原因主要在于除了专门研究机构的人员之外，高等院校有一批潜心于拉美研究的学者。这里以湖北大学为例加以说明。湖北大学拉丁美洲史研究室很长时期为国内研究拉美的重镇，从事拉美史研究的学者除了黄邦和先生与方迥澜先生之外，还有张镇强、陈海燕、周世秀、蔡树立、尹宣、詹重淼以及李季武等诸位老师，后来获得硕士学位的吴洪英、马莉和雷泳仁也被留在拉美史研究室任教，研究人员在 80 年代后半期有十余人之多。湖北大学为一所省级地方高校，拉美史研究搞得"风生水起"，彰显了这一时期国内这一研究领域的繁荣图景。然而，这个拉美史研究重镇衰落之快，令人瞠目结舌，到了 2004 年之前竟无一个研究人员，好像连这个在全国很有影响的研究室也不复存在。一个学科创建起来需要几代人的共同努力，但衰落起来非常快，常常是转瞬即逝。因此，80 年代国内学界拉美研究的兴盛并未持续太长时间，90 年代是拉美史研究从兴盛逐渐向衰落过渡的转折时期，乃至进入 21 世纪之后呈现出在各个方面急剧衰落的状态，拉美史研究的兴盛之状不复存在。究其原因主要，一方面是 90 年代初国内滚滚而来的商业大潮对学术研究产生了不利影响，另一方面与 90 年代中期以后国务院学位委员会办公室进行的学科调整密切相关。这次学科调整把世界史学科由 3 个学位点合并为一，成为历史学的 8 个二级学科之一，直接影响是高校世界史学科大规模萎缩。作为世界史学科的一个重要分支，拉美史的研究与教学自然受到很大的冲击，科研与教学人员急剧减少。随着老一辈学者的退休，曾对国内拉美史研究做出很大贡献的科研机构程度不同地面临着后继无人的危机。这里主要反映出高校拉美史研究队伍不景气的状况，迄今尚未得到根本的改善。就研究拉美现状的专业人员而言，研究人员虽没有到了严重缺乏之地步，但与 20 世纪八九十年代相比同样是明显下降，新的研究人员未能及时弥补老一代学者退休之后所留出的职位空缺。这里以国内最大的研究机构中国社会科学院拉丁美洲研究所为例来加以说明。20 世纪八九十年代该所研究人员为历史上最多，在职人数接近 110 名，研究人员在 80 名以上，而目前研究人员只有 40 名左右。其他专门的拉美研究机构同样存在着这样的状况。近些年国内学界掀起一股"拉美热"，很多高校成立了拉美研究中心或研究所，但除了不多的中心（所）之外，绝大多数尚为"空壳"或者只有一两个人在勉强支撑，并未真正形成一支致力于拉美研究的队伍。研究人员的不足严重地制约着中国拉美研究向着更高的层次迈进。

其次，中国拉美研究的专业人员主要靠国内培养，集中在相关高等院校，目前活跃于拉美学界的研究人员绝大多数为高校所培养。高校研究和教学单位主要培养拉美史研究方向的博士生，但他们获得博士学位之后绝大多数补充到高校或部委所辖的专业研究机构从事拉美现状的研究。目前，高校在培养拉美专业研究人才上面临着两个问题。一是高校的拉美史队伍面临着严重的人员不足，真正研究和教授拉美史的专业人员恐怕不会超过 20 人。研究和教学人员短缺，势必造成许多高校拉美史的教学与科研完全停止，现在很少有高校在本科生中开设拉美通史以及相关课程，有些高校研究生的招收也因为没有导师而被迫停止。在这样的大环境之下，具有指导博士生资格的教授自然不是很多，致使每年以拉美问题作为论文选题获得博士学位的学生屈指可数，远不能满足国内学界对拉美专业人才的需求。二是如何培养出更加适应现在国内拉美研究所需要的复合型人才，这既是国内拉美学界所面临的一个亟待解决的问题，也是国内高校具有博士生指导资格的教授所需要思考的问题。这里以南开大学拉美研究中心为例来加以说明。南开大学拉美研究中心是国内研究拉美历史与现状的重镇之一，被国内学界同仁视为拉美高级研究人才培养基地，从这里毕业的博士生分散在全国高校拉美研究机构，他们正在成为国内拉美研究的主力军，但几乎无人能够达到更高层次的人才标准。其他高校培养的研究拉美问题的博士大概同样存在这个问题。国家早就出台了多种人才奖励计划，如教育部的"长江学者特聘教授"和"青年长江学者"、人事部的"国家百千万人才工程"以及中组部等多家部委选拔的"万人计划"领军人才和青年拔尖人才等，研究拉美历史和现状的中青年学者几乎无人与这些国家人才计划有缘，甚至获得省级人才支持计划的学者也比较少见。追根溯源，主要原因在于这些中青年学者没有特别过硬的研究成果或者研究成果获得国家级的奖励或入选国家哲学社会科学文库。高校承担着培养拉美研究人才的重任，硕博士阶段的培养对未来学术发展非常重要，但培养出优质硕博士绝非易事。首先导师要有一套适应每个学生的培养方式，不能让学生放任自流，在论文选题上要严格把关，鼓励他们选择能够在学术界产生影响的论题进行研究；其次学生若有学术上的疑难之处，要随时答疑解惑，把对他们的培养作为一项重要工作来抓；最后通过与拉美国家大学签署合作协议，相互交换学生，尤其让每个博士生在学期间能够到拉美国家大学访学进修，一方面可以查找到撰写论文的相关原始资料，另一方面可以提高其西班牙语交流的能力。国内很多学科的领军人物多是在硕博士阶段受到良好的科研能力训练，所撰写出来的博士论文在学术界常常是"一炮打响"，奠定了未来成为某个学科带头人或领军人物的坚实基础。要是通过努力能够培养出在学术研究上具有发展潜力的学者，那肯定对中国未来的拉美研究是个非常大的促进。

再次，在当下的中国拉美研究队伍中，中青年学者已经占据了主导地位，他们可谓是中国拉美研究的未来。中青年学者受过严格的科研训练，思想活跃，语言能力强，善于接受新的研究方法。要是新一代学者能够继承老一辈学者的治学精神，那中国拉美研究肯定会拥有辉煌的前景。中国拉美研究能有如今之状，显然是老一辈学者的辛勤耕耘奠定了良好的基础。现在从事拉美研究，无论是硬件上还是软件上都是当年老一辈学者研究拉美时所无法比拟的。这些老一辈学者在学术环境、研究资料和研究手段等都不能与现在同日而语的条件下，牢牢地坚守着拉美研究这块阵地，做出了至今后来者进一步深入研究依然必须参考的研究成果。老一辈学者中健在者，至今依然笔耕不已，还在为中国的拉美研究走向兴盛发挥着重要作用。中青年学者已成为国内拉美研究的中坚力量，他们显然有着自身的研究优势，如果这些优势与老一辈留下的优良学术传统结合起来，国内的拉美学界势必会涌现出一批新的领军人才。老一辈学者的治学传统是坚持"板凳要坐 10 年冷"的精神，对所研究的课题不是蜻蜓点水，点到为止，而是要在长期的学术积累中深入思考。客观上讲，现在的学术研究条件很好，但学术大环境不见得有利于学术研究健康发展，学术研究受非学术因素的影响很大，浮躁之风可以说是比较严重。老一辈学者的确为我们在这样一种大环境下克服浮躁、沉下心来做学问提供了学习的榜样，只有把自身优势与"冷板凳"精神结合起来，学术精品才会不断涌现，也才能对为中国拉美史研究开创一个具有发展前景的新局面做出贡献。

最后，中国的拉美研究经过几十年的曲折历程无疑取得了重大的进展，研究成果的深度处在不断提升过程之中，但同国内与世界史和国际问题相关的其他研究领域相比，显然还缺乏在学术界产生重大影响的研究成果以及学科的领军人才。这里以拉美史研究与美国史研究做个比较便可一目了然。首先，国内从事美国史的研究人员远远多于从事拉美史的研究人员，国家级人才至少有七八位，而拉美史却无一人。国务院学位委员会新近公布了第八届世界史学科评议组成员名单，从事美国史研究的学者占据了 3 席，从事拉美史研究的学者为空白。其次，衡量学术研究成果是否在学术界产生影响力，一个重要指标是是否获得国家级人文社会科学奖项。教育部高等学校人文社会科学研究优秀成果奖被视为国家级奖项，从 2003 年至今，美国史的研究成果获奖数目在 10 项以上，拉美史的研究成果无一获此殊荣。国家哲学社会科学文库自 2010 年设立以来，美国史的著述入选为 7 部，拉美史的著述无一部入选，也没有一部研究拉美现状的著述入选。最后，从对近 10 年与拉美相关的学术论文统计中可看出，被国内学界认可为高质量的学术杂志刊登拉美研究的论文不是很多，《历史研究》已经多年没有刊登拉美史的论文，而几乎每期都有与美国史相关的论文。除了《拉丁美洲研究》杂志之外，国际问题研究类的杂志刊登的拉美现状论文本来就不多，呈现出逐年下降的趋势，而几乎每期都刊登与美国相关的论文。以上几点表明，中国拉美研究缺乏具有在学术界产生重大影响的研究成果，同时也预示着研究具有很大的进一步深入发展空间。其实，中国拉美研究领域已经具备了撰写出高质量研究成果的主客观条件，研究人员首先要在选题上下功夫，选题一定要具有创新性，然后运用多学科的研究方法，使用多种语言的相关资料，构架起一条主线贯穿的研究框架。当然，最为重要的是研究人员对做学问要具有敬畏之心与不懈追求的精神，做学问切忌短平快，要树立一个长远追求的学术目标。研究人员只要将之落实到研究之中，何愁撰写不出拉美研究方面的精品力作。

如果说二三十年前拉美问题研究在国内学术界还处于"边缘"地位的话，那么近些年来国内学界出现前所未有的"拉美热"，反映了拉美地区在学者的研究视野中变得日益重要。这种局面的形成与国家对拉美地区越来越重视有很大的关系。中国与拉美地区交往频繁，呈现出良好的发展势头，这个现实必然为中国的拉美研究带来新的发展机遇。目前国内研究拉美现状的学者相对较多，研究拉美历史的学者比较少。研究拉美史的学者通常在高校任教，既担负着培养国内拉美研究人才的重责，同时也要通过加强国别史的研究为从整体上认识拉美地区的发展积累资源，为最终能够编撰出多卷本的"拉丁美洲通史"奠定基础。研究拉美现状的学者应该具有历史的视野，历史是解剖现状的一把钥匙。研究现状，一定要从历史入手，要具有历史的知识、历史的思维、历史的视角以及历史的方法，研究者不仅要知其然，更要知其所以然。中国拉美学界一些研究现实问题的大家往往对历史有着很深的造诣，他们的经验非常值得中青年学者借鉴。中国的拉美研究已经取得了长足的进展，但在总结成绩时尤其要看到不足以及存在的危机。与国内世界史以及国际问题其他地区与国别研究比较，中国的拉美研究尚不能满足改革开放的需要，远不能与中国的大国地位相匹配。中国的拉美研究如何能够解决当前所面临的诸多问题，的确需要研究者认真思考，寻找出切实可行的答案，以推进中国的拉美研究大踏步地向着更高的水平迈进。

（原载《拉丁美洲研究》，2021 年第 1 期）

作品简介

这是一本关于拉丁美洲对外关系史的论文集，收录了作者发表在各类刊物上的相关文章。本书主要内容包括六个方面，一是拉丁美洲在美国的外交战略抉择中的重要地位；二是美国对拉丁美洲国家的外交政策及其基本特点，重点包括美国对拉美"输出民主"的"文化帝国主义"实质；三是以"开放的地区主义"为主线系统研究拉丁美洲的经济一体化问题；四是拉丁美洲国家与美洲贸易自由化的关系，着重剖析美洲贸易自由化与拉美国家的战略抉择，以及对拉美国家经济发展的影响；五是论述拉丁美洲不发达的文化根源，通过天主教伦理与新教伦理的比较，阐释了拉美国家现代化进程缓慢的文化根源；六是关于国内学界拉丁美洲史研究的回顾与展望。

作者简介

王晓德，男，1956年2月生，山西省乡宁县人，1993年毕业于南开大学，获历史学博士学位，现为福建师范大学社会历史学院教授、南开大学拉美研究中心兼职教授，兼任中国拉美学会会长、南开大学世界近现代史研究中心学术委员，主要研究方向为美国对外关系史和拉丁美洲史；先后出版了《冲突与合作：美国与拉丁美洲关系的历史考察》（合著）、《梦想与现实：威尔逊"理想主义"外交研究》、《美国文化与外交》、《挑战与机遇：美洲贸易自由化研究》、《文化的帝国：20世纪全球"美国化"研究》、《美国外交的奠基时代（1776—1860）》、《文化的他者：欧洲反美主义的历史考察》等，在《中国社会科学》《历史研究》《世界历史》等学术刊物上发表论文百余篇，研究成果获得教育部中国高校人文社会科学研究优秀成果奖、天津市人文社会科学优秀成果奖和福建省社科优秀成果奖；目前正在从事哥伦布远航美洲以来欧洲人的美洲观研究。